John Reed

CLÁSSICOS DE OURO
ILUSTRADOS

Dez dias que abalaram o Mundo

História de uma revolução

John Reed

CLÁSSICOS DE OURO
ILUSTRADOS

Dez dias que abalaram o Mundo

História de uma revolução

Tradução
Denise Tavares Gonçalves

Ediouro

Visite nosso Site:
www.ediouro.com.br

Do original:
Ten Days That Shook the World

Direção Executiva: Edaury Cruz
Gerência Editorial: Jiro Takahashi
Coordenação Editorial: Lourdes Araújo
Assistência Editorial: Regina Garcia
Tradução: Denise Tavares Gonçalves
Consultoria em Russo (texto e arte): Nivaldo dos Santos e Mário Francisco
Preparação e Revisão de Texto: Renato da Rocha Carlos
Revisão Técnica: Francisco Montero
Edição de Arte: Hamilton Fernandes
Pesquisa Iconográfica: Juliana Cecci Silva
Supervisão Iconográfica: Mônica de Souza
Gerência de PCP: Luciene Baptista
Produção Gráfica: Jaqueline Lavôr
Planejamento Editorial: Ana Maria Ferreira, Marco Rodrigues e Roberta Matheus
Capa e Editoração Eletrônica: Diarte Editora e Coml. de Livros Ltda.

Dados Internacionais de Catalogação na Publicação (CIP)
(Câmara Brasileira do Livro, SP, Brasil)

Reed, John, 1887-1920.
10 dias que abalaram o mundo / John Reed; tradução Denise Tavares Gonçalves; prefácio de Zuenir Ventura. — São Paulo: Ediouro, 2002.

Título original: Ten days that shook the world
ISBN 978-85-000-2825-0

1. Repórteres e reportagens 2. Rússia – História – Revolução de fevereiro, 1917 3. Rússia – História – Revolução de fevereiro, 1917 – Narrativas pessoais I. Título.

02-5268 CDD-070.4499470841

Índice para catálogo sistemático:

1. Revolução russa, 1917: Reportagens jornalísticas
070.4499470841
2. Rússia: Revolução comunista, 1917: Reportagens jornalísticas
070.4499470841

Ediouro Publicações S.A.
Rio de Janeiro
Rua Nova Jerusalém, 345 — CEP 21042-230 — Bonsucesso — Rio de Janeiro — RJ
Tel.: (0XX21) 3882-8200 — Fax: (0XX21) 3882-8212 / 8313
E-mail: livros@ediouro.com.br

São Paulo
R. Catulo da Paixão Cearense, 631 - Vila Saúde — CEP 04145-011 — São Paulo — SP
Tel.: (0XX11) 5589-3300 — Fax vendas: (0XX11) 5589-3300 ramal 233
E-mail: vendasp@ediouro.com.br
Internet: www.ediouro.com.br

Sumário

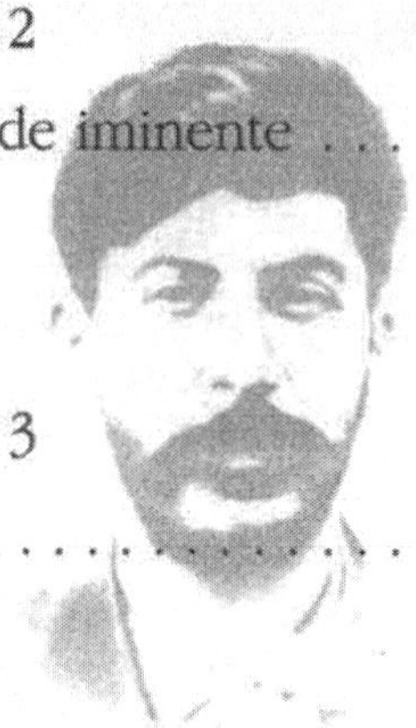

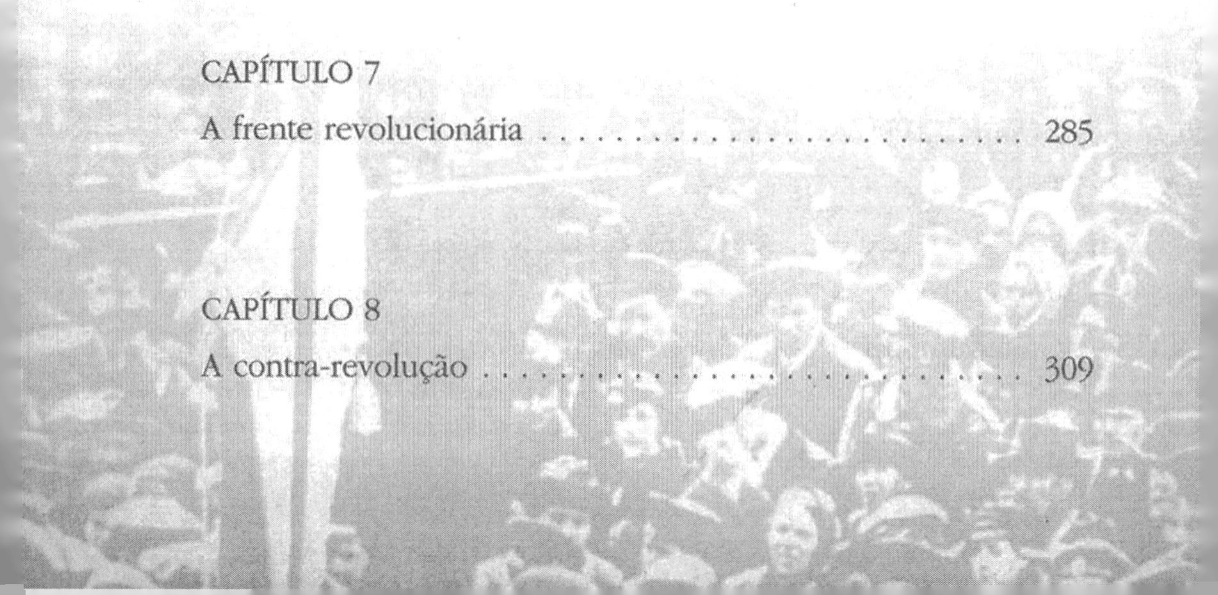

Rússia Séc. XXI

- **Nome oficial:** Federação Russa
- **Capital:** Moscou
- **Área:** 17,075 milhões de km² (o dobro do Brasil)
- **População:** 144,7 milhões
  Moscou: 8,3 milhões
  São Petersburgo: 4,7 milhões
- **Idioma oficial:** russo
- **Moeda:** rublo (US$ 1 = 31 rublos)
- **Hora local:** + 7 horas
- **Religião principal:** cristianismo ortodoxo

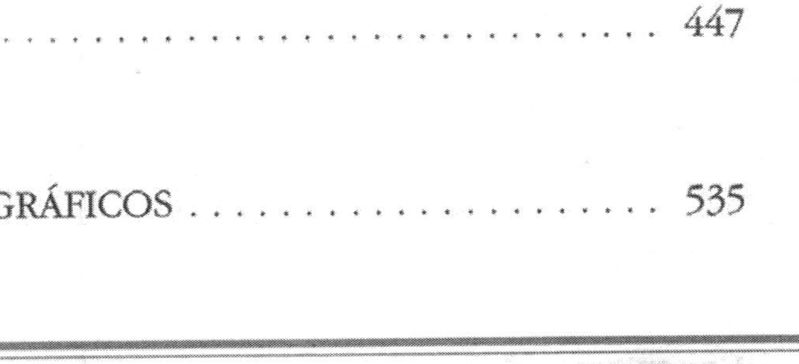

Seus parentes e amigos gemem sob o jugo dos comissários bolcheviques.
Litografia (1918-1919), Museu Central Estatal da História Contemporânea da Rússia

Apresentação

Zuenir Ventura

Em abril de 1917, passeatas de protesto de grandes proporções repetiam-se em Petrogrado e pelo país todo

Este é um dos livros que abalaram o mundo da narrativa jornalística contemporânea pelo que trouxe de inovações na maneira de ver e contar um episódio tão complexo como uma insurreição popular, no caso a Revolução Russa de Outubro de 1917, em que estiveram envolvidos praticamente 160 milhões de pessoas. Com vigor e empenho raros nesse tipo de cobertura, o clássico de John Reed é um épico, mas colorido e pitoresco. O olhar de cronista do autor devolve ao leitor não só os eventos históricos, mas toda a atmosfera daqueles tempos de turbulências e transformações bruscas.

Em meio à epopéia e a acontecimentos grandiloqüentes, ele não deixa de registrar o dia-a-dia, o cotidiano banal, os fatos aparentemente insignificantes e no entanto tão significativos: o tempo que fazia, o que funcionava, a vida real enfim. "É claro que os teatros abriam todas as noites", ele não deixa de notar. "Setembro e outubro são os piores meses do ano russo". "Do céu cinza, nos dias cada vez mais curtos, a chuva caía incessante". "Os casos de roubo e assalto a residências multiplicaram".

A preocupação comparativa, a subjetividade e o impressionismo de algumas observações, o relato confessional na primeira pessoa do singular, os procedimentos modernos da narrativa, como o *making-off*, tudo é incorporado ao seu relato. "Para nós, americanos, é difícil acreditar que a luta de classes...", ele compara a certa altura. "No dia 15 de outubro, entrevistei um grande capitalista russo". Em seguida, revela uma experiência mais pessoal ainda: "A filha de um amigo meu chegou em casa histérica de tanta indignação, porque a mulher condutora do bonde tratou-a por 'camarada'". Em outro trecho, saúda o sol: "Os resfriados e os reumatismos dos meses chuvosos desapareceram. A vida da cidade animou-se, e a própria revolução correu mais ligeira".

Personagens que depois entrariam para a História, como Lênin, Trótski, Kerenski, ao lado de camponeses e operários anônimos, vão passando pelo livro, enquanto combates sangrentos se travam nas ruas, cidades são tomadas, guarnições se sublevam, igrejas ficam em ruínas e milhares de vítimas se acumulam. Aqui, um velho general é linchado pela multidão. Ali, a Catedral de São Basílio e a da Assunção estão sendo bombardeadas. O Kremlin, onde se encontram importantes tesouros artísticos, se encontra sob o fogo da artilharia.

John Reed mistura vida e obra, se envolve com os acontecimentos, toma partido. Não é um observador neutro, não quer ser um historiador, é um jornalista militante. Ele torce pela Revolução. Antes, esse americano irrequieto já acompanhara os guerrilheiros de Pancho Villa durante a guerra civil mexicana para escrever *México Insurreto*, de 1914. Bom repórter e excelente narrador, o seu engajamento pode prejudicar a História, mas não a "sua" história. Poeta, playboy, boêmio, agitador, jornalista e aventureiro, ele é desses personagens cuja vida daria um filme, e deu: *Red*, dirigido e interpretado por Warren Beatty.

John Reed

Reed morreu de tifo aos 33 anos, em 1920, em Moscou, onde foi enterrado. Entre os seus feitos, talvez o maior tenha sido deixar um livro que sobrevive ao próprio desaparecimento da revolução que lhe deu origem. Mais de oitenta anos após ser lançado, ele ainda desperta interesse e emoção em quem gosta de História, de jornalismo, de romance histórico ou apenas da fascinante aventura humana.

Quem é contra a fome, quem é a favor de montes de pão, que pegue o martelo, alegre e disposto... Litogravura de M. Tcheremnikh (1920), Museu Central Estatal da História Contemporânea da Rússia

Introdução

Este livro é um clássico da literatura política. Seu tema é a revolução bolchevique de 7 de novembro de 1917 e não é apenas o melhor relato da revolução bolchevique, mas talvez o melhor relato sobre qualquer outra revolução, pela força literária, pela agudeza, pelo domínio do detalhe. Revoluções são acontecimentos tumultuosos, difíceis de compreender enquanto acontecem. As pessoas envolvidas estão demasiado ocupadas para registrar suas próprias experiências, e os vitoriosos estão muito concentrados no que vem a seguir. Dos líderes bolcheviques, apenas Trótski escreveu uma história detalhada da revolução, e isso muitos anos depois, no exílio. Os derrotados tinham o tempo necessário, e muitos deles efetivamente escreveram suas memórias. Elas costumam caracterizar-se pela perplexidade e pelo ressentimento que se seguem à derrota.

Observadores estrangeiros permaneceram ao largo dos acontecimentos, mesmo quando tentaram encará-los com simpatia, e poucos tentaram. Outros relatos sobre a revolução não são exatamente entusiasmantes e mesmo os melhores jornalistas visivelmente não escreviam com o mesmo ardor de John Reed. Ele não estava diretamente engajado na revolução, tendo portanto tempo para observar os acontecimentos, para coletar jornais e panfletos, para ouvir as conversas nas ruas e até mesmo para cruzar as linhas e inteirar-se do que acontecia do outro lado. Embora na prática não estivesse engajado na revolução bolchevique, Reed estava-o moralmente. Aquela era a sua revolução, não um obscuro evento num país estrangeiro. Reed era um radical americano, educado em Harvard e, portanto, um socialista apaixonado. Estava na Rússia como representante do *The Masses*, o principal jornal radical e socialista dos Estados Unidos na época. A seus olhos, a revolução bolchevique não era apenas uma grande comoção na Rússia. Tratava-se do começo da revolução internacional à qual ele, como os bolcheviques, estava devotado. Reed compreendeu o ponto de vista dos bolcheviques, entendeu por que deveria acontecer outra revolução e desejou que ela triunfasse.

Esta obra não trata de história escrita com distanciamento, com uma vasta bibliografia à mão. É uma contribuição para a história, não uma análise *a posteriori*. É evidência em primeira mão quando Reed conta o que viu e experimentou. Mas há muito, também, que não é de primeira mão. Para compor sua obra, ele ligaria fragmentos de conversas, adicionaria detalhes imaginativos sobre o que devia ter ocorrido e, para coroar, finalizaria com uma frase brilhante.

Por exemplo, Reed afirma com freqüência que o Smolni, que abrigava o soviete de Petrogrado, fervilhava de atividade, luzes brilhando a noite inteira, mensageiros e guardas vermelhos lotando os corredores. O Smolni é descrito como uma espécie de colméia, com poucos detalhes sobre o que as abelhas estariam fazendo. Isso, de fato, Reed não sabia. Embora simpatizante, ele era um jornalista estrangeiro, e os bolcheviques lhe revelariam poucos de seus segredos. Reed, como todo bom repórter, passa a impressão de uma agitação sem arrefecimento. Na verdade, na maior parte do tempo, nada acontecia, e Reed então se ocupava apenas em conversar com outros jornalistas americanos. Os próprios bolcheviques estavam preocupados com a queda do impulso revolucionário. Esse era um poderoso fator que os induzia à ação antes que fosse tarde demais.

O Couraçado Potemkin, tema central do filme (1924) de mesmo nome do cineasta russo Sergei Eisenstein, foi o primeiro a aderir ao povo revolucionário, tornando-se, segundo Lênin, "o invencível território da revolução"

Em 1927, Sergei Eisenstein, o famoso cineasta russo, realizou um filme para o décimo aniversário da revolução bolchevique. O filme recebeu o título de *Outubro* e utilizou o livro como roteiro. É tentador considerá-lo uma confirmação do que consta no livro. Mas não é esse o caso. O filme de Eisenstein não se baseou em documentários da época ou num estudo das evidências históricas. É a tradução do livro de Reed para a linguagem cinematográfica. Muito do que acontece ali é ficção, tal como ocorre no livro de Reed.

O livro de Reed não é fidedigno em todos os detalhes e sua façanha maior foi a recriação do espírito daqueles momentosos dias. Como a maioria dos escritores, Reed salientou o drama, e em certos momentos o drama se sobrepôs à realidade. Ao olhar para o passado, os participantes bolcheviques freqüentemente basearam suas rememorações mais no livro de Reed que em suas próprias lembranças. O clima psíquico e as emoções da revolução bolchevique não nos teriam chegado tão claras se Reed não estivesse lá para captá-las. Para ele, os líderes bolcheviques sabiam precisamente o que estavam fazendo, e a vitória de sua revolução apenas confirmou essa crença. Entetanto, relatos disponíveis sugerem o contrário. Todas as lideranças políticas moviam-se numa espécie de nevoeiro de revolução comparável ao proverbial nevoeiro de batalha. A revolução bolchevique não era uma peça de orquestra previamente composta. Integravam-na, como a tantos outros eventos, confusões, mal-entendidos, projetos e fracassos humanos, e o desfecho tanto surpreendeu os vencedores quanto chocou os vencidos.

Dez dias que abalaram o mundo, como o próprio título indica, centra-se nos eventos dos primeiros dias de novembro de 1917, quando os bolcheviques tomaram o poder em Petrogrado e depois em toda a Rússia. Esses eventos constituíam o último ato de um drama e o primeiro de outro. O primeiro era a revolução cujo processo se iniciara em março de 1917, que promoveu a queda do czarismo e a instalação de um governo da burguesia, democrático e liberal. O segundo, marcou o momento da tomada do poder pelos bolcheviques marxistas e início do país que ficou conhecido por União das Repúblicas Socialistas Soviéticas (URSS), e ao que se imaginava que fosse a vitória do comunismo internacional mas acabou por ser algo um tanto diferente. Ambos os dramas estão implícitos nesta obra.

Em visita ao quartel-general M. V. Alexeiev, comandante-chefe do Estado Maior, o tzar nem sequer desconfiava dos acontecimentos que se desencadeavam à revolução

Em agosto de 1914, a Rússia imperial se envolveu numa grande guerra européia. A Rússia era uma autocracia cujos destinos dependiam do fraco czar Nicolau II. Havia um parlamento, a Duma, com reduzidos poderes. Havia partidos políticos. Havia até mesmo um partido social-democrata. A ala esquerda

Fumaça da Revolução de 1905: operários e Lênin

desse partido, constituída pelos bolcheviques, contava uns poucos milhares de membros. Eram os únicos que se opunham à guerra. Sua voz praticamente não foi ouvida. Seu jornal diário, o *Pravda*, fora suprimido. Muitos dos seus líderes estavam no exílio — alguns na Sibéria, e Lênin, o mais influente deles, na Suíça. A Rússia mergulhou no caos. Um sistema antiquado sucumbiu sob a tensão de travar uma guerra moderna. As ferrovias estavam sobrecarregadas, transportando suprimentos para enormes exércitos. Nas cidades, mantimentos escasseavam, exceto para os ricos. O povo de Petrogrado experimentou a fome. Muitos políticos preconizavam uma mudança de regime, mas nenhum deles passou à ação.

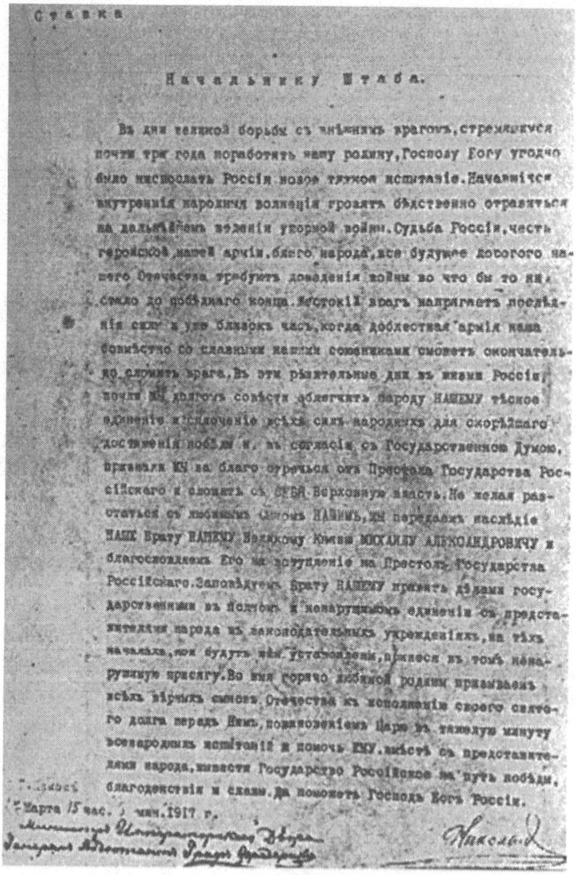
Ставка

Начальнику Штаба.

Въ дни великой борьбы съ внѣшнимъ врагомъ, стремящимся почти три года поработить нашу родину, Господу Богу угодно было ниспослать Россіи новое тяжкое испытаніе. Начавшіяся внутреннія народныя волненія грозятъ бѣдственно отразиться на дальнѣйшемъ веденіи упорной войны. Судьба Россіи, честь геройской нашей арміи, благо народа, все будущее дорогого нашего Отечества требуютъ доведенія войны во что бы то ни стало до побѣднаго конца. Жестокій врагъ напрягаетъ послѣднія силы и уже близокъ часъ, когда доблестная армія наша совмѣстно со славными нашими союзниками сможетъ окончательно сломить врага. Въ эти рѣшительные дни въ жизни Россіи, почли МЫ долгомъ совѣсти облегчить народу НАШЕМУ тѣсное единеніе и сплоченіе всѣхъ силъ народныхъ для скорѣйшаго достиженія побѣды и, въ согласіи съ Государственною Думою, признали МЫ за благо отречься отъ Престола Государства Россійскаго и сложить съ СЕБЯ Верховную власть. Не желая разстаться съ любимымъ Сыномъ НАШИМЪ, МЫ передаемъ наслѣдіе НАШЕ Брату НАШЕМУ Великому Князю МИХАИЛУ АЛЕКСАНДРОВИЧУ и благословляемъ Его на вступленіе на Престолъ Государства Россійскаго. Заповѣдуемъ Брату НАШЕМУ править дѣлами государственными въ полномъ и ненарушимомъ единеніи съ представителями народа въ законодательныхъ учрежденіяхъ, на тѣхъ началахъ, кои будутъ ими установлены, принеся въ томъ ненарушимую присягу. Во имя горячо любимой родины призываемъ всѣхъ вѣрныхъ сыновъ Отечества къ исполненію своего святого долга передъ Нимъ, повиновеніемъ Царю въ тяжелую минуту всенародныхъ испытаній и помочь ЕМУ, вмѣстѣ съ представителями народа, вывести Государство Россійское на путь побѣды, благоденствія и славы. Да поможетъ Господь Богъ Россіи.

Г. Псковъ
2 Марта 15 час. 5 мин. 1917 г.

Николай

Fac-símile da renúncia de Nicolau II

Em março de 1917, em Petrogrado, ocorreram distúrbios por causa da fome. A guarnição, composta por reservistas de meia-idade que não queriam ser enviados ao *front*, juntou-se aos manifestantes. Os cossacos, usualmente os guardiães da ordem, permaneceram inativos. O czar estava no quartel-general do Exército. Políticos da Duma pediram que abdicasse. Os generais juntaram-se ao coro, e Nicolau II cedeu. Assim foi a revolução de março de 1917. Aconteceu nas ruas de Petrogrado, sem líderes e sem programa. O czar se fora. Além

Março, Petrogrado enterra os mortos da revolução na cova comum da região de Viborgsk, local da carnificina

disso, nada tinha mudado. Os exércitos ainda combatiam desajeitadamente nas frentes. A máquina burocrática ainda lançava ordens no vazio. Nas palavras de Trótski, o poder passou para as ruas.

Um Soviete, ou conselho dos deputados de operários e soldados, tinha sido instalado em Petrogrado durante os tumultos, no modelo estabelecido pela primeira revolução russa, de 1905. Seus líderes eram socialistas moderados, ansiosos por permanecer nos limites da lei. Eles imploraram aos políticos da Duma que assumissem o poder, e esses políticos, cautelosamente, instituíram um governo provisório. Embora considerado democrático, esse governo não tinha mandato popular, nem muito apoio do povo. Simplesmente deu continuidade ao antigo regime e ninguém sabia que direção tomar. Quando os primeiros bolcheviques, incluindo Stálin, retornaram da Sibéria, também eles aceitaram o governo provisório e, patrioticamente, apoiaram a continuação da guerra.

Longe, na Suíça, Lênin desesperava-se. Em sua opinião, uma grande oportunidade estava sendo perdida — oportunidade não só para uma revolução socialista na Rússia, mas para lançar a

Nicolau II, preso, na Aldeia do Tzar

fagulha que deflagraria a revolução por toda a Europa. Se o povo russo pusesse um fim à guerra, os trabalhadores de todos os países beligerantes poderiam seguir seu exemplo; haveria uma revolução generalizada, e o socialismo internacional seria estabelecido. Esta era a nota central da política de Lênin: revolução em todos os países da Europa, e não apenas na Rússia. Seus seguidores bolcheviques não haviam tomado consciência dessa política, e na Suíça ele estava impotente. O governo francês negou-lhe permissão para atravessar a França. Relutante, Lênin barganhou um acordo com o Estado-Maior alemão e, acompanhado por cerca de outros trinta revolucionários russos, cruzou a Alemanha num trem lacrado. De volta a Petrogrado, não perdeu tempo. Dirigiu-se diretamente ao quartel-general bolchevique e anunciou: “Proponho que se prepare uma segunda revolução”. A proposta de Lênin foi derrotada por onze votos a um, do próprio Lênin. Ele apenas sorriu e disse: “O povo russo é centenas de vezes mais revolucionário que nós”.

Isso foi demonstrado pelos eventos de julho, no que foi o segundo ato da revolução russa. O primeiro Congresso Pan-Russo de

Sovietes reuniu-se em Petrogrado. Nesse mesmo momento, Kerênski, um socialista moderado que tinha se tornado o líder do governo provisório, ordenou uma nova ofensiva contra os alemães, que acabou num fracasso catastrófico. Em Petrogrado, aconteceram grandes manifestações, exigindo o fim da guerra e a passagem de "todo o poder aos sovietes". As chefias dos sovietes aconselharam os manifestantes a ir para casa. Mesmo Lênin reconheceu que as demonstrações eram prematuras. O povo de Petrogrado estava com plena disposição revolucionária, mas esta ainda não se disseminara por toda a Rússia. Petrogrado pairava no ar, isolada. Sem organização e sem uma liderança clara, as demonstrações perderam sua força.

O palacete de Kchesinski, Quartel-General dos bolcheviques — Comitê Central do partido

Petrogrado, 4 de julho: passeata com 500 mil manifestantes

Kerênski pensou que chegara o momento de encerrar a revolução. Muitos dos principais bolcheviques foram presos. O mais proeminente deles era Trótski, que havia retornado dos Estados

Slogan: "Todo o poder aos sovietes"

Unidos em maio e aderido ao partido bolchevique. Seu nome brilharia durante os próximos eventos. Também Lênin desejava ser preso, para lançar o desafio de um julgamento público. Entretanto, a animosidade contra ele, levantada pela acusação de ser um agente alemão, despertou o receio de que pudesse ser assassinado na prisão, e os membros do partido insistiram que se refugiasse. Lênin se escondeu numa vila próxima, onde nadava no lago e ajudava na colheita de forragem. Quando a polícia começou a investigar, transferiu-se para Helsinque, capital da Finlândia, então uma província autônoma do Império Russo. Lá hospedou-se na casa do chefe de polícia, que coincidentemente era um bolchevique — um arranjo bastante conveniente. Lênin estava em segurança, mas isso a cinco horas de trem de Petrogrado, inteirando-se dos acontecimentos pela leitura dos jornais e participando na atividade de seu partido apenas por meio de cartas e panfletos. O impulso revolucionário estava minguando. Poucos compareciam às reuniões dos sovietes. O soviete de Petrogrado, instalado em excelente prédio do centro da cidade, foi empurrado para o Instituto Smolni, originalmente uma escola para as filhas da nobreza, localizada nos subúrbios. Kerênski acreditava que em breve poderia dar um fim na existência mesma do soviete.

Mas Kerênski calculou mal. Ele encorajou Kornilov, general reacionário, a marchar sobre Petrogrado e restaurar a ordem. Tardiamente se deu conta de que Kornilov pretendia destruir tanto o governo provisório quanto os sovietes. Kerênski apelou aos trabalhadores de Petrogrado para salvar a revolução, o que ele entendia como salvar a si mesmo. Os bolcheviques foram libertados, Trótski se tornou o presidente do soviete de Petrogrado, e um comitê militar revolucionário sob sua orientação organizou os guardas vermelhos — ironicamente, equipados a expensas do governo provisório. A marcha de Kornilov sobre a capital foi detida com pouca luta. Seus soldados simplesmente foram para casa ou se juntaram aos guardas vermelhos. Kornilov caiu na obscuridade, morrendo em março de 1918, durante a guerra civil.

ПРАВДА

ОРГАНЪ

4 de julho, o *Pravda* sai com espaço em branco, já que as palavras de ordem que deveriam substituir o comunicado de adiamento de manifestação pacífica não foram recebidas a tempo

Soldados das tropas kornilovistas se confraternizam com a Guarda Vermelha

É nesse momento, meados de setembro, que se inicia o período narrado no livro de Reed. De um lado, estava Kerênski e seu governo provisório, ainda ditando ordens, ainda falando em nome da Rússia, mas com reduzida autoridade e sem nenhum respaldo. Do outro estavam os bolcheviques, agora com maioria no soviete de Petrogrado e na maioria das cidades, incluindo Moscou. Eles controlavam os guardas vermelhos. Mas não fizeram uso de seu poder. Com Lênin afastado, estavam desorientados quanto ao que fazer, pronunciando longos discursos, alertando as massas sobre o perigo da contra-revolução que julgavam iminente e esperando na tensa atmosfera que Reed descreve tão bem.

Lênin no trabalho, N. A. Andrêiev, 1924-1926

Em 28 de setembro, reuniu-se o Comitê Central do partido bolchevique. Lênin, ainda na Finlândia, enviou uma "Carta de longe". Ele escreveu: "Devemos dar início ao planejamento dos detalhes práticos para uma segunda revolução". Os líderes bolcheviques, que depois se gabariam de sua prontidão revolucionária — Trótski, Stálin, Zinoviev, Bukhárin —, ficaram estarrecidos. Resolveram por unanimidade que todas as cópias da carta de Lênin fossem destruídas. Por sorte, restou uma. Semanas se passaram. Lênin resolveu desafiar a ordem do Comitê Central para que permanecesse na Finlândia. Em 20 de outubro retornou a seu primeiro refúgio, nos arredores de Petrogrado. Para disfarçar sua aparência, estava barbeado, e no dia decisivo da revolução bolchevique confrontaria o soviete sem sua costumeira barba ruiva.

No dia 23 de outubro, o Comitê Central encontrou-se com Lênin nos subúrbios, ironicamente na residência de Sukhánov, um menchevique. Ocorre que a esposa deste era bolchevique. Ela telefonou a seu marido e lhe disse que, dado o cansaço de ambos, ele poderia passar a noite em Petrogrado. Lênin insistiu na imediata tomada do poder; o comitê finalmente concordou, por dez votos a dois, descobrindo então que não havia papel para o registro das resoluções. Lênin pediu emprestado um caderno de exercícios da criança da casa e escreveu a lápis numa folha. O dia clareava. Alguém perguntou: "Bem, mas e a data?" Com pressa de retornar ao refúgio, Lênin respondeu, por sobre o ombro: "28 de outubro".

Mas nesse dia nada aconteceu. O soviete reuniu-se. Como sempre, discursos foram proferidos. O dia transcorreu. Lênin enfureceu-se, pedindo nova reunião do Comitê Central, acrescido de delegados de seções locais do partido. Uma vez mais, os bolcheviques decidiram pela tomada do poder, agora em 2 de novembro. Novamente, nada aconteceu. Reed descreve ainda outra reunião no Smolni em 3 de novembro, com Lênin fixando o levante para o dia 7, quando se reuniria o Congresso Pan-Russo dos Sovietes. Desta vez, foi imaginação de Reed: não ocorreu tal reunião em 3 de novembro, e Lênin só compareceu ao Smolni no dia 6. Nem poderia ter apontado o dia sete de novembro como a data decisiva. Ele estava pressionando continuamente para uma imediata tomada do poder em nome do partido, não em nome dos sovietes. Os demais bolcheviques não compartilhavam a mesma certeza de que seu partido poderia, sozinho, conseguir o apoio ne-

Lênin na reunião do Sovnarkóm (Conselho de Comissários do Povo), N. A. Andrêiev, 1924-1926

cessário e queriam o respaldo dos sovietes. Talvez Trótski, sendo presidente do soviete de Petrogrado, conseguisse ver os sovietes com olhos favoráveis. Alguns dos bolcheviques esperavam mesmo que não fosse necessária outra revolução. O Congresso Pan-Russo dos Sovietes teria os bolcheviques como força majoritária. A maioria elegeria um novo comitê executivo, controlado pelos bolcheviques, e esse comitê se tornaria quase imperceptivelmente o novo governo.

De fato, os bolcheviques não estavam levando adiante preparativos para tomar o poder, apesar da incitação de Lênin. Seus planos consistiam em precauções defensivas para o caso de Kerênski tentar uma ação contra-revolucionária. Tais planos estavam a cargo de um comitê militar revolucionário, composto por três obscuros personagens cujos postos no partido não eram muito altos. Os principais líderes bolcheviques estavam ocupados elaborando e proferindo discursos, não planejando a revolução. Nenhum deles, nem Lênin, deu o empurrão decisivo.

Por mais estranho que pareça, o sinal para a revolução foi dado por aquele contra quem se planejava o levante, ninguém mais que Kerênski, o cabeça do governo provisório. Ele imaginava consolidar seu poder aparecendo como o guardião da ordem. Os dias de julho persistiam em sua mente. Naquele momento, as massas tinham se manifestado e sido dispersas, e o prestígio de Kerênski se elevara. Agora, todas as forças

respeitáveis da Rússia certamente se juntariam a ele, se ele novamente atacasse os bolcheviques.

Kerênski acreditava que os bolcheviques estavam a ponto de se rebelar. As concitações de Lênin tinham sido reveladas. Kamenev e Zinoviev, que lhe tinham feito oposição, não se limitaram às discussões privadas, tendo publicado um ataque contra Lênin num jornal não-bolchevique. Lênin propôs expulsá-los do partido, mas Stálin foi um dos que conclamaram à tolerância. O protesto de Zinoviev e Kamenev foi o sinal de alarme para Kerênski, determinado a atacar primeiro. Em 5 de novembro, o governo provisório decidiu suprimir os jornais bolcheviques e prender os líderes do soviete de Petrogrado. Nessa noite, um destacamento de cadetes ocupou as instalações do *Pravda*, parou as prensas e lacrou as portas. Os tipógrafos retiraram-se, desconsolados. Uma jovem tipógrafa correu para o Smolni, onde encontrou Trótski, e narrou-lhe o sucedido. Este, após uma breve hesitação, disse: "Rompam os selos." Era o momento do desafio. Kerênski o lançara. Trótski, e não Lênin, ausente, o recolheu. Na tarde seguinte, os exemplares do *Pravda* eram novamente vendidos nas ruas.

A sentinela, L. V. Chervud, 1933

Nessa manhã, por volta das 11 horas, o Comitê Central bolchevique, ainda pensando em termos defensivos, decidiu que a resistência armada teria início às 2 horas da madrugada do dia seguinte. Lênin, naturalmente, ainda estava em seu distante subúrbio. Ele sabia que o governo provisório estava agindo, mas não sabia que o Comitê Central bolchevique ordenara contra-atacar. Uma vez mais, acreditava, a oportunidade decisiva estava passando. Lênin estava num subúrbio do outro lado do Rio Neva e, como as pontes normalmente eram recolhidas ou fechadas em caso de distúrbios, receava ficar isolado. Decidiu andar até o Smolni, a despeito do risco de ser preso por soldados leais a Kerênski.

Lênin chegou ao Smolni no fim do dia, mas em segurança, e impacientemente bombardeou Trótski com toda sorte de questões. Este replicou que o planejamento logo entraria em execução. Às duas da manhã do dia 7 de novembro, Trótski consultou seu relógio e disse: "Começou". Lênin comentou: "Da condição de fugitivo à conquista do poder — é uma grande virada. Sinto-lhe a vertigem". E fez o sinal-da-cruz. Os dois homens permaneceram deitados lado a lado no chão áspero, com um tapete a cobri-los, enquanto aguardavam pelas novidades que, esperavam, mudariam a face do mundo. A grande parceria revolucionária entre Lênin e Trótski tinha começado.

7 de novembro é o ponto central da narrativa de Reed. Ele mesmo, tenso e excitado, talvez não tenha ressaltado o suficiente a pequena escala dos dramáticos eventos narrados. Não se tratava de uma sublevação das massas, tal como ocorrera em março e julho, mas de um conflito entre dois pequenos grupos que não tinham muito gosto pelo combate. Kerênski não tinha tropas regulares às suas ordens, apenas cerca de 2 mil cadetes — jovenzinhos sem treinamento — e um batalhão de amazonas, mulheres soldados que eram um embaraço para ambos os lados. O soviete alardeava controlar 10 mil guardas

vermelhos, operários de meia-idade, poucos deles prontos para o combate. Mil marinheiros acorreram da base naval de Kronstadt. Um marinheiro morreu quando sua arma disparou acidentalmente. Quatro guardas vermelhos e um marinheiro foram mortos por balas perdidas. Esse foi o total de mortos desse dia histórico. A maior parte das pessoas em Petrogrado sequer percebeu que uma revolução acontecia. Os bondes circulavam normalmente, os restaurantes elegantes estavam cheios, tal como os teatros, e Chaliapin cantava no Teatro de Ópera. Os guardas vermelhos se mantiveram afastados dos bairros elegantes ou caminharam modestamente pelas calçadas.

O comitê militar revolucionário tinha planejado uma desesperada resistência contra um furioso ataque do governo provisório.

Congresso Nacional da Marinha de Guerra, Petrogrado, 18 a 25 de novembro, saúda o Soviete dos Comissários Populares

Tal ataque não aconteceu. Kerênski fugiu ainda pela manhã, sob a proteção das "Stars and Stripes"*, uma antecipação, talvez, da muito posterior guerra fria. Os outros membros do governo provisório permaneceram, inermes, no Palácio de Inverno. Os guardas vermelhos se apoderaram do prédio dos Correiós e dos principais prédios governamentais. Seguindo estritamente seu programa, apenas às 6 da tarde cercaram o Palácio de Inverno. Mesmo então, não efetuaram um ataque sério. Guardas vermelhos se infiltraram pela entrada da cozinha e tomaram o palácio sem luta. Às 2h25 da madrugada do dia 8 de novembro, Antonov, membro do comitê militar revolucionário, irrompeu na sala onde o Governo Provisório permanecia e gritou: "Em nome do comitê militar revolucionário, declaro que estão todos presos". Foi assim o fim da velha Rússia.

Membros do Soviete de Comissários do Povo. O primeiro, sentado, à esquerda de Lênin é o Comissário do Povo para os Correios e Telégrafos, P.P. Prochian; à direita, de pé: Stálin, Dibenko. Sentada: Kollontai. Na extrema direita, Tchitcherin

A demora na tomada do palácio causou embaraços no Smolni. O Congresso Pan-Russo dos Sovietes devia reunir-se no início da noite, mas ocorreram sucessivos adiamentos até que se pudesse anunciar a tomada do poder. Enquanto isso, Lênin e Trótski discutiam seus planos para o futuro. Lênin disse que era necessário nomear ministros do soviete. Trótski sugeriu que fossem denominados comissários, com o que Lênin concordou: "Sim,

* Nota do Tradutor. Alusão à bandeira norte-americana, devido ao fato de Kerênski ter fugido a bordo de um automóvel do serviço diplomático daquele país.

esse termo tem um bom som revolucionário". Lênin sugeriu que Trótski assumisse o posto de presidente do Conselho de Comissários do Povo, enquanto ele mesmo permaneceria apenas à frente do partido. Trótski objetou dizendo que em sua condição de judeu não era adequado para o cargo. E acrescentou: "Além disso, você ficaria como observador e crítico". Lênin, relutante, concordou em ser o presidente. Elaborou então uma lista de comissários, por último adicionando o nome de Stálin, como comissário para as nacionalidades. Essa é a única menção ao nome de Stálin no livro de Reed, tão modesto era o lugar ocupado pela "mancha cinza", no dizer de Sukhánov.

Às 10 horas da noite, a instalação do Congresso Pan-Russo dos Sovietes não podia mais ser adiada. Lênin decidiu antecipar os acontecimentos no Palácio de Inverno. Apareceu ante o público pela primeira vez desde as jornadas de julho e anunciou aos surpresos delegados que os sovietes tinham tomado o poder. Poder que, mal chegou às mãos do soviete, lhe foi rapidamente retirado. Divulgou-se a lista dos comissários, e os comissários foram informados de que esse era o governo dos sovietes. Os aplausos foram formais. Não havia outra coisa que pudessem fazer. Desse modo, Lênin tomou o poder para o partido bolchevique, não de Kerênski, mas do Congresso dos Sovietes.

O drama da revolução estava concluído. Os bolcheviques tinham um longo caminho de lutas diante deles para consolidar o poder. Teriam que enfrentar uma guerra civil e uma guerra de intervenção orquestrada pela Inglaterra e pela França, as potências vitoriosas da I Guerra Mundial. Teriam mesmo que enfrentar uma revolta dos marinheiros de Kronstadt, que um dia tinham sido seus mais fervorosos defensores. Perderiam muito do território da Rússia Imperial no Ocidente. Mas em 1921 a vitória era deles. Não houve revoluções na Rússia desde 7 de novembro de 1917, e os bolcheviques, tendo mudado sua denominação para comunistas, comandaram a Rússia.

Tal foi o resultado, mas não o projeto, da revolução de Lênin. A seus olhos, a revolução russa era uma preliminar da grande revolução que implantaria o socialismo internacional. Em sua primeira aparição ante o Congresso Pan-Russo dos Sovietes, Lênin leu o decreto sobre a paz, ponto essencial de seu programa. Anunciou que a Rússia propunha uma paz geral, "sem anexações e sem indenizações". Os trabalhadores dos outros países beligerantes apoiariam esse programa. Insurgiriam-se contra seus governos imperialistas, e governos socialistas seriam implantados por toda a Europa. Parecia que o drama da revolução internacional havia começado.

Mas o primeiro ato não foi seguido pelo segundo, nem sequer chegou a uma conclusão vitoriosa. Os trabalhadores dos demais países beligerantes não se insurgiram. O governo imperialista alemão impôs à Rússia bolchevique a paz de Brest-Litovsk, com anexações e indenizações. Em 1918, a guerra européia chegou ao fim não pela revolução internacional, mas somente pelo cansaço da própria guerra parou a intervenção que a Inglaterra e a França tentaram.

Em anos posteriores, autores ocidentais escrevendo sobre o bolchevismo descobriram nele características especificamente russas e têm apontado o 7 de novembro de 1917 como o momento em que a Rússia voltou as costas à Europa. Mas isso é o reverso da verdade. Lênin fez sua revolução pensando também nos interesses da Europa, não apenas nos da Rússia, e esperou que a preliminar da revolução russa fosse eclipsada quando acontecesse a revolução internacional. Lênin não inventou a Cortina de Ferro. Pelo contrário, ela foi inventada contra ele pelas potências contra-revolucionárias da Europa. Naquele momento, denominou-se *cordon sanitaire.*

O poeta russo Vladimir Maiakóvski disse em seu poema *A Nossa Marcha* (*Nach March*): "... *Nós, com a inundação do segundo dilúvio, Lavaremos as cidades do mundo...*"

Tal desfecho surpreendeu a Lênin e seus seguidores. Trótski afirmara, em 8 de novembro de 1917: "Ou a Rússia cria um movimento revolucionário na Europa, ou as potências européias esmagarão a revolução russa". Nem um nem outro aconteceram. Lênin, tal como os demais bolcheviques, incluindo naquela altura Stálin, acreditavam que o socialismo era impossível num só país. Em 1921, ele propôs uma trégua. A Nova Política Econômica marcou um cauteloso retorno ao capitalismo, enquanto os bolcheviques aguardavam uma segunda onda da revolução internacional que, certamente, viria. Lênin adoeceu e morreu em 1924, ainda com dúvidas sobre as possibilidades de sobrevivência do ideal bolchevique por um longo período de tempo. Trótski continuou a pregar a revolução internacional e acabou no exílio. Stálin se apoderou do poder supremo e, à custa de enormes sofrimentos, levou em frente o socialismo num só país, que ele e os demais bolcheviques tinham julgado impossível. Em 1940, Trótski foi assassinado, provavelmente por um agente de Stálin. O grande *duunvirato* revolucionário de Lênin e Trótski desapareceu de cena.

John Reed também desaparecera. Em 1919, ele retornou aos Estados Unidos, onde publicou *Dez dias que abalaram o mundo*, reconhecido por Lênin como "a mais vívida e verídica exposição". Reed retornou à Russia e trabalhou como secretário na recém-criada Terceira Internacional Comunista. Em 1920, contraiu tifo e faleceu. Foi enterrado no Kremlin, onde ainda repousa, como herói da revolução. Seu livro conheceu um período de grande popularidade nos círculos soviéticos e entre os socialistas em geral. Veio então a ditadura de Stálin. No livro de Reed, Stálin mal era mencionado, e Trótski aparecia como uma figura heróica. O livro foi banido juntamente com seu herói. Após a morte de Stálin, o livro mereceu dos comunistas apenas uma relutante tolerância, dado que, enquanto outras vítimas do Stalinismo podiam ser reabilitadas, ainda não se podia mencionar o nome de Trótski, e sem este não seria possível qualquer relato sobre a revolução russa. O livro de Reed sobreviverá ao banimento. Permanece sem rival como um monumento à revolução bolchevique e a seus dois líderes, Lênin e Trótski.

O operário e a camponesa,
Vera Múkhina.
Foto de Nivaldo dos Santos

Litografia de I. Guminer (1927), Museu Central Estatal da História Contemporânea da Rússia

LÊNIN

Foi com imenso interesse e profunda atenção que li o livro *Dez Dias que Abalaram o Mundo*, de John Reed. Recomendo-o, sem reservas, aos trabalhadores do mundo inteiro. Aqui está um livro que eu gostaria de ver publicado aos milhões e traduzido em todos os idiomas. Ele fornece um retrato fiel e vigoroso de acontecimentos extremamente importantes para o entendimento do que realmente significa a Revolução Proletária e a Ditadura do Proletariado. Essas questões são amplamente discutidas, mas, antes de aceitar ou rejeitar as idéias aí expressas, devemos entender o verdadeiro significado de nossa decisão. Sem dúvida o livro de John Reed ajudará a esclarecer essa questão, que é o problema fundamental do movimento universal dos trabalhadores.

Lênin (1919)
(Prefácio de Vladimir Ilyich Ulyanov para edição norte-americana)

John Reed

Prefácio

Dez dias que abalaram o mundo
John Reed

Este livro é um pedaço da história — história intensificada, acelerada, história tal como a vi. Não pretende mais que ser um relato detalhado da Revolução de Outubro*, quando os bolcheviques, à frente dos trabalhadores e soldados, tomaram o poder na Rússia e o depositaram nas mãos dos sovietes.

Naturalmente, a maior parte do livro trata da "Petrogrado** Vermelha", a capital e o coração da insurreição. Mas o leitor deve ter em mente que o acontecido em Petrogrado multiplicou-se, quase exatamente, com maior ou menor intensidade, e em diferentes momentos, por toda a Rússia.

Neste livro, o primeiro de uma série que escrevo, restrinjo-me a uma crônica de eventos que eu mesmo observei e vivi, e de outros baseados em fontes fidedignas. Precedendo meu relato, faço uma breve exposição, em dois capítulos, do pano de fundo e das causas da Revolução de Outubro. A leitura desses dois capítulos pode, eventualmente, mostrar-se difícil, mas eles são essenciais para proporcionar uma adequada compreensão da narrativa.

Numerosas questões hão de apresentar-se à mente do leitor. O que é bolchevismo? Que tipo de estrutura de governo implantaram os bolcheviques? Se, antes da Revolução de Outubro,

* Nota. A revolução ocorreu em 7 de novembro de 1917, pelo nosso calendário, ou 25 de outubro, pelo calendário juliano, vigente na época, na Rússia. Por tratar-se de termo já consagrado, usaremos "Revolução de Outubro". Todas as outras datas aparecerão no calendário ocidental atual.

** Nota. Atualmente, São Petersburgo. Antiga Leningrado.

defendiam a Assembléia Constituinte, por que em seguida a dispersaram à força das armas? E, se a burguesia se opunha à Assembléia Constituinte, por que passou a apoiá-la tão logo percebeu nos bolcheviques um inimigo perigoso?

Essa e muitas outras questões não podem ser aqui respondidas. Em outro volume, *De Kornilov a Brest-Litovsk*, narro o curso da revolução, incluindo os eventos que culminaram na paz com a Alemanha. Explico, aí, a origem e funções das organizações revolucionárias, a evolução do sentimento popular, a dissolução da Assembléia Constituinte, a estrutura do Estado soviético, e o curso e conclusão das negociações de Brest-Litovsk.

O secretário da delegação soviética, L. M. Karakhan, informa o Soviete dos Comissários do Povo sobre o andamento das conversações de Brest-Litovski

Ao tratar do levante bolchevique, faz-se necessário compreender que a economia e o exército russo não se desorganizaram em 7 de novembro de 1917, mas muitos meses antes, como resultado lógico de um processo que se iniciara por volta de 1915. Os reacionários corruptos que controlavam a corte

23 de fevereiro, comemorando o Dia Mundial da Mulher, operários e operárias aderem às manifestações de rua

do czar deliberaram a ruína da Rússia para justificar uma paz em separado com a Alemanha. A falta de armamento no *front*, que provocou a grande retirada do verão de 1915, a escassez de alimento no Exército e nas grandes cidades, a paralisação da produção e dos transportes em 1916, sabe-se hoje, faziam parte de uma enorme campanha de sabotagem. Essa situação foi interrompida a tempo pela Revolução de Março*.

A despeito da confusão inerente a uma grande revolução, durante os primeiros meses do novo regime, quando 160 milhões de pessoas das mais oprimidas do planeta repentinamente conquistaram a liberdade, tanto a situação interna quanto a ca-

* Nota. Pelo calendário juliano, Revolução de Fevereiro.

pacidade de combate do exército experimentaram sensível melhora.

Mas a "lua-de-mel" durou pouco. As classes proprietárias visavam apenas a uma revolução política que pusesse em suas mãos o poder arrebatado ao czar. Queriam tornar a Rússia uma república, a exemplo da França ou dos Estados Unidos, ou uma monarquia constitucional, como a Inglaterra. Por outro lado, a massa do povo desejava uma verdadeira democracia industrial e agrária.

William English Walling, em seu livro *A mensagem da Rússia*, um relato da Revolução de 1905, descreve muito bem o estado de espírito dos trabalhadores russos, que viriam a dar seu apoio ao bolchevismo de maneira praticamente unânime:

Eles [os trabalhadores] perceberam que poderiam continuar passando fome mesmo com um governo liberal, se este fosse conduzido por outras classes sociais...

O trabalhador russo é revolucionário, mas não é violento, dogmático, nem lhe falta inteligência. Ele está preparado para as barricadas, ele as estudou e, entre todos os trabalhadores do mundo, foi o único que as aprendeu na prática. Ele está pronto e disposto a combater seu opressor, a classe capitalista, até o fim. Mas não ignora a existência de outras classes. Somente deseja que as outras classes se posicionem de um lado ou de outro quanto ao implacável conflito que se aproxima...

Todos eles [os trabalhadores] reconhecem que preferem nossas instituições [norte-americanas] políticas às suas próprias, mas não estavam muito ansiosos por trocar um déspota por outro (ou seja, a classe capitalista)...

Se os trabalhadores da Rússia sacrificaram suas vidas, se se deixaram executar, às centenas, em Moscou, Riga e Odessa, se foram presos, aos milhares, em celas russas e exilados nos desertos e regiões árticas, não foi para conquistar os duvidosos privilégios dos operários de Goldfields e Cripple Creek...

E assim aconteceu na Rússia, em meio a uma guerra externa, a revolução política seguida de uma revolução social, culminando na vitória do bolchevismo.

A. J. Sack, diretor da Agência de Informações Russas nos Estados Unidos, contrária ao governo soviético, diz em seu livro *O nascimento da democracia russa*:

Os bolcheviques organizaram seu próprio gabinete, com Nikolai Lênin como presidente do Conselho e Leon Trótski como ministro de Relações Exteriores. A inevitabilidade de sua ascensão ao poder tornou-se evidente quase imediatamente após a Revolução de Março. A história dos bolcheviques, depois da revolução, é a história de sua constante expansão...

Os estrangeiros, especialmente os norte-americanos, costumam enfatizar a "ignorância" dos trabalhadores russos. É verdade que lhes falta a experiência política dos povos ocidentais, mas eles se encontravam muito bem preparados para trabalhar com as massas. Em 1917, as Sociedades Cooperativas russas contavam com mais de 12 milhões de membros; e os próprios sovietes são uma magnífica demonstração de sua genial aptidão para a organização. Talvez não exista, em todo o mundo, povo tão consciente da teoria socialista e de sua aplicação prática.

William English Walling os caracteriza da seguinte maneira:

A maior parte dos trabalhadores russos sabe ler e escrever. A situação extremamente conturbada que o país atravessou, durante tantos anos, fez despontar lideranças, não somente de indivíduos inteligentes em seu meio como também de uma grande parte da classe culta — igualmente revolucionária —, que se voltou para a classe trabalhadora com seu ideal de regeneração política e social da Rússia...

Muitos autores explicam sua hostilidade para com o governo soviético argumentando que a última fase da revolução russa foi simplesmente uma luta dos elementos "respeitáveis" contra os ataques brutais do bolchevismo. Entretanto, foram as classes abastadas que, ao perceber o crescente poder das organizações revolucionárias populares, se encarregaram de destruí-las e deter o caminho da revolução. Essas classes recorreram a medidas desesperadas. Para derrubar o ministério de Kerênski e os sovietes, desorganizaram os transportes e provocaram problemas internos; para esmagar os comitês de operários, fecharam as fábricas e desviaram combustível e matéria-prima; para destruir os comitês do Exército no *front*, foi restabelecida a pena de morte e tentou-se provocar a derrota militar.

Militares nas manifestações em Orel

Tudo isso alimentou ainda mais o fogo bolchevique. Os bolcheviques replicaram pregando a guerra de classes e reafirmando a supremacia dos sovietes.

Entre esses dois extremos, com as outras facções que os apoiavam de maneira sincera ou indiferente, estavam os chamados socialistas "moderados", os mencheviques, os socialistas revolucionários e vários outros partidos menores. Esses grupos também foram atacados pelas classes proprietárias, mas seu poder de resistência era enfraquecido por suas próprias teorias.

Grosso modo, os mencheviques e os socialistas revolucionários acreditavam que a Rússia não estava economicamente madura para uma revolução social; que somente uma revolução *política* seria possível. Por essa interpretação, as massas russas não eram educadas o suficiente para assumir o poder; qualquer tentativa traria inevitavelmente uma reação, pela qual algum oportunista cruel poderia restituir o antigo regime. E assim, quando os socialistas "moderados" foram forçados a assumir o poder, tiveram medo de usá-lo.

Eles acreditavam que a Rússia deveria atravessar os estágios de desenvolvimento político e econômico conhecidos da Europa Ocidental para finalmente emergir, com o resto do mundo, para o socialismo maduro. Assim, concordaram com as classes proprietárias que a Rússia deveria, primeiramente, tornar-se um Estado parlamentar — com algumas melhorias das democracias ocidentais. Como conseqüência, insistiram na colaboração das classes proprietárias no governo.

Daí, bastava um passo para apoiá-las. Os socialistas "moderados" precisavam da burguesia. Mas a burguesia não precisava dos socialistas "moderados". Como resultado, os ministros socialistas foram pouco a pouco obrigados a ceder espaço em todo o programa, enquanto as classes proprietárias ficavam cada vez mais insistentes.

Quando os bolcheviques finalmente trouxeram à tona toda a falsidade desses compromissos, os mencheviques e os socialistas revolucionários viram-se lutando ao lado das classes proprietárias... Hoje, esse fenômeno está presente em quase todos os países do mundo.

Parece-me que os bolcheviques, longe de serem uma força destruidora, formavam o único partido russo que apresentava um programa construtivo e detinha a força necessária para impô-lo ao país. Se não tivessem assumido o governo naquele momento, tenho certeza de que os exércitos da Alemanha imperial teriam invadido Petrogrado e Moscou, em dezem-

A potência representada pelos operários unidos durante os dias das greves de Morozovski

bro, e que hoje a Rússia estaria novamente sendo governada por um czar...

Ainda hoje, após um ano de governo soviético, é comum referir-se à insurreição bolchevique como uma "aventura". E ela foi de fato uma aventura — uma das mais grandiosas aventuras já empreendidas pela humanidade, que integrou à história as massas trabalhadoras, correndo todos os riscos possíveis para a conquista de suas amplas e sinceras aspirações. O mecanismo pelo qual as grandes propriedades agrárias seriam distribuídas aos camponeses já havia sido instalado. Os comitês de fábrica e os sindicatos já se haviam organizado para passar aos operários o controle da indústria. Cada vila, aldeia, cidade, distrito, província possuía seu soviete de operários, soldados e camponeses, preparados para assumir a tarefa da administração local.

Não importa a opinião que se tenha do bolchevismo. O fato inegável é que a Revolução Russa é um dos grandes acontecimentos na história da humanidade, e a ascensão dos bolcheviques é um fenômeno de importância mundial. Do mesmo modo que os historiadores pesquisam os registros para reconstituir detalhadamente a história da Comuna de Paris, eles também desejarão saber o que aconteceu em Petrogrado em novembro de 1917, que espírito motivou o povo, como eram seus líderes — sua aparência, suas palavras, suas atitudes. Foi pensando nisso que escrevi este livro.

Ao longo dessa luta, minhas simpatias não permaneceram neutras. Entretanto, ao contar a história daqueles dias gloriosos, procurei encarar os acontecimentos com os olhos de um repórter consciencioso, interessado em registrar a verdade.

Nova York, 1º de janeiro de 1919

Comício
na Duma do
Estado de Kiev

Cronologia da Revolução

Calendário Juliano	Calendário Gregoriano	Evento
22-26 de fevereiro	7-11 de março	Greves e manifestações em Petrogrado.
27 de fevereiro	12 de março	Queda do regime czarista em Petrogrado; formação do Comitê da Duma do Estado; formação do Soviete de Deputados de Operários de Petrogrado.
1º de março	14 de março	O Soviete de Petrogrado expede sua primeira determinação; Primeiro Governo Provisório sob o comando do príncipe Lvov; Nicolau II abdica em favor de seu irmão, Miguel.
3 de março	16 de março	Miguel abdica.
14 de março	27 de março	O Soviete de Petrogrado expede manifesto a todos os países pedindo o cessar-fogo.
3 de abril	16 de abril	Lênin chega a Petrogrado.
7 de abril	20 de abril	Lênin publica "Teses de Abril".
18 de abril	1 de maio	Milyukov, ministro de Assuntos Exteriores do Governo Provisório, envia nota reafirmando a lealdade da Rússia a seus aliados e seu compromisso de não negociar uma paz em separado.

Calendário Juliano	Calendário Gregoriano	Evento *(continuação)*
20-22 de abril	3-5 de maio	Manifestações de protesto contra a nota de Milyukov.
27 de abril	10 de maio	Príncipe Lvov convida representantes do Soviete de Petrogrado a participar do Governo Provisório.
2 de maio	15 de maio	Comunicado oficial de que Milyukov e Guchkov, ministro da Guerra, renunciaram.
4 de maio	17 de maio	Trótski chega à Rússia.
5 de maio	18 de maio	Formação do Governo Provisório de Coalizão sob o comando do príncipe Lvov; alguns mencheviques e socialistas revolucionários recebem cargos; Kerênski é nomeado ministro da Guerra.
3-24 de junho	16 de junho a 7 de julho	Primeiro Congresso dos Sovietes.
18 de junho	1 de julho	Ofensiva ordenada por Kerênski; manifestações em Petrogrado; *slogans* bolcheviques predominam.
2 de julho	15 de julho	Democratas constitucionais (cadetes) deixam o Governo Provisório de Coalizão.

Calendário Juliano	Calendário Gregoriano	Evento *(continuação)*
3-5 de julho	16-18 de julho	Manifestações em Petrogrado, aprovadas em 4 de julho (17 de julho, no calendário gregoriano) pelo Comitê Central Bolchevique; sufocadas em 5 de julho (18 de julho) com o uso de tropas; tomadas medidas contra os bolcheviques; Lênin, Zinoviev e outros buscam esconderijo.
8 de julho	21 de julho	Kerênski é nomeado primeiro-ministro.
19 de julho	1 de agosto	Kerênski nomeia o general Kornilov comandante-chefe.
24 de julho	6 de agosto	Segundo Governo Provisório de Coalizão sob o comando de Kerênski; inclusão do Partido Democrata Constitucional (cadetes); Trótski e Lunacharski são presos.
26 de julho a 3 de agosto	8-16 de agosto	Sexto Congresso do Partido Bolchevique; O grupo de Trótski une-se ao Partido Bolchevique.
12-14 de agosto	25-27 de agosto	Governo Provisório convoca Conferência de Estado em Moscou.
25 de agosto	7 de setembro	General Kornilov começa a conduzir tropas para atacar Petrogrado.

Calendário Juliano	Calendário Gregoriano	Evento *(continuação)*
28 de agosto	10 de setembro	O movimento de Kornilov fracassa.
31 de agosto	13 de setembro	O Soviete de Petrogrado aprova resolução bolchevique.
1 de setembro	14 de setembro	Kerênski organiza Diretório como substituto temporário para o Gabinete.
4 de setembro	17 de setembro	Kerênski ordena a dissolução de comitês criados para enfrentar Kornilov; Trótski é libertado.
6 de setembro	19 de setembro	Pela primeira vez, o Soviete de Moscou tem maioria de votos bolcheviques.
23 de setembro	6 de outubro	O Soviete de Petrogrado elege Trótski presidente.
25 de setembro	8 de outubro	Novo Governo Provisório de Coalizão.
7 de outubro	20 de outubro	Reunião do Pré-Parlamento.
10 de outubro	23 de outubro	O Comitê Central Bolchevique, com a presença de Lênin, decide organizar uma insurreição armada; Kameniev e Zinoviev votam contra.
12 de outubro	25 de outubro	O Soviete de Petrogrado cria o Comitê Militar Revolucionário.

Calendário Juliano	Calendário Gregoriano	Evento *(continuação)*
24 de outubro	6 de novembro	Os bolcheviques concluem os preparativos para a insurreição; O Governo Provisório se mobiliza e reprime a imprensa bolchevique; Lênin chega ao Instituto Smolni.
25 de outubro	7 de novembro	Abertura do Segundo Congresso de Sovietes, com maioria bolchevique; Kerênski deixa Petrogrado para organizar a resistência; Em Petrogrado, o Governo Provisório é derrubado.
26 de outubro	8 de novembro	O Governo Soviético formula os Decretos de Paz e Terra.

Verdadeira
ode ao trabalho:
entalhe em madeira

A fim de facilitar o entendimento da multiplicidade de organizações na Rússia — grupos políticos, comitês e comitês centrais, sovietes, dumas e sindicatos — são fornecidos a seguir algumas definições e esclarecimentos

Partidos políticos

Nas eleições para a Assembléia Constituinte, havia dezessete listas de candidatos em Petrogrado, chegando, em alguma cidades das províncias, à cifra de quarenta. Na exposição dos objetivos e da composição dos partidos políticos, entretanto, eu me limitarei aos grupos e facções mencionados nesta narrativa, reportando apenas a essência de seus programas e o caráter geral de suas constituições.

1. **Monarquistas de variadas nuances, outubristas etc**. Essas antes poderosas facções não mais tinham existência pública: ou atuavam clandestinamente, ou se integraram nos cadetes, na medida em que estes paulatinamente se aproximaram do programa político daqueles. Neste livro, aparecem os nomes dos monarquistas Rodzianko e Shulgin.
2. **Cadetes**. Assim denominados devido às iniciais de seu nome — Democratas Constitucionais — em russo KD. Sua denominação oficial era "Partido da Liberdade do Povo". Durante o czarismo, os cadetes, liberais das classes proprietárias, foram o grande partido das reformas sociais, correspondendo, em linhas gerais, ao Partido Progressista nos Estados Unidos da América. Quando a Revolução eclodiu, em fevereiro de 1917, os cadetes formaram o primeiro governo provisório. O ministério cadete foi destituído em abril, por ter se mostrado favorável aos desígnios imperialistas dos aliados, incluindo

os objetivos imperialistas do deposto governo czarista. À medida que a revolução começou a mostrar-se movida por fatores socioeconômicos, os cadetes se tornaram mais e mais conservadores. Seus representantes, neste livro, são Miliukov, Vinaver e Shatski.

2.a. ***Grupo de homens públicos***. Formou-se em Moscou após os cadetes terem se tornado impopulares por suas ligações com a contra-revolução de Kornilov. Delegados desse grupo receberam pastas no último gabinete chefiado por Kerênski. O grupo autoproclamava-se apartidário, embora seus mentores intelectuais fossem elementos como Rodzianko e Shulgin. Compunha-se de banqueiros de "mentalidade moderna", comerciantes e industriais perspicazes o suficiente para perceber que os sovietes deviam ser combatidos com suas próprias armas, isto é, por meio de organizações baseadas em atividades econômicas. Típicos representantes dos homens públicos foram Lianozov e Konovalov.

3\. **Socialistas populistas, ou Trudoviques** (Grupo do Trabalho). Numericamente reduzido, composto por intelectuais cautelosos, por líderes das sociedades cooperativas e por camponeses conservadores. Apesar de se proclamarem socialistas, apoiavam os interesses da pequena burguesia: empregados, funcionários, pequenos comerciantes etc. Eram, em linha direta, herdeiros da tradição conciliatória que caracterizara o Grupo do Trabalho na Quarta Duma Imperial, composta em sua maioria por representantes do campesinato. Kerênski era o líder dos trudoviques na Duma Imperial quando da eclosão da Revolução de Março. Caracterizado pelo nacionalismo, o partido dos socialistas populistas aparece aqui representado pelas figuras de Peshekhánov e Tchaikóvsky.

4. **Partido Operário Social-Democrata Russo**. Originalmente, socialistas marxistas. Por ocasião de um congresso realizado em 1903, no qual houve desacordos em questões de tática, o partido cindiu-se em duas facções: a Maioria (Bolchinstvo) e a Minoria (Menchistvo). Daí derivam as denominações "bolcheviques" — (membros da maioria) e "mencheviques" — (membros da minoria). Essas facções se transformaram em partidos políticos separados, ambos reclamando para si a denominação "Partido Operário Social-Democrata Russo" e afirmando-se marxistas. Desde a Revolução de 1905, os bolcheviques passaram efetivamente a ser minoria, preservando porém a denominação original. Tornaram-se novamente maioria em setembro de 1917.

4.a. ***Mencheviques***. Esse partido reúne todas as variantes de socialistas defensores da tese de que a sociedade deve atingir o socialismo num processo de evolução natural, devendo a classe operária conquistar previamente o poder político. Partido de orientação nacionalista, congrega os intelectuais socialistas, os quais, formados num sistema de ensino dominado pelas classes proprietárias, tendem a identificar-se com os interesses delas. Alguns de seus representantes, aqui nomeados, são: Dan, Lieber e Tseretelli.

4.b. ***Mencheviques internacionalistas.*** Ala radical dos mencheviques, contrária a qualquer coalizão com as classes proprietárias. Relutantes em romper com o menchevismo conservador, opunham-se à ditadura do proletariado, defendida pelos bolcheviques. Durante um longo período, Trótski integrou esse grupo. Entre seus líderes estão Martov e Martinov.

4.c. ***Bolcheviques.*** Adotam agora a denominação de "Partido Comunista", para enfatizar sua completa ruptura com a tradição do socialismo moderado ou parlamentar, predominante entre os mencheviques na Rússia e nas tendências assemelhadas, como os "socialistas majoritários", em outros países. Os bolcheviques propuseram a imediata insurreição proletária e a tomada das rédeas do governo como meios de apressar a passagem para o socialismo, assenhoreando-se, à força, da indústria, da terra, dos recursos naturais e das instituições financeiras. Esse partido expressa notadamente os interesses do operariado das fábricas e também de uma grande parcela dos camponeses pobres. Não se deve utilizar o termo "maximalista" como sinônimo de "bolchevique", pois os maximalistas constituem uma agremiação política em separado. (Ver o item 5.b.). Os líderes bolcheviques são: Lênin, Trótski e Lunachárski.

4.d. ***Social-democratas Internacionalistas Unificados***. Também denominados "Grupo Vida Nova" (Novaya Zhizn), devido à denominação do influente jornal que publicavam. Tratava-se de um pequeno grupo de intelectuais com escassa penetração entre o proletariado, exceção feita à pessoa do escritor Máximo Gorki, seu líder. Defendendo praticamente o mesmo programa dos mencheviques internacionalistas, recusavam aproximar-se das duas grandes facções dos social-democratas, isto é, os mencheviques e os bolcheviques. Embora se opusessem às táticas destes últimos, permaneceram no governo dos sovietes. Outros representantes desse grupo, aqui mencionados, são: Avilov e Kramarov.

4.e. ***Yedinstvo***. Pequeno grupo em processo de esfacelamento, composto quase inteiramente por seguidores pessoais de Plekhánov, um dos pioneiros da social democracia russa, na década de 1880, e seu mais notável teórico. Já muito idoso, Plekhánov era extremamente patriótico e por demais conservador, mesmo para os mencheviques. Após a *Revolução de Outubro*, o grupo Yedinstvo desapareceu.

5. **Partido Socialista Revolucionário**. Chamado SR, pelas iniciais de sua denominação. Originou-se como o partido revolucionário dos camponeses, o partido das Organizações de Combate, os Terroristas. Após a Revolução de Março, suas fileiras foram engrossadas por elementos sem nenhum tipo de relação com o socialismo. Nesse momento, defendia a abolição da propriedade privada apenas no campo, os proprietários rurais devendo receber algum tipo de compensação. O crescente sentimento revolucionário dos camponeses forçou os SR ao abandono da cláusula das compensações, fazendo também que os intelectuais mais jovens e combativos rompessem com o grosso do partido no outono de 1917, formando uma nova agremiação, o Partido Socialista Revolucionário de Esquerda. Os SR, que a partir desse momento foram alcunhados pelos grupos radicais de "socialistas revolucionários de direita", adotaram a orientação política menchevique, partido com o qual atuaram conjuntamente. Tornaram-se, por fim, representantes dos camponeses abastados e das populações politicamente atrasadas dos distritos rurais mais remotos. Em comparação aos mencheviques, os SR apresentavam uma maior diversidade interna de orientações políticas e econômicas. Alguns de seus líderes mencionados aqui são: Avksentiev, Gotz, Kerênski, Tchernov, "Bábushka" Breshkóvskaya.

5.a ***Socialistas Revolucionários de Esquerda***. Embora em tese compartilhando o programa da ditadura proletária dos bolcheviques, a princípio relutaram em adotar suas táticas impiedosas. Entretanto, permaneceram no governo soviético, ocupando várias pastas no gabinete, especialmente a da Agricultura. Retiraram-se do governo várias vezes, mas sempre retornando. À medida que os camponeses abandonavam as fileiras do partido SR, incorporavam-se ao Partido Socialista

Revolucionário de Esquerda, que, assim, tornou-se o grande partido camponês a apoiar o governo dos sovietes, defendendo o confisco, sem compensação, das grandes propriedades rurais em favor dos camponeses. Alguns de seus líderes: Spiridônova, Karelin, Kamkov, Kalagáyev.

5.b. ***Maximalistas.*** Ramificação dos Socialistas Revolucionários na Revolução de 1905, quando este era um forte movimento camponês. Exigia a imediata e integral aplicação do programa socialista. Depois, essa facção encontrava-se reduzida a um insignificante grupo de camponeses anarquistas.

Procedimentos parlamentares

As convenções e reuniões russas organizam-se seguindo antes o modelo europeu que o norte-americano. A primeira medida usualmente consiste na eleição dos secretários e do *presidium* ou mesa diretora.

O *presidium* é um comitê diretor composto de representantes dos grupos e facções políticas da assembléia. Ele organiza a pauta ou ordem do dia, e seus membros podem ser convocados pelo presidente para dirigir os trabalhos.

Cada questão (*voprós*) é exposta a toda a audiência e debatida; ao encerrar-se o debate, proposições são apresentadas pelas diferentes facções, e cada uma é submetida a votação, separadamente. A ordem do dia pode ser, e em geral é, completamente modificada já na primeira meia hora. Sob o pretexto de "urgência", quase sempre aceito pela multidão, qualquer presente ao plenário pode levantar-se e emitir qualquer tipo de declaração a respeito de qualquer assunto. A multidão controla a reunião, restando ao presidente de mesa tentar manter a ordem, acionando uma sineta, e conceder a palavra aos oradores inscritos. Praticamente todo o trabalho efetivo é realizado nas reuniões de bancada dos diversos grupos políticos, que emitem um voto coletivo por meio de um representante no plenário. Em conseqüência, a cada novo ponto de importância ou votação, a sessão entra em recesso para permitir aos diversos grupos realizar suas próprias reuniões internas.

A multidão é extremamente barulhenta, saudando ou vaiando oradores e sobrepondo-se à atuação do *presidium*. Entre os gritos mais costumeiros, estão: *prosim!* (por favor, prossiga!); *právilno!* ou *eto vierno* (é verdade, bravo!); *do vólno* (basta!); *dolói!* (fora!)

Organizações populares

1. **Sovietes**. A palavra *soviet* significa "conselho". Sob o czarismo, o Conselho de Estado Imperial era denominado *Gosudarstvennyi Soviet*. Desde a Revolução, entretanto, o termo "soviete" passou a denominar um certo tipo de assembléia eleita por membros de organizações econômicas da classe trabalhadora: o soviete dos deputados de operários, dos deputados de soldados, dos deputados de camponeses. Limitei-me a usar esse termo para me referir a esse tipo de organização; nos demais casos, utilizo a forma traduzida "conselho".

Além dos sovietes locais, eleitos em cada cidade, aldeia e vilarejo da Rússia — e, nas grandes cidades, também os *raioni*, ou sovietes de quarteirão —, existem os sovietes distritais ou provinciais (*oblastnie* e *gubiernskie)* e, sediado na capital, o Comitê Executivo Central dos Sovietes de toda a Rússia, denominado Tsik, palavra formada pelas iniciais de seu nome, em russo.

Praticamente em todos os lugares deu-se a unificação dos sovietes de deputados de operários e de deputados de soldados, logo após a Revolução de Março. Quando surgiam questões de interesse específico, cada agrupamento fazia sua própria reunião em separado. Os sovietes de deputados de camponeses não se integraram nessa unificação senão após o golpe de estado bolchevique. A exemplo dos operários e soldados, organizavam-se com um Comitê Executivo Central dos Sovietes Camponeses de toda a Rússia na capital.

2. **Sindicatos** (associações profissionais). Embora em sua maioria congregassem indistintamente trabalhadores da indústria, as associações russas de trabalhadores ainda eram denominadas associações por ofício, e ao tempo da Revolução Bolchevique tinham entre 3 e 4 milhões de membros. Essas associações estavam organizadas para abranger toda a Rússia, formando uma espécie de Federação Russa do Trabalho, que também tinha seu Comitê Central Executivo na capital.
3. **Comitês de fábrica**. Organizações espontâneas criadas nas fábricas pelos trabalhadores, numa tentativa de assumir o controle da indústria, tirando proveito da desorganização administrativa que acompanhou a revolução. Sua função era apossar-se das fábricas e mantê-las em operação. Os comitês de fábrica também se organizavam em toda a Rússia, com um comitê central em Petrogrado, e mantinham estreita cooperação com os sindicatos.
4. **Dumas**. A palavra *duma* significa aproximadamente "corpo deliberativo". A antiga Duma Imperial, que subsistiu seis meses após a revolução numa forma democratizada, desfaleceu em setembro de 1917. A Duma Municipal aludida neste livro era o Conselho Municipal reorganizado, também denominado "Governo Municipal Autônomo". Eleita pelo voto secreto, a única razão pela qual não conseguiu manter a confiança das massas durante a revolução bolchevique foi o declínio generalizado

da influência da representação estritamente política em face das organizações embasadas em grupos econômicos.

5. **Zemstvos**. Uma tradução aproximada poderia ser "conselho rural". Sob o czarismo, constituíam-se como organismos semipolíticos e semi-sociais, de escasso poder administrativo, criados e controlados em sua maioria por intelectuais liberais da classe dos proprietários rurais. Sua mais importante função era melhorar a educação e as condições sociais dos camponeses. Durante a guerra, os zemstvos gradualmente assumiram as tarefas de prover de mantimentos e vestimentas o exército russo e encarregar-se das compras no estrangeiro. Após a Revolução de Março, foram democratizados, numa tentativa de transformá-los em órgãos de governo local nos distritos rurais. Tal como as Dumas municipais, não puderam concorrer com os sovietes.
6. **Cooperativas**. Eram sociedades cooperativas de consumo de operários e de camponeses, com vários milhões de membros em toda a Rússia antes da revolução. Fundadas por liberais e socialistas "moderados", o movimento cooperativo não tinha o apoio dos grupos socialistas revolucionários, porque constituíam um sucedâneo à completa transferência dos meios de produção e distribuição para as mãos dos trabalhadores. Após a Revolução de Março as cooperativas se difundiram rapidamente e foram dominadas pelos socialistas populistas, pelos mencheviques e pelos socialistas revolucionários, atuando como força conservadora até a revolução bolchevique. No entanto, foram as cooperativas que abasteceram a Rússia quando do colapso das velhas estruturas de comércio e transporte.
7. **Comitês do Exército**. Foram formados pelos soldados no *front* para combater a influência reacionária dos oficiais do velho

regime. Todas as companhias, regimentos, brigadas, divisões e corpos de Exército tinham seus comitês, os quais, por sua vez, elegiam o Comitê do Exército. O Comitê Central do Exército atuava em cooperação com o Estado Maior. A desorganização da administração do Exército, que se seguiu à revolução, lançou sobre os comitês de Exército a maioria das funções de intendência e, em certos casos, até mesmo o comando de tropas.

8. **Comitês da Marinha**. Organizações na Armada similares aos Comitês de Exército.

Comitês Centrais

Durante a primavera e o verão de 1917 tiveram lugar, em Petrogrado, convenções pan-russas de numerosas organizações. Realizaram seus congressos nacionais os sovietes de operários, de soldados, de camponeses, de sindicatos, de comitês de fábrica, comitês de exército e de frota — além das diversas ramificações dos serviços militar e naval, de cooperativas, de nacionalidades etc. Cada uma dessas convenções elegia um comitê central, ou um comitê central executivo encarregado de representar seus interesses particulares no governo. À medida que o Governo Provisório foi se enfraquecendo, esses comitês centrais viram-se forçados a assumir mais e mais poderes administrativos.

Os comitês centrais mais importantes aqui mencionados são:

União das Uniões. Durante a Revolução de 1905, o professor Miliúkov e outros liberais fundaram associações de profissionais liberais: médicos, advogados etc. Essas associações se uniram numa organização central, a União das Uniões. Em 1905, a União das Uniões atuou com a democracia revolucionária; em 1917, entretanto, se opôs ao levante bolchevique, unindo-se aos funcionários de governo que entraram em greve contra a autoridade dos sovietes.

Tsik. Comitê Central Executivo dos Sovietes de Deputados de Operários e Soldados, assim denominado devido às iniciais do nome em russo.

Tsentroflot. Comitê Central da Frota.

Vikjel. Comitê Central para toda a Rússia do Sindicato dos Trabalhadores Ferroviários. Seu nome deriva das iniciais em russo.

Outras organizações

Guardas Vermelhos. Operários armados da Rússia. Surgiram durante a Revolução de 1905 e reapareceram em março de 1917, quando se fez necessária uma força organizada para manter a ordem na cidade. Tendo recebido armas nessa oportunidade, as diversas tentativas do Governo Provisório de desarmar os guardas vermelhos não tiveram sucesso. A cada grande crise da Revolução, eles apareciam nas ruas, sem treinamento e indisciplinados, mas plenos de zelo revolucionário.

Guardas Brancos. Voluntários burgueses que, nos estágios finais da revolução, se ergueram para lutar contra a abolição da propriedade privada pelos bolcheviques. Muitos eram estudantes universitários.

Tekintsi. Conhecida como a "Divisão Selvagem" no Exército, formada por soldados maometanos das tribos da Ásia Central devotados ao general Kornilov. Eram conhecidos pela obediência cega e pela crueldade selvagem em combate.

Batalhões da Morte ou Batalhões de Choque. O Batalhão de Mulheres recebeu essa denominação, mas ela foi estendida a batalhões da morte formados por homens. Estes foram criados por Kerênski em 1917, com o propósito de fortalecer a disciplina e o ardor combativo por meio do exemplo herólco. Compunham os batalhões da morte jovens e ardentes patriotas, recrutados entre os filhos das classes proprietárias.

União dos Oficiais. Organização de oficiais reacionários do Exército, formada para combater politicamente o crescente poder dos comitês de Exército.

Cavaleiros de São Jorge. A Cruz de São Jorge era concedida por ação destacada em combate. Seu portador tornava-se, automaticamente, um Cavaleiro de São Jorge, integrando uma associação voltada para a defesa do espírito militar.

União de Camponeses. Em 1905, a União de Camponeses era uma organização de camponeses revolucionários. Em 1917, entretanto, expressava os interesses políticos dos camponeses acomodados, combatendo a orientação revolucionária e o crescente poder dos sovietes dos deputados de camponeses.

Cronologia e ortografia

Adoto aqui o calendário em uso no Ocidente, em lugar do calendário russo de então, que apresentava um atraso de treze dias em relação ao nosso. Para os termos e nomes russos, não segui nenhuma regra científica de transliteração; tentei apenas utilizar uma grafia que indicasse ao leitor de língua inglesa a pronúncia mais aproximada*.

Fontes

O material para este livro constitui-se, basicamente, de minhas próprias anotações. Consultei também um arquivo com centenas de jornais russos do período, que ofereceram uma cober-

* Nota. Relembramos ao leitor brasileiro que certas expressões foram consagradas com a utilização do antigo calendário russo, como, por exemplo, "Revolução de Outubro". Quanto aos nomes russos, a tradução procurou preservar os nomes originais, fazendo o aportuguesamento pela identidade fonética somente dos nomes que encontram similar em nossa língua.

tura praticamente diária dos eventos. Recorri aos arquivos do jornal inglês *Russian Daily News*, e aos arquivos de dois jornais franceses, *Journal de Russie* e *Entente*. Mais valioso, no entanto, foi o *Bulletin de la Presse*, editado diariamente pelo Escritório Francês de Informação, em Petrogrado, contendo reportagens dos principais acontecimentos, discursos, e os comentários da imprensa russa. Dele possuo uma série praticamente completa, que vai da primavera de 1917 ao fim de janeiro de 1918.

Além dessas fontes, tenho em meu poder praticamente todas as proclamações, todos os decretos e avisos afixados nos muros de Petrogrado, de meados de setembro de 1917 ao fim de janeiro de 1918. Tenho também as publicações oficiais de todos os decretos e ordens governamentais, bem como a edição oficial dos tratados secretos e outros documentos descobertos no Ministério da Relações Exteriores quando os bolcheviques o tomaram.

Selos dedicados à República do trabalho, do artista Natan Altman

Reinado de Nicolau, o Último. Litografia de V. Mayakovsky (1917), Museu Central Estatal da História Contemporânea da Rússia

Capítulo 1

Os antecedentes

Em fins de setembro de 1917, um professor de sociologia em viagem à Rússia veio visitar-me em Petrogrado. Ele ouvira de homens de negócios e intelectuais que a revolução estava arrefecendo. Escreveu um artigo refletindo essas opiniões e iniciou uma viagem pelo país, visitando cidades industriais e comunidades camponesas — lugares em que, para sua surpresa, o ritmo da revolução parecia estar acelerando. Entre os assalariados e os trabalhadores rurais era comum ouvir conversas em que se dizia "a terra para os camponeses, as fábricas para os operários". Tivesse o professor visitado as frentes de batalha, teria ouvido o exército inteiro falando em fazer a paz...

O professor ficou aturdido, mas não precisava ter ficado, uma vez que ambas as observações eram corretas. As classes proprietárias assumiam um crescente conservadorismo, as massas populares radicalizavam-se.

Entre os homens de negócios e entre a *intelligentsia*, havia o sentimento de que a revolução já tinha ido longe demais e também se estendido por tempo demais; já era tempo de as coisas se acalmarem. Este sentimento era compartilhado pelos grupos socialistas "moderados", pelos mencheviques *oborontsi**[1] e pelos socialistas revolucionários, que davam sustentação ao Governo Provisório de Kerênski.

No censo realizado na Rússia em 1897, Nicolau assim respondeu à pergunta contida no questionário sobre a profissão que exercia: "Dono da terra russa!". Tudo parecia inabalável às dinastias e aos dirigentes russos

* Nota. As referências numeradas encontram-se nos Apêndices, ao final do livro.

No dia 14 de outubro, o órgão oficial dos socialistas "moderados" proclamava:

O drama da revolução tem dois atos: a destruição do antigo regime e a criação do novo. O primeiro ato já durou o suficiente. É tempo, agora, de passar ao segundo ato e encená-lo tão rapidamente quanto possível. Como disse um grande revolucionário: "Apressemo-nos, amigos, em concluir a revolução. Quem a faz durar demasiado não colhe seus frutos."

No entanto, entre as massas de soldados, operários e camponeses persistia um renitente sentimento de que o primeiro ato ainda não havia terminado. Nas frentes de combate os comitês de exército entravam em choque com oficiais que não aceitavam tratar os soldados como seres humanos; na retaguarda, os comitês agrários eleitos pelos camponeses eram encarcerados por ousar a implementação das regulamentações governamentais sobre a terra; os operários[2], nas fábricas, enfrentavam listas negras e paralisações patronais. Além disso, exilados políticos que retornavam estavam sendo expulsos como indesejáveis; em alguns casos, os que retornavam eram processados e encarcerados por atos revolucionários cometidos em 1905.

Nos cartazes e faixas exigia-se a imediata convocação da Assembléia Constituinte. Petrogrado, março de 1917

Ao multifacetado descontentamento do povo, os socialistas "moderados" ofereciam uma só resposta: esperar pela Assembléia

Constituinte, que se reuniria em dezembro. Mas isso não satisfazia as massas. Apoiava-se e desejava-se a Assembléia Constituinte, mas havia questões pelas quais a revolução tinha sido feita, pelas quais os mártires da revolução tinham caído no Campo de Marte, e elas tinham de ser resolvidas, com ou sem Assembléia Constituinte: paz, terra e controle operário sobre a indústria. A Assembléia Constituinte tinha sido adiada e adiada, e provavelmente seria novamente adiada, até que o povo estivesse suficientemente calmo — talvez para modificar suas exigências! Em todo caso, já oito meses de revolução tinham se escoado, e haviam sido poucas as realizações.

Nesse ínterim, os soldados começaram a dar sua resposta à questão da paz desertando simplesmente; os camponeses queimavam as casas senhoriais e tomavam as terras; os trabalhadores lançavam mão da sabotagem e da paralisação... Certamente, e como era natural que acontecesse, os fabricantes, os latifundiá-

Em janeiro de 1917 havia duzentos mil grevistas — crescia o movimento operário em todo o país rios e os oficiais das Forças Armadas exerciam toda a influência possível contra qualquer concessão democrática...

A política do Governo Provisório oscilava entre reformas inócuas e duras medidas repressivas. Um decreto do ministro socialista do Trabalho ordenou aos comitês de trabalhadores que se reunissem apenas após o trabalho. Nas frentes de combate, agitadores de partidos de oposição atuando entre as tropas eram presos, jornais radicais eram fechados, e aplicava-se a pena capital a propagandistas da revolução. Houve tentativas para desarmar a Guarda Vermelha. Cossacos foram enviados às províncias para manter a ordem...

Essas medidas eram apoiadas pelos socialistas "moderados" e por seus líderes no Ministério, que consideravam necessário cooperar com as classes proprietárias. O povo rapidamente os desertou e passou para o lado dos bolcheviques, que defendiam a proposta de "paz, terra e controle operário sobre a

As greves aumentam

indústria" e um governo da classe trabalhadora. Em setembro, a situação se agravou. Contrariando os desejos de todo o país, Kerênski e os socialistas "moderados" conseguiram estabelecer um governo de coalizão com as classes proprietárias; como resultado, os mencheviques e os socialistas revolucionários perderam de forma definitiva a confiança do povo.

Um artigo publicado no jornal *Rabochi Put* (O Caminho do Proletariado) em meados de outubro, intitulado "Os ministros socialistas", expressava o sentimento das massas contra os socialistas "moderados":

Eis uma lista de seus serviços[3].

Tseretelli: desarmou os operários com a assistência do general Polovtsev, reprimiu os soldados revolucionários e aprovou a pena capital no exército.

A. Tsereteli

Skobeliev: começou tentando impor uma taxa de 100% sobre os lucros dos capitalistas e acabou tentando dissolver os comitês de trabalhadores nos comércios e nas fábricas.

Avksentiev: prendeu centenas de camponeses, membros dos comitês agrários, e suprimiu dezenas de jornais de trabalhadores e soldados.

Chernov: assinou o manifesto 'imperial' ordenando a dissolução da Dieta finlandesa.

Savinkov: concertou abertamente uma aliança com o general Kornilov. Esse "salvador da pátria" só não traiu Petrogrado por circunstâncias além do seu controle.

Zarudni: com o aval de Alexinski e Kerênski, prendeu os melhores e mais ardentes revolucionários, soldados e marinheiros.

Nikitin: portou-se como um vulgar esbirro contra os trabalhadores ferroviários.

Kerênski: Deste, é melhor nem falar. A lista de seus "serviços" é muito longa...

Um congresso de delegados da Frota do Báltico, em Helsinque, aprovou uma resolução que dizia, em suas primeiras linhas:

> Exigimos a imediata expulsão do "socialista" e aventureiro político Kerênski dos quadros do Governo Provisório, por buscar a ruína da grande revolução e das massas revolucionárias pela coerção política que exerce para beneficiar a burguesia...

O Governo Provisório (1917)

O resultado inevitável de tudo isso foi o crescimento dos bolcheviques...

Desde março de 1917, quando as ruidosas multidões de operários e soldados tomaram o palácio Táurida, compelindo a relutante Duma Imperial a assumir o poder na Rússia, as massas de operários, soldados e camponeses passaram a determinar os rumos da revolução. Derrubaram o gabinete Miliúkov; e foi o soviete deles, o verdadeiro representante das massas, que expressou ao mundo os termos de paz da Rússia — "sem anexações, sem reparações de guerra, e o direito de autodeterminação dos povos". Em julho, o levante do proletariado desorganizado, uma vez mais assaltando o palácio Táurida, proclamou que os sovietes deviam assumir o governo da Rússia.

Os bolcheviques, então um reduzido grupo político, puseram-se à frente do movimento. Quando este falhou, a opinião pública voltou-se contra eles, e as massas, sem liderança, recuaram para o bairro de Viborg, o Saint-Antoine de Petrogrado. Começou então uma selvagem perseguição aos bolcheviques; centenas foram aprisionados, entre eles Trótski, Kollontai e Kamenev. Lênin e Zinoviev buscaram refúgio como fugitivos da justiça; os jornais bolcheviques foram fechados. Provocadores e reacionários difundiram o boato de que os bolcheviques eram agentes alemães, e o mundo inteiro acreditou.

V. Lênin. Foto de 1910

Mas logo ficou claro que o Governo Provisório não podia sustentar suas acusações. Os documentos que deveriam provar o conluio dos bolcheviques com os alemães eram claramente forjados*, e aos poucos os bolcheviques foram sendo soltos sem julgamento, com fiança apenas nominal ou mesmo sem fiança, restando apenas seis encarcerados. A impotência e a indecisão do instável Governo Provisório constituíam argumentos que ninguém poderia refutar. Os bolcheviques retomaram a palavra de ordem tão querida das massas, "Todo o poder aos Sovietes!", e não poderiam ser acusados de trabalhar em causa própria, pois os sovietes naquele momento apresentavam maioria de socialistas "moderados", seus inimigos irreconciliáveis.

Os bolcheviques reconheceram os desejos simples e rudes dos trabalhadores, dos soldados e dos camponeses, e sobre eles elaboraram seu programa. Assim, enquanto os mencheviques *oborontsi* e socialistas revolucionários se emaranhavam com

* Nota. Parte do afamado "Documento Sisson".

Petrogrado, abril de 1917: distribuição de jornais aos representantes das unidades militares na redação do jornal *Notícia* do Soviete de Deputados Operários e Soldados.

a burguesia, os bolcheviques rapidamente conquistaram a confiança das massas. Em julho, foram caçados e desprezados; em setembro, os trabalhadores urbanos, os marinheiros da Frota do Báltico e os soldados estavam com eles. As eleições municipais de setembro nas grandes cidades[4] foram significativas, pois os mencheviques e os socialistas revolucionários receberam apenas 18% dos votos, contra os mais de 70% que tinham desfrutado em junho...

Um fato desafiou a compreensão dos observadores estrangeiros: o Comitê Executivo Central dos Sovietes, os comitês centrais do Exército e da Marinha* e os comitês centrais de alguns sindicatos, notadamente dos telegrafistas e dos ferroviários, eram violentamente hostis aos bolcheviques. Mas isso era facilmen-

* Ver Notas e Explicações.

te explicado: esses comitês centrais tinham sido eleitos no verão anterior, ou mesmo antes; naquele momento, os mencheviques e os socialistas revolucionários contavam com grande massa de seguidores. Sabendo que, desde então, tinham perdido muitos adeptos, tentavam impedir ou retardar novas eleições. De acordo com a Constituição dos Sovietes dos Deputados de Operários e Soldados, a convocação do Congresso Pan-Russo dos Sovietes deveria ocorrer em setembro, mas o Tsik* retardava essa convocação, alegando que dentro de dois meses a Assembléia Constituinte se reuniria, e os sovietes deveriam desaparecer. Os bolcheviques, paulatinamente, conquistavam a maioria nos sovietes locais por todo o país, nos sindicatos e entre os soldados e marinheiros. Os sovietes de camponeses persistiram ainda conservadores, uma vez que nos distritos rurais atrasados a consciência política desenvolvia-se mais lentamente, e o partido socialista revolucionário tinha sido o partido dos camponeses por toda uma geração... Mas mesmo entre os camponeses uma ala revolucionária estava se formando. Isso ficou claro em outubro, quando a ala esquerda dos socialistas revolucionários se separou, formando uma nova agremiação política, os Socialistas Revolucionários de Esquerda.

26 e 27 de outubro: reunião dos operários da fábrica de Putilovski comunicando a queda do Governo Provisório e a passagem do poder aos Sovietes de Deputados Operários

Paralelamente, vários sintomas, por todos os lugares, in-

* Ver Notas e Explicações.

dicavam que as forças da reação tornavam-se mais e mais confiantes[5]. No Teatro de Comédia Troitski, por exemplo, a encenação de uma peça burlesca intitulada *Os pecados do Czar* foi interrompida por um grupo de monarquistas, que ameaçaram linchar os atores por "insulto ao Imperador". Alguns jornais pregavam abertamente a necessidade de um "Napoleão russo", e tornou-se moda, entre a intelectualidade burguesa, ridicularizar os sovietes de operários (*Rabochi Deputatov*) chamando-os de *Sobachi Deputatov* — "deputados de cães".

No dia 15 de outubro entrevistei um grande capitalista russo, Stepan Gregorovich Lianozov, conhecido como o "Rockefeller russo", um cadete convicto.

"A revolução", disse-me, "é uma doença. Cedo ou tarde as potências estrangeiras devem intervir — como se interviria para curar uma criança doente e ensiná-la a andar. Certamente a intervenção pode ser mais ou menos reprovável, mas as nações devem compreender o perigo do bolchevismo em seus próprios países — idéias contagiosas como 'ditadura do proletariado' e 'revolução socialista mundial'... Há possibilidades de que essa intervenção não seja necessária. O transporte está desmoralizado, as fábricas estão fechando, e os alemães avançando. A fome e a derrota devem trazer o povo russo de volta à razão."

Lianozov foi enfático ao expressar sua convicção de que os comerciantes e fabricantes jamais poderiam tolerar a existência dos comitês de fábrica ou permitir qualquer participação dos trabalhadores no controle da indústria.

"Quanto aos bolcheviques," continuou Lianozov, "serão eliminados por meio de um entre dois métodos. O governo pode desocupar Petrogrado, o estado de sítio será declarado e o comandante militar poderá lidar com esses cavalheiros sem atentar para as formalidades legais... *Ou se, por exemplo, a Assembléia Constituinte apresentar tendências utópicas, poderá ser dispersada pela força das armas...*"

O inverno se aproximava — o terrível inverno russo. Ouvi homens de negócios dizendo: "O inverno sempre foi o melhor amigo da Rússia. Talvez agora ele nos livre da revolução." Nas enregeladas frentes de batalha, tropas miseráveis continuavam a definhar e morrer sem o menor entusiasmo. As ferrovias entravam em colapso, os mantimentos escasseavam, fábricas fechavam. As massas, desesperadas, gritavam que a burguesia sabotava a vida do povo e provocava a derrota nas frentes de batalha. Riga caiu logo após o general Kornilov ter afirmado publicamente: "Será a perda de Riga o preço a pagar para trazer o país de volta ao senso de dever?"*

Para nós, americanos, é difícil acreditar que a luta de classes possa atingir tais extremos. Mas encontrei oficiais na Frente Norte

Pessoas morriam nas enregeladas frentes de batalha, sem entender os objetivos da guerra

* Ver REED, John. *Kornilov to Brest-Litovsk*. Nova York: Boni and Liveright , 1919.

que diziam abertamente preferir um desastre militar à cooperação com os comitês de soldados. O secretário da seção de Petrogrado do partido cadete disse-me que o colapso da economia do país era parte da campanha para desacreditar a revolução. Um diplomata aliado, cujo nome prometi não revelar, confirmou esse quadro a partir de suas próprias informações. Eu soube que algumas minas de carvão perto de Kharkov tinham sido incendiadas e inundadas pelos próprios proprietários; que, em Moscou, os engenheiros inutilizavam o maquinário de fábricas têxteis antes de abandoná-las; que funcionários das ferrovias tinham sido surpreendidos por trabalhadores quando danificavam suas locomotivas...

Grande parte das classes proprietárias preferia os alemães à revolução, ou até mesmo ao Governo Provisório, e não hesitavam em dizê-lo.

Na casa onde eu me alojava, a conversa à mesa era sempre a mesma: a iminente chegada dos alemães, trazendo "a lei e a ordem"... Em certa ocasião, passei uma tarde na residência de um comerciante moscovita; ao servirem o chá, perguntei aos presentes (onze pessoas) se preferiam "Guilherme* ou os bolcheviques". A votação foi dez a um em favor de Guilherme...

Os especuladores aproveitavam-se da desorganização generalizada para amealhar fortunas, que gastavam em fantásticas orgias ou no suborno de funcionários do governo. Estoques de mantimentos e combustível eram escondidos, ou secretamente remetidos para a Suécia. Durante os primeiros quatro meses da revolução, por exemplo, a reserva de comida foi saqueada dos grandes armazéns municipais, até que a provisão de grãos para dois anos se reduziu a menos do necessário para abastecer a cidade por um mês... Segundo o relatório oficial do

* Nota. Trata-se de Guilherme II, imperador alemão.

último ministro do Abastecimento do Governo Provisório, podia-se comprar café em quantidade em Vladivostok a quatro rublos o quilo, enquanto em Petrogrado o consumidor pagava 26 rublos. Em todos os depósitos das grandes cidades havia toneladas de alimentos e roupas, acessíveis apenas aos ricos.

Numa pequena cidade do interior, conheci uma família de comerciantes que se tornaram especuladores — *maradior* (bandido, ladrão), como dizem os russos. Os três filhos tinham recorrido ao suborno para se livrar do serviço militar. Um deles traficava com alimentos. Outro vendia ilegalmente ouro das minas do Lena a misteriosos compradores na Finlândia. O terceiro era sócio majoritário numa fábrica de chocolate, abastecendo as cooperativas locais — com a condição de que elas lhe fornecessem tudo o que precisasse. Desse modo, enquanto as massas do povo conseguiam não mais que 125 gramas de pão negro com seus cartões de racionamento, ele tinha, em abundância, pão branco, açúcar, chá, doces, bolos e manteiga... E apesar disso, quando os soldados das frentes não conseguiram mais combater devido à fome, ao frio e à exaustão, toda essa família gritou, indignada: "Covardes!" — quanto estavam "envergonhados" por "ser russos". Quando, finalmente, os bolcheviques descobriram e confiscaram os vastos depósitos clandestinos de provisões, foram tachados de "ladrões".

Nos subterrâneos dessa putrefação visível, moviam-se as forças do obscurantismo do passado, intocadas desde a queda de Nicolau II, ainda secretas e muito ativas. Os agentes da notória Okrana* ainda atuavam, contra e a favor do czar, contra e a favor de Kerênski, a serviço de quem pagasse mais... Moven-

* Nota. Okrana: polícia secreta do czarismo.

Emblemas tzaristas são queimados na avenida Nevski, perto do prédio do palácio Anitchkov

do-se na obscuridade, organizações clandestinas de todo tipo, como as Centúrias Negras*, tentavam restabelecer a reação, de uma forma ou de outra.

Nessa atmosfera de corrupção, de monstruosas meias-verdades, uma nota soava clara, dia após dia: o cada vez mais forte coro dos bolcheviques. "Todo o poder aos sovietes! Todo o poder aos representantes diretos dos milhões e milhões de operários, soldados e camponeses. Terra, pão, o fim dessa guerra sem sentido, o fim da diplomacia secreta, da especulação, da traição... A revolução está em perigo, e com ela a causa do povo em todo o mundo!"

O enfrentamento entre o proletariado e a classe média, entre os sovietes e o governo, que começara em março, estava che-

* Nota. Cem Negros ou Centúrias Negras: organização clandestina composta por elementos ultra-reacionários e ligada à polícia czarista. Dedicava-se a combater a oposição política por meio da violência e do terror (pogroms etc.).

gando ao auge. Tendo, de um salto, passado da Idade Média ao século XX, a Rússia mostrou ao mundo espantado dois tipos de revolução — a política e a social — em confronto mortal.

Na ânsia de saber as últimas notícias, a população disputava os jornais nas bancas

Quanta vitalidade demonstrou a Revolução Russa, mesmo após tantos meses de miséria e desilusões! A burguesia deveria conhecer melhor sua Rússia. Para esse povo, a "doença" da revolução ainda demorará muito a morrer.

Olhando para trás, a Rússia de antes da insurreição de novembro parecia viver em outra época, inacreditavelmente conservadora. Bruscamente, as pessoas tiveram de adaptar-se a uma vida mais agitada; do mesmo modo, a política russa deu um giro à esquerda, fazendo dos cadetes foras-da-lei "inimigos do povo", transformando Kerênski em um "contra-revolucionário", tornando os líderes socialistas centristas Tseretelli, Dan, Lieber, Gotz e Avksentiev reacionários demais para seus seguidores, e personagens como Victor Chernov e mesmo Máximo Gorki tornaram-se direitistas...

Em meados de dezembro de 1917, um grupo de líderes socialistas revolucionários fez uma visita privada a Sir George Buchanan, embaixador britânico, e pediu-lhe que não comentasse a visita, pois esses líderes eram considerados de extrema direita.

"E pensar", disse Sir George, "que um ano atrás meu governo deu instruções para não receber Miliúkov porque ele era um perigoso esquerdista!"

Setembro e outubro são os piores meses do ano russo — especialmente em Petrogrado. Do céu cinza, nos dias cada vez mais curtos, a chuva caía incessante. A camada de lama era profunda, escorregadia e pegajosa, marcada por pegadas de botas pesadas, e ela estava pior que nunca devido ao completo desmantelamento da administração municipal. Fortes ventos úmidos sopravam do Golfo da Finlândia, e um nevoeiro gelado caía sobre as ruas. À noite, tanto por economia quanto por medo dos Zepelins*, a iluminação pública mantinha acesas umas poucas lâmpadas, afastadas entre si. Nas casas e prédios de apartamentos, a eletricidade funcionava das 6 horas da tarde à meia-noite, com as velas custando 40 centavos cada e pouca querosene disponível. A escuridão se estendia das 3 da tarde às 10 da manhã. Os casos de roubo e assalto a residências multiplicaram. Nos prédios de apartamentos, os moradores faziam turnos de guarda, fuzil aperrado nas mãos. Era o tempo do Governo Provisório.

Máximo Gorki ("Amargo"), cujo verdadeiro nome era Aleksei Maksimovitch Pechkov, foi um escritor que inicialmente se opôs à Revolução de Outubro, mas depois se colocou a serviço do novo regime. *Modelo para o monumento em Moscou*, 1939, de J. D. Chadr

Semana a semana os alimentos tornavam-se mais e mais escas-

* Nota. Dirigíveis utilizados como bombardeiros pela Alemanha, na 1ª Guerra Mundial.

sos. A ração diária de pão reduziu-se de 750 gramas para 500 gramas, para 250 gramas, para 150. Em certas semanas não houve pão. A ração de açúcar era de 1 quilo ao mês — e era raro encontrá-lo. Uma barra de chocolate, ou meio quilo de caramelos de má qualidade, custava de 7 a 10 rublos, aproximadamente 1 dólar, ao câmbio da época. Havia apenas metade do leite necessário para alimentar as crianças pequenas da cidade; a maioria dos hotéis e das residências ficou sem leite durante meses. Na época de abundância de frutas, maçãs e pêras eram vendidas a quase 1 rublo cada...

Para conseguir leite, pão, açúcar e tabaco era necessário aguardar em longas filas por horas, sob uma chuva gélida. Voltando para casa de reuniões que se prolongavam a noite inteira, vi as filas formando-se antes do amanhecer, compostas, em sua maioria, por mulheres, muitas com crianças nos braços. Em sua obra *História da Revolução Francesa*, Carlyle descreveu o povo francês como distinguindo-se dos outros por sua capacidade de esperar em fila. O povo russo se habituara a essa prática, que tinha sido inaugurada durante o reinado de Nicolau, o Santo, por volta de 1915, e desde então continuou com intermitência, até firmar-se como algo natural, no verão de 1917. As pessoas, pobremente vestidas, esperando o dia inteiro nas ruas brancas de gelo do inverno russo! Nas filas de pão, ouvi palavras amargas de descontentamento, apesar da miraculosa boa índole das multidões russas...

É claro que os teatros abriam todas as noites, incluindo os domingos. Karsavina estreou um novo balé no Marinski, e a Rússia apreciadora da dança compareceu. Chaliapin cantava. No Alexandrinski, reapresentava-se uma produção de Meyerhold de *A morte de Ivan, o Terrível*, de Tolstoi; durante o intervalo, lembro-me de um estudante da Escola Imperial de Pajens, uniformizado, perfilado diante do camarote imperial, cujas águias tinham sido retiradas... Uma nova e suntuosa versão do *Reigen*, de Schnitzler, estreou no Krivoi Zérkalo.

Embora as obras do Hermitage e de outras galerias tivessem sido enviadas para Moscou, havia exposições todas as semanas. Hordas de mulheres intelectuais compareciam a palestras sobre arte, literatura e filosofia ligeira. Foi uma temporada particularmente ativa para os teósofos. O Exército da Salvação, pela primeira vez na história admitido na Rússia, cobria as paredes com cartazes anunciando suas reuniões de pregação, que divertiam e espantavam os russos.

Como costuma ocorrer em tais momentos, a vida convencional e frívola da cidade seguia seu curso, ignorando a revolução tanto quanto podia. Os poetas faziam versos — mas não sobre a revolução. Os pintores realistas pintavam cenas da Rússia medieval — tudo, menos a revolução. Mocinhas bem-nascidas das províncias chegavam à capital para aprender francês e estudar canto, e alegres e jovens oficiais passeavam pelos salões, exibindo seus *bachliki** vermelho-púrpura e suas belas espadas caucasianas. Mulheres da pequena burguesia visitavam-se para o chá, cada qual com seu pequeno açucareiro, em ouro, prata ou cravejado, e um pedaço de pão oculto no regalo, desejando a volta do czar, a chegada dos alemães ou qualquer coisa que resolvesse o problema da criadagem... A filha de um amigo meu chegou em casa histérica de tanta indignação, porque a mulher condutora do bonde tratou-a por "camarada!"

À volta desses personagens, a grande Rússia entrava no trabalho do parto que traria à luz um mundo novo. Os criados, usualmente tratados como animais e ganhando quase nada, esta-

* Nota. Espécie de touca ou barrete.

vam se tornando independentes. Com o preço do par de sapatos próximo de 100 rublos e um salário mensal em torno de 35 rublos, os criados recusavam-se a ficar nas filas estragando seus sapatos nas longas esperas. E não era só isso. Na nova Rússia, todos, homens e mulheres, podiam votar; havia jornais da classe operária que divulgavam os novos e espantosos acontecimentos; havia os sovietes; havia os sindicatos. Os *izvozchiki* (cocheiros) tinham não só seu próprio sindicato como ainda sua representação no soviete de Petrogrado. Os garçons e criados de hotéis haviam se organizado e passaram a recusar gorjetas. Nas paredes dos restaurantes, puseram avisos onde se lia: "Não se aceitam gorjetas", ou então: "Ganhar a vida como garçom não justifica o insulto da gorjeta."

Nas frentes, os soldados travavam seu combate contra os oficiais e aprenderam sobre autodeterminação pela prática de seus comitês. Os comitês de fábrica*, essa novidade russa, ganhavam experiência e poder, e realizavam sua missão histórica de combater a velha ordem. Toda a Rússia estava aprendendo a ler e efetivamente lendo — política, economia, história —, porque as pessoas tinham sede de conhecimento. Em cada cidade, na maioria das vilas, nas frentes de combate, cada facção política tinha seu jornal — algumas vezes mais de um. Centenas de milhares de panfletos eram distribuídos por milhares de organizações e espalhavam-se entre as tropas, nas cidades, nas fábricas, nas ruas. Com a revolução, a sede por instrução, durante tanto tempo insatisfeita, provocou um frenesi de formas de expressão. Apenas do Instituto

O escritor Nicolás Gógol. Retratado por Mollet, 1841

* Ver Notas e Explicações.

Smolni, durante os seis primeiros meses, saíam caminhões e trens com toneladas de material de divulgação e propaganda, inundando o país. A Rússia absorvia todo tipo de literatura impressa como a areia quente absorve água, de forma insaciável. E não se tratava de fábulas, história falsificada, religião morna ou ficção barata e corruptora, mas de teoria econômica e social, filosofia, obras de Tolstoi, Gógol, Gorki...

A manifestação das necessidades de comunicação tornou pequeno o que Carlyle chamara de "dilúvio de discursos franceses". Palestras, debates, discursos eram comuns em teatros, circos, escolas, clubes, salas de reunião dos sovietes, sedes sindicais, quartéis... Comícios nas trincheiras, nos bairros, nas fábricas... Que visão maravilhosa eram os 40 mil operários das fábricas Putilov reunidos para ouvir os social-democratas, os socialistas revolucionários, os anarquistas, qualquer um, que dissesse qualquer coisa, contanto que falasse! Durante meses, em Petrogrado e em toda a Rússia, cada esquina se tornou uma tribuna pública. Nos trens, nos bondes, sempre, por toda parte, o debate surgia....

Leon Tolstoi. Trabalho de I. Repin, 1887, Galeria Tretiakov

A par disso, realizavam-se as Conferências e os Congressos Pan-Russos, reunindo as pessoas dos dois continentes — convenções dos sovietes, das cooperativas, dos zemstvos*, das nacionalidades, dos pregado-

* Ver Notas e Explicações

res, dos camponeses, dos partidos políticos; a Conferência Democrática, a Conferência de Moscou, o Conselho da República Russa. Havia sempre três ou quatro convenções acontecendo em Petrogrado. Em toda reunião, tentativas de limitar o tempo dos oradores eram rechaçadas, e todo aquele que quisesse era livre para manifestar seus pensamentos...

Visitei a frente do 12º Exército, perto de Riga, onde homens sem luvas nem botas padeciam na lama de trincheiras indefensáveis. Esses homens, seus rostos contraídos, a pele arroxeada denunciando o frio que as vestes rasgadas não podiam conter, ao ver-me se ergueram, perguntando ansiosamente: "Você trouxe algo para *ler*?"

Os sinais das mudanças eram muitos e estavam em toda parte. A estátua de Catarina a Grande, em frente ao teatro Alexandrinski, ostentava uma bandeira vermelha nas mãos; outras bandeiras vermelhas, algumas já desbotando, tremulavam nos edifícios públicos. Os símbolos imperiais tinham sido arrancados ou estavam cobertos; em lugar da truculenta *gorodovoye* (Guarda Civil), uma cortês e desarmada milícia de cidadãos patrulhava as ruas. Apesar disso, persistiam muitos anacronismos.

Por exemplo, a *Tabel o Rangov*, ou Tábua Hierárquica, imposta à Rússia pela mão de ferro de Pedro, o Grande, ainda existia. Praticamente todos, começando pelos pequenos estudantes, ostentavam os uniformes regulamentares, com as insígnias imperiais nos botões e nas dragonas. Por volta das 5 horas da tarde, as ruas enchiam-se de discretos e idosos cavalheiros em uniforme, voltando para casa com suas pastas, deixando o trabalho nos grandes edifícios, parecidos com quartéis, das instituições governamentais, talvez calculando quanto a taxa de mortalidade entre seus superiores poderia aproximá-los dos cobiçados postos de chefe de administração ou conselheiro particular, com a perspectiva de uma boa pensão quando da aposentadoria, e a possibilidade de conseguir a Cruz de Santa Ana...

Tome-se o caso do senador Sokolov, que em plena Revolução compareceu a uma sessão do Senado em trajes civis, e não lhe foi permitida a entrada: não trajava a libré do serviço do Czar!

Era contra esse pano de fundo de uma nação inteira em fermentação e desagregação que se preparava o palco para o levante das massas russas.

Pedro I, o Grande

Regime Autocrático. Litografia de A. Radakov (1917), Museu Central Estatal da História Contemporânea da Rússia

Capítulo 2

A tempestade iminente

General Kornilov, comandante-chefe dos exércitos russos, em 1917

Em setembro, o general Korlinov marchou sobre Petrogrado com a intenção de tornar-se o ditador militar da Rússia. Por trás dele revelou-se repentinamente o punho de ferro da burguesia, que tentava a todo custo esmagar a revolução. Alguns dos ministros socialistas estavam envolvidos, e até Kerênski era suspeito[6]. Savinkov foi expulso por recusar-se a dar explicações ao comitê central de seu partido. Kornilov foi preso pelos comitês de soldados. Generais foram demitidos, ministros foram suspensos de suas funções, e o gabinete caiu.

Kerênski tentou formar um novo governo que incluísse os cadetes, partido da burguesia. Mas seu partido, o Socialista Revolucionário, ordenou que os deixasse de fora. Kerênski recusou-se a obedecer e ameaçou renunciar, caso os socialistas continuassem a insistir. No entanto, o anseio popular era tão intenso que, naquele momento, ele não ousou opor-se. Foi formado então um diretório temporário composto de cinco

1.

2.

3.

4.

5.

O "Conselho dos Cinco" — diretório composto de cinco ministros do Governo Provisório: **1.** O Ministro-Presidente, A. F. Kerênski; **2.** o Ministro das Relações Exteriores, M. I. Terestchenko; **3.** o Ministro da Guerra, A. Vekhovski; **4.** o Ministro da Marinha, D. N. Verdeveski; **5.** o Ministro dos Correios e Telégrafos, A. I. Nikitin dos antigos ministros, com Kerênski na liderança, que assumiu o poder até que a questão fosse resolvida.

O caso Kornilov aproximou os grupos socialistas — os "moderados" e os revolucionários — num exaltado impulso de autodefesa. Chega de gente como Kornilov. Um novo governo deve ser constituído, que seja responsável pelos elementos que nortearam a revolução. Assim, o Tsik convidou as organizações populares a enviar delegados para uma conferência democrática que aconteceria em setembro, em Petrogrado.

Dentro do Tsik surgiram, imediatamente, três facções. Os bolcheviques exigiam que o Congresso Pan-Russo dos Sovietes se reunisse e que estes assumissem o poder. Os revolucionários socialistas de "centro", liderados por Chernov, uniram-se aos revolucionários socialistas de esquerda, liderados por Kamkov e Spiridonova, aos mencheviques internacionalistas, sob a liderança de Martov, e aos mencheviques de "centro"*, representados por Bogdanov e Skobeliev, para exigir um governo socialista puro. Tseretelli, Dan e Lieber, à frente da ala direita dos mencheviques, e os revolucionários socialistas de direita, sob o comando de Avksentiev e Gotz, insistiam que as classes proprietárias tivessem representação no novo governo.

Em Petrogrado e em Moscou as reeleições dos sovietes deram maioria aos bolcheviques. V. P. Noguin foi eleito presidente do Soviete de Moscou

Quase imediatamente, os bolcheviques conquistaram a maioria dos sovietes de Petrogrado. Em

* Ver Notas e Explicações.

seguida aconteceu o mesmo em Moscou, Kiev, Odessa e outras cidades.

Alarmados, os mencheviques e os socialistas revolucionários que controlavam o Tsik perceberam que, na verdade, Kornilov representava ameaça menor que Lênin. Então reformularam seu plano de representação na Conferência Democrática[7], admitindo mais delegados das sociedades cooperativas e outras entidades conservadoras. Essa concorrida assembléia votou, de pronto, por um *governo de coalizão sem os cadetes.* Somente a ameaça de renúncia por parte de Kerênski e os gritos de alarme dos socialistas "moderados", que bradavam: "a República está ameaçada", conseguiram que a conferência, por pequena vantagem, se posicionasse a favor do princípio de coalizão com a burguesia e aprovasse o estabelecimento de um tipo de parlamento consultivo, sem nenhum poder legislativo, denominado Conselho Provisório da República Russa. O novo ministério era praticamente controlado pela classe proprietária, que no Conselho da República Russa ocupava um número desproporcional de cadeiras.

A conferência do governo tentando um programa de repressão à revolução

Estava claro que o Tsik não mais representava a massa dos sovietes e havia, de modo ilegal, recusado convocar outro Congresso Pan-Russo de Sovietes, marcado para setembro. O Tsik não tinha intenção de convocá-lo nem de deixar que ele acontecesse. Seu órgão oficial, o *Izvetsia* (Notícias), começou a sugerir que a função dos sovietes estava praticamente terminando[8], e que eles poderiam ser desativados dentro de pouco tempo... Na mesma ocasião, o novo governo anunciava, como parte de sua política, a dissolução de "organizações irresponsáveis", ou seja, os sovietes.

Nos anos que seguiram à reforma de 1861, o camponês pagou ao governo pela "libertação", dois trilhões de rublos. Em conseqüência, o camponês russo, desamparado, ficou na dependência do proprietário e do governo

Os bolcheviques responderam convocando os sovietes de toda a Rússia para uma assembléia em Petrogrado no dia 2 de novembro e convidando-os a tomar o poder. Ao mesmo tempo, eles se retiraram do Conselho Provisório da República, afirmando que não participariam de um "governo traidor do povo"[9].

Entretanto, a retirada dos bolcheviques não trouxe tranqüilidade ao malfadado conselho. As classes abastadas, agora em posição de poder, tornaram-se arrogantes. Os cadetes declararam que o governo não tinha direito legal de fazer da Rússia uma república. Eles exigiram medidas severas do Exército e da Marinha para que dissolvessem os comitês de soldados e de marinheiros e condenaram os sovietes. No lado oposto da assembléia, os mencheviques internacionalistas e a esquerda revolucionária pediam paz imediata, terra para os camponeses e o controle dos trabalhado-

res sobre a indústria, praticamente o mesmo programa dos bolcheviques.

Eu estava presente no discurso de Martov, em resposta aos cadetes. Gravemente enfermo, curvado sobre a tribuna, falava com voz tão rouca que era difícil entendê-lo; levantou o dedo em direção à bancada da direita:

"Vocês nos chamam de derrotistas, mas os verdadeiros derrotistas são os que esperam por um momento mais propício para promover a paz, insistem em adiá-la, até que nada mais reste do Exército russo, até que a Rússia se torne objeto de barganha entre os diversos grupos imperialistas... Vocês estão tentando impor ao povo russo a política ditada pelos interesses da burguesia. A questão da paz deveria ser levantada imediatamente... Aí vocês veriam que o trabalho daqueles a quem vocês chamam de agentes alemães, os zimmerwaldianos*, que em todos os países têm preparado o despertar da consciência das massas democráticas, não foi inútil."

Entre esses dois grupos, oscilavam os mencheviques e os revolucionários socialistas, fortemente impelidos para a esquerda pela pressão da crescente insatisfação das massas. Uma profunda hostilidade dividia a Câmara em grupos irreconciliáveis.

Essa era a situação quando a tão aguardada notícia da realização da Conferência de Paris trouxe à baila a polêmica questão da política externa...

Teoricamente, todos os partidos socialistas da Rússia eram a favor da paz democrática, o mais cedo possível. Desde maio de 1917, o Soviete de Petrogrado, então sob controle dos mencheviques e revolucionários socialistas, havia anunciado as notórias condições russas de paz. Elas exigiam que os Aliados realizassem uma conferência para discutir as finalidades da

* Nota. Membros da ala internacional revolucionária dos socialistas da Europa.

O general Miguel Alexeiev, chefe do estado-maior dos exércitos russos e fundador do exército voluntário

guerra. Tal conferência havia sido prometida para agosto; depois adiada para setembro; depois para outubro; e agora estava marcada para 10 de novembro.

O Governo Provisório sugeriu dois representantes: o general Alexeyev, militar reacionário, e Tereshchenko, ministro do Exterior. Os sovietes escolheram Skobeliev como seu orador e esboçaram um manifesto, o famoso *nacaz*[10]. O Governo Provisório fez objeção a Skobeliev e seu *nacaz*; os embaixadores dos Aliados protestaram. Bonar Law chegou a afirmar friamente, na Câmara dos Comuns da Inglaterra: "Pelo que me consta, a Conferência de Paris não discutirá os objetivos da guerra, mas somente os métodos para levá-la adiante..."

Diante dessa afirmação, toda a imprensa conservadora russa ficou exultante, e os bolcheviques gritaram: "Vejam até onde as táticas de compromisso dos mencheviques e dos revolucionários socialistas nos levaram!"

Ao longo de mais de mil quilômetros de frentes de batalha, os milhões de homens do exército russo agitaram-se como um mar raivoso, enviando à capital centenas e centenas de delegações com o pedido: "Paz! Paz!"

Atravessei o rio para ir ao Circo Moderno, onde teria lugar um dos grandes comícios populares que se realizavam todas as noites em toda a cidade, e em número cada vez maior. O anfiteatro era simples e sombrio, iluminado apenas por cinco pequenas lâmpadas pendentes de um fio, e estava apinhado — desde o chão até o último dos bancos encardidos — por soldados, marinheiros, trabalhadores, mulheres. Todos ouviam como se suas vidas dependessem daquilo. Tinha a palavra um soldado da 548ª Divisão:

"Camaradas", ele gritou, e havia uma angústia verdadeira em seu rosto transtornado e gestos desconexos. "Os que estão lá em cima vivem pedindo mais e mais sacrifícios de nossa parte, enquanto os que têm tudo continuam intocados. Estamos em guerra contra a Alemanha. Convém convidar um general alemão para servir em nosso quadro de oficiais? Bem, estamos em guerra contra o capitalismo também, e mesmo assim ainda os convidamos para compor nosso governo..."

E o soldado continuou: "Quero saber por quem estou lutando. Por Constantinopla ou por uma Rússia livre? Pela democracia ou pelos ladrões capitalistas? Se puderem provar que estou defendendo a revolução, sairei e lutarei, sem precisar de uma pena de morte para me obrigar.

Quando a terra pertencer aos camponeses, as fábricas aos operários e o poder aos sovietes, aí então saberemos que temos algo por que lutar, e lutaremos!"

Nos quartéis, nas fábricas, nas esquinas, inúmeros soldados oradores clamavam pelo fim da guerra, declarando que se o gover-

Após um período de combate violento ocorrido no verão de 1916, a ampliação da frente russa com a derrota sofrida pelas tropas romenas e o esgotamento das reservas morais e materiais dos soldados provocaram o aumento do sentimento antibelicista no não tomasse medidas enérgicas pela paz o exército deixaria as trincheiras e iria para casa.

O orador do 8º Exército disse:

"Estamos enfraquecidos, restam somente alguns homens em cada companhia. Se não recebermos comida, botas e reforços, em breve as trincheiras estarão vazias. Paz ou suprimentos! Ou o governo dá um fim à guerra ou atende aos pedidos do Exército..."

De um soldado do 46º de Artilharia da Sibéria ouviu-se:

"Os oficiais não cooperam com nossos Comitês, eles nos traem ao inimigo, condenam nossos agitadores à pena de morte e ainda contam com o apoio do governo contra-revolucionário. Achávamos que a revolução traria a paz. Mas agora o governo até nos proíbe de falar nisso, e ao mesmo tempo não nos dá comida para sobrevivermos, nem munição para podermos lutar..."

Da Europa, vinham boatos de paz à custa da Rússia...[11]

Notícias do tratamento recebido pelas tropas russas na França agravaram a insatisfação. A exemplo do que haviam feito seus camaradas na Rússia, a Primeira Brigada tentou substituir seus oficiais por comitês de soldados, recusando a ordem de prosseguir para Salonica e exigindo sua volta à Rússia. Eles estavam cercados e passavam fome, além de sofrer ataques pesados da artilharia. Muitos homens morreram...[12]

Em 29 de outubro, dirigi-me ao saguão de mármore branco decorado em tons de vermelho do palácio Marinski, onde se reunia o Conselho da República, para ouvir a declaração de Tereshchenko sobre a política externa do governo, ansiosamente aguardada por todos, num país cansado de guerras e sedento de paz.

Um jovem impecavelmente vestido, de barba bem-feita e maxilares salientes, lia em tom suave o seu cuidadoso discurso de

Os aliados realizavam comícios e manifestações convocando o povo a lutar até a vitória

não-comprometimento[13]. Nada de novo... só a mesma ladainha trivial sobre esmagar o militarismo alemão com a ajuda dos Aliados, sobre os "interesses do Estado", sobre o "embaraço" causado pelo *nacaz* de Skobeliev. Terminou com este chavão:

"A Rússia é uma grande potência. E continuará sendo uma grande potência, aconteça o que acontecer. Devemos defendê-la, mostrar que somos defensores de um grande ideal e filhos de uma grande nação".

Ninguém ficou satisfeito. Os reacionários queriam uma política imperialista "forte"; os partidos democráticos queriam uma garantia de que o governo faria pressão pela paz... Reproduzo aqui um editorial do *Rabochi i Soldat* (Trabalhador e Soldado), órgão do Soviete Bolchevique de Petrogrado:

A Resposta do Governo às Trincheiras

O mais taciturno de nossos ministros, o Sr. Tereshchenko, acaba de dirigir-se às trincheiras com as seguintes palavras:

1. "Estamos fortemente unidos aos nossos aliados." (Não com os povos, mas com os governos.)

2. "É inútil lançar mão da democracia para discutir a possibilidade ou impossibilidade de uma campanha de inverno. Isso será decidido pelos governos aliados."
3. "A ofensiva de 1º de julho foi proveitosa e teve bons resultados." (Ele não mencionou as conseqüências.)
4. "É mentira que nossos aliados não se preocupam conosco. O ministro tem em seu poder declarações muito importantes." (Declarações? E quanto aos fatos? E o comportamento da Marinha Inglesa?[14] E as negociações entre o rei da Inglaterra e o general Gurko, um contra-revolucionário? O ministro não mencionou nada disso.)
5. "O *nacaz* de Skobeliev é ruim; nem os Aliados nem os diplomatas russos gostam desse documento. Na Conferência dos Aliados precisamos, todos, falar uma só língua."
Era só isso? Só isso? Qual é a saída? A solução é fé nos Aliados e em Tereshchenko. Quando chegará a paz? Quando os Aliados permitirem. Foi assim que o governo respondeu ao desejo de paz das trincheiras!

A guerra causava fome e destruição: catástrofe final

Agora, nos bastidores da política russa, começava a tomar forma um poder sinistro: os cossacos. O *Novaya Zhizn* (Vida Nova), jornal de Gorki, chamava atenção para suas atividades:

No começo da Revolução, os cossacos recusaram-se a atirar contra o povo. Quando Kornilov marchou sobre Petrogrado, eles se recusaram a segui-lo. De lealdade passiva à revolução, os cossacos passaram para uma ofensiva política ativa (contra ela). Erguido o pano de fundo da revolução, eles rapidamente ganharam a boca de cena...

Kaledin, *ataman** dos cossacos do Don, fora deposto pelo Governo Provisório por seu envolvimento no caso Kornilov. Ele simplesmente recusou-se a renunciar e, cercado por três enormes exércitos de cossacos, estabeleceu-se em Novocherkask, traçando estratégias e fazendo ameaças. Seu poder era tão grande que o governo foi forçado a ignorar sua insubordinação. Mais do que isso, o governo viu-se obrigado a reconhecer formalmente o Conselho da União dos Exércitos Cossacos, e a declarar ilegal a seção cossaca dos sovietes...

General Kaledin, atamán dos cossacos do Don

Na primeira metade de outubro, uma delegação de cossacos reuniu-se com Kerênski para convencê-lo a retirar as acusações contra Kaledin e repreender o primeiro-ministro por fazer concessões aos sovietes. Kerênski concordou em deixar Kaledin em paz, e teria dito: "Aos olhos dos líderes sovietes, sou um déspota e um tirano... Quanto ao Governo Provisório, ele não só independe dos sovietes como considera sua existência lamentável."

Na mesma época, outra missão de cossacos visitou o embaixador da Inglaterra, cinicamente apresentando-se como representantes do "povo cossaco livre".

No Don, estabelecera-se uma espécie de República de Cossacos. O Kuban proclamou-se Estado cossaco independente. Os sovietes de Rostov-do-Don e de Yekatierinburg foram dispersados por cossacos armados, e a sede do sindicato dos mineiros de Kharkov foi invadida. Nas duas manifestações, o movimento cossaco era anti-socialista e militarista. Seus líderes eram no-

* Nota. *Ataman:* chefe cossaco.

bres e grandes latifundiários, como Kaledin, Kornilov, os generais Dutov, Karaulov e Bardizhe, sustentados por negociantes poderosos e banqueiros de Moscou...

A velha Rússia estava desmoronando rapidamente. Na Ucrânia, na Finlândia, na Polônia, na Rússia Branca, os movimentos nacionalistas reuniam forças e tornavam-se mais ousados. Os governos locais, controlados pelas classes abastadas, clamavam por autonomia, recusando-se a obedecer às ordens de Petrogrado. O Senado finlandês recusou-se a fazer um empréstimo ao Governo Provisório, declarou a autonomia da Finlândia e exigiu a retirada das tropas russas. A *Rada** burguesa de Kiev estendeu as fronteiras da Ucrânia até as Urais, ao Leste, englobando as terras mais férteis do sul da Rússia, e começou a formar um exército nacional. Seu primeiro-ministro, Vinnitchenko, deu sinais de que em separado firmaria um acordo de paz com a Alemanha. O Governo Provisório nada podia fazer. A Sibéria e o Cáucaso queriam suas próprias assembléias constituintes. Por todo o país, tinha início uma luta implacável entre as autoridades e os representantes dos sovietes locais de operários e soldados.

Carro blindado pronto para servir à Revolução

* Nota. Organização contra-revolucionária nacionalista burguesa criada pelo Congresso Nacional Ucraniano, em Kiev, em abril de 1917, que conjugava um grupo de partidos burgueses e pequeno-burgueses. Lutou contra os sovietes, com o auxílio dos ocupantes alemães. Desalojada pelo Exército Vermelho em janeiro de 1918, foi restaurada pelos exércitos alemães, até que estes, percebendo sua inutilidade diante do movimento revolucionário clandestino, provocaram sua dissolução, em abril do mesmo ano.

A situação ficava cada dia mais caótica. Centenas de milhares de soldados desertavam, abandonando as trincheiras e movimentando-se em grupos errantes através do país. Os camponeses de Tambov e Tver, cansados de esperar pela terra, exasperados pelas medidas repressivas do governo, incendiavam as casas dos senhores e massacravam os donos de terras. Greves de empregados e empregadores abalavam Moscou, Odessa e a região mineira do Don. O transporte foi paralisado; o Exército passava fome, e nas grandes cidades não havia pão.

Dividido entre as facções reacionária e democrática, o governo nada podia fazer; quando forçado a agir, sempre apoiava os interesses das classes abastadas. Enviou cossacos para restaurar a ordem entre os camponeses, impedindo as greves. Em Tashkent, as autoridades proibiram o soviete. Em Petro-

Infindáveis filas alinhavam-se pelas ruas de todas as cidades

grado, o Conselho Econômico, criado para reconstruir a arruinada situação econômica do país, viu-se num impasse entre as forças antagônicas do capital e do trabalho, e Kerênski mandou dissolvê-lo. Os militares do velho regime, apoiados pelos cadetes, exigiam medidas severas para que a disciplina no Exército e na Marinha fosse restaurada. O almirante Verderevski, venerável Ministro da Marinha, e o general Verkhovski, Ministro da Guerra, insistiam, em vão, que somente uma disciplina nova, voluntária e democrática, com base na cooperação com os comitês de soldados e marinheiros, poderia salvar a Marinha e o Exército. Mas seus conselhos foram ignorados.

Os reacionários pareciam determinados a provocar a ira do povo. A data do julgamento de Kornilov se aproximava. A imprensa burguesa o defendia cada vez mais ostensivamente, descrevendo-o como "o grande patriota russo". O jornal de Burtzev, *Obshchee Dielo* (A Causa Comum), pedia uma ditadura composta por Kornilov, Kaledin e Kerênski!

Um dia conversei com Burtzev na sala de imprensa do Conselho da República. Era um tipo baixo, arcado, com o rosto enrugado, olhos míopes escondidos por trás de grossas lentes, cabelo desgrenhado e barba grisalha.

"Guarde minhas palavras, rapaz! O que a Rússia precisa é de um homem forte. Devíamos deixar de pensar na revolução e tratar dos alemães. Derrotar Kornilov foi uma idiotice, uma idiotice; e por trás disso estão os agentes alemães. Kornilov deveria ter vencido..."

Na extrema direita, os órgãos dos monarquistas, os nada discretos *Narodny Tribun* (A Tribuna do Povo), de Purishkevich, *Novaya Rus* (Nova Rússia) e *Zhivoye Slovo* (A Palavra Viva) defendiam abertamente o extermínio da democracia revolucionária...

Em 23 de outubro, aconteceu a batalha naval contra uma esquadra alemã no Golfo de Riga. Sob o pretexto de que Petrogrado corria perigo, o Governo Provisório fez planos para desocupar a capital. Em primeiro lugar, os depósitos de munições seriam distribuídos por toda a Rússia. Em seguida, o próprio governo seria transferido para Moscou. De imediato os bolcheviques começaram a gritar que o governo estava abandonando a Capital Vermelha para enfraquecer a revolução. Riga tinha sido vendida aos alemães; agora, estavam traindo a própria Petrogrado!

A imprensa burguesa ficou radiante. "Em Moscou," dizia o jornal cadete *Ryech* (A Palavra), "o governo pode continuar seu trabalho numa atmosfera tranqüila, sem interferência de anarquistas." Rodzianko, líder da ala direitista do partido dos cadetes, declarou no *Utro Rossii* (A Alvorada da Rússia) que seria uma bênção se os alemães tomassem Petrogrado, porque isso destruiria os sovietes e poria um fim à frota revolucionária do Báltico:

> Petrogrado corre perigo. E eu digo a mim mesmo: 'Que Deus proteja Petrogrado.' Eles temem que, perdendo Petrogrado, as mais importantes organizações revolucionárias sejam destruídas. Ficarei muito contente se todas as organizações forem destruídas, pois elas só trariam a desgraça para a Rússia...

Com a tomada de Petrogrado, a frota do Báltico também será destruída... Mas não haverá motivo para lamentarmos. A maior parte de seus navios já está completamente desmoralizada...

Temendo uma reação violenta do povo, o plano de desocupação foi esquecido.

Enquanto isso, o Congresso dos Sovietes pairava como uma nuvem negra sobre a Rússia, anunciando uma tormenta com raios e trovões. Não só o governo, mas todos os socialistas "moderados" se opunham à sua realização. Os comitês centrais do Exército e da Marinha, os comitês centrais de alguns sindicatos, os sovietes camponeses e, principalmente, o Tsik não pouparam esforços para impedir que o congresso se realizasse. O *Izvestia* e o *Golos Soldata* (A Voz do Soldado), jornais fundados pelo Soviete de Petrogrado mas agora controlados pelo Tsik, criticaram furiosamente o encontro, apoiados pela artilharia de imprensa do partido socialista revolucionário, os jornais *Dielo Naroda* (A Causa do Povo) e *Volia Naroda* (A Vontade do Povo).

Outubro de 1917
Catedral de Kazanski, na avenida Nevski, Petrogrado

Delegados eram enviados a todos os cantos do país, o telégrafo não parava de enviar mensagens aos comitês encarregados dos sovietes locais, aos comitês do Exército, dando instruções para que parassem ou adiassem o congresso. Diversas medidas contra o congresso foram votadas publicamente. Alegava-se que um encontro desse tipo, às vésperas da Assembléia Constituinte, feria os princípios democráticos. Representantes das frentes de batalha, da União dos Zemstvos, do Sindicato dos Camponeses, da União dos Exércitos Cossacos, do Sindicato dos Oficiais, dos Cavaleiros de São Jorge, dos Batalhões da Morte*, protestavam... O Conselho da República Russa unia-se em uma só voz de reprovação. Toda a máquina engendrada pela Revolução de Março estava voltada para impedir o Congresso dos Sovietes...

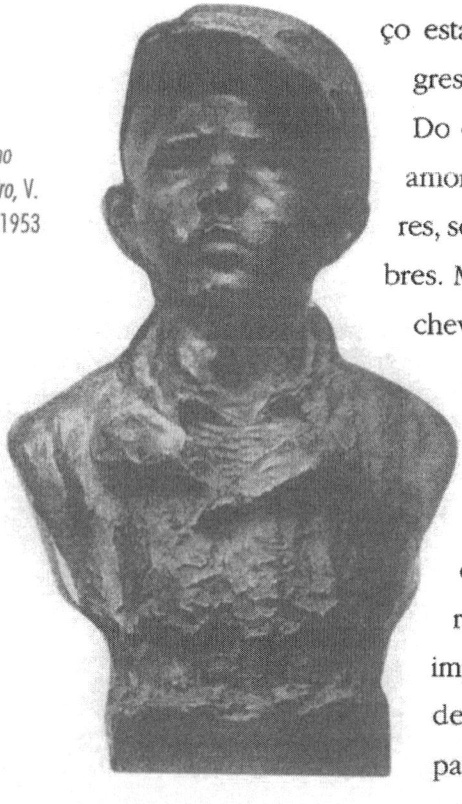

Menino guerrilheiro, V. V. Isáiev, 1953

Do outro lado estava a determinação amorfa do proletariado — trabalhadores, soldados comuns e camponeses pobres. Muitos sovietes locais já eram bolcheviques. Havia também as organizações de trabalhadores industriais, os chamados Fabrichno-Zavodskiye Comitieti — Comitês de Fábrica — e as organizações rebeldes do Exército e da Marinha. Em alguns lugares, o povo, impedido de eleger livremente seus delegados, improvisava reuniões para escolher novos representantes

* Ver Notas e Explicações.

e enviá-los a Petrogrado. Em outros, os antigos comitês contrários às eleições eram desintegrados e novos eram formados. Uma grande onda de revolta se erguia e rompia a crosta que se endurecera e sufocara o fogo revolucionário por tantos meses. Somente um movimento espontâneo das massas poderia fazer que o Congresso Pan-Russo dos Sovietes se realizasse...

Militantes bolcheviques visitavam diariamente os quartéis e fábricas, criticando violentamente "esse governo de guerra civil". Num domingo, a bordo de uma carreta a vapor que se arrastava através de oceanos de lama, fomos passando por fábricas desoladas e igrejas enormes, até Obukhovski Zavod, uma fábrica de munições do governo na avenida Schüsselburg.

A reunião realizava-se entre as paredes de tijolos de um lúgubre prédio inacabado, com 10 mil homens e mulheres vestindo roupas escuras, apinhados em volta de um andaime decorado com tecido vermelho. Havia gente em cima de pilhas de tijolos e madeira, gente empoleirada sobre as vigas sujas, todos muito decididos e falando em altos brados. De vez em quando, cortando as nuvens escuras, despontava um raio de sol que atravessava as janelas e lançava uma luz avermelhada sobre a massa de rostos simples voltados para nós.

Lunacharski, um tipo miúdo, com jeito de estudante e uma expressão sensível, de artista, explicava por que os sovietes devem tomar o poder. Nada mais poderia garantir a revolução contra seus inimigos, que estavam deliberadamente acabando com o país e com o Exército, criando uma oportunidade para o aparecimento de um novo Kornilov.

Um soldado da frente romena, magro, trágico e irado, gritava: "Camaradas! Estamos morrendo de fome e de frio nas trincheiras. Não estamos morrendo por nenhuma causa. Peço aos camaradas americanos que levem para a América a notícia de que os russos nunca trairão a revolução, eles irão até a morte. Resistiremos com todas as forças até que os outros países do mundo se disponham a nos ajudar! Digam aos trabalhadores americanos que se levantem e lutem pela revolução social!"

Em seguida, foi a vez de Petrovski. Magro, fala vagarosa mas implacável:

"Chegou a hora da ação, não das palavras. A situação econômica é ruim, mas devemos nos acostumar com ela. Eles querem nos matar de frio e de fome. Estão tentando nos provocar. Mas que eles fiquem sabendo que isso pode ir longe demais — se ousarem colocar as mãos nas organizações do proletariado, nós varreremos essa escória da face da terra!"

A imprensa bolchevique crescia rapidamente. Além dos dois jornais do partido, *Rabochi Put* e *Soldat* (Soldado), apareceu um novo jornal dirigido aos camponeses, o *Derevenskaya Biednota* (Os Camponeses Pobres), com tiragem diária de meio milhão de exemplares, e em 17 de outubro surgiu o *Rabochi i Soldat* (O Operário e o Soldado). Seu artigo principal resumia o ponto de vista bolchevique:

O quarto ano de campanha acabará com o exército e com o país... Petrogrado corre perigo... Os contra-revolucionários se regozijam com a desgraça do povo... Levados ao desespero, os camponeses se rebelam, e os donos das terras e as autoridades governamentais os massacram com medidas punitivas. As fábricas e minas estão fechando, a ameaça da fome paira sobre os trabalhadores... A burguesia e seus generais querem restaurar uma disciplina cega dentro do Exército... Apoiados pela burguesia, os adeptos de Kornilov preparam-se para impedir a reunião da Assembléia Constituinte...

O governo de Kerênski está contra o povo. Ele destruirá o país... Este jornal está a favor do povo, junto com o povo — as classes pobres, os operários, os soldados e os camponeses. A única salvação do povo é continuar com a revolução... e para que isso aconteça todo o poder deve estar nas mãos dos sovietes.

Esse jornal defende o seguinte:

Todo o poder aos sovietes — na capital e nas províncias.
Trégua em todas as frentes. Uma paz verdadeira entre os povos.
As propriedades — sem indenização — para os camponeses.
O controle dos operários sobre a produção industrial.
Uma Assembléia Constituinte eleita de modo honesto e confiável.

É interessante reproduzir aqui um trecho desse mesmo jornal, o órgão dos bolcheviques, tão conhecidos no mundo inteiro por serem acusados de estar a serviço da Alemanha:

Bolcheviques acusados de "vendidos aos alemães" nos comícios realizados pelos cadetes

O kaiser alemão, coberto pelo sangue de milhões de mortes, quer lançar seu exército contra Petrogrado. Façamos um apelo aos trabalhadores, soldados e camponeses alemães, que querem a paz tanto quanto nós: Rebelem-se contra esta maldita guerra!
Mas isso só poderá ser feito por um governo revolucionário, que fale de perto aos trabalhadores, soldados e camponeses da Rússia; que passe por cima da diplomacia e vá direto até as tropas alemãs, encha as trincheiras alemãs com manifestos escritos na língua deles... Nossos aviões poderiam espalhá-los por toda a Alemanha...

No Conselho da República, o abismo que separava os dois lados da Câmara ficava mais profundo a cada dia.

"As classes abastadas", bradava Karelin, em nome da esquerda socialista revolucionária, "querem explorar a máquina da revolução do Estado para atrelar a Rússia ao carro de guerra dos Aliados! Os partidos revolucionários são absolutamente contra essa política..."

O velho Nicholas Tchaikovski, representante dos socialistas populistas, argumentou contra a doação das terras aos camponeses e ficou do lado dos cadetes:

> "Devemos obter severa disciplina do Exército imediatamente. Desde o começo da guerra venho insistindo que é um crime empreender reformas sociais e econômicas em tempo de guerra. Estamos cometendo esse crime e, no entanto, não sou contrário a tais reformas, porque sou socialista."

A esquerda retrucou: "Não acreditamos em você!" A direita o ovacionou...

Falando em nome dos cadetes, Adzhemov declarou que não era preciso informar ao Exército o motivo por que ele estava lutando, pois todo soldado tinha consciência de que a tarefa mais importante era expulsar o inimigo do território russo.

O próprio Kerênski discursou duas vezes, pedindo fervorosamente a união nacional. Chegou a derramar lágrimas no final. A assembléia o ouviu friamente, interrompendo com apartes irônicos.

O Instituto Smolni, quartel-general do Tsik e do Soviete de Petrogrado, ficava a vários quilômetros dos limites da cidade, às margens do rio Neva. Fui até lá num bondinho barulhento e lotado, que andava a passo de tartaruga pelas ruas de pedra cobertas de lama. Ao fim da linha, erguiam-se as graciosas cúpulas azuladas do convento Smolni, delineadas em ouro, lindas. Do lado, o instituto Smolni, um edifício cuja fachada mais parecia a de um quartel, com mais de 200 metros de comprimento e três andares. Sobre a porta de entrada, ainda ostentava o insolente brasão imperial esculpido em pedra...

No antigo regime, o instituto, cuja patrona era a própria czarina, fora um convento-escola para as filhas da nobreza russa, tendo sido mais tarde tomado por organizações de trabalhadores e soldados. Tinha mais de duzentos salões, brancos e vazios, em cujas portas ainda havia placas esmaltadas informando aos visitantes que ali ficava a "Sala de Aula Número 4", a "Sala dos Professores". Por cima delas havia, agora, placas malfeitas que denotavam claramente a vitalidade do novo regime: "Comitê Central do Soviete de Petrogrado", "Tsik", "Departamento de Relações Exteriores", "União dos Soldados Socialistas", "Comitê Central Pan-Russo dos Sindicatos", "Comitês de Fábricas", "Comitê Central do Exército", além dos escritórios centrais e salas de reunião dos partidos políticos...

Pelos corredores longos, abobadados, iluminados por uma lâmpada aqui e outra ali, trabalhadores e soldados passavam em profusão, apressados. Alguns andavam curvados, carregando montanhas de jornais, decretos, propaganda impressa de todos os tipos. O som de suas pesadas botas sobre o chão de madeira provocava um ruído surdo e incessante... Por toda parte estavam afixados avisos: "Camaradas: preservem sua saúde, cuidem da limpeza!" Ao pé das escadas, em cada andar, podiam-se ver longas mesas em que se vendiam panfletos, livros, material impresso de todos os partidos...

O refeitório da antiga escola, espaçoso e com o teto baixo, foi mantido como restaurante. Por dois rublos, comprei um bilhete que me dava direito a jantar e juntei-me à fila de milhares de pessoas que esperavam para comer. Por trás de uma mesa comprida com imensos caldeirões, vinte homens e mulheres serviam, com conchas, sopa de repolho, pedaços de carne e montes de kasha*, além de fatias de pão preto. Cinco kopeques** era o preço de uma xícara de chá. De uma cesta, cada um retirava seu próprio talher, uma engordurada colher de madeira... Os bancos ao longo das mesas de madeira estavam lotados de proletários famintos, que devoravam a comida enquanto traçavam seus planos e contavam, aos gritos, piadas um tanto pesadas...

No andar de cima havia outro refeitório, reservado para o Tsik mas freqüentado por todos. Ali era possível comer pão com bastante manteiga e tomar chá à vontade...

Na ala sul, no segundo andar, ficava a grande sala de reuniões, antigo salão de baile do instituto. Era um salão grandioso, iluminado por candelabros de cristal com lâmpadas elétricas adornadas e dividido por duas fileiras de enormes colunas. No fundo, havia um tablado ladeado por duas grandes luminárias de chão com vários braços e uma moldura dourada na parede, da qual havia sido recortado o retrato do czar. Esta sala, em noites de gala, ficara repleta de brilhantes uniformes militares e trajes eclesiásticos. Um ambiente perfeito para grãduquesas...

Do outro lado do corredor, em frente à grande sala de reuniões, instalara-se o Comitê de Credenciais para o Congresso dos

* Nota. Mingau de aveia.
** Nota. A centésima parte do rublo.

Sovietes. Fiquei ali, observando os novos delegados entrarem: soldados corpulentos, barbados, trabalhadores vestidos de preto, alguns camponeses com cabelo comprido. A encarregada, membro do grupo de Plekhanov, de Yedinstvo*, sorria de modo desdenhoso. "Esses delegados são muito diferentes dos do primeiro *Siezed* (Congresso)", ela comentou. "Veja como eles parecem rudes e ignorantes! Que gente soturna!" Ela tinha razão. As entranhas da Rússia haviam sido reviradas, e era sua parte mais baixa que agora vinha à tona. O Comitê de Credenciais, nomeado pelo Tsik, procurava barrar todos os delegados, alegando que haviam sido escolhidos ilegalmente. Karakhan, membro do Comitê Central Bolchevique, limitava-se a sorrir. "Não liguem", ele dizia, "quando chegar a hora faremos vocês ocuparem seus lugares..."

O *Rabochi i Soldat* comentou:

Chamamos a atenção dos delegados do novo Congresso Pan-Russo para a atitude de certos membros do Comitê de Organização que, na tentativa de impedir o Congresso, afirmam que ele não será realizado, aconselhando os delegados a deixar Petrogrado... Não dêem atenção a esses mentirosos... Dias grandiosos se aproximam...

Era evidente que não se atingiria o *quorum* até 2 de novembro, então a abertura do congresso foi adiada para o dia 7. Mas o país inteiro estava em polvorosa. Os mencheviques e socialistas revolucionários, percebendo que seriam derrotados, mudaram repentinamente de tática e se apressaram a mandar telegramas a suas organizações de províncias para que elegessem o maior número possível de delegados socialistas

* Ver Notas e Explicações.

"moderados". Ao mesmo tempo, o Comitê Executivo dos Sovietes Camponeses decidiu convocar com urgência um congresso camponês para o dia 13 de dezembro, a fim de proteger-se de qualquer atitude que os soldados e trabalhadores pudessem tomar...

O que fariam os bolcheviques? Corriam rumores pela cidade de que os soldados e trabalhadores fariam uma *vystuplenie* — uma "demonstração" armada. A imprensa burguesa e reacionária profetizava insurreição e insistia que o governo mandasse fechar o Soviete de Petrogrado ou, pelo menos, impedisse a realização do Congresso. Alguns jornais, como o *Novaya Rus*, defendiam a aniquilação geral dos bolcheviques.

O jornal de Gorki, *Novaya Zhizn*, concordava com os bolcheviques que os reacionários estavam tentando destruir a revolução e que deveriam ser enfrentados pela força das armas, se necessário. Mas todos os partidos da democracia revolucionária tinham que formar uma frente única.

Enquanto a democracia ainda não tiver organizado suas maiores forças, enquanto continuar enfrentando resistência à sua influência, não será vantajoso atacar. Mas, se os elementos hostis apelarem para a força, a democracia revolucionária deverá entrar na luta para conquistar o poder, no que terá o apoio das camadas mais genuínas do povo...

Gorki salientou que tanto a imprensa reacionária quanto a governista incitavam os bolcheviques à violência. Entretanto, uma insurreição somente abriria caminho para um novo Kornilov. Ele aconselhou os bolcheviques a negar os rumores. Potressov, no órgão menchevique *Dien* (Dia), publicou uma história sensacionalista, acompanhada de um mapa, em que afirmava revelar os planos secretos do levante bolchevique.

Como num passe de mágica, as paredes cobriram-se de avisos[15], manifestos e apelos dos Comitês Centrais "moderados" e de facções conservadoras do Tsik, condenando qualquer "demonstração" e implorando que trabalhadores e soldados não dessem ouvidos aos agitadores.

Eis, como exemplo, um manifesto da seção militar do Partido Socialista Revolucionário:

Mais uma vez, circulam boatos a respeito de uma *vystuplenie*. De onde se originam esses boatos? Que organização autoriza esses agitadores a pregar a insurreição? Quando interrogados no Tsik, os bolcheviques negaram qualquer relação com o fato... Mas tais boatos trazem em seu bojo um grande perigo. Pode acontecer facilmente que, não levando em consideração o estado de espírito da maioria dos trabalhadores, dos soldados e dos camponeses, alguns agitadores mais exaltados incitem parte dos trabalhadores e soldados nas ruas à um levante... Neste momento terrível que a Rússia revolucionária está atravessando, qualquer insurreição pode facilmente tornar-se uma guerra civil, e com ela virá a destruição de todas as organizações do proletariado, construídas com muito suor... Os arquitetos da contra-revolução estão planejando tirar proveito dessa insurreição para destruir a revolução, abrir as frentes de batalha para Guilherme II e acabar com a Assembléia Constituinte... Não abandonem seus postos por motivo algum! Não se juntem à insurreição!

Em 28 de outubro, nos corredores do Smolni, falei com Kameniev, um homem baixinho de barba ruiva e jeito de latino. Ele não tinha certeza se haveria um número suficiente de delegados. "Se o congresso for realizado", disse, "ele representará a vontade esmagadora do povo. Se a maioria for bolchevique, como acho que será, exigiremos que o poder seja passado aos sovietes, e que o Governo Provisório renuncie..."

Volodarski, um jovem alto, pálido, de óculos e com aparência nada saudável, foi mais resoluto. "Lieber, Dan e outros oportunistas estão sabotando o congresso. Se eles conseguirem impedir sua realização... Bem, aí seremos realistas o bastante para passar por cima disso."

Em minhas anotações de 29 de outubro, encontro os seguintes trechos de jornais do dia:

Junkers em Arbat

Moghilev (Quartel-General do Estado-Maior): Concentram-se aqui os leais Regimentos da Guarda, a Divisão Selvagem, os cossacos e os Batalhões da Morte.

Os *junkers** das Escolas de Oficiais de Pavlovsk, Tsarskoye Selo e Peterhof receberam ordens do governo para preparar sua vinda a Petrogrado. Os *junkers* de Oranienbaum chegam à cidade.

Parte da divisão de carros blindados de Petrogrado está concentrada no Palácio de Inverno.

Mediante ordem assinada por Trótski, a fábrica de armas do governo, em Sestroretzk, entregou milhares de fuzis a delegados dos operários de Petrogrado.

Numa reunião da milícia municipal do bairro Baixo Liteini, foi aprovada uma petição exigindo que todo o poder seja passado aos sovietes.

Isto é só um exemplo da confusão reinante naqueles dias febris, quando todos sentiam que algo estava para acontecer, mas ninguém sabia exatamente o quê.

Na noite de 30 de outubro, durante uma reunião do Soviete de Petrogrado, no Smolni, Trótski refutou as acusações da im-

* Nota. Aluno oficial, rapaz nobre.

prensa burguesa de que o soviete via a insurreição armada como "uma tentativa dos reacionários de desacreditar e arruinar o Congresso dos Sovietes... O Soviete de Petrogrado", afirmou, "ainda não ordenou nenhuma demonstração armada. Se for necessário, nós a faremos, e teremos o apoio da guarnição de Petrogrado... Eles ([O governo] estão preparando uma contra-revolução, e nós iremos responder com uma ofensiva que será implacável e decisiva."

De fato, o Soviete de Petrogrado ainda não havia ordenado nenhuma demonstração, mas o Comitê Central do Partido Bolchevique estava analisando essa possibilidade. A reunião durou toda a noite do dia 23. Compareceram todos os intelectuais do partido, os líderes e delegados dos operários de Petrogrado e guarnição*. Dos intelectuais, somente Lênin e Trótski eram a favor da insurreição. Até os militares eram contrários a ela. Houve uma votação, e a insurreição foi derrotada!

Neste momento levantou-se um trabalhador de aspecto rude, cujo rosto estava deformado pelo ódio. "Falo pelo proletariado de Petrogrado", disse. "Somos a favor da insurreição. Vocês podem decidir o que quiserem, mas uma coisa eu digo: se permitirem que os sovietes sejam destruídos, vocês morrerão para nós!" Alguns soldados uniram-se a ele. Após esse episódio houve nova votação... e a insurreição venceu...

Entretanto, a ala direitista dos bolcheviques, liderada por Riazanov, Kameniev e Zinoviev, continuava contra um levante armado. Na manhã de 31 de outubro, o *Rabochi Put* publicou a primeira parte da "Carta aos Camaradas", de Lênin, uma das mais audaciosas obras de propaganda política de todos

* Nota. Os fatos aqui apresentados por John Reed não são muito precisos. Em princípio, O Comitê Central decidiu, por grande maioria (10-2), pela insurreição, sem tal intervenção de delegados de fora.

os tempos. Nela, Lênin apresentava os argumentos a favor da insurreição, rebatendo as objeções de Kameniev e Riazanov.

"Ou abandonamos nosso *slogan*, 'Todo o poder aos sovietes'", ele escreveu, "ou fazemos a insurreição. Não existe meio-termo..."

Naquela mesma tarde, Paul Milyukov, líder dos cadetes, fez um discurso brilhante e amargo[17] no Conselho da República, rotulando o *nacaz* de Skobeliev de pró-germânico, afirmando que a "democracia revolucionária" estava destruindo a Rússia, ridicularizando Tereshchenko e declarando abertamente preferir a diplomacia alemã à russa. As bancadas de esquerda berraram durante todo o discurso...

Por sua parte, o governo não podia ignorar a eficácia da propaganda bolchevique. No dia 29, uma comissão mista composta pelo governo e pelo Conselho da República redigiu apressadamente duas leis. Uma dava as terras temporariamente aos camponeses, a outra exigia uma enérgica política de paz. No dia seguinte, Kerênski suspendeu a pena de morte no exército. Na mesma tarde foi inaugurada, com grande pompa, a primeira sessão da nova "Comissão para o Fortalecimento do Regime Republicano e da Luta contra a Anarquia e a Contra-Revolução", de cuja história não se sabe mais do que isso. Na manhã seguinte, com outros dois correspondentes, entrevistei Kerênski[18]. Seria a última vez que receberia jornalistas.

"O povo russo", disse ele com amargura, "está sofrendo de fadiga econômica... e de desilusão com os Aliados! O mundo pensa que a Revolução Russa está terminando. Não se enganem. Ela está apenas começando..." Essas palavras eram mais proféticas do que ele imaginava.

A turbulenta reunião do Soviete de Petrogrado, da qual participei, varou a noite de 30 de outubro. Os intelectuais socialistas "moderados", oficiais, membros de comitês do Exército, o Tsik compareceram em peso. Contra eles, estavam os trabalhadores, camponeses e soldados comuns, fervorosos e simples.

Um camponês falou dos distúrbios em Tver, que ele afirmou terem sido causados pela prisão dos comitês de terras. "Esse Kerênski nada mais é que um escudo para os *pomieshchiki* (donos de terras)", ele gritou. "Eles sabem que na Assembléia Constituinte tomaremos a terra de qualquer maneira, então estão tentando acabar com a Assembléia Constituinte!"

Um mecânico da fábrica Putilov descreveu como os superintendentes estavam fechando os departamentos, um a um, sob o pretexto de que não havia combustível ou matéria-prima. Mas o comitê da fábrica descobrira grande quantidade desses materiais escondida.

"É uma provocação", disse ele. "Querem que morramos de fome... ou que recorramos à força!"

Um dos soldados começou: "Camaradas! Trago saudações de um lugar onde os homens cavam suas próprias covas e as chamam de trincheiras!"

18 de fevereiro, operários nas ruas se manifestam contra o fechamento da fábrica Putilov

Em seguida, levantou-se um jovem soldado, alto e esguio, com olhos brilhantes, que foi recebido calorosamente. Era Chudnovski, tido como morto nos combates de julho, que agora retornava ao mundo dos vivos.

"Os soldados não confiam mais em seus superiores. Até os comitês do Exército, que se recusaram a convocar uma reunião de nosso soviete, nos traíram. As massas de soldados querem que a Assembléia Constituinte seja realizada exatamente na data para a qual foi convocada, e ai daqueles que ousarem adiá-la! Isso não é uma ameaça platônica, porque o Exército também tem canhões..."

Ele falou sobre a campanha eleitoral pela Assembléia Constituinte, que estava a pleno vapor no 5º Exército.

— Os oficiais, especialmente os mencheviques e os socialistas revolucionários, estão tentando, deliberadamente, neutralizar os bolcheviques. Nossos jornais estão proibidos de circular nas trincheiras. Nossos oradores são presos...

— Por que você não fala sobre a falta de pão? — gritou outro soldado.

— Nem só de pão vive o homem — respondeu Chudnovski, rispidamente...

A seguir, foi a vez de um oficial do Soviete de Vitebsk, um menchevique *oboronets*. "Não se trata de quem tem o poder. O problema não está no governo, mas na guerra... e ela precisa ser vencida antes de se promover qualquer mudança." Foi recebido com vaias e frases irônicas. "Esses agitadores bolcheviques são uns demagogos!" A sala quase veio abaixo com tantas risadas. "Vamos esquecer a luta de classes por um momento..." Mas não foi adiante. Alguém gritou: "É o que vocês querem!"

Petrogrado oferecia um espetáculo curioso naqueles dias. Nas fábricas, as salas dos comitês estavam cheias de fuzis. Mensageiros corriam para lá e para cá. A Guarda Vermelha* fazia exercícios... Em todos os quartéis havia comícios todas as noites, e durante o dia intermináveis e fervorosas discussões. No final do dia, uma multidão enchia as ruas, como ondas a subir e descer a avenida Nevski, brigando pelos jornais da noite... O número de assaltos aumentava tanto que era perigoso andar pelas ruas transversais... Certa tarde, no Sadovaya, vi centenas de pessoas lincharem até a morte um soldado que havia sido preso quando roubava... Indivíduos sinistros rodeavam as mulheres que tremiam de frio nas longas filas para pão e leite, sussurrando que os judeus tinham tomado todos os estoques de mantimentos e que, enquanto o povo passava fome, os membros dos sovietes viviam na opulência...

Para entrar no Smolni era preciso enfrentar a rígida barreira de guardas nos portões externos, que exigiam passes de todos. As salas dos comitês fervilhavam dia e noite. Centenas de soldados e trabalhadores dormiam no chão ou onde achassem algum espaço. No andar de cima, no grande salão, cerca de mil pessoas se amontoavam para ver as tumultuadas reuniões do Soviete de Petrogrado...

Os cassinos funcionavam do começo da noite ao amanhecer, embalados por muito champanhe e apostas que chegavam a 20 mil rublos. À noite, no centro da cidade, prostitutas ostentando jóias e peles caras percorriam as ruas, lotavam os cafés...

Conspirações monarquistas, espiões alemães, contrabandistas traçando planos...

E sob a chuva e o frio incessante, sob um céu cinzento, essa grande e vibrante cidade movia-se cada vez mais depressa. Para onde?

* Ver Notas e Explicações.

Morte ao Imperialismo Mundial. Litografia de D. Moor (1919), Museu Central Estatal da História Contemporânea da Rússia

Capítulo 3

A véspera

Nas relações entre um governo fraco e um povo rebelde, há um momento em que todo ato das autoridades exaspera as massas, e cada recuo faz crescer seu desprezo.

A crise do governo e a passagem do poder de forma pacífica aos sovietes foi tema abordado no artigo intitulado *Sobre os Compromissos*, publicado no jornal *Rabochi Put* (*Caminho Operário*)

A proposta de abandonar Petrogrado provocou uma tormenta. Quando Kerênski negou publicamente que o governo tivesse tais planos, foi recebido com vaias de escárnio.

Encurralado pela pressão da Revolução (bradava o *Rabochi Put*), o governo de burguesia "provisória" tentou livrar-se da acusação alegando, mentirosamente, que nunca cogitou deixar Petrogrado, e que nunca teve a intenção de entregar a capital...

Россійская Соціалъ-Демократическая Рабочая Партія.

РАБОЧІЙ ПУТЬ

„РАБОЧІЙ ПУТЬ"

Em Kharkov, 30 mil mineiros se organizaram, adotando o preâmbulo dos estatutos da IWW*: "A classe operária e a classe

* Nota. Industrial Workers of the World: Operários Industriais do Mundo. Confederação de operários criada em 1905, em Chicago.

empregadora não têm nada em comum." Dispersadas pelos cossacos, parte delas foi boicotada pelos donos de minas e o restante declarou greve geral. O Ministro da Indústria e Comércio, Konovalov, nomeou seu assistente, Orlov, e lhe deu plenos poderes para resolver o problema. Orlov era odiado pelos mineiros. Mas o Tsik não somente apoiava sua nomeação, como recusou o pedido para que os cossacos fossem retirados da bacia do Don.

Em seguida, o Soviete de Kaluga foi destruído. Tendo maioria garantida no soviete, os bolcheviques decidiram libertar alguns prisioneiros políticos. Com a aprovação do comissário do governo, a Duma Municipal convocou tropas de Minsk e bombardeou a sede do soviete com a artilharia. Os bolcheviques se renderam, mas quando deixavam o prédio foram atacados por cossacos, que gritavam: "É isso o que faremos com todos os outros sovietes bolcheviques, incluindo os de Moscou e Petrogrado!" Esse incidente provocou uma onda de ódio que se espalhou por toda a Rússia.

O comandante Nicolai Vassilievitch Krilenko, no Partido desde 1904

Em Petrogrado, terminava um Congresso de Sovietes do Norte, presidido pelo bolchevique Krylenko. Por imensa maioria, ficou decidido que todo o poder deveria ser assumido pelo Congresso Pan-Russo; ao final foi feita uma saudação aos bolcheviques prisioneiros e pediu-se que se alegrassem, pois a hora de sua libertação estava próxima. Ao mesmo tempo, a Primeira Conferência Pan-Russa dos Comitês de Fábrica[19] declarou-se enfaticamente pelos sovietes, e continuou de modo categórico:

Após libertar-se politicamente do czarismo, a classe trabalhadora quer ver o triunfo do regime democrático na esfera de sua atividade produtiva. Sua melhor expressão é: o controle do operariado sobre a produção industrial, que se ergueu espontaneamente na atmosfera de decomposição econômica criada pela política criminosa das classes dominantes...

O Sindicato dos Ferroviários exigia a renúncia de Liverovski, Ministro das Comunicações.

Em nome do Tsik, Skobeliev insistia que o *nacaz* fosse apresentado na Conferência Aliada, e protestou formalmente contra o envio de Tereshchenko a Paris. Tereshchenko prontificou-se a renunciar.

O general Verkhovski, incapaz de levar a cabo seu plano de reorganização do exército, raramente comparecia às reuniões do gabinete.

Em 3 de novembro, o *Obshchee Dielo* (A Causa Comum), de Burtzev, trazia em letras garrafais:

Cidadãos! Salvemos a Pátria!
Acabo de saber que ontem, numa reunião da Comissão para a Defesa Nacional, o ministro da Guerra, general Verkhovski, um dos principais responsáveis pela queda de Kornilov, propôs uma assinatura de paz em separado, independente dos Aliados.
Isto significa trair a Rússia.
Tereshchenko declarou que o Governo Provisório ainda nem havia analisado a proposta de Verkhovski.
'Parecia que estávamos num hospício!' desabafou Tereshchenko.
Os membros da comissão ficaram boquiabertos com a proposta do general.
O general Alexeyev chorou.

Não! Não é loucura! É pior. É pura traição à Rússia!
Kerênski, Tereshchenko e Nekrassov devem dar satisfações imediatas ao povo quanto à proposta de Verkhovski.
Cidadãos, alerta!
A Rússia está sendo vendida!
Salvemo-la!

Na verdade, Verkhovski apenas propusera que se fizesse pressão junto aos Aliados por uma oferta de paz, porque o exército russo não podia continuar combatendo.

O exército russo saudou o Ano Novo de 1917 nas trincheiras e estava ainda mais enfraquecido pelos combates

Tanto na Rússia quanto no exterior, a repercussão foi estrondosa. Verkhovski recebeu "licença médica por tempo indefinido" e deixou o governo. E o *Obshchee Dielo* teve sua circulação proibida. Domingo, 4 de novembro, era o dia do Soviete de Petrogrado, com comícios-monstro por toda a cidade, para angariar fundos para a organização e a imprensa revolucionária. No fundo, a intenção era dar uma demonstração de força. Subitamente, foi anunciado que nesse mesmo dia os cossacos iriam realizar a *Krestni Khod* (Procissão da Cruz) em homenagem ao ícone de 1612*, cuja miraculosa intervenção havia expulsado

* Nota. O ícone de Nossa Senhora de Kazan foi pintado no século XII e levado para Moscou em 1612. Logo após sua chegada, as forças polonesas que invadiram Moscou foram expulsas. A obra, hoje, encontra-se com o papa João Paulo II, que a recuperou numa igreja bizantina de Portugal, em 1991.

Napoleão de Moscou. Havia eletricidade no ar; uma fagulha poderia desencadear guerra civil. O Soviete de Petrogrado lançou um manifesto intitulado "Irmãos Cossacos!". Dizia:

Vocês, cossacos, estão sendo atirados contra nós, trabalhadores e soldados. Este plano de Caim está sendo executado por nossos inimigos comuns: os opressores, as classes privilegiadas — generais, banqueiros, senhores de terras, antigos funcionários, os velhos servidores do czar.

Somos odiados por todos os corruptos, todos os ricos, princesas, nobres, generais, incluindo os generais cossacos. Eles estão prontos para a qualquer momento destruir o Soviete de Petrogrado e esmagar a Revolução.

Está sendo organizada uma procissão religiosa cossaca para o dia 4 de novembro. É uma questão de livre consciência de cada indivíduo se ele irá ou não participar da procissão. Não iremos interferir, nem impedir ninguém. Entretanto, aqui vai um conselho, cossacos! Fiquem atentos e não permitam que, sob o pretexto dessa procissão, seus Kaledins os instiguem a enfrentar trabalhadores e soldados.

Manifestações contra-revolucionárias transformaram o enterro dos cossacos mortos em combate num ato público solene

A procissão foi imediatamente cancelada. "Todo o poder aos sovietes" era a palavra pregada pelos bolcheviques nos quartéis e redutos operários da cidade. Ao mesmo tempo, os agentes da reação instigavam o povo a se rebelar e massacrar os judeus, os pequenos negociantes e os líderes socialistas.

De um lado, a imprensa monárquica instigava a repressão sangrenta. Do outro, Lênin e outras grandes vozes gritavam: "Insurreição! Não podemos esperar mais!"

Até a imprensa burguesa estava agitada[20]. A *Birzhevya Viedomosti* (Gazeta da Bolsa) acusou a propaganda bolchevique de ataque aos "princípios mais básicos da sociedade — segurança pessoal e respeito à propriedade privada".

Manifestantes surgiam de todos os pontos da cidade

Mas foram as publicações socialistas "moderadas" as mais hostis[21]. "Os bolcheviques são os mais perigosos inimigos da Revolução", declarava o *Dielo Naroda*. O *Dien*, dos mencheviques, dizia: "O governo devia defender a si próprio e a nós." O jornal *Yedinstvo* (Unidade)[22], de Plekhanov, lembrava que os trabalhadores de Petrogrado estavam se equipando com armas e exigiam medidas radicais contra os bolcheviques.

O governo ficava cada dia mais impotente. Até a administração municipal entrou em colapso. As colunas dos matutinos estavam repletas de reportagens sobre audaciosos assaltos e assassinatos, dos quais os criminosos saíam impunes.

Por outro lado, operários armados patrulhavam as ruas à noite, enfrentando saqueadores e apreendendo as armas que encontrassem.

No dia 1º de novembro, o coronel Polkovnikov, comandante militar de Petrogrado, baixou um decreto:

Não bastasse os tempos difíceis que nosso país enfrenta, continuam a circular por Petrogrado apelos irresponsáveis incitando a demonstrações armadas e massacres, o que fez aumentar, a cada dia, a desordem e os assaltos.

Essa situação está desorganizando a vida dos cidadãos e afetando o trabalho sistemático do governo e das instituições municipais.

Plenamente consciente de minha responsabilidade e meu dever perante o país, determino:

1 – Toda unidade militar, de acordo com instruções especiais e dentro do território de sua guarnição, deverá prestar todo tipo de assistência à municipalidade, ao comissariado e à milícia, a fim de preservar as instituições governamentais.

2 – Serão organizadas patrulhas, em conjunto com o comandante do distrito e os representantes da milícia municipal, e tomar-se-ão medidas para que criminosos e desertores sejam detidos.

3 – Toda e qualquer pessoa que adentrar os quartéis e instigar demonstrações armadas e massacres será enviada para o quartel-general do Segundo Comando da cidade.

4 – Qualquer manifestação ou rebelião armada será reprimida com todas as forças e armas disponíveis.

5 – Será prestada assistência aos comissários para impedir revistas domiciliares não autorizadas e prisões injustificadas.

6 – Toda e qualquer ocorrência deve ser comunicada imediatamente às respectivas autoridades do Estado-Maior de Petrogrado.

Peço a todos os comitês de Exército e organizações que cooperem com seus superiores no cumprimento desses deveres, dos quais foram encarregados.

No Conselho da República, Kerênski declarou que o governo estava plenamente ciente dos preparativos dos bolcheviques e tinha força suficiente para enfrentar qualquer manifestação[23]. Acusou o *Novaya Rus* e o *Rabochi Put* de estarem fazendo o mesmo tipo de trabalho subversivo. "Mas, devido à liberdade de imprensa absoluta, o governo não tem como rebater mentiras impressas", acrescentou*. Declarando que esses jornais representavam dois aspectos diferentes da mesma propaganda, cujo objetivo era a contra-revolução tão ardentemente desejada pelas Forças Obscurantistas, prosseguiu: "Não importa o que acontecerá comigo. Sou um homem marcado e tenho a audácia de dizer que não consigo entender essa incrível situação de provocação criada na cidade pelos bolcheviques!"

A Guarda Vermelha nos portões do Smolni

Em 2 de novembro, haviam chegado somente quinze delegados para o Congresso dos Sovietes. No outro dia já eram cem, e na manhã seguinte 175, dos quais 103 eram bolcheviques. Era necessário haver quatrocentos para completar o *quorum*, e o Congresso começaria dentro de três dias.

Eu passava bastante tempo no Smolni. Agora já não era tão fácil entrar. Filas duplas de sentinelas guardavam os por-

* Nota. Essa afirmação não era totalmente verdadeira. O Governo Provisório havia proibido a circulação de jornais bolcheviques anteriormente, em julho, e estava planejando voltar a fazer isso.

tões externos, e mais adiante, em frente à porta principal, uma longa fila esperava para entrar. Entravam quatro de cada vez. Respondiam a perguntas sobre sua identidade e suas atividades. Havia distribuição de passes, cujo sistema era modificado constantemente, pois espiões viviam se infiltrando no prédio...

Marinheiros e soldados revolucionários na escadaria do prédio do Smolni

Um dia, depois de passar pelo portão externo, vi Trótski e sua esposa bem na minha frente. Eles foram parados por um soldado. Trótski vasculhou os bolsos, mas não conseguiu encontrar seu passe.

— Não tem importância — disse ele, afinal. — Você deve me conhecer. Meu nome é Trótski.

— Se o senhor não tem passe — respondeu o soldado, inflexível — não pode entrar. Nomes não significam nada para mim.

— Mas sou o presidente do Soviete de Petrogrado.

— Bem, se o senhor é tão importante assim, deve ter pelo menos alguma identificação.

Trótski foi muito paciente.

— Quero falar com o comandante — disse.

O soldado titubeou, resmungando que não podia incomodar o comandante por causa de qualquer um. Com um gesto, Trótski chamou o soldado encarregado da guarda e lhe explicou a situação.

— Meu nome é Trótski — ele repetiu.

— Trótski? Esse nome não me é estranho — disse o outro soldado, coçando a cabeça — Acho que não há problema. Pode entrar, camarada.

No corredor, encontrei Karakhan, membro do Comitê Central bolchevique, que me explicou como seria o novo governo:

"Uma organização flexível, sensível à vontade popular expressa através dos sovietes, que permita a livre expansão das forças locais. No momento, o Governo Provisório impede a ação da vontade democrática local, como fazia o governo do czar. A iniciativa da nova sociedade virá de baixo, do povo. A forma de governo terá como modelo a constituição do Partido Operário Social-Democrata Russo. O novo Tsik, encarregado de comparecer às reuniões do Congresso Pan-Russo de Sovietes, será o parlamento; os diversos ministérios serão liderados por *collegia* (comitês), e não por ministros, sendo diretamente responsáveis perante os sovietes."

Em 30 de outubro, como havia marcado, subi a uma pequena sala no sótão do Smolni, para conversar com Trótski. Ele estava sentado à uma mesa vazia, numa cadeira rústica, no meio da sala. Não precisei fazer muitas perguntas. Ele falou, aceleradamente, durante mais de uma hora. Apresento a seguir a essência do que ele disse, em suas próprias palavras:

"O Governo Provisório está absolutamente impotente. Quem está no controle é a burguesia, mas esse controle está disfarçado por uma coalizão fictícia com os partidos *oborontsi*. Agora, durante a Revolução, vemos revoltas de camponeses que estão cansados de esperar pela terra que lhes foi prometida. No país inteiro, em todas as classes trabalhadoras, fica evidente a mesma insatisfação. Esse domínio da burguesia só é possível com guerra civil. O método de Kornilov é o único modo pelo qual a burguesia pode exercer totalmente o poder. Mas falta força à burguesia... O Exército está conosco. Os conciliadores e pacifistas, os socialistas revolucionários, os mencheviques, todos perderam a autoridade porque a luta entre os camponeses e os donos de terras, entre os operários e seus empregadores, entre os soldados e os oficiais tornou-se mais áspera, mais irreconciliável que nunca. Somente pela ação conjunta das massas populares, somente pela vitória da ditadura do proletariado é que a revolução poderá se realizar e o povo poderá salvar-se.

18 de junho: as tropas russas venceram apenas no primeiro combate. O fracasso nas outras frentes de combate representava o fracasso da política do Governo Provisório e do bloco SR-menchevique, que o apoiavam

Os sovietes são a mais perfeita forma de representação do povo — perfeitos em sua experiência revolucionária, em suas idéias e objetivos. Apoiados diretamente nos soldados das trincheiras, nos operários em suas fábricas e nos trabalhadores do campo, eles são a espinha dorsal da Revolução.

Tentaram criar um poder sem os sovietes e só conseguiram impotência. Esquemas contra-revolucionários de todos os tipos estão sendo tramados nos corredores do Conselho da República Russa. O Partido dos Cadetes é o representante legítimo do militante contra-revolucionário. Por outro lado, os sovietes representam a causa do povo. Entre os dois campos não existem grupos muito significativos. É a *lutte finale*. A contra-revolução burguesa organiza todas as suas forças e espera o momento propício para nos atacar. Nossa resposta será decisiva. Terminaremos o trabalho iniciado em março, que avançou durante o caso Kornilov."

Ele continuou falando da política externa do novo governo:

"Nosso primeiro ato será propor armistício imediato em todas as frentes, e uma conferência dos povos para discutir termos de uma paz democrática. A quantidade de democracia que conseguirmos impor no acordo de paz dependerá da quantidade da

Comitê da RSDRP (bolchevique) preparando-se para novos combates revolucionários. Na foto, ao centro, o dirigente da organização militar, N. I. Podvoiski e os outros membros do comitê: Nevski, Mekhonochin e Raskolnikov

resposta revolucionária que houver na Europa. Se criarmos aqui um Governo dos Sovietes, será um fator poderoso para a paz imediata na Europa, pois esse governo se dirigirá direta e imediatamente a todos os povos, sobre a cabeça de seus governos, propondo o armistício. Quando a paz estiver conquistada, a pressão da Revolução Russa será exercida para conquistarmos 'nenhuma anexação, nenhuma impunidade, e o direito à autodeterminação dos povos', e a República Federativa da Europa...

Ao final desta guerra, vejo uma Europa recriada, não por diplomatas, mas pelo proletariado. A República Federativa da Europa, os Estados Unidos da Europa — é isso que deve ser. A autonomia nacional não é mais suficiente. A evolução econômica pede a abolição de fronteiras nacionais. Se a Europa permanecer dividida em grupos nacionalistas, o imperialismo recomeçará seu trabalho. Somente uma República Federativa da Europa poderá dar paz ao mundo." Ele sorriu aquele seu sorriso fino, levemente irônico. "Mas sem a ação das massas européias estes objetivos não poderão ser alcançados — no momento..."

Edifício do Estado-Maior Central de Petersburgo (1819-1829)

Enquanto todos esperavam que os bolcheviques surgissem de uma hora para outra pelas ruas e começassem a abrir fogo sobre qualquer pessoa com um colarinho branco, a verdadeira insurreição seguia seu curso, natural e abertamente.

O Governo Provisório planejava enviar a guarnição de Petrogrado ao *front*.

A guarnição de Petrogrado contava com cerca de 60 mil homens, que haviam desempenhado papel importante na revolução. Esses eram os homens que haviam mudado o curso dos acontecimentos nos gloriosos dias de março, criaram os sovietes dos representantes dos soldados e expulsaram Kornilov quando este chegava às portas de Petrogrado.

Agora, grande parte deles era bolchevique. Quando o Governo Provisório falou em deixar a cidade, foi a guarnição que respondeu: "Se o governo não é capaz de defender a capital, firme um acordo de paz; se não consegue obter a paz, vá embora e dê lugar a um Governo Popular que seja capaz de fazer as duas coisas."

Era evidente que qualquer tentativa de insurreição dependeria da atitude da guarnição de Petrogrado. O plano do governo era substituir os regimentos da guarnição por tropas "confiáveis": os cossacos e os Batalhões da Morte. O Comitê do Exército, os socialistas "moderados" e o Tsik apoiavam o governo e provocaram uma agitação generalizada nas frentes de batalha e em Petrogrado, dando ênfase ao fato de que durante oito meses a guarnição de Petrogrado tinha levado vida fácil nos quartéis da capital, enquanto seus exaustos camaradas passavam fome e morriam nas trincheiras.

Havia, sem dúvida, alguma verdade na acusação de que os regimentos da guarnição estavam relutantes em trocar seu relativo conforto pelas penúrias de uma campanha de inverno.

Mas havia outras razões pelas quais eles se recusavam a ir. O Soviete de Petrogrado não confiava nas intenções do governo, e do *front* chegavam centenas de delegados escolhidos por soldados comuns, gritando: "É verdade que precisamos de reforços, mas o mais importante é termos certeza de que Petrogrado e a Revolução estejam bem guardadas. Vocês cuidam da retaguarda, camaradas, que nós cuidamos das frentes!"

Em 25 de outubro, o Comitê Central dos Sovietes discutiu, a portas fechadas, a formação de um comitê militar especial para resolver a questão. No dia seguinte, uma assembléia da seção de soldados do Soviete de Petrogrado elegeu um comitê que de pronto votou por um boicote aos jornais burgueses e condenou o Tsik por este ser contra a realização do Congresso dos Sovietes. No dia 29, na sessão pública do Soviete de Petrogrado, Trótski propôs que o soviete sancionasse formalmente o Comitê Militar Revolucionário. "Temos que criar nossa organização especial para combater e, se necessário, morrer", afirmou. Decidiram enviar duas delegações — uma do soviete e outra da guarnição — para conferenciar com os comitês de soldados e com o Estado-Maior.

Em Pskov, os delegados foram recebidos pelo general Cheremissov, comandante das frentes do Norte. Ele disse, laconicamente, que havia ordenado à guarnição de Petrogrado que se apresentasse à frente de batalha. Isso era tudo. O comitê da guarnição não tinha permissão para sair de Petrogrado.

Uma delegação da seção de soldados do Soviete de Petrogrado pediu que um representante fosse admitido no Estado-Maior do distrito de Petrogrado. Pedido recusado. O Soviete de Petrogrado pediu que nenhuma ordem fosse expedida sem a prévia aprovação da seção de soldados. Pedido recusado. Os delegados receberam resposta agressiva: "Só reconhecemos o Tsik. Não recebemos ordens de vocês. Se infringirem alguma lei, serão presos."

No dia 13, uma reunião de representantes de todos os regimentos de Petrogrado aprovou uma resolução: "A guarnição de Petrogrado não mais reconhece o Governo Provisório. O Soviete de Petrogrado é nosso governo. Só obedeceremos às ordens do Soviete de Petrogrado, através do Comitê Militar Revolucionário." As unidades militares locais receberam ordens para aguardar instruções da seção de soldados do Soviete de Petrogrado.

No dia seguinte, o Tsik convocou uma reunião cujos participantes eram em sua maioria oficiais. Decidiram formar um comitê para cooperar com o Estado-Maior e designaram comissários para todos os bairros da cidade.

Numa grande assembléia de soldados, no dia 3, ficou decidido o seguinte:

Os soldados do regimento de Keksgolmski que participaram da insurreição armada em Petrogrado montam guarda na Estação Telefônica após terem derrotado os junkers

A guarnição de Petrogrado saúda a criação do Comitê Militar Revolucionário e compromete-se a apoiar irrestritamente todas as suas decisões, a fim de estreitar os laços entre a frente e a retaguarda, na defesa dos interesses da Revolução. A guarnição declara, também, que com o proletariado revolucionário manterá a ordem revolucionária em Petrogrado. Toda tentativa de provocação vinda dos partidários de Kornilov ou da burguesia enfrentará resistência impiedosa.

Agora consciente de seu poder, o Comitê Militar Revolucionário intimou o Estado-Maior de Petrogrado a submeter-se ao seu controle. A todas as tipografias, ordenou que nenhum apelo ou manifesto fosse impresso sem a autorização do comitê. Comissários armados visitaram o arsenal de Kronversk e apreenderam grande quantidade de armas e munição, impedindo que um carregamento de 10 mil baionetas fosse enviado a Novocherkask, quartel-general de Kaledin.

Percebendo o perigo iminente, o governo ofereceu imunidade se o comitê fosse dissolvido. Tarde demais. À meia-noite de 5 de novembro, o próprio Kerênski enviou Malevski ao Soviete de Petrogrado para oferecer representação no Estado-Maior. O Comitê Militar Revolucionário aceitou. Uma hora depois, o general Manikovski, ministro da guerra interino, deu uma contra-ordem cancelando o convite.

Na manhã de terça-feira, 6 de novembro, a cidade ficou alvoroçada pelo surgimento de um cartaz assinado pelo Comitê Militar Revolucionário ligado ao Soviete dos Deputados de Operários e Soldados de Petrogrado:

Aos habitantes de Petrogrado. Cidadãos!

A contra-revolução levanta sua cabeça criminosa. Os partidários de Kornilov estão mobilizando suas forças para esmagar o Congresso Pan-Russo dos Sovietes e desmantelar a Assembléia Constituinte. Ao mesmo tempo, os pogromistas* podem tentar incitar o povo de Petrogrado à desordem e ao derramamento de sangue. O Soviete dos Deputados de Operários e Soldados de Petrogrado toma para si a guarda da ordem revolucionária na cidade, contra tentativas contra-revolucionárias e pogromistas.

A guarnição de Petrogrado não permitirá nenhum tipo de violência ou desordem.

* Nota. Adeptos dos *pogroms*: massacres organizados de judeus.

A população está autorizada a prender arruaceiros e os agitadores denominados "Centúrias Negras" e levá-los ao comissariado dos sovietes no quartel mais próximo. À primeira tentativa das Forças Obscurantistas de fazer baderna nas ruas de Petrogrado, seja roubando ou brigando, os criminosos serão varridos da face da Terra!
Cidadãos! Pedimos que mantenham a calma e serenidade. A causa da ordem e da revolução está em mãos firmes.
Lista de regimentos onde se encontram comissários do Comitê Militar Revolucionário...

No dia 3, os líderes bolcheviques tiveram outra reunião histórica a portas fechadas. Avisado por Zalkind, esperei no corredor, ao lado da porta. Quando Volodarski saiu, contou-me o que estava acontecendo.

Lênin havia dito: "6 de novembro é muito cedo. Precisamos ter todas as bases russas para o levante, e no dia 6 ainda não terão chegado todos os delegados para o congresso. Por outro lado, 8 de novembro será tarde demais. A essa altura o congresso já estará organizado, e é difícil para um grande grupo organizado agir de maneira rápida e decisiva. Devemos agir no dia 7, o dia em que o congresso se reúne, para lhes dizer: 'Aqui está o poder! O que vocês farão com ele?'"

Numa sala do andar de cima trabalhava um indivíduo de rosto fino e cabelo comprido, antigo oficial das tropas do czar, que se tornara revolucionário e havia sido exilado. Chamava-se Antonov Ovseenko, matemático e jogador de xadrez. Traçava planos detalhados para a tomada da capital.

O governo também se preparava. Mandou chamar a Petrogrado alguns de seus regimentos mais leais, vindos de divisões distantes da capital. A artilharia dos *junkers* foi trazida para o Palácio de Inverno. Patrulhas de cossacos apareciam nas ruas pela primeira vez desde julho. Polkolnikov emitia ordens sem cessar, prometendo reprimir qualquer insubordinação com

Os junkers, defensores do Governo Provisório, construíam barricadas em torno do Palácio de Inverno

"mão de ferro". Kishkin, ministro da Instrução Pública, o mais odiado membro do gabinete, foi nomeado comissário especial para manter a ordem em Petrogrado. Nomeou dois assistentes, não menos impopulares que ele: Rutenburg e Palchinski.

Foi declarado estado de sítio em Petrogrado, em Kronstadt e na Finlândia, fato que provocou comentários irônicos do jornal burguês *Novoye Vremya* (Novos Tempos):

Por que estado de sítio? O governo não tem mais nenhum poder. Não tem autoridade moral e não tem o aparato necessário para usar a força. Na mais favorável das circunstâncias, só pode conferenciar com quem está disposto. Sua autoridade não vai além disso...

Na manhã de segunda-feira, dia 5, apareci no Palácio Marinski para ver o que estava acontecendo no Conselho da República Russa. Era um tórrido debate sobre a política externa de Tereshchenko. Ecos do caso Burtzev-Verkhovski. Todos os diplomatas estavam presentes, exceto o embaixador italiano, que afirmaram estar profundamente abatido com o desastre do Carso*.

Quando entrei, o socialista revolucionário de esquerda Karelin estava lendo em voz alta um editorial do *Times*, de Londres,

* Nota. Alusão ao desastre militar italiano durante ofensiva austríaca na região do Carso, nesse período.

que dizia: "Só existe um remédio para o bolchevismo: as balas!" Virando-se para os cadetes, gritou: "Vocês acham a mesma coisa!"

Vozes direitistas: "Sim! Sim!"

"Sim, sei que vocês pensam desse modo", explodiu Karelin. "Mas não têm coragem de pôr isso em prática!"

Nesse momento Skobeliev, com seu jeito de ídolo de matinê — cabelo amarelo ondulado e barba loira e macia —, defendeu timidamente o *nacaz* do soviete. Em seguida foi a vez de Tereshchenko, atacado pela ala esquerdista com gritos de "Renúncia! Renúncia!" Ele insistiu que os delegados do governo e do Tsik enviados a Paris deveriam ter um ponto de vista comum, ou seja, o dele. Falou um pouco sobre a restauração da disciplina no exército, sobre guerra e vitória... Houve tumulto, e sob a insistente oposição da esquerda truculenta o Conselho da República passou à simples ordem do dia.

As fileiras reservadas aos bolcheviques continuavam lá, vazias, desde o dia em que decidiram abandonar o Conselho, levando consigo a vida do Conselho. Enquanto descia as escadas, tive a impressão de que, apesar de toda essa discussão acalorada, a verdadeira voz do mundo simples lá de fora nunca conseguiria penetrar nesse prédio alto e frio, e que o Governo Provisório estava acabado, pela mesma toada de "guerra e paz" que havia arruinado o Ministério Miliukov. O porteiro resmungou enquanto me ajudava a vestir o casaco: "Não sei o que vai ser de nossa pobre Rússia. Todos esses mencheviques, bolcheviques, trudoviques... Essa Ucrânia, essa Finlândia, esses imperialistas alemães, ingleses. Tenho 45 anos e nunca, em toda a minha vida, ouvi tanta conversa fiada como ouço aqui..."

No corredor, encontrei o professor Shatski, sujeito influente no partido dos cadetes. Tinha cara de vira-casaca e trajava elegante sobretudo. Perguntei o que ele achava do tão comentado *vystuplenie* (golpe) bolchevique. Ele deu de ombros, debochando.

"Eles são gado — *canaille* [canalhas]", ele respondeu. "Não ousarão, e se ousarem logo irão pelos ares. Do nosso ponto de vista, isso não será mau, pois eles arruinarão a si próprios e não terão poder na Assembléia Constituinte.

Mas, meu caro, deixe-me explicar-lhe meu plano para a formação de um novo governo, que será apresentado à Assembléia Constituinte. Sabe, eu sou chefe de uma comissão nomeada por esse órgão, em conjunto com o Governo Provisório, encarregada de traçar o projeto para uma constituição. Teremos uma assembléia legislativa com duas câmaras, como vocês têm nos Estados Unidos. Na câmara baixa ficarão os representantes dos territórios; na alta, representantes dos profissionais liberais, zemstvos, cooperativas e sindicatos..."

Lá fora, soprava um vento frio e úmido vindo do oeste, e a lama fria que cobria o chão começou a penetrar em meus sapatos. Duas companhias de *junkers* passavam pela Morskaya, marchando, rígidos, em seus capotes compridos, e cantando em coro, como os soldados faziam nos tempos do czar. Na primeira travessa, percebi que a milícia urbana estava montada e armada com revólveres em coldres novinhos. Parado, em silêncio, um pequeno grupo de pessoas tinha os olhos fixos nos soldados. Na esquina da avenida Nevski, comprei um panfleto de autoria de Lênin, intitulado *Os bolcheviques têm capacidade para permanecer no poder?* e paguei com um dos selos que serviam como trocado. Os costumeiros bondinhos passavam com cidadãos e soldados pendurados do lado de fora de tal maneira que deixaria Theodore P. Shonts* verde de inveja. Pelas calçadas, fileiras de desertores em seus uniformes vendiam cigarros e sementes de girassol.

Na avenida Nevski, na amarga luz crepuscular, multidões disputavam os jornais que chegavam. Tentando entender a profusão de apelos e manifestos[24], grupos de pessoas se amontoavam em frente aos cartazes, colados em qualquer superfície plana. Havia cartazes do Tsik, dos sovietes camponeses, dos partidos socialistas "moderados", dos comitês do Exército — ameaçando, blasfemando, implorando que os trabalhadores e soldados ficassem em casa, em apoio ao governo.

Multidões disputavam os jornais que se esgotavam em poucos minutos

Um carro blindado subia e descia a avenida devagar, com a sirene ligada. Em toda esquina, em todo lugar aberto, agrupavam-se bandos de gente, soldados discutindo e estudantes. A noite chegou rapidamente, as parcas luzes da rua se acenderam, e enxames de pessoas continuavam a passar, incessantemente. Petrogrado era sempre assim, às vésperas de algum distúrbio.

A cidade estava nervosa, sobressaltava-se ao menor ruído. Mas ainda não havia sinal dos bolcheviques. Os soldados esta-

* Nota. Nascido em 1856 e falecido em 1919, advogado e empresário ferroviário. Presidente de cinco companhias ferroviárias do Meio-Oeste estadunidense e com interesses nos bondes nova-iorquinos, razão do comentário do autor. Foi também presidente da Comissão do Canal do Panamá de 1905 a 1907.

vam nos quartéis, os operários nas fábricas. Entramos num cinema perto da catedral de Kazan, que exibia um filme italiano cheio de paixão e intriga. Nas primeiras filas havia alguns soldados e marinheiros, com os olhos fixos na tela feito crianças, maravilhados, absolutamente incapazes de entender o porquê de tanta violência, tantos homicídios...

De lá, fomos direto para o Smolni. Na sala de número 10 do último andar, o Comitê Militar Revolucionário estava em assembléia contínua, sob o comando de um garoto de 18 anos chamado Lazimir. Quando passava, parou para um tímido aperto de mãos.

"Acabamos de nos apoderar da Fortaleza de Pedro e Paulo", disse ele, com um sorriso de contentamento. "Agora há pouco tivemos notícias de um regimento que foi chamado pelo governo a Petrogrado. Os homens desconfiaram, pararam o trem em Gatchina e enviaram uma delegação para falar conosco. 'O que está havendo?' eles perguntaram. 'O que vocês têm a dizer? Acabamos de aprovar uma resolução: 'Todo o Poder aos Sovietes'. O Comitê Militar Revolucionário respondeu: 'Irmãos! Saudações em nome da revolução. Fiquem onde estão até receberem mais instruções!'"

Ele nos informou que todos os telefones estavam cortados, mas a comunicação com as fábricas e quartéis estava sendo feita por meio de telefonógrafo de uso militar.

Um fluxo contínuo de mensageiros e comissários ia e vinha. Lá fora, uma dúzia de voluntários esperavam, prontos para levar mensagens aos mais distantes bairros da cidade. Um deles, homem com rosto de cigano e uniforme de tenente, disse em francês: "Está tudo pronto. É só apertar o botão."

Passavam Podvoisk, magro e barbudo, arquiteto da estratégia da insurreição; Antonov, barba por fazer, colarinho imundo, tombando de sono; Krylenko, soldado atarracado, de cara larga,

P. E. Dibenko, presidente do comitê central da marinha de guerra do Báltico

sempre sorrindo, com seus gestos violentos e discurso arrebatador; Dybenko, enorme marinheiro barbado com expressão plácida. Esses eram os homens do momento, e de muitos momentos futuros.

No andar térreo, no escritório dos comitês de fábrica, estava Seratov, assinando pedidos de armas para o arsenal do governo. 150 rifles para cada fábrica. Cerca de quarenta delegados esperavam em fila.

No saguão, encontrei alguns dos líderes bolcheviques menos proeminentes. Um deles me mostrou um revólver. "O jogo começou", disse ele, pálido. "Façamos ou não algum movimento, o outro lado sabe que deve nos exterminar ou ser exterminado."

O Soviete de Petrogrado se reunia dia e noite. Quando entrei na grande sala, Trótski estava terminando seu discurso.

"Perguntaram se pretendemos fazer uma *vystuplenie*. Posso dar uma resposta direta a essa pergunta. O Soviete de Petrogrado sente que, finalmente, chegou o momento em que o poder deve passar para as mãos dos sovietes. Essa transferência de governo será completada pelo Congresso Pan-Russo. A necessidade de uma demonstração armada dependerá... dos que quiserem interferir no Congresso Pan-Russo.

Percebemos que nosso governo, confiado aos componentes do Gabinete Provisório, é um governo impotente e desprezível, que só espera a varrida da vassoura da história para dar lugar a um governo verdadeiramente popular. Mas estamos tentando evitar conflitos, neste momento, hoje. Temos esperança de que o Congresso Pan-Russo tome em suas mãos o poder e a autoridade que descansam sobre a liberdade organizada do povo. Entretanto, se o governo quiser utilizar a curta vida que ainda lhe resta — 24, 48 ou 72 horas — para nos atacar, então revidaremos cada golpe a ferro e a fogo!"

Entre gritos de aplauso, ele anunciou que a esquerda socialista revolucionária havia decidido mandar representantes ao Comitê Militar Revolucionário.

Às três da madrugada, quando saí do Smolni, notei a presença de dois canhões de tiro rápido, um em cada lado da porta, e que patrulhas de soldados bem armados guardavam os portões e as esquinas mais próximas. Bill Shatov* subia as escadas aos pulos. "Muito bem. Começou! Kerênski mandou os *junkers* fecharem nossos jornais, *Soldat* e *Rabochi Put.* Mas nossas tropas quebraram os lacres do governo, e agora estamos enviando destacamentos para ocupar os jornais burgueses!", disse ele, exultante, dando um tapinha no meu ombro e seguindo adiante.

Na manhã do dia 6, precisei falar com o censor, cujo escritório ficava no Ministério das Relações Exteriores. Em todo canto, em todas as paredes, apelos históricos para que a população permanecesse "calma". Polkovnikov emitia um *prikaz* após o outro:

"Ordeno que todas as unidades militares permaneçam em seus quartéis aguardando ordens do Estado-Maior Militar do Distrito. Todos os oficiais que agirem sem ordens de seus superiores serão levados à corte marcial por insubordinação. Proíbo, de toda maneira, que os soldados sigam qualquer instrução vinda de outras organizações."

* Nota. Ativista do movimento trabalhista americano.

O jornal da manhã anunciava que o governo havia fechado os jornais *Novaya Rus*, *Zhivoye Slovo* e *Soldat*, e decretado a prisão dos líderes do Soviete de Petrogrado e dos membros do Comitê Militar Revolucionário.

O Arco Vermelho, destruído em 1928

Na Praça do Palácio, diversas baterias de artilharia *junker* passaram pelo Arco Vermelho, em trote, indo alinhar-se na frente do Palácio. O grande edifício vermelho do Estado-Maior tinha um movimento fora do comum, com diversos carros blindados posicionados à entrada e automóveis lotados de oficiais que iam e vinham. O censor estava bastante excitado, como um menino no circo. Ele me informou que Kerênski acabara de se dirigir ao Conselho da República para apresentar sua renúncia. Fui correndo ao palácio Marinski, aonde cheguei no final do apaixonado e quase incoerente discurso de Kerênski, cheio de justificativas e acusações rancorosas a seus inimigos:

"Citarei aqui o trecho mais característico de uma série de artigos publicados no *Rabochi Put* por Ulyanov Lênin, um criminoso de estado que está se escondendo e que estamos tentando encontrar. Esse criminoso convidou o proletariado e a guarnição de Petrogrado a repetir a experiência de 16 a 18 de julho, e insiste na necessidade imediata de um levante armado. Além disso, outros líderes bolcheviques que também se pronunciaram em diversas reuniões, apelaram para a realização de uma insurreição imediata. Deve ser salientada, particularmente, a atividade do atual presidente do Soviete de Petrogrado, Bronstein Trótski...

Lênin, disfarçado, durante o período em que esteve na clandestinidade

Devo informar aos presentes... que as expressões e o estilo de toda uma série de artigos publicados no *Rabochi Put* e no *Soldat* lembram, e muito, os artigos do *Novaya Rus*. Temos a ver não tanto com o movimento de tal e tal partido político, mas com a exploração da ignorância política e instintos criminosos de uma parte da população, um tipo de organização cujo objetivo é provocar na Rússia, a todo custo, um movimento inconsciente de destruição e pilhagem, pois, dado o estado de espírito das massas, qualquer movimento em Petrogrado será seguido dos mais terríveis massacres, que cobrirão com vergonha eterna o nome da Rússia livre.

... Com a admissão do próprio Ulianov Lênin, a situação da extrema esquerda dos social-democratas na Rússia torna-se muito favorável."

Kerênski leu o seguinte trecho de um artigo de Lênin:

Imaginem! Os camaradas alemães só possuem um Liebknecht, não têm jornais, não têm liberdade para promover reuniões, não têm um soviete. Enfrentam a incrível hostilidade de todas as classes da sociedade. Mesmo assim, os camaradas alemães tentam agir. Quanto a nós, tendo dezenas de jornais, liberdade para fazer reuniões, a maioria dos sovietes, sendo os proletários internacionalistas com melhores condições de todo o mundo, podemos recusar apoio aos revolucionários alemães e suas organizações rebeldes?

Kerênski prosseguiu:

"Os arquitetos da rebelião reconhecem que um partido político conta com as mais favoráveis condições para a livre ação, sob um Governo Provisório à frente do qual está, sob o ponto de vista deste partido, 'um usurpador, um homem que se vendeu à burguesia, o ministro-presidente Kerênski.'
Os organizadores da insurreição não vêm ao auxílio do proletariado alemão, mas das classes governantes alemãs, e abrem a frente de batalha para o punho de ferro de Guilherme e seus companheiros. Pouco importa ao Governo Provisório os motivos dessa gente, pouco importa se eles agem consciente ou inconscientemente. De qualquer modo, desta tribuna, ciente de minha responsabilidade, qualifico tais atos de certo partido político russo como atos de traição à Rússia!
... Adoto o ponto de vista da direita e proponho iniciar, imediatamente, uma investigação para realizar as prisões necessárias." (Agitação da esquerda.) "Escutem!", gritou bem alto. "Neste momento, quando o Estado corre perigo devido à traição consciente ou inconsciente, o Governo Provisório e eu mesmo, entre outros, preferimos morrer a trair a vida, a honra e a independência da Rússia."

Nesse momento, alguém deu um papel a Kerênski.

"Acabo de receber a proclamação que estão distribuindo aos regimentos. Aqui está seu conteúdo." E começa a ler:

"'O Soviete dos Deputados de Soldados e Trabalhadores de Petrogrado está ameaçado. Ordenamos que os regimentos se mobilizem imediatamente para a guerra e esperem novas ordens. Qualquer demora ou não-execução dessa ordem será considerada um ato de traição para com a Revolução. O Comitê Militar Revolucionário. Pelo presidente Podvoiski. O secretário, Antonov.'"

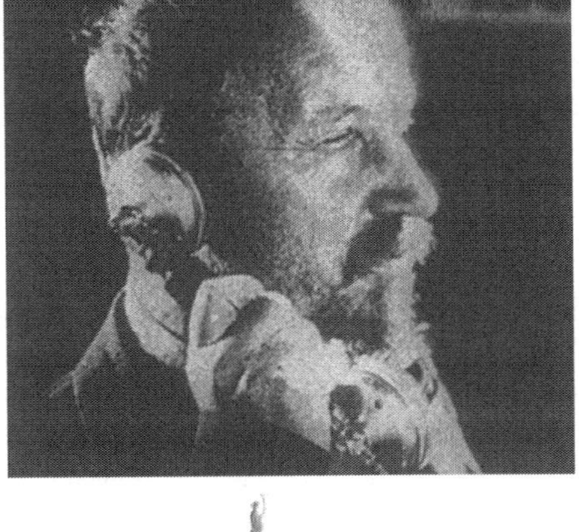

N. I. Podvoiski, presidente do Comitê Militar-Revolucionário

"Na realidade, isto é uma tentativa de incitar o populacho contra a ordem vigente das coisas, violar a Constituinte e abrir a frente de batalha aos regimentos de punho de ferro de Guilherme.
Digo 'populacho' intencionalmente, porque a democracia consciente e seu Tsik, todas as organizações do Exército, tudo o que a Rússia livre glorifica: o bom senso, a honra e a consciência da grande democracia russa, protestam contra isso.
Não vim aqui suplicar, mas afirmar categoricamente que o Governo Provisório, que defende neste momento a nova liberdade — e o novo Estado russo, destinado a um futuro brilhante —, encontrará apoio unânime, exceto entre os que nunca ousaram encarar a verdade.
O Governo Provisório nunca violou a liberdade que os cidadãos têm para exercer suas convicções políticas. Mas agora ele declara: Neste momento, aqueles elementos da nação russa, aqueles grupos e partidos que vêm ousando levantar a mão contra a livre vontade do povo russo e ameaçam abrir o país para os alemães devem ser exterminados com energia!
Assim que a população de Petrogrado entender que pode contar com um poder resoluto, talvez no último momento o bom senso, a consciência e a honra triunfem sobre os corações dos que ainda os possuem."

Durante todo o discurso, a sala fervilhava. Quando o ministro-presidente desceu, pálido e molhado de suor, e caminhou a passos largos acompanhado por seu séquito de autoridades, incontáveis oradores da esquerda e do centro atacaram a direita, todos no mesmo tom enraivecido. Até os socialistas revolucionários se pronunciaram, na figura de Gotz:

"A política dos bolcheviques é demagógica e criminosa, pois explora a insatisfação do povo. Mas existe uma série de exigências populares que até agora não foram atendidas. A questão da paz, da terra e a democratização do Exército deveria ter sido tratada de tal maneira que nenhum soldado, camponês ou operário tivesse a menor dúvida de que nosso governo está tentando, com firmeza e diligentemente, resolvê-las.

Nós, mencheviques, não desejamos provocar uma crise no Gabinete, e estamos prontos a defender o Governo Provisório com todas as nossas forças, até a última gota de nosso sangue. Mas ele precisa se pronunciar sobre essas questões urgentes e dizer, de maneira clara e precisa, as palavras tão ansiadas pelo povo."

Em seguida falou Martov, furioso:

"As palavras do ministro-presidente, que se permitiu empregar o termo "populacho", referindo-se a importantes setores do proletariado e do Exército — mesmo que eles tenham sido levados na direção errada — são uma incitação à guerra civil."

A ordem do dia proposta pela esquerda foi colocada em votação. Ela equivalia, praticamente, a um voto de desconfiança:

1. A demonstração armada que vem sendo preparada nos últimos dias tem como objetivo um golpe de estado, ameaça provocar guerra civil, cria condições favoráveis a *pogroms* e à contra-revolução, à mobilização de forças contra-revolucionárias como as Centúrias Negras, que, inevitavelmente, tornarão impossível a convocação da Constituinte, causarão uma catástrofe militar, a morte da revolução, paralisarão a vida econômica do país e destruirão a Rússia;
2. As condições favoráveis a essa agitação foram geradas por atrasos na aprovação de medidas urgentes, e também por condições objetivas causadas pela guerra e desordem generalizada. É necessário, antes de tudo, promulgar imediatamente um decreto passando a terra aos comitês agrários, e adotar enérgica política externa, propondo aos Aliados que manifestem seus termos de paz e se iniciem as conversações;
3. Para enfrentar as manifestações monarquistas e movimentos pogromistas, faz-se indispensável tomar medidas imediatas visando sufocar esses movimentos e, para esse fim, criar em Petrogrado um comitê de segurança pública, formado de representantes da municipalidade e órgãos da democracia revolucionária, atuando em conjunto com o Governo Provisório.

É interessante notar que mencheviques e revolucionários socialistas, em peso, aprovaram essas medidas. Quando Kerênski soube, chamou Avksentiev ao Palácio de Inverno para dar explicações. Disse que, se as medidas aprovadas significassem falta de confiança no Governo Provisório, ele implorava a Avksentiev a formação de um novo gabinete. Dan, Gotz e Avksentiev, líderes dos "conciliadores", tentaram uma última conciliação: explicaram a Kerênski que a intenção não era criticar o governo!

Na esquina da Moskaya e da Nevski, destacamentos de soldados com suas baionetas caladas paravam todos os carros particulares, faziam seus passageiros descer e levavam os carros até o Palácio de Inverno. Uma grande multidão assistia a tudo. Ninguém sabia se os soldados pertenciam ao governo ou ao Comitê Militar Revolucionário. Na frente da catedral de Kazan, acontecia o mesmo, e os veículos davam meia-volta, subindo a Nevski. Cinco ou seis marinheiros armados com rifles vinham andando e rindo, animados, e pararam para conversar com dois dos soldados. Nas fitas de seus gorros estava escrito *Avrora* (Aurora) e *Zaria Svobodi* (Alvorada da Liberdade), os nomes dos maiores cruzeiros bolcheviques da frota do Báltico. Um deles disse: "Kronstadt está a caminho!" Era como se em 1792, nas ruas de Paris, alguém dissesse: "Os marselheses estão a caminho!", pois em Kronstadt havia 25 mil marinheiros, bolcheviques convictos, que não temiam a morte.

O *Rabochi i Soldat* tinha acabado de sair. Na primeira página, somente uma enorme proclamação:

Soldados! operários! cidadãos!

Esta noite, os inimigos do povo passaram à ofensiva. Os partidários de Kornilov dentro do Estado-Maior estão tentando arrebanhar *junkers* e batalhões voluntários nos

Nos anos que se seguiram à derrota sofrida pela primeira revolução russa, os jornais da imprensa bolchevique forneciam informações à população

subúrbios. Os *junkers* de Oranienbaun e os voluntários de Tsarkoye Selo se recusaram a vir. Um golpe de alta traição está sendo engendrado contra o Soviete de Petrogrado. A campanha dos contra-revolucionários está sendo dirigida ao Congresso Pan-Russo de Sovietes na véspera de sua abertura, contra a Assembléia Constituinte, contra o povo. O Soviete de Petrogrado defenderá a revolução. O Comitê Militar Revolucionário está liderando a repressão ao ataque dos conspiradores. Toda a guarnição e o proletariado de Petrogrado estão preparados para desferir um golpe certeiro contra o inimigo do povo:

O Comitê Militar Revolucionário decreta:

1. Todos os comitês dos regimentos, divisões e unidades navais, assim como os comissários dos sovietes e todas as organizações revolucionárias, devem reunir-se em sessão contínua, concentrando todas as informações sobre os planos dos conspiradores.

2. Nenhum soldado deverá deixar sua divisão sem permissão do Comitê.

3. Enviar imediatamente para o Smolni dois delegados de cada unidade militar e cinco de cada soviete de distrito.

4. Todos os membros do Soviete de Petrogrado e todos os delegados do Congresso Pan-Russo estão convocados, imediatamente, para uma assembléia extraordinária, no Smolni.

A contra-revolução mostrou sua face criminosa.

Um grande perigo ameaça todas as conquistas e esperanças de soldados e trabalhadores.

Mas as forças da Revolução são muito superiores às forças dos inimigos.

A causa do povo está em mãos fortes. Os conspiradores serão esmagados.

Não hesitem, não duvidem! Firmeza, tenacidade, disciplina, determinação!

Vida longa à revolução!

Comitê Militar Revolucionário

O Soviete de Petrogrado reunia-se em sessão contínua no Smolni, o olho do furacão. Os delegados, mortos de sono, caíam no chão e voltavam a levantar-se para participar do debate. Trótski, Kameniev, Volodarski discursavam seis, oito, até doze horas por dia.

Desci até a sala 18, no primeiro andar, onde os delegados bolcheviques realizavam uma reunião partidária. Uma voz áspera, vinda de algum lugar entre a multidão, não cessava: "Os conciliadores dizem que estamos isolados. Não liguem para eles. Quando começar, eles virão para o nosso lado, ou perderão seus seguidores..."

Nesse momento, ergueu um pedaço de papel. "Já estão vindo! Acaba de chegar uma mensagem dos mencheviques e socialistas revolucionários! Eles dizem que condenam nossos atos, mas que se o governo nos atacar eles não ficarão contra a causa do proletariado!" Gritos de exaltação...

Quando anoiteceu, a grande sala encheu-se de soldados e operários, uma monstruosa massa acinzentada formando um zumbido incessante, mergulhada numa névoa de fumaça azulada. O antigo Tsik tinha, finalmente, decidido abrir as portas para os delegados do novo congresso que significava sua própria destruição, e talvez a destruição da ordem revolucionária que havia construído. Entretanto, nessa reunião só os membros do Tsik podiam votar.

Já passava da meia-noite quando Gotz abriu a sessão e Dan levantou-se para falar, em meio a um silêncio tenso, que me parecia quase ameaçador.

"As horas que estamos vivendo tornam-se mais trágicas", disse ele. "O inimigo está às portas de Petrogrado, as forças da democracia estão tentando se organizar para enfrentá-lo, mas, ainda assim, espera-se derramamento de sangue nas ruas da capital, e a fome ameaça destruir não somente nosso governo homogêneo, mas a própria revolução.

As massas estão doentes e exaustas. Elas não têm interesse na revolução. Se os bolcheviques tomarem alguma iniciativa, será o fim da revolução..." (Gritos: "Mentira!") "Os contra-revolucionários estão esperando que os bolcheviques provoquem rebeliões e massacres. Se alguma *vystuplenie* for realizada, não haverá Assembléia Constituinte..." (Gritos: "Mentira! Que vergonha!")

"É inadmissível que, na zona de operações militares, a guarnição de Petrogrado não se submeta às ordens do Estado-Maior. É seu dever obedecer as ordens do Estado-Maior e do Tsik, que vocês próprios elegeram. 'Todo o poder aos sovietes' é o mesmo que a morte! Ladrões e criminosos esperam o momento para saquear e queimar, quando seu lema é: 'Invadam as casas, peguem as roupas e os sapatos dos burgueses...'" (Tumulto, gritos: "Esse lema não existe! Mentira! Mentira!") "Muito bem, pode começar de outro modo, mas é assim que vai terminar!

O Tsik tem plenos poderes de ação e deve ser obedecido. Não temos medo de baionetas. O Tsik defenderá a revolução com seu próprio corpo..." (Gritos: "Este corpo já está morto há muito tempo!")

Grande tumulto tomou conta do recinto. Dan gritava e dava socos na mesa ao mesmo tempo:

— Os que incentivam esse levante estão cometendo um crime!

— Quem cometeu um crime foi você, quando entregou o poder aos burgueses!

Gotz, balançando a sineta de moderador da mesa:

— Silêncio, ou o coloco para fora daqui!

— Experimente — disse uma voz, seguida de urros e assobios.

E continuou: "Agora, com relação à nossa política de paz..." (Risos) "Infelizmente, a Rússia não pode mais suportar a continuação dessa guerra. Haverá paz, mas não uma paz permanente, não uma paz democrática. Hoje, no Conselho da República, a fim de evitar derramamento de sangue, aprovamos uma ordem do dia exigindo que a terra seja entregue aos comitês agrários e que as negociações de paz sejam retomadas imediatamente." (Risos e gritos: "Tarde demais!")

Em seguida, em nome dos bolcheviques, Trótski subiu à tribuna, sob uma onda geral de aplausos dos presentes, que se levantaram, saudando-o com gritos eufóricos. Seu rosto magro e pronunciado estava absolutamente mefistofélico em sua expressão de maliciosa ironia.

"As táticas de Dan provaram que as massas, essas grandes massas passivas e indiferentes, estão do seu lado!" (Riso geral.) Voltou-se para o moderador e disse em tom dramático: "Quando falávamos em dar a terra aos camponeses, vocês eram contra. Então dissemos aos camponeses: 'Se eles não derem as terras, tomem-nas vocês mesmos!' E os camponeses seguiram nosso conselho. Agora, vocês estão defendendo o que fizemos seis meses atrás.

Não acredito que a ordem de Kerênski para suspender a pena de morte no exército tenha sido ditada por seus ideais. Acho que Kerênski foi persuadido pela guarnição de Petrogrado, que se recusou a obedecê-lo...

Hoje, Dan está sendo acusado de ter feito um discurso, no Conselho da República, que não deixa dúvidas sobre suas reprimidas tendências bolcheviques. Um dia, Dan afirmará que a fina flor da revolução participou do levante de 16 a 18 de julho. Na resolução que Dan apresentou hoje, no Conselho da República, não foi mencionada a restauração da disciplina no Exército, apesar de isso ter sido incluído na propaganda de seu partido.

Não. A história destes últimos sete meses mostra que as massas abandonaram os mencheviques. Os mencheviques e os socialistas revolucionários derrotaram os cadetes, e quando assumiram o poder deram-no de volta aos cadetes.

Dan diz que vocês não têm direito de fazer uma insurreição. A insurreição é direito de todo revolucionário! Quando as massas oprimidas se revoltam, estão em seu direito."

Chegara a vez de Lieber, com sua cara de enfado e sua língua ferina. Foi recebido com murmúrios e risos.

Karl Marx, autor de *O Manifesto Comunista*

"Engels e Marx disseram que o proletariado não tinha o direito de tomar o poder até que estivesse preparado para ele. Numa revolução burguesa como esta, a tomada de poder pelo massacre significa o fim trágico da revolução. O próprio Trótski, como teórico social-democrata, é contrário ao que está defendendo agora..." (Gritos: "Chega! Desça daí!")

Martov interrompia constantemente: "Os internacionalistas não são contrários à transmissão de poder para a democracia, mas eles desaprovam os métodos dos bolcheviques. Não é o momento de tomar o poder..."

Dan tomou a palavra novamente, em protesto violento contra a ação do Comitê Militar Revolucionário, que havia mandado um comissário invadir o escritório do *Izvestia* e censurar o jornal. Seguiu-se forte tumulto. Martov tentou falar, mas não conseguiu fazer-se ouvir. Delegados do exército e da frota do Báltico se levantaram, gritando que o soviete era *seu* governo.

Em meio à confusão geral, Ehrlich apresentou uma moção pedindo aos trabalhadores e soldados que permanecessem calmos e não respondessem a provocações. Reconheceu a necessidade da criação imediata de um comitê que aprovasse decretos transferindo a terra aos camponeses e exigisse o início das negociações de paz.

Volodarski deu um salto, dizendo em altos brados que o Tsik, na véspera do congresso, não tinha o direito de assumir as funções deste. O Tsik estava praticamente morto, disse ele, e a moção era mero truque para resguardar o poder que ainda lhe restava.

"Nós, bolcheviques, não tomaremos parte na votação." Dito isso, todos os bolcheviques deixaram a sala e a moção foi aprovada...

Por volta das quatro da manhã, no saguão, encontrei Zorin com um fuzil nos ombros.

"Estamos avançando!"[25] disse, com calma e satisfação. "Pegamos o suplente do ministro da Justiça e o ministro de Cultos. Os dois estão no porão. Um regimento saiu para tomar a Central Telefônica, outro vai cuidar da Agência Telegráfica, e um terceiro do Banco do Estado. A Guarda Vermelha está de prontidão..."

Nos degraus do Smolni, na noite fria, vimos primeiro a Guarda Vermelha — um confuso grupo de garotos trajando roupas de operários, carregando fuzis com baionetas, conversava nervosamente.

Vindo do oeste, por cima da quietude dos telhados, o som de tiros de fuzil. Os *junkers* estavam tentando abrir as pontes sobre o rio Neva para impedir que operários e soldados do bairro de Viborg atravessassem o rio e se juntassem às forças dos sovietes, no centro da cidade. Mas os marinheiros de Kronstadt estavam mantendo-as fechadas...

Atrás de nós, o grande Smolni, coberto de luzes, zunia feito gigantesca colmeia...

Eis a quem o soldado defendia antes! Litografia de V. Mayakovsky (1917), Museu Central Estatal da História Contemporânea da Rússia

Capítulo 4

A queda do Governo Provisório

No dia 7 de novembro, quarta-feira, levantei-me bem tarde. O canhão da Fortaleza de Pedro e Paulo deu o tiro do meio-dia quando descia a avenida Nevski. O dia estava frio e úmido. Alguns soldados com baionetas caladas montavam guarda em frente às portas fechadas do Banco do Estado.

— De que lado vocês estão? — perguntei. — Do governo?

— Não existe mais governo — um deles respondeu, com uma risada. — *Slava Bogu!* (Graças a Deus!) — Foi tudo que consegui arrancar dele...

Os bondes percorriam a Nevski, com homens, mulheres e crianças penduradas nos balaústres. O comércio estava aberto, e as pessoas pareciam mais tranqüilas que no dia anterior. Uma nova safra de apelos contra a insurreição havia brotado da noite para o dia nas paredes — aos camponeses, aos soldados das frentes, aos operários de Petrogrado. Um deles dizia:

DA DUMA MUNICIPAL DE PETROGRADO

A Duma Municipal informa aos cidadãos que, em reunião extraordinária a 6 de novembro, foi formado o Comitê de Segurança Pública, composto de membros da

Duma Central e das dumas distritais, e representantes das seguintes organizações democráticas revolucionárias: O Tsik, o Comitê Executivo Pan-Russo dos Delegados Camponeses, organizações do Exército, Tsentroflot, O Soviete dos Deputados de Soldados e Operários de Petrogrado, o Conselho dos Sindicatos, e outros.
Os membros do Comitê de Segurança Pública desempenharão suas funções no edifício da Duma Municipal. Telefones: 15-40, 223-7, 138-136.

7 de novembro de 1917.

Nas manifestações de rua, a população exigia: "Fora com os Ministros-Capitalistas"

Naquele momento, não compreendi que se tratava de uma declaração de guerra da Duma contra os bolcheviques.

Comprei um exemplar do *Rabochi Put*, que parecia ser o único jornal à venda. Mais tarde, dei 50 copeques a um soldado em troca de um exemplar de segunda mão do *Dien*. O jornal bolchevique, impresso em folhas grandes na gráfica do recém-tomado *Russkaya Volia*, trazia grandes manchetes: "Todo o poder aos sovietes de operários, soldados e camponeses! Paz! Pão! Terra!" Zinoviev, companheiro de esconderijo de Lênin, assinava a matéria principal. Começava assim:

Todo soldado, todo trabalhador, todo verdadeiro socialista, todo democrata honesto, percebe que há somente duas alternativas para a presente situação. Ou o poder permanece nas mãos desse bando de burgueses e grandes proprietários — o que representa todo tipo de repressão para os trabalhadores, soldados e camponeses, a continuação da guerra, a inevitável fome e a morte... Ou passará para as mãos dos trabalhadores, soldados e camponeses revolucionários, o que, neste caso, representa a completa abolição da tirania dos senhores de terras, imediata repressão aos capitalistas e uma perspectiva imediata de uma paz justa. Assim, a *terra* estará reservada aos camponeses, o controle da indústria estará reservado aos trabalhadores e o pão aos famintos, e essa guerra sem sentido chegará ao fim!

O *Dien* continha notícias fragmentadas da agitada noite anterior. Os bolcheviques haviam ocupado a Central Telefônica, a Estação Báltica e a Agência Telegráfica; os *junkers* de Peterhof não tinham conseguido chegar até Petrogrado; os cossacos estavam indecisos; alguns ministros estavam presos; o chefe da milícia municipal, Meyer, havia sido executado; prisões, libertações, confrontos entre soldados de patrulhas de choque, *junkers*, e Guardas Vermelhos[26].

Na esquina da Morskaya, encontrei o capitão Comberg, menchevique, secretário da seção militar de seu partido. Quando lhe perguntei se a insurreição havia realmente acontecido, ele deu de ombros, fez ar de cansado e respondeu: "*Chort znayet!* [O Diabo é quem sabe!] Bem, talvez os bolcheviques tomem o poder, mas não conseguirão mantê-lo por mais de três dias. Eles não têm homens capazes de governar. Acho que é até bom tentarem — talvez isso acabe logo com eles..."

O Hotel Militar, na esquina da praça de Santo Isaac, estava cercado por marinheiros armados. Vários jovens e elegantes oficiais andavam para cima e para baixo do saguão, conversaram baixinho; os marinheiros não os deixavam sair...

De repente, lá fora, o estampido seco de um tiro de fuzil, seguido de uma rajada de balas. Corri para fora. Algo estranho estava acontecendo no palácio Marinski, onde o Conselho da República Russa se reunira em sessão. Do outro lado da praça, em formação diagonal, marinheiros tinham seus fuzis apontados para o telhado do hotel.

"*Provocatzia!* Atiraram em nós!" gritou um deles, enquanto outro corria para a porta.

Na esquina oeste do palácio, havia um grande carro blindado com uma bandeira vermelha pendurada, com dizeres recém-pintados: S.R.S.D. (*Soviet Rabochikh Soldatskikh Deputatov*)*;

O cartaz conclama a vanguarda da Revolução — a Marinha Vermelha

* Nota. Soviete dos Deputados de Operários e Soldados

todas as suas armas estavam apontadas para a praça de Santo Isaac. Haviam construído uma barricada no início da Novaya Ulitsa, com caixas, barris, um estrado de molas e uma carroça. Um amontoado de móveis velhos barrava o cais do Moika. Pequenos troncos de uma pilha de madeira que havia ali por perto estavam sendo colocados um por cima do outro, para formar uma proteção...

— Vai haver luta? — perguntei.

— Logo, logo — respondeu o soldado, nervoso. — Vá embora, camarada, ou pode se machucar. Eles vão atacar por ali — disse, apontando para o Almirantado.

— Quem vai atacar?

— Nem eu sei, irmão — disse, e cuspiu.

Diante da porta do Palácio, havia uma multidão de soldados e marinheiros. Um marinheiro estava contando o fim do Conselho da República: "Nós entramos", dizia, "e colocamos camaradas em todas as portas. Fui procurar os contra-revolucionários kornilovistas e disse para os que estavam sentados na mesa do presidente: "O Conselho não existe mais! Vá correndo para casa!"

Todos riram. Mostrando os mais diversos tipos de papéis, consegui chegar à porta da galeria de imprensa, onde um marinheiro gigantesco me deteve. Quando mostrei meu passe, ele disse: "Nem que você fosse são Miguel em pessoa poderia passar, camarada!" Através do vidro da porta, podia distinguir a expressão desesperada do correspondente francês, gesticulando nervosamente, querendo sair dali...

Mais adiante, no meio de um grupo de soldados, encontrava-se um homenzinho de bigode grisalho, com farda de general. Seu rosto estava vermelho de raiva.

— Sou o general Alexeyev — gritava. — Como seu oficial superior e como membro do Conselho da República, ordeno que me deixe passar!

O guarda coçou a cabeça, olhando para o lado a fim de esconder seu embaraço, quando viu um oficial se aproximando e o chamou. Quando viu de quem se tratava, o oficial ficou muito nervoso e saudou o general antes mesmo de perceber o que estava fazendo.

— *Vashe Vuisokoprevoskhoditelstvo* [Excelência] — balbuciou, usando a mesma reverência do velho regime. — O acesso ao palácio foi terminantemente proibido. Não tenho o direito.

Chegou um automóvel, dentro do qual reconheci Gotz, que ria com bastante satisfação. Alguns minutos depois, veio outro automóvel, com soldados armados no banco da frente e alguns membros do Governo Provisório, todos sob custódia. Do outro lado da praça, correndo, veio Peters, letão, membro do Comitê Militar Revolucionário.

— Pensei que vocês tivessem capturado todos esses cavalheiros ontem à noite — eu disse, apontando para eles.

— Ah! Aqueles idiotas deixaram sair quase todos, antes de decidirmos o que iríamos fazer com eles — disse Peters, com a expressão de um menino decepcionado.

Ao longo da avenida Voskressenski, um grande número de marinheiros alinhava-se em formação, e por detrás deles, até onde a vista alcançava, viam-se soldados marchando.

Fomos na direção do Palácio de Inverno, pela Admiralteiski. Todas as entradas para a Praça do Palácio estavam guardadas por sentinelas, e um cordão de tropas fechava a entrada oeste, assediado por uma multidão de cidadãos inquietos. Exceto por alguns soldados que, à distância, pareciam estar tirando madeira do pátio do palácio para empilhá-la em frente à entrada principal, estava tudo calmo.

O Palácio de Inverno de Petersburgo (1754-1764)

Não conseguíamos identificar se os sentinelas eram pró-governo ou pró-sovietes. Nossos papéis para entrada no Smolni não valiam aqui, então resolvemos entrar por outro lado da fila. Empinamos o nariz e, mostrando nossos passaportes americanos, dissemos: "Serviço oficial!" Conseguimos entrar. Na porta do palácio, os mesmos velhos *shveitzari**, em seus uniformes azuis com botões de latão e golas com vermelho e dourado. Ajudaram-nos a tirar os casacos e chapéus educadamente e os guardaram enquanto subimos as escadas. No corredor sombrio e triste, despido de suas tapeçarias, alguns antigos atendentes perambulavam a esmo, e em frente à porta de Kerênski um jovem oficial marchava de um lado para outro, mordendo o bigode. Perguntamos se podíamos en-

* Nota. Guardas do palácio.

trevistar o ministro-presidente. Ele nos cumprimentou, inclinando a cabeça, e juntou os calcanhares.

— Não, sinto muito — ele respondeu, em Francês. — Alexander Feodorovich está extremamente ocupado neste momento —. Olhou-nos durante algum tempo e disse. — Na verdade, ele não está aqui...

— Onde ele está?

— Ele foi para o *front*[27]. Sabe que não havia gasolina suficiente para o automóvel dele? Tivemos que pedir um pouco emprestado no Hospital Inglês.

— Os ministros estão aqui?

— Estão em reunião, não sei exatamente em que sala.

— Os bolcheviques estão vindo para cá?

— É claro. Na certa, estão vindo. A qualquer momento o telefone pode tocar dizendo que estão a caminho. Mas estamos preparados. Temos *junkers* guardando a frente do palácio. Do outro lado daquela porta.

— Podemos entrar lá?

— Não, de modo algum. É proibido.

De repente, apertou as mãos de todos e afastou-se. Dirigimo-nos à porta proibida, que ficava numa separação improvisada que dividia o corredor e estava trancada por fora. Do outro lado, ouvimos vozes e alguém rindo. Com exceção desses ruídos, um silêncio sepulcral tomara conta dos vastos espaços do antigo palácio. Um velho *shveitzar* veio correndo em nossa direção:

— Não, *barin* (cavalheiro), não pode entrar aí.

— Por que trancaram a porta?

— Para manter os soldado lá dentro — ele respondeu.

Após alguns minutos, ele disse alguma coisa sobre uma xícara de chá e voltou pelo corredor. Nós destrancamos a porta.

Lá dentro, havia dois soldados guardando a porta, mas não disseram nada. No fim do corredor havia um grande salão, decorado com cornijas douradas e enormes lustres de cristal. Mais adiante, diversas salas menores, cujas paredes eram revestidas de madeira escura. O piso de tacos de madeira estava coberto por fileiras de colchões e cobertores sujos, sobre os quais descansavam alguns soldados. O lugar estava imundo; havia pontas de cigarro, pedaços de pão, roupas, garrafas vazias de requintadas bebidas francesas. Víamos cada vez mais soldados com os distintivos das escolas militares dos *junkers* andando para lá e para cá, numa atmosfera carregada de fumaça de cigarros e homens fedendo a suor. Um deles tinha nas mãos uma garrafa de Burgundy branco, certamente surrupiada das adegas do palácio. Aos passarmos, eles nos olhavam com surpresa, sala após sala, até que finalmente demos numa série de grandes salões de festa, cujas janelas amplas e sujas davam para a praça. As paredes estavam cobertas de enormes telas em molduras douradas maciças — cenas de batalhas históricas... "12 de outubro de 1812" , "6 de novembro de 1812" , "16/18 de agosto de 1813"... Uma delas tinha um corte no canto superior direito.

O lugar havia se transformado num grande quartel e, a julgar pelas paredes e pelo piso, devia estar assim fazia semanas. Havia metralhadoras montadas nos parapeitos das janelas, fuzis empilhados entre os colchões.

Havíamos parado para apreciar as pinturas quando senti um hálito de álcool por trás de minha orelha esquerda, e uma voz me disse num francês pobre mas fluente: "Pela forma como admiram estes quadros, devem ser estrangeiros." Tirou seu quepe para nos saudar. Era um homem baixo, obeso e calvo.

"Americanos? Encantado. Sou o capitão Vladimir Artzibashev, às suas ordens." Creio que não lhe pareceu estranho o fato de quatro estrangeiros, um deles uma mulher, estarem passeando no meio das forças de defesa de um exército que esperava um ataque a qualquer momento. Começou a reclamar da situação da Rússia.

"Não são só esses bolcheviques." disse ele. "As lindas tradições do Exército russo também estão acabando. Olhem em volta. Só estudantes das escolas de oficiais. Mas são homens distintos? Kerênski abriu as escolas de oficiais às classes inferiores, a qualquer soldado que conseguisse passar num exame. É óbvio que muitos deles foram contaminados pelos ideais da revolução..."

Não continuou o pensamento, mudando de assunto. "Não vejo a hora de ir embora da Rússia. Decidi entrar no Exército norte-americano. Vocês poderiam pedir ao cônsul de seu país que arranjasse tudo para mim? Eu vou dar a vocês meu endereço." Apesar de nossas recusas, ele escreveu seu endereço num pedaço de papel e sentiu-se instantaneamente melhor. Ainda o guardo comigo — "Oraniembaumskaya Shkola Praporshchikov 2, Staraya Peterhof."*

Enquanto nos guiava através das salas e explicava tudo, ele prosseguiu:

— Hoje de manhã passamos as tropas em revista. O Batalhão Feminino decidiu manter lealdade ao governo.

— Há mulheres do Exército no palácio?

— Sim, estão nas salas dos fundos, onde estarão protegidas de ataques — ele suspirou. — É uma grande responsabilidade — disse.

Paramos em frente à janela por um momento, olhando para a praça lá embaixo, onde três companhias de *junkers*, em seus capotes compridos, estavam posicionadas em formação diante

* Nota. Segunda Escola Militar de Oraniembaum. Velho Peterhof.

Batalhão feminino presta juramento à bandeira em Moscou

do palácio. Um oficial alto e de aparência enérgica falava em altos brados. Depois de um minuto, reconheci-o; chamava-se Stankievich, comissário militar chefe do Governo Provisório. Após alguns minutos, duas das companhias levaram as armas aos ombros, deram três gritos estridentes e saíram, em passo ritmado, pela praça, desaparecendo por trás do Arco Vermelho em direção à calma da cidade.

"Vão recuperar a Central Telefônica", alguém informou. Três cadetes juntaram-se a nós, e começamos a conversar. Disseram que antes de ingressar na escola eram soldados rasos e deram seus nomes: Robert Olev, Alexei Vasilienko e Erni Sachs, este último da Estônia. Não desejavam mais ser oficiais, porque estes haviam se tornado muito impopulares. Na verdade, pareciam não saber o que fazer. Percebia-se claramente que estavam insatisfeitos.

Mas logo começaram a vangloriar-se: "Se os bolcheviques vierem, mostraremos como é que se luta. Eles não têm coragem de lutar, são uns covardes. Mas se conseguirem nos dominar... todo soldado sempre guarda uma bala para si mesmo..."

Nesse momento ouviu-se o som de tiros, não muito longe dali. Lá fora, na praça, alguns corriam, outros se jogavam no chão, e os *izvozchiki**, que ficavam nas esquinas, galopavam para qualquer lado. O tumulto era geral; soldados correndo para lá e para cá, agarrando armas, pegando cinturões e gritando: "Aí vêm eles! Aí vêm eles!"... Mas depois de alguns minutos tudo se aquietou. Os *izvozchiki* voltaram aos pontos, as pessoas se levantaram do chão. Através do Arco Vermelho, despontaram os *junkers*, marchando um pouco fora do passo. Um deles vinha carregado por dois companheiros.

Já estava ficando tarde quando deixamos o palácio. Os sentinelas da praça tinham desaparecido. O grande semicírculo formado pelos prédios do governo parecia deserto. Entramos no hotel France para jantar, e bem no meio da sopa o garçom, pálido feito cera, pediu que mudássemos para a sala de jantar principal, nos fundos, porque as luzes do café onde estávamos iam ser desligadas. "Vai haver muito barulho", avisou.

Quando saímos, a Morskaya estava completamente no escuro, exceto por uma luz bruxuleante na esquina da Nevski. Sob ela, um grande carro blindado, com o motor ligado e soltando muita fumaça. Um menino tinha trepado no carro e olhava para dentro do cano de uma metralhadora. Em volta, soldados e marinheiros, certamente aguardando algum acontecimento. Voltamos para o Arco Vermelho, onde um bando de soldados olhava para o Palácio de Inverno — fortemente iluminado — e conversava em altos brados.

* Nota. Cocheiros típicos de carros de praça.

"Não, camaradas", dizia um deles. "Não podemos abrir fogo. O Batalhão Feminino está lá dentro. Vão dizer que atiramos contra mulheres russas."

Quando nos aproximamos da Nevski, outro carro blindado virou a esquina, e um homem levantou a cabeça para fora da torre de tiro.

"Vamos lá!", gritou. "Vamos avançar e atacar!"

O motorista do outro carro blindado se aproximou e gritou bem alto, para poder ser ouvido além do ruído do motor: "O comitê mandou esperar. A artilharia está por trás daquelas pilhas de madeira..."

A essa altura, os bondes já não passavam por ali, havia pouca gente na rua, e a escuridão era total. Entretanto, a alguns quarteirões adiante viam-se os bondinhos, a multidão, as luzes das vitrines e os letreiros iluminados dos cinemas — a vida continuava igual. Tínhamos ingressos para o balé do teatro Marinski; todos os teatros estavam abertos, mas o espetáculo mais interessante acontecia do lado de fora...

Devido à escuridão, tropeçamos em pilhas de tábuas que bloqueavam a Ponte da Polícia, e um pouco antes do palácio Stroganov conseguimos ver alguns soldados posicionando um canhão de campo de três polegadas. Homens trajando diferentes uniformes iam e vinham, andando a esmo e conversando bastante...

A cidade toda parecia ter saído para passear na avenida Nevski. Em cada esquina, grandes aglomerados de pessoas discutiam fervorosamente; nos cruzamentos, piquetes de cerca de dez soldados montavam guarda, e velhos envoltos em suntuosos casacos de pele, vermelhos de raiva, erguiam os punhos em sua direção; mulheres elegantemente vestidas gritavam injúrias para os soldados, que respondiam delicadamente, com um sorriso amarelo... Carros blindados subiam e desciam as ruas. Tinham os nomes dos primeiros czares — Oleg, Rurik, Svietoslav —, e por cima, toscamente pintado com tinta vermelha, em letras garrafais, lia-se "R.S.D.R.P." (*Rossiskaya Sotsial-Democrateechesкaya Rabochaya Partia*)*. Um homem que descia a Mikhailovski carregando um monte de jornais foi cercado por um bando de gente frenética que lhe oferecia um rublo, cinco rublos, dez rublos, rasgando os jornais uns dos outros, como animais. Era o *Rabochi i Soldat*, que anunciava a vitória da Revolução Proletária, a libertação dos bolcheviques que ainda se encontravam presos, e invocava o auxílio dos exércitos da frente... um jornalzinho de quatro páginas febris escrito com letras enormes e sem uma única notícia...

Na esquina da Sadovaya, cerca de 2 mil pessoas haviam se reunido, olhando fixamente para o telhado de um prédio onde uma pequena centelha vermelha brilhava intermitentemente.

"Vejam!", disse um camponês apontando para a pequena luz. "É um provocador. Daqui a pouco ele vai atirar no povo..."

Ninguém parecia disposto a ir até lá para verificar.

A fachada imponente do Smolni estava toda iluminada quando passamos de carro. Da escuridão das ruas vizinhas despontavam figuras que se moviam depressa em sua direção. Automóveis e motocicletas iam e vinham; um enorme carro blindado cinza, com duas bandeiras vermelhas amarradas à torre de tiro, arrastava-se pesadamente e tinha a sirene ligada. Estava frio, e no portão externo os Guardas Vermelhos haviam acendido uma fogueira. Na parte interna também havia uma fogueira, sob cuja luz os sentinelas tentaram decifrar nossos passes e nos olharam, desconfiados. As lonas que cobriam os

* Nota. Partido Operário Social-Democrata Russo.

quatro canhões de tiro rápido posicionados em cada lado da entrada haviam sido retiradas; as cintas de munição pendiam das culatras, lembrando serpentes. Debaixo das árvores do pátio estava estacionado um punhado de carros blindados de cor parda, com os motores ligados. Os corredores longos, vazios e mal iluminados tremiam ao som de passos pesados, chamados, gritos... A atmosfera era de audácia, coragem. Um amontoado de gente descia correndo as escadas — trabalhadores com camisas pretas e chapéus redondos de pele negra, muitos deles com armas nos ombros; soldados com grosseiros capotes cor de terra e *shapki** de pele cinza achatados na cabeça; um líder ou outro — Lunacharski, Kamenev — correndo pelo meio de um grupo em que todos falavam ao mesmo tempo, seus rostos demonstrando extremo cansaço e ansiedade, levando grossas pastas debaixo dos braços. A reunião extraordinária do Soviete de Petrogrado chegara ao fim. Parei Kamenev, um homenzinho agitado, de cara larga, rosto expressivo e vivaz, quase colado aos ombros. Sem preâmbulos, foi logo traduzindo para o francês uma cópia da resolução que acabara de ser aprovada:

A. V. Lunacharski do Comissariado do Povo para a Educação

O Soviete dos Deputados de Operários e Soldados de Petrogrado, saudando a vitoriosa revolução do proletariado e da guarnição de Petrogrado, dá destaque especial à

* Nota. Gorro de pele.

unidade, organização, disciplina e total cooperação demonstrada pelas massas neste levante; poucas vezes se viu tão pouco sangue ser derramado, e raras insurreições tiveram tanto êxito quanto essa.

O soviete expressa a firme convicção de que o Governo dos Operários e Camponeses, que será criado pela revolução como o governo dos sovietes, garantirá ao proletariado o apoio total das massas de camponeses pobres, caminhando a passos firmes na direção do socialismo, o único meio pelo qual o país pode escapar da miséria e dos terríveis horrores da guerra.

O novo Governo dos Operários e Camponeses irá propor, imediatamente, uma paz justa e democrática para todos os países beligerantes.

Os grandes latifúndios serão desapropriados, e as terras transferidas aos camponeses.

Será estabelecido o controle dos operários sobre a produção e distribuição de produtos manufaturados, assim como o controle geral sobre os bancos, que serão transformados em monopólio estatal.

O Soviete dos Deputados de Operários e Soldados de Petrogrado pede aos operários e camponeses da Rússia que apóiem a revolução do proletariado com toda sua energia e devoção. O soviete expressa sua convicção de que os operários das cidades, aliados dos camponeses pobres, saberão manter a mais perfeita ordem revolucionária, indispensável para a vitória do socialismo. O soviete está seguro de que o proletariado dos países da Europa Ocidental virá ao nosso encontro para nos auxiliar na tarefa de conduzir a causa do socialismo a uma vitória verdadeira e duradoura."

— Vocês acham que já venceram?

— Ainda há muito por fazer. Muito mesmo. Este é só o começo — disse Kamenev dando de ombros.

Na tribuna, encontrei Riazanov, vice-presidente do Conselho dos Sindicatos. Mordia sem parar a barba grisalha e tinha um ar hostil: "É loucura! Loucura!", gritava. "Os trabalhadores europeus não vão mover um dedo! A Rússia inteira..." Acenou um adeus e saiu. Riazanov e Kamenev haviam se posicionado contra a insurreição* e sentiram o açoite da língua ferina de Lênin...

A reunião tinha sido muito séria. Em nome do Comitê Militar Revolucionário, Trótski declarara a extinção do Governo Provisório.

"A característica dos governos burgueses", disse ele, "é enganar o povo. Nós, os Sovietes dos Deputados de Operários, Soldados e Camponeses, vamos fazer uma experiência única na história: vamos fundar um poder que não terá outro intuito a não ser satisfazer as necessidades dos soldados, operários e camponeses."

Lênin havia aparecido e foi recebido com imensa ovação. Profetizava uma revolução social mundial... E Zinoviev, chorando: "Hoje pagamos nossas dívidas para com o proletariado internacional e desferimos um golpe terrível contra a guerra, um golpe certeiro contra todos os imperialistas, particularmente contra Guilherme, o Carrasco..."

Depois, Trótski informou que haviam sido enviados telegramas anunciando a vitória da insurreição, mas nenhuma resposta havia chegado. Falava-se que tropas estavam a caminho para marchar sobre Petrogrado. Era preciso enviar uma delegação para informar-lhes a verdade.

Gritos:

— Vocês estão antecipando a vontade do Congresso Pan-Russo de Sovietes!

— A vontade do Congresso Pan-Russo de Sovietes já foi antecipada pelo levante dos operários e soldados de Petrogrado! — respondeu Trótski, friamente.

* Nota. A afirmação de John Reed não é completamente correta. Kamenev não era contra a insurreição, mas se opunha a que ela começasse naquele momento específico.

Conseguimos abrir caminho entre a multidão vociferante aglomerada à porta e entramos na grande sala de reuniões. Nas duas fileiras de cadeiras, sob os candelabros brancos, amontoados, incapazes de se mexer, nos corredores e nos cantos, encaixados nos parapeitos das janelas e até sentados na beira da tribuna, representantes dos operários e soldados de toda a Rússia esperavam, em silêncio ansioso ou com grande exaltação, o toque da sineta que abriria a sessão. Sentia-se um calor sufocante, gerado por aquela massa de corpos suados. Uma nuvem fétida de fumaça de cigarro era exalada por aquela massa humana e pairava, pesada, no ar. De vez em quando, alguém subia na tribuna e pedia aos camaradas que não fumassem; aí, todos — fumante ou não-fumantes — repetiam o grito: "Não fumem, camaradas!" E todos continuavam fumando. Petrovski, delegado anarquista da fábrica de Obukhov, me ofereceu um lugar a seu lado. Com a barba por fazer, imundo, ele havia passado três noites em claro, trabalhando no Comitê Militar Revolucionário.

Na tribuna, estavam os líderes do antigo Tsik. Pela última vez iriam presidir os turbulentos sovietes, que eles haviam dirigido em seus primeiros dias e que agora se voltavam contra eles. Era o final da primeira fase da revolução, que esses homens haviam tentado conduzir de modo um tanto cuidadoso... Os três maiores líderes não estavam presentes: Kerênski havia escapado para a frente de batalha, e em seu caminho atravessara cidades já em processo de insurreição; Chkheidze, a velha águia, desdenhosamente tinha se retirado para as montanhas da Geórgia, sua terra natal, onde adoeceria de tuberculose; e o sempre animado Tseretelli, também sofrendo de doença fatal, que, no entanto, retornaria e ainda usaria sua perfeita eloqüência a serviço da causa perdida. Gotz estava lá, assim como Lieber, Dan, Bogdanov, Broido, Filipovski — pálidos, com olheiras e indignados. Abaixo deles, o segundo Congresso Pan-Russo fervia e borbulhava, e sob suas cabeças o Comitê Militar Revolucionário funcionava a todo vapor, segurando em suas mãos os fios da insurreição e combatendo com seu longo braço... Eram 22h40.

Dan, homem de expressão suave, um pouco calvo, trajando uniforme de cirurgião militar um tanto malfeito, começou a tocar a sineta. Instantaneamente, fez-se silêncio absoluto, perturbado somente pelas discussões e brigas dos que haviam ficado lá fora...

"Temos o poder em nossas mãos", começou, em tom triste, parando por um momento para retomar em seguida, com voz baixa: "Camaradas! O Congresso dos Sovietes se reúne em circunstâncias insólitas e num momento tão extraordinário que os presentes compreenderão por que o Tsik considera desnecessário dirigir-lhes um discurso político. Para poderem compreender melhor, basta lembrarem que sou membro do Tsik e que neste momento nossos camaradas de partido estão no Palácio de Inverno, sob bombardeio, sacrificando-se para executar as tarefas das quais o Tsik os incumbiu." (Tumulto, confusão.)

"Declaro aberta a primeira sessão do Segundo Congresso de Sovietes dos Deputados de Operários e Soldados!"

A eleição do presidente transcorreu em clima agitado e nervoso. Avanessov anunciou que, por um acordo entre os bolcheviques, a esquerda socialista revolucionária e os mencheviques internacionalistas, estava decidido que a presidência seria eleita por votação proporcional. Diversos mencheviques levantaram-se para protestar. Um soldado barbado gritou: "Lembrem-se do que fizeram conosco, os bolcheviques, quando ainda éramos minoria!" Resultado: 14 bolcheviques, 7 socialistas revolucionários, 3 mencheviques e 1 internacionalista (do grupo de Gorki). Hendelmann, em nome dos socialistas revolucionários de direita e de centro, disse que estes se recusavam a tomar parte na presidência. Khinchuk, do lado dos mencheviques, afirmou o mesmo. Os mencheviques internacionalistas declararam que, até que certas circunstâncias fossem verificadas, eles também não poderiam fazer parte da presidência. Aplausos gerais e vaias. Uma voz: "Renegados! E ainda se dizem socialistas!" Um representante da delegação da Ucrânia exigiu, e obteve, um posto. Pouco depois, os membros do antigo Tsik desceram da tribuna, e em seu lugar surgiram Trótski, Kamenev, Lunacharski, Madame Kollontai, Nogin... A sala inteira levantou-se para aplaudi-los fervorosamente. Como esses bolcheviques haviam chegado longe! Há quatro meses eram desprezados e perseguidos e agora estão aqui, no posto supremo, ao leme da grande Rússia, em plena maré de revolta!

A ordem do dia, disse Kamenev, era em primeiro lugar a organização do poder; em segundo, a guerra e a paz; em terceiro, a Assembléia Constituinte. Levantando-se, Lozovski anunciou que, devido a um acordo entre todas as facções, a proposta era ouvir e discutir o relatório do Soviete de Petrogrado; em seguida, passar a palavra aos membros do Tsik e aos diferentes partidos, e somente então passar à ordem do dia.

Mas de repente um novo som se fez ouvir, mais profundo que o tumulto da multidão, persistente, inquietante — o estampido surdo de canhões. Todos olharam ansiosamente para as janelas sujas, e um estado febril apossou-se da assembléia. Martov, pedindo a palavra, pressagiou, em voz rouca: "A guerra civil está começando, camaradas! A primeira questão deve

Martov, o último sentado à direita. Em 1895, V. I. Ulianov (Lênin) fundava a União de Luta pela Libertação da Classe Operária. Na foto, vemos Lênin rodeado de membros da "União". Da esquerda para a direita, em pé: A. P. Matchenko, P. K. Zaporojetz, A. V. Vaneiev; sentados: V. V. Starkov, G. M. Krijanovski, V. I. Ulianov, I. O. Martov

ser uma solução pacífica para a crise. Por princípio, e de um ponto de vista político, temos que discutir, urgentemente, meios de evitar a guerra civil. Nossos irmãos estão morrendo nas ruas... neste momento em que — antes mesmo da abertura do Congresso dos Sovietes — se tenta resolver a questão do poder por meio de um conluio militar organizado por um dos partidos revolucionários..." Por um instante ele não conseguiu fazer-se ouvir devido ao barulho. "Todos os partidos revolucionários devem encarar este fato.

A primeira questão trazida perante o congresso é a questão do poder, e ela já está sendo resolvida pela força das armas, nas ruas!... Devemos criar um poder que seja reconhecido por toda a democracia. Se o congresso deseja ser a voz da democracia revolucionária, ele não deve sentar de braços cruzados perante o surgimento de uma guerra civil, cujas conseqüências podem levar a uma perigosa explosão contra-revolucionária... A possibilidade de um resultado pacífico depende da formação de uma autoridade democrática unida... Devemos eleger uma delegação para negociar com os outros partidos e organizações socialistas..."

O som abafado de canhões penetrava através das janelas, incessante, e os delegados continuavam a gritar entre si... E assim, sob o barulho da artilharia, no escuro, com ódio, medo e uma coragem sem limites, nascia a nova Rússia.

A esquerda socialista revolucionária e os social-democratas unidos apoiaram a proposta de Martov. Ela foi aceita. Um soldado anunciou que os sovietes de camponeses haviam recusado mandar delegados para o congresso; ele propôs que fosse enviado um comitê com um convite formal. "Alguns delegados estão presentes", ele disse. "Proponho que tenham direito de voto." Proposta aceita.

Kharash, usando dragonas de capitão, pediu fervorosamente a palavra: "Os políticos hipócritas que controlam este congresso", gritou, "nos disseram que iríamos resolver a questão do poder, e ela está sendo resolvida em nossas costas, antes da abertura do congresso! O Palácio de Inverno está sendo atacado com os mesmos golpes que cravarão os pregos no caixão do partido político responsável por essa ousadia!" Tumulto. Em seguida, veio Gharra: "Enquanto estamos aqui discutindo propostas de paz, há uma batalha nas ruas... Os socialistas revolucionários e os mencheviques não aceitam envolver-se com os acontecimentos e pedem que os poderes públicos resistam à tentativa de tomar o poder..." Kuchin, delegado do 12º Exército e representante dos trudoviques: "Fui enviado aqui para colher informações e devo retornar imediatamente para as frentes, onde todos os comitês consideram que a tomada de poder pelos sovietes, a três semanas da realização da Assembléia Constituinte, é uma punhalada nas costas do Exército e um crime contra o povo!" Gritos: "Mentira! Mentiroso!"... Quando conseguiu fazer-se ouvir novamente, disse: "Vamos colocar um fim nesta ameaça para Petrogrado! Peço a todos os delegados que deixem esta sala, no intuito de salvar o país e a revolução!" Ao caminhar pelo corredor, em meio ao barulho ensurdecedor, foi empurrado, ameaçado... Tomou a palavra um oficial com longo cavanhaque castanho, de fala suave e persuasiva: "Falo em nome dos delegados das frentes de combate. O Exército não está representado de forma equilibrada neste congresso. Além disso, o Exército não considera que o Congresso dos Sovietes seja ainda necessário, a somente três semanas da abertura da Assembléia Constituinte." Gritos de repressão, cada vez mais agressivos. "O Exército não acha que o Congresso de Sovietes tenha a autoridade necessária..." Soldados começaram a levantar-se em toda a sala.

A primeira reunião da seção de soldados do Soviete de Petrogrado, no palácio de Tavritchesk

— Você está falando em nome de quem? Está representando o quê?, eles gritavam.

— O Comitê Executivo Central do Soviete do 5º Exército, o 2º Regimento F, o 1º Regimento N, o 3º de Fuzileiros S...

— Quando você foi eleito? Você representa os oficiais, não os soldados! O que os soldados acham disso? Zombarias, vaias.

— Nós, o grupo da frente de combate, negamos qualquer responsabilidade pelo que aconteceu e ainda está acontecendo, e consideramos necessário mobilizar todas as forças revolucionárias conscientes para que salvem a revolução! O grupo da frente de combate abandonará o Congresso... O lugar de lutar é lá fora, nas ruas!

Imensa gritaria.

— Você fala em nome do Estado-Maior, não do Exército!

— Suplico a todos os soldados de bom senso que abandonem este Congresso!

"Kornilovista!" "Contra-Revolucionário!" "Provocador!" foram algumas das respostas que ele recebeu.

Em nome dos mencheviques, Khinchuk afirmou que a única possibilidade de uma solução pacífica era começar as negociações com o Governo Provisório para a formação de um novo gabinete, que encontraria apoio em todas as classes sociais. Durante vários minutos, ele não teve como continuar. Levantando a voz, praticamente falando aos gritos, leu a declaração dos mencheviques:

"Devido à conspiração militar perpetrada pelos bolcheviques, com a ajuda do Soviete de Petrogrado, sem consultar as outras facções e partidos, cremos ser impossível permanecer no congresso e, portanto, nos retiramos, convidando os demais grupos a nos acompanhar para que possamos fazer uma reunião e discutir a situação!"

"Desertor!" De quando em quando, em meio ao contínuo tumulto, escutava-se Hendelmann gritar, em nome dos socialistas revolucionários, protestando contra o bombardeio do Palácio de Inverno: "Desertor! Protestamos contra essa anarquia toda..."

Ele mal havia descido quando um jovem soldado de rosto magro e olhos penetrantes pulou à tribuna e levantou a mão, num gesto dramático:

"Camaradas!", ele gritou, e a sala agitou-se. "Meu nome de família é Peterson, e falo pelo 2º de Infantaria letão. Vocês ouviram as declarações de dois representantes dos comitês de Exército; essas afirmações poderiam ter algum valor *se os seus autores representassem realmente o Exército.*" Aplausos ensurdecedores. "*Mas eles não representam os soldados!*" disse, balançando o punho. "O 12º Exército há muito tempo vem insistindo na reeleição do Grande Soviete e do Comitê do Exército, mas, assim como o Tsik de vocês, nosso comitê recusou-se a convocar uma assembléia de representantes das

A amizade do povo. Arte soviética. Quadro indicando a união dos povos da Rússia sob o símbolo do socialismo

massas até o final de setembro, para que os reacionários pudessem eleger seus próprios falsos delegados para este congresso. Os soldados letões disseram muitas vezes: 'Chega de resoluções! Chega de conversa! Queremos fatos. Exigimos o poder!' Deixem que os falsos delegados abandonem o congresso! O Exército não está do lado deles!"

A sala tremia com os aplausos. Nos primeiros momentos da sessão, perplexos com a rapidez dos eventos e desnorteados com o ruído dos tiros, os delegados haviam vacilado. Durante uma hora tinham martelado em suas cabeças, fundindo-os todos numa só massa e massacrando-os ao mesmo tempo. Estariam sozinhos? Estaria a Rússia se voltando contra eles? Seria verdade que o Exército marchava sobre Petrogrado? Aquele soldado de olhar sincero havia falado e, de súbito, eles sentiram que aquela era a verdade... *Aquela* era a voz dos soldados, dos milhões de operários uniformizados e camponeses, que eram homens iguais a eles e tinham idéias e sentimentos semelhantes...

Mais soldados... Gzhelshakh, em nome dos delegados das frentes, anunciando que eles haviam decidido abandonar o congresso por pequena maioria, e que *os membros bolcheviques não haviam votado*, pois eles eram a favor da divisão em partidos políticos, e não em grupos. "Centenas de delegados das frentes", disse ele, "estão sendo eleitos sem a participação dos soldados porque os Comitês do Exército não são mais os legítimos representantes da maioria..." Lukianov gritou que oficiais como Kharash e Khinchuk não poderiam representar o Exército no congresso, mas somente o alto comando. "Os que realmente vivem nas trincheiras desejam, com todas as forças, que o poder passe para os sovietes e têm grandes expectativas com relação a eles!" ... A maré estava virando.

Logo depois veio Abramovich, em nome do grupo do Bund, o órgão dos social-democratas judeus — por trás das grossas lentes, seus olhos faiscavam de raiva.

"O que acontece hoje em Petrogrado é uma calamidade espantosa! O grupo Bund coloca-se ao lado dos mencheviques e socialistas revolucionários e abandonará o congresso!" Ele levantou a voz e a mão: "Nosso dever para com o proletariado russo não permite que permaneçamos aqui e sejamos responsáveis por esses crimes. O ataque ao Palácio de Inverno não termina. A Duma Municipal, junto com os mencheviques e socialistas revolucionários e o Comitê Executivo do Soviete dos Camponeses, decidiu perecer junto com o Governo Provisório, e iremos junto com eles! Desprovidos de armas, lutaremos de peito aberto perante as metralhadores dos terroristas... Convidamos todos os delegados deste congresso..." O final do discurso foi engolido por uma onda de vaias, ameaças, insultos que culminou com uma gritaria infernal quando 50 delegados se levantaram e abriram caminho entre e multidão para sair do recinto...

Kamenev balançava a sineta, gritando: "Voltem aos seus lugares e vamos retomar os trabalhos!" Trótski, então, levantou-se. Com o rosto pálido e uma expressão cruel, soltou sua voz suave num tom de desprezo: "Todos esses ditos 'conciliadores' socialistas, esses mencheviques, socialistas revolucionários, *Bund*, todos esse medrosos... podem ir embora! Eles são o refugo, serão varridos sem piedade para a lata de lixo da história!"

Em nome dos bolcheviques, Riazanov declarou que, a pedido da Duma Municipal, o Comitê Militar Revolucionário tinha enviado uma delegação ao Palácio de Inverno para propor negociações. "Estamos fazendo todo o possível para evitar derramamento de sangue."

Saímos apressadamente, parando por um momento na sala onde o Comitê Militar Revolucionário trabalhava a todo vapor. Mensageiros ofegantes chegavam e rapidamente eram enviados de volta, despachando a todos os cantos da cidade comissários com poder de vida e de morte, em meio ao barulho dos telefonógrafos que tocavam sem parar. A porta se abriu, deixando escapar uma lufada de ar pesado de fumaça de cigarro, e pudemos ver um homem desgrenhado debruçado sobre um mapa sob o foco de um abajur elétrico... Era o camarada Josephov-Dukhvinski, um jovem sorridente, com uma mecha de cabelos loiros caindo sobre a testa. Emitiu passes para nós.

Quando saímos pela noite fria, toda a frente do Smolni havia se transformado um imenso estacionamento, com automóveis chegando e partindo, tendo ao fundo o compasso distante marcado pelo som dos canhões. Um grande caminhão estava lá parado, com o motor ligado. Diversos homens jogavam pacotes para dentro dele, e outros, lá dentro, os recebiam com seus fuzis ao lado.

— Para onde estão indo? — perguntei.

— Para o centro, para todos os lugares! — respondeu um operário, sorrindo, fazendo um largo e entusiasmado gesto.

Mostramos nossos passes.

— Podem vir! — eles convidaram. — Mas vai haver tiroteio.

Subimos. Ouviu-se o ranger da embreagem, e de súbito o grande veículo deu um pulo para a frente, arremessando-nos de encontro aos que subiam. Passamos pela grande fogueira junto ao portão interno e pela outra ao pé do portão externo; elas lançavam uma luz avermelhada sobre os rostos dos operários que, com seus fuzis, se agachavam em volta delas. E lá fomos nós, sacolejando, a toda velocidade pela avenida Suvorovski... Um dos homens rasgou o invólucro de um dos pacotes e começou a lançar punhados de panfletos no ar.

Decidimos fazer o mesmo; o caminhão mergulhava na escuridão das ruas, deixando uma trilha de papéis brancos que flutuavam, redemoinhando no ar. Os raros transeuntes que passavam a essa hora da noite abaixavam-se para pegá-los; as patrulhas ao pé das fogueiras acesas nas esquinas corriam e levantavam os braços para apanhá-los no ar. De vez em quando, homens armados surgiam à frente do caminhão, apontando e gritando "*Stoi!*", mas nosso motorista respondia-lhes qualquer coisa incompreensível para nós, e seguíamos adiante...

Peguei um dos panfletos e, sob a luz fugidia dos postes de rua, consegui ler:

AOS CIDADÃOS DA RÚSSIA!

O Governo Provisório foi deposto. O poder passou para as mãos do Comitê Militar Revolucionário, órgão do Soviete dos Deputados de Operários e Soldados de Petrogrado, que se encontra à frente do proletariado e da guarnição de Petrogrado.

A causa pela qual o povo lutava: uma proposta imediata de paz democrática, a abolição dos direitos dos proprietários sobre a terra, o controle dos operários sobre a produção, a criação de um Governo Soviete — essa causa está definitivamente conquistada.

Vida longa à revolução dos operários, soldados e camponeses!

Comitê Militar Revolucionário

Soviete dos Deputados de Operários e Soldados de Petrogrado

Къ Гражданамъ Россiи.

ДА ЗДРАВСТВУЕТЪ РЕВОЛЮЦІЯ РАБОЧИХЪ, СОЛДАТЪ И КРЕСТЬЯНЪ

Panfleto sobre a passagem do poder ao Comitê Militar-Revolucionário do Soviete de Petrogrado de Deputados Operários e Soldados

O homem que sentava a meu lado — de olhos oblíquos e cara de mongol, vestindo uma capa de pele de cabra — avisou: "Cuidado! Aqui sempre há provocadores que atiram das janelas!"

Viramos na praça Znamenski, escura e praticamente deserta, onde quase tombamos ao desviar da grosseira estátua de Trubetskoi, seguindo para a larga avenida Nevski. Três homens, de pé, mantinham seus fuzis prontos para responder a qualquer ameaça vinda das janelas. Atrás de nós, a rua ganhava vida, com gente correndo para pegar os panfletos. O som dos canhões havia cessado e, quanto mais nos aproximávamos do Palácio de Inverno, mais a cidade ficava calma e as ruas desertas. A Duma Municipal estava toda iluminada. Um pouco mais ao longe, no escuro, vimos uma massa humana. Um grupo de marinheiros gritava furiosamente para que parássemos. O caminhão parou e nós descemos.

Era uma cena impressionante. Na esquina do canal Ekaterina, sob uma luz em forma de arco, um cordão de marinheiros armados bloqueava a avenida Nevski, impedindo a passagem de uma grande multidão, formada em coluna por quatro. Deveria haver cerca de 300 ou 400 pessoas — homens de fraque, senhoras elegantes, oficiais, gente de todos os tipos e classes. Entre elas, reconhecemos muitos dos delegados do congresso, líderes mencheviques e socialistas revolucionários: o presidente do Soviete dos Camponeses, o magro Avksentiev, com sua barba ruiva; Sarokin, o porta-voz de Kerênski; Khinkuch, Abramovich e, na frente, com sua barba branca, o velho Schreider, prefeito de Petrogrado; Prokopovich, ministro de Abastecimento do Governo Provisório, preso e libertado naquela mesma manhã. Consegui ver, também, Malkin, repórter do *Russian Daily News*. “Estamos indo morrer no Palácio de Inverno”, gritou ele, alegre. A marcha parou. À frente dela, Schreider e Prokopovich discutiam, em altos brados, com o enorme marinheiro que parecia estar no comando.

— Queremos passar — gritavam. — Olhe, todos estes camaradas vieram do Congresso dos Sovietes! Olhe, todos eles têm identificações! Nos dirigimos ao Palácio de Inverno!

O marinheiro ficou completamente confuso. Coçava a cabeça com sua mão enorme, franzindo a testa.

— Tenho ordens do comitê para não deixar ninguém entrar no Palácio de Inverno — ele grunhiu. — Mas vou mandar um camarada telefonar para o Smolni...

— Queremos passar agora! Não temos armas! Iremos em frente com ou sem sua permissão — gritou o velho Schreider, bastante exaltado.

— Eu tenho ordens — repetiu o marinheiro, já meio irritado.

— Podem atirar, se quiserem! Nós vamos passar! Em frente! — gritavam de todos os lados. — Estamos preparados para morrer, se tiverem coragem de atirar em seus camaradas russos! Iremos de peito aberto contra suas armas!

— Não — disse o marinheiro com firmeza. — Não posso permitir que passem.

— O que fará se continuarmos? Vai atirar contra nós?

— Não, não vou atirar em pessoas que não têm armas. Não vamos atirar contra russos desarmados...

— Nós vamos prosseguir! O que vocês podem fazer?

— Faremos alguma coisa — respondeu o marinheiro, claramente perdido. — Não podemos deixá-los passar. Faremos alguma coisa.

— O que vão fazer? O quê?

Outro marinheiro aproximou-se, profundamente irritado.

— Vamos usar a força física — disse ele com energia. — E, se necessário, também abriremos fogo. Voltem para suas casas e nos deixem em paz!

A resposta foi um grande clamor de raiva e descontentamento. Prokopovich havia subido em algo parecido com uma caixa e, agitando seu guarda-chuva, discursou:

"Camaradas e cidadãos! Estão usando de força contra nós! Não podemos ter nosso sangue inocente derramado pelas mãos desses ignorantes! Seria indigno para nós morrer fuzilados aqui, na rua, por esses manobreiros. (O que ele quis dizer com "manobreiros" permanece um mistério, para mim.) Retornemos à Duma para discutir a melhor maneira de salvar o país e a revolução!"

Dito isso, o cortejo, em silêncio, deu meia-volta e subiu novamente a Nevski, sempre em formação de quatro. Aproveitando a confusão, passamos despercebidos pelos guardas e nos encaminhamos ao Palácio de Inverno.

A escuridão era total, e nada se movia a não ser piquetes de soldados e guardas vermelhos, muito concentrados. Em frente à catedral de Kazan, haviam montado um canhão de cam-

Todos prontos a lutar contra o Governo Provisório a qualquer momento

po de três polegadas no meio da rua, ainda virado de lado devido ao recuo do último tiro disparado por cima dos telhados. Havia soldados em cada porta, falando alto e olhando fixamente na direção da Ponte da Polícia. Ouvi uma voz dizendo: "Talvez tenhamos nos enganado..." Nas esquinas, patrulhas paravam todos os transeuntes. A composição dessas patrulhas era interessante: no comando das tropas estava quase sempre um guarda vermelho... A fuzilaria havia cessado.

Quando chegamos à Morskaya, alguém gritava: "Os *junkers* mandaram dizer que eles querem que vamos até lá e os expulsemos!" Vozes começaram a dar ordens. Em meio à profunda escuridão, percebemos uma massa escura que se movia adiante. Nada se ouvia a não ser o ruído dos passos e o estalar das armas. Juntamo-nos a eles, nas primeiras fileiras.

Como um rio negro que preenchia toda a rua, sem hinos nem gritos, passamos pelo Arco Vermelho, onde o homem que estava à minha frente disse, baixinho: "Cuidado, camaradas! Não confiem neles. Eles, com certeza, vão atirar!" Em campo aberto, começamos a correr, agachados, em grupos, e nos reunimos novamente atrás do pedestal da Coluna de Alexandre.

— Quantos de vocês já morreram? — perguntei.

— Não sei. Acho que uns dez...

Depois de alguns minutos amontoados atrás da coluna, as várias centenas de homens que compunham a tropa pareciam ter recobrado a confiança e, sem esperar qualquer ordem, começaram a avançar. Nesse momento, graças à luz que vinha das janelas do Palácio de Inverno, pude perceber que as primeiras duas ou três centenas de homens eram guardas vermelhos, havendo somente uns poucos soldados espalhados. Escalamos a barricada de madeira e, já do outro lado, demos um grito de triunfo ao deparar com montes de fuzis abandonados pelos *junkers* que haviam estado lá. Nos dois lados da entrada principal, a luz saía pelas portas escancaradas, e de dentro do grande edifício não vinha um ruído sequer.

Carregados por uma tropa de homens impacientes, fomos levados para a entrada da direita, que se abria para uma grande câmara vazia. Era a adega da ala leste, de onde partia um labirinto de corredores e escadarias. Os guardas vermelhos e soldados atiraram-se avidamente sobre um monte de caixotes, abrindo-os com coronhadas de seus fuzis. De dentro deles saíram tapetes, cortinas, linho, porcelana, cristais... Um homem saiu pavoneando-se com um relógio de bronze que colocou nos ombros; outro encontrou uma pluma de avestruz e a enfiou no chapéu. A pilhagem estava apenas começando quando alguém gritou: "Camaradas! Não peguem nada. Tudo isso é propriedade do povo!" Imediatamente, várias vozes gritaram: "Parem! Guardem tudo! Não levem nada! É propriedade do povo!" Muitos tiveram que arrastar os saqueadores. Várias peças damasquinas e de tapeçaria foram tiradas à força das mãos dos homens; dois homens guardaram o relógio de bronze. Rapidamente, usando de força, as peças retornaram aos caixotes, e alguns homens se ofereceram para montar guarda. Foi tudo extremamente espontâneo. Através dos corredores a escadarias, os gritos tornavam-se cada vez mais fracos e distantes: "Disciplina revolucionária! Propriedade do povo..."

Voltamos e pegamos a entrada da esquerda, na ala oeste. Lá, também se tentava estabelecer alguma ordem: "Abandonem o palácio!" vociferava um guarda vermelho, enfiando a cabeça através de uma porta interna. "Venham, camaradas. Vamos mostrar que não somos ladrões nem bandidos. Todos devem sair do palácio, exceto os comissários, até que destaquemos sentinelas."

Dois guardas vermelhos, um soldado e um oficial, ficaram de pé, empunhando seus revólveres. Outro soldado sentou-se a uma mesa atrás deles, com papel e caneta. Gritos vinham de toda parte: "Todos para fora! Todos para fora!" e a tropa começou a sair pela porta, aos empurrões, reclamando, brigando. Cada homem que surgia era parado e revistado pelo comitê, que vasculhava seus bolsos e sob o capote. Tudo o que parecia não lhes pertencer era confiscado, o homem sentado à mesa fazia uma anotação e o objeto era levado para uma saleta. Os mais incríveis objetos foram apreendidos: estátuas, tinteiros, lençóis com o monograma imperial, velas, uma pequena tela pintada a óleo, mata-borrões, espadas folheadas a ouro, saboneteiras, roupas de todos os tipos, cobertores. Um guarda vermelho levava três fuzis, dois dos quais ele havia retirado dos *junkers*; outro tinha quatro pastas repletas de documentos. Os culpados assumiam sua culpa com má vontade ou choramingavam feito crianças. Com todos falando ao mesmo tempo, o comitê explicou que furtar não estava à altura dos heróis do povo; muitos dos culpados voltavam para ajudar a revistar o resto dos camaradas[28].

Alguns *junkers* também apareceram, em grupos de três ou quatro. O comitê os tratava com cuidado especial, acompanhando a revista com comentários como: "Ah! Provocadores! Kornilovistas! Contra-revolucionários! Assassinos do povo!" No entanto, não houve violência, embora os *junkers* se mostrassem apavorados. Eles também traziam os bolsos cheios de pequenos furtos. Tudo era cuidadosamente anotado pelo escrivão e amontoado na saleta... Os *junkers* eram desarmados e duramente questionados:

— E agora? — Vão pegar em armas contra o povo novamente?

— Não — responderam os *junkers*, um por um. Em seguida, liberavam-nos.

Perguntamos se podíamos entrar. O comitê ficou em dúvida, mas um enorme guarda vermelho respondeu com firmeza que era proibido. "E quem são vocês?", ele perguntou. "Como podemos saber se não são todos comparsas de Kerênski?" (Éramos em cinco, incluindo duas mulheres.)

"*Pazhal'st, tovarishchi!* Passagem, camaradas!" Um soldado e um guarda vermelho apareceram na porta, empurrando todos, seguidos por outros guardas com baionetas caladas. Logo atrás, em fila, meia dúzia de homens em trajes civis — os membros do Governo Provisório. Na frente vinha Kishkin, pálido, com expressão dura. Em seguida, Rutenberg, olhando para o chão; Tereshchenko era o próximo, examinando tudo à sua volta; dirigiu-nos um olhar fixo e frio... Passaram em silêncio. Os vitoriosos rebeldes aglomeraram-se para vê-los, mas não se ouviu mais que alguns murmúrios irritados. Mais tarde viríamos a saber que nas ruas o povo tinha tentado linchá-los, e se fizera necessário disparar alguns tiros para espantar a multidão. Os marinheiros conseguiram conduzi-los a salvo para a Fortaleza de Pedro e Paulo.

ОТЪ ВОЕННО-РЕВОЛЮЦIОННАГО КОМИТЕТА.

АРЕСТЪ

Временного Правительства.

Comunicado sobre a prisão dos membros do Governo Provisório

Aproveitando a confusão, entramos no Palácio, onde ainda havia grande movimentação; gente entrando e saindo, homens vasculhando apartamentos recém-descobertos à procura de grupos de *junkers* que pudessem estar lá escondidos. Mas nenhum foi encontrado. Subimos e percorremos sala por sala. Essa parte do palácio havia sido invadida por outros destacamentos da margem do Neva. As telas, estátuas e tapeçarias dos apartamentos encontravam-se intatos. Entretanto, todas as mesas e armários dos escritórios haviam sido violados, e o chão estava coberto de papéis. Nos dormitórios, as cobertas tinham sido arrancadas das camas, e os guarda-roupas, arrombados e vazios. O mais valioso produto de um saque eram roupas, que os trabalhadores tanto necessitavam. Numa sala onde guardavam alguns móveis, encontramos dois soldados arrancando o fino couro espanhol que revestia os estofados. Disseram que iriam usá-lo para fazer botas...

Os velhos empregados do palácio, com seus uniformes em tons de azul, vermelho e dourado, perambulavam, nervosos, repetindo por força do hábito: "Não pode entrar aí, *barin*! É proibido." Chegamos até a câmara de ouro e malaquita, com pingentes de brocados carmim, onde os ministros haviam se reunido durante todo o dia e a noite anterior, e onde os *shveitzari* os haviam traído aos guardas vermelhos. A longa mesa coberta com baeta verde estava exatamente como a tinham deixado havia pouco, quando foram presos. Diante de cada assento vazio havia uma caneta, tinta e papel; os papéis estavam rabiscados com o início de planos de ação, rascunhos de proclamações e manifestos. A maioria deles tinha sido riscada, pois sua inutilidade tornara-se evidente. E o resto da folha estava coberta com desenhos geométricos rabiscados distraidamente enquanto ouviam os ministros repetirem os mesmos estratagemas quiméricos. Peguei um dos papéis rabiscados, com a letra de Konovalov, que dizia: "O

Governo Provisório pede que todas as classes apóiem o Governo Provisório..."

Convém lembrar que, apesar de o Palácio de Inverno ter sido cercado, durante todo esse tempo o governo havia mantido comunicação constante com o *front* e com as províncias. Os bolcheviques haviam ocupado o Ministério da Guerra nas primeiras horas daquela manhã, mas não sabiam da existência de um telégrafo militar localizado no sótão, nem de uma linha de telefone exclusiva, ligada diretamente com o Palácio de Inverno. Um jovem oficial ficara o dia inteiro no sótão, enviando uma enxurrada de apelos e proclamações para todo o país; e, quando soube que o palácio havia sido invadido, colocou seu chapéu e retirou-se calmamente do edifício...

Medalha comemorativa do ataque contra o Palácio de Inverno

Apesar de estarmos profundamente atentos a tudo, durante um bom tempo não percebemos uma certa mudança na atitude dos soldados e guardas vermelhos ao nosso redor. Enquanto percorríamos as salas, um pequeno grupo nos seguia, até que, quando chegamos à grande galeria de pinturas, onde havíamos passamos a tarde com os *junkers*, fomos cercados por mais de uma centena de homens. Um soldado gigante postou-se à nossa frente, encarando-nos com profundas suspeitas.

"Quem são vocês? O que estão fazendo aqui?", ele perguntou, irritado. Os outros nos olhavam de modo ameaçador e começaram a murmurar: "*Provocatori!*" Ouvi alguém dizer: "Saqueadores." Mostrei nossos passes do Comitê Militar Revolucionário. O soldado os pegou cautelosamente e virou-os de ponta-cabeça, tentando compreender o que representavam. Era evidente que ele não sabia ler. Devolveu-nos os passes e cuspiu no chão. "*Bumagi!* Papéis!", disse com desprezo. O resto do grupo começou a fechar o cerco, como gado selvagem cercando um vaqueiro indefeso sem seu cavalo. Por cima de suas cabeças consegui perceber a presença de um oficial, que parecia não saber o que fazer, e chamei-o. Ele abriu caminho por entre os soldados e veio até nós.

— Sou o comissário — ele me disse. — Quem são vocês? O que está havendo?

Os homens se afastaram um pouco, esperando. Mostrei os papéis.

— São estrangeiros? — perguntou imediatamente, em francês. — É muito perigoso!

Em seguida, virou-se para o grupo, levantando nossos documentos.

— Camaradas! — gritou. — Essas pessoas são de outro país, dos Estados Unidos. Estão aqui para poder contar a seus compatriotas nossos atos de bravura e falar da disciplina revolucionária do exército proletário!

— Como sabe disso? — resmungou o enorme soldado. — Eu acho que são provocadores! Eles dizem que estão aqui para observar a disciplina revolucionária e o exército do proletariado, mas estavam andando à vontade pelo palácio. Como sabe que não têm os bolsos cheios?

— *Pravilno!* — rebateram os outros, avançando em nossa direção.

— Camaradas! Camaradas! — apelou o oficial, com o suor pingando da testa. — Sou comissário do Comitê Militar Revolucionário. Não confiam em mim? Esses passes estão assinados pelas mesmas pessoas que assinaram o meu!

Ele nos conduziu através do palácio até uma saída que dava para o cais do Neva, onde tivemos que passar pela costumeira revista do comitê, que vasculhou nossos bolsos...

— Vocês escaparam por pouco! — repetiu várias vezes, enxugando o suor do rosto.

— O que aconteceu com o Batalhão Feminino? — perguntamos.

— Ah... as mulheres! — ele riu. — Elas estavam amontoadas numa sala nos fundos. Foi difícil decidir o que fazer com elas. Muitas ficaram histéricas. Por fim, resolvemos levá-las à Estação Finlândia e colocá-las num trem para Levashovo, onde, segundo nos informaram, possuem um acampamento..."[29]

Cruzador Aurora

Saímos na noite fria, nervosa, murmurante, agitada por grupos obscuros que se moviam na escuridão, eletrizada pelas patrulhas. Do outro lado do rio, onde se via a Fortaleza de Pedro e Paulo como uma massa escura, veio um grito rouco... O chão sob nossos pés estava coberto de fragmentos de estuque da cornija do palácio, atingida por dois projéteis do couraçado Aurora; foi o único dano causado pelo bombardeio.

Eram 3 horas da manhã. Na avenida Nevski, todas as luzes estavam acesas novamente, o canhão havia desaparecido, e os únicos sinais de guerra eram os guardas vermelhos e soldados agachados em volta das fogueiras. A cidade estava calma, provavelmente nunca havia estado mais quieta em toda a sua história; naquela noite não ocorreu um único assalto, nem um simples furto sequer.

O edifício da Duma Municipal estava todo iluminado. Subimos até a Sala de Alexandre, com galerias repletas de retratos da família imperial emoldurados a ouro, agora encobertos por panos vermelhos. Cerca de uma centena de pessoas encontrava-se amontoada na tribuna, onde discursava Skobeliev. Ele insistia na expansão do Comitê de Segurança Pública, para unir todos os grupos antibolcheviques em uma única organização, denominada Comitê para a Salvação do País e da Revolução. E diante de nossos olhos foi formado esse Comitê para a Salvação — que se transformaria no mais poderoso inimigo dos bolcheviques, agindo, algumas vezes, sob seu próprio nome partidário, e outras, acobertado sob a neutralidade do título Comitê de Segurança Pública...

Dan, Gotz e Avksentiev estavam presentes, assim como alguns dos delegados de sovietes rebeldes, membros do Comitê Executivo dos Sovietes de Camponeses, o velho Prokopovich, e até membros do Conselho da República — entre os quais Vinaver e outros cadetes. Lieber gritou que a convenção dos sovietes não era uma convenção legal, que o antigo Tsik ainda estava no poder... Foi delineado um apelo dirigido a todo o país.

Pegamos um carro. "Para onde?" Quando dissemos "Smolni", o *izvozchik* balançou a cabeça: "*Niet!*", ele disse, "Está um inferno..." Somente depois de muito procurar, encontramos um motorista que nos levasse até lá — que cobrou 30 rublos e nos deixou a duas quadras do local.

As janelas do Smolni ainda estavam iluminadas. Carros entravam e saíam, e em volta das fogueiras ainda crepitantes amontoavam-se sentinelas a perguntar as novidades para quem chegava. Os corredores estavam repletos de homens apressados, de olhos fundos e sujos. Em algumas das salas de comitês, havia gente dormindo no chão, ao lado de suas armas. Apesar de alguns delegados haverem abandonado o congresso, a sala de reuniões ainda estava abarrotada, com uma multidão ruidosa e agitada. Quando entramos, Kamenev estava lendo a lista de ministros presos. O nome de Tereshchenko recebeu uma ovação, gritos de satisfação, risos; Rutenberg não teve igual acolhida; e, quando o nome de Palchinski foi mencionado, deflagrou-se uma tempestade de vaias e gritos de raiva... Foi comunicada a nomeação de Chudnovski para comissário do Palácio de Inverno.

Nesse momento, houve uma interrupção dramática. Um camponês corpulento, com o rosto barbado convulsionado pela raiva, subiu na tribuna e começou a esmurrar a mesa do *presidium*: "Nós, socialistas revolucionários, exigimos que soltem imediatamente os ministros socialistas que estão presos no Palácio de Inverno! Camaradas! Vocês sabiam que quatro companheiros que arriscaram suas vidas e sua liberdade lutando contra a tirania do czar foram atirados na prisão da Fortaleza de Pedro e Paulo — o histórico sepulcro da liberdade?" Em meio ao tumulto, ele batia na mesa e gritava. Outro delegado subiu na tribuna, postou-se ao lado dele a apontou para o presidium: "Será que os representantes das massas revolucionárias vão ficar aí sentados enquanto a Okhrana dos bolcheviques tortura seus líderes?"

Trótski fez um gesto pedindo silêncio: "Esses 'camaradas' foram presos em flagrante quando arquitetavam planos, junto com o aventureiro Kerênski, para esmagar os sovietes. Temos algum motivo para tratá-los com reverências? Depois dos acontecimentos de julho eles não usaram de muita cerimônia conosco!" Com um tom triunfante na voz, ele gritou: "Agora, que os *oborontsi* e os covardes se foram e toda a tarefa de defender e salvar a revolução descansa sobre nossos ombros, se faz absolutamente necessário trabalhar, trabalhar, trabalhar! Preferimos morrer a ceder!"

Um comissário que acabara de chegar de Tsarskoye Selo, ainda arfando e coberto de lama da viagem, sucedeu Trótski: "A guarnição de Tsarskoye Selo monta guarda nos portões de Petrogrado, pronta para defender os sovietes e o Comitê Militar Revolucionário!" Aplausos frenéticos. "O Corpo de Ciclistas que percorreu todas as frentes, uma a uma, chegou a Tsarskoye, e agora os soldados estão do nosso lado; eles reconhecem o poder dos sovietes, a necessidade imediata de passar a terra para as mãos dos camponeses e o controle das indústrias aos operários. O 5º Batalhão de Ciclistas, alojado em Tsarskoye, também é nosso..."

O delegado do 3º Batalhão de Ciclistas falou em seguida. Com entusiasmo delirante, contou como os regimentos de ciclistas haviam recebido ordens da frente sudoeste, *três dias antes*, para "defender Petrogrado". No entanto, a princípio eles desconfiaram da intenção das ordens e, na estação de Peredolsk, foram recebidos pelos representantes do 5º Batalhão, de Tsarskoye. Realizou-se então uma assembléia, na qual se constatou que, "entre os ciclistas, nem um só homem estava disposto a verter o sangue de seus pais, nem a apoiar um governo de burgueses e proprietários de terras!"

Kapelinski, falando pelos mencheviques internacionalistas, propôs a eleição de um comitê especial para encontrar uma solução pacífica para a guerra civil. "Não existe solução pacífica!", berrou a multidão. "A única solução é a vitória!" O resultado do pleito foi esmagadoramente contra, e os mencheviques internacionalistas deixaram o congresso cobertos por uma torrente de insultos debochados. Não havia mais o que temer... Kamenev, da tribuna, gritava: "Os mencheviques internacionalistas alegaram 'emergência' para a questão da 'solução pacífica', mas sempre votaram pela suspensão da ordem do dia a favor de declarações de facções que desejavam deixar o congresso. É evidente", rematou Kamenev, "que a saída de todos esses vira-casacas já estava decidida de antemão!"

A assembléia decidiu ignorar a saída das facções e dar continuidade, passando ao pedido dirigido aos operários, soldados e camponeses de toda a Rússia:

AOS OPERÁRIOS, SOLDADOS E CAMPONESES

Tem início o Segundo Congresso Pan-Russo dos Sovietes dos Deputados de Operários e Soldados. Ele representa a grande maioria dos sovietes. Existe também uma série de deputados de camponeses. Com base na vontade da grande maioria dos trabalhadores, soldados e camponeses; fundamentado no vitorioso levante dos operários e soldados de Petrogrado, o Congresso assume o poder.

O Governo Provisório foi deposto. A maior parte de seus membros está presa.

A autoridade soviética irá propor, imediatamente, uma paz democrática para todas as nações, e uma trégua imediata em todas as frentes de batalha. Ela garantirá a livre passagem dos bens dos donos de terras, da coroa e da Igreja aos comitês de terra, defenderá os direitos dos soldados, realizando uma completa democratização do Exército, estabelecerá o controle dos operários sobre a produção, garantirá a convocação da Assembléia Constituinte na data fixada, encontrará formas de fornecer pão às cidades e artigos de primeira necessidade às aldeias, e assegurará a todas as nacionalidades que vivem na Rússia o direito absoluto a uma existência independente.

O Congresso decide que todos os poderes locais devem ser transferidos aos sovietes dos deputados de operários, soldados e camponeses, que devem manter a ordem revolucionária.

O Congresso pede a todos os soldados nas trincheiras que sejam vigilantes e inflexíveis. O Congresso dos Sovietes está seguro de que o Exército revolucionário saberá defender a revolução contra todos os ataques do imperialismo, até que o novo governo tenha promovido a conclusão da paz democrática, que será proposta diretamente às nações.

Nas frentes de combate, soldados se confraternizavam com seus adversários. A ânsia de paz era comum

O novo governo tomará as medidas necessárias para satisfazer as necessidades do Exército revolucionário, através de uma política de requisição e taxação das classes abastadas, com o intuito de melhorar a situação das famílias dos soldados.

Os kornilovistas — Kerênski, Kaledin e outros — se esforçam para induzir as tropas contra Petrogrado. Diversos regimentos, enganados por Kerênski, já vieram aliar-se ao povo insurgente.

Soldados! Ofereçam resistência ativa aos kornilovistas e a Kerênski! Fiquem alertas!

Ferroviários! Parem todos os trens que transportam tropas enviadas por Kerênski contra Petrogrado!

Soldados, operários, funcionários! O destino da revolução e da paz democrática está em suas mãos!

Vida longa à revolução!

O Congresso Pan-Russo dos Deputados de Operários e Soldados
e dos Delegados dos Sovietes Camponeses

Eram exatamente 5h17 quando Krylenko, gaguejando de tanto cansaço, subiu à tribuna com um telegrama nas mãos.

"Camaradas! Telegrama da frente norte. O 12º Exército saúda o Congresso dos Sovietes, comunicando a formação de um Comitê Militar Revolucionário que assumiu o comando da frente norte!" Delírio geral. Os homens choravam, se abraçavam. "O general Chermissov reconheceu o comitê. O comissário do Governo Provisório, Voitinski, renunciou!"

E assim aconteceu: Lênin e os operários de Petrogrado haviam decidido pela insurreição, o Soviete de Petrogrado havia derrubado o Governo Provisório e imposto o golpe de estado ao Congresso dos Sovietes. Agora, restava conquistar o resto da Rússia... e depois o mundo! Iria a Rússia seguir seu exemplo e libertar-se? E o mundo — o que faria? Iriam os povos responder do mesmo modo, numa maré vermelha de insurreição?

Embora já fossem 6 horas da manhã, ainda era noite — uma noite profunda e fria. Nas ruas vazias, surgia uma tênue e quase artificial claridade que enfraquecia a luz produzida pelas fogueiras. Era a meia-luz de um novo alvorecer, o clarão de um novo dia que pairava sobre toda a Rússia...

Dzerjinski

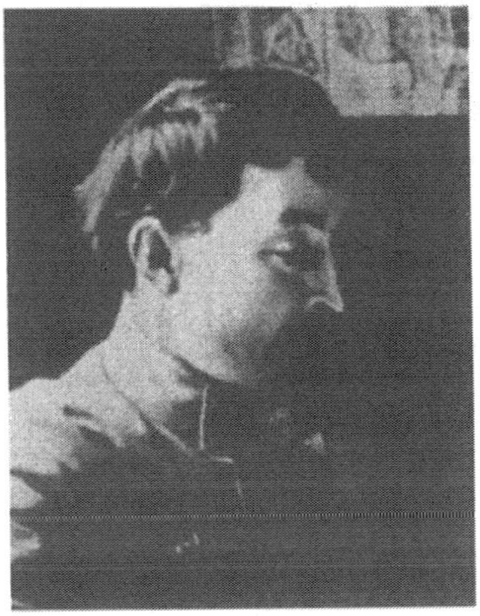

Sverdlov

Uritski

Stálin

Bubnov

O grito de ucranianos e russos é um só: não haverá senhor algum a dominar o trabalhador. Litografia de V. Mayakovsky, 1920, Museu Central Estatal da História Contemporânea da Rússia

Capítulo 5

O mergulho à frente

Quinta-feira, 8 de novembro. O dia raiou sobre uma cidade na mais intensa excitação e confusão, todo um país convulsionado. Na superfície tudo estava calmo; centenas de milhares de pessoas se recolheram numa hora prudente, levantaram cedo e foram trabalhar. Em Petrogrado, os bondes corriam, lojas e restaurantes estavam abertos, os teatros funcionando, uma exposição de pintura era anunciada... Toda a complexa

Manifestações de rua, com a participação das tropas da guarnição de Vladivostok

rotina da vida comum — burburinho até em tempo de guerra — continuava como de hábito. Nada é tão surpreendente quanto a vitalidade do organismo social — como ele persiste, alimentando-se, vestindo-se, divertindo-se diante das piores calamidades...

O ar estava cheio de rumores sobre Kerênski, que, segundo diziam, teria levantado o *front* e estaria liderando um grande exército contra a capital. O *Volia Naroda* publicou um *prikaz* lançado por ele em Pskov:

Os distúrbios causados pela insana tentativa dos bolcheviques colocam o país à beira de um precipício e exigem um esforço de toda a nossa vontade, nossa coragem e a devoção de cada um de nós, para superarmos a terrível provação a que a pátria está sendo submetida...

Até a declaração da composição do novo governo — caso seja formado —, cada um deve permanecer em seu posto e cumprir seu dever para com a Rússia ensangüentada. Deve-se lembrar que a menor interferência com as organizações do Exército existentes pode gerar infortúnios irreparáveis, abrindo o *front* ao inimigo.

Portanto, é indispensável preservar a qualquer preço o moral das tropas, garantindo a completa ordem e a preservação do exército de novos choques, e mantendo absoluta confiança entre os oficiais e seus subordinados. Ordeno que todos os chefes e comissários, em nome da segurança do país, permaneçam em seus postos, como eu mesmo mantenho o posto de Comandante Supremo, até que o Governo Provisório da República declare sua vontade...

Em resposta, surgiu este cartaz em todos os muros:

DO CONGRESSO PAN-RUSSO DOS SOVIETES

Os ex-ministros Konovalov, Kishkin, Terestchenko, Maliantovitch, Nikitin e outros foram presos pelo Comitê Militar Revolucionário. Kerênski fugiu. Ordena-se que todas as

organizações do exército tomem todas as medidas para a detenção imediata de Kerênski e seu envio a Petrogrado.
Qualquer ajuda dada a Kerênski será punida como um crime grave contra o Estado.

O general Kornilov, principal indicado ao posto de ditador

Com os freios liberados, o Comitê Militar Revolucionário entrou num turbilhão, despachando ordens, chamados e decretos, como fagulhas[30]. Ordenou-se trazer Kornilov a Petrogrado. Membros dos Comitês Agrários de Camponeses presos pelo Governo Provisório foram declarados livres. A pena capital no exército foi abolida.

Os funcionários do governo receberam ordens para continuar seu trabalho e foram ameaçados com severas punições caso recusassem. Todo saque, desordem e especulação foram proibidos sob pena de morte.

Foram indicados comissários provisórios para diversos ministérios: Relações Exteriores, Uritski e Trótski; Interior e Justiça, Rykov; Trabalho, Shliapnikov; Finanças, Menzhinski; Bem-Estar Público, Madame Kollontai; Comércio, Vias e Comunicações, Riazanov; Marinha, o marinheiro Korbir; Correios e Telégrafos, Spiro; Teatros, Muraviov; Imprensa do Estado, Gherbychev; para a cidade de Petrogrado, o tenente Nesterov; para a frente norte, Pozern...

Para o Exército, um pedido para formar Comitês Militares Revolucionários. Para os funcionários das ferrovias, que mantivessem a ordem, especialmente para não atrasar o transporte de alimentos para as cidades e para o *front*... Em troca, receberam a promessa de representação no Ministério das Vias e Comunicações.

Irmãos cossacos! [dizia uma proclamação]. Vocês estão sendo levados contra Petrogrado. Eles querem forçá-los a lutar contra os trabalhadores e soldados revolucionários da capital. Não acreditem em nenhuma palavra dita por nossos inimigos comuns, os proprietários de terras e os capitalistas.

Em nosso congresso estão representadas todas as organizações conscientes de trabalhadores, soldados e camponeses da Rússia. O congresso também deseja dar as boas-vindas em seu seio aos trabalhadores cossacos. Os generais reacionários, capatazes dos proprietários de terras e de Nicolau, o Cruel, são nossos inimigos.

Eles dizem que o sovietes desejam confiscar as terras dos cossacos. Isso é mentira. É apenas dos grandes proprietários cossacos que a revolução confiscará terras, para dá-las ao povo.

Organizem Sovietes de Deputados Cossacos! Unam-se aos Sovietes dos Deputados dos Trabalhadores e Soldados!

Mostrem aos reacionários que vocês não são traidores do povo, e que não desejam ser amaldiçoados por toda a Rússia revolucionária!...

Irmãos cossacos, não executem ordens dos inimigos do povo.

Enviem seus delegados a Petrogrado, para conversar conosco... Os cossacos da guarnição de Petrogrado, honrosamente, não justificaram a esperança dos inimigos do povo...

Irmãos cossacos! O Congresso Pan-Russo de Sovietes lhes estende a mão fraterna.

Longa vida à fraternidade entre os cossacos, os soldados, trabalhadores e camponeses de toda a Rússia!

Por outro lado, que tempestade de proclamações afixadas, panfletos espalhados por toda parte, jornais — gritando, insultando e profetizado o mal. Agora explodia a batalha da imprensa — pois todas as outras armas estavam nas mãos dos sovietes.

Primeiro, o apelo do Comitê para a Salvação do País e da Revolução, transmitido por toda a Rússia e a Europa:

AOS CIDADÃOS DA REPÚBLICA RUSSA

Ao contrário do desejo das massas revolucionárias, em 7 de novembro os bolcheviques de Petrogrado criminosamente prenderam parte do Governo Provisório, dispersaram o Conselho da República e proclamaram um poder ilegal. Tal violência cometida contra o governo da Rússia revolucionária, em seu momento de maior perigo externo, é um crime indescritível contra a pátria.

A insurreição dos bolcheviques representa um golpe mortal para a causa da defesa nacional e adia de modo incomensurável o momento da paz, tão amplamente desejado.

A guerra civil, iniciada pelos bolcheviques, ameaça entregar o país aos horrores da anarquia e da contra-revolução e causar o fracasso da Assembléia Constituinte, que deve confirmar o regime republicano e conferir ao povo para sempre seu direito à terra.

Preservando a continuidade do único poder legal governamental, o Comitê para a Salvação do País e da Revolução, estabelecido na noite de 7 de novembro, toma a iniciativa de formar um novo governo provisório que, baseando-se nas forças da democracia, conduzirá o país à Assembléia Constituinte e o salvará da anarquia e da contra-revolução. O Comitê para a Salvação os convoca, cidadãos, a negar reconhecimento ao poder da violência. Não obedeçam às suas ordens!

Ergam-se em defesa do país e da revolução!

Apóiem o Comitê para a Salvação!

Assinado pelo Conselho da República Russa, pela Duma Municipal de Petrogrado, pelo Tsik (Primeiro Congresso), pelo Comitê Executivo dos Sovietes dos Camponeses; e do próprio Congresso pelo grupo do *front*, pelas facções dos Revolucionários Socialistas, mencheviques, Socialistas Populistas, Democratas Sociais Unidos e pelo grupo "Yedinstvo".

Depois, cartazes do Partido Revolucionário Socialista, os *oborontsi* mencheviques, novamente os Sovietes dos Camponeses; do Comitê Central do Exército, o *Tsentroflot*...

... A fome esmagará Petrogrado! [eles gritavam] Os exércitos alemães pisotearão sua liberdade. Os *pogroms* das Centúrias Negras se espalharão pela Rússia se nós todos — trabalhadores, soldados, cidadãos conscientes — não nos unirmos...
Não confiem nas promessas dos bolcheviques! A promessa de paz imediata é uma mentira! A promessa de pão, uma farsa! A promessa de terra, um conto de fadas!...

Eram todos nesse estilo.

Camaradas! Vocês foram baixa e cruelmente enganados! A tomada de poder foi realizada apenas pelos bolcheviques... Eles ocultaram seu plano dos outros partidos socialistas que compõem o Soviete...
Prometeram-lhes terra e liberdade, mas a contra-revolução se beneficiará da anarquia promovida pelos bolcheviques e os privará da terra e da liberdade...

Os jornais eram igualmente violentos.

Nosso dever [disse o *Dielo Naroda*] é desmascarar esses traidores diante da classe trabalhadora. Nosso dever é mobilizar todas as nossas forças e montar guarda sobre a causa da revolução!...

O *Izviestia*, falando pela última vez em nome do velho Tsik, ameaçava com uma terrível retribuição.

"Quanto ao Congresso de Sovietes, afirmamos que não houve Congresso de Sovietes! Afirmamos que foi simplesmente uma conferência privada da facção bolchevique! E nesse caso eles não têm direito de cancelar os poderes do Tsik..."

O *Novaya Zhizn*, enquanto pedia um novo governo que unisse todos os partidos socialistas, criticava severamente a ação dos revolucionários socialistas e dos mencheviques ao abandonar o Congresso, e salientou que a insurreição bolchevique significava muito claramente uma coisa: que todas as ilusões sobre a coalizão com a burguesia eram vãs....

O *Rabotchi Put* floresceu, com o nome de *Pravda*, o mesmo nome do jornal de Lênin que fora suprimido em julho. Suas páginas gritavam, estridentes:

Trabalhadores, soldados, camponeses!
Em março vocês derrubaram a tirania da nobreza. Ontem vocês derrubaram a tirania da burguesia...
A primeira tarefa agora é guardar os acessos a Petrogrado.
A segunda é definitivamente desarmar os elementos contra-revolucionários de Petrogrado.
A terceira é definitivamente organizar o poder revolucionário e garantir a realização do programa popular...

ЛИСТОКЪ „ПРАВДЫ“.

"Onde estão o governo e a contra-revolução?" era a manchete do panfleto do Pravda, do comitê central dos bolcheviques, em substituição ao jornal fechado pelo Governo Provisório

Os poucos órgãos de cadetes que apareceram, e a burguesia de modo geral, adotaram uma postura distanciada e irônica em relação a tudo isso, uma espécie de "eu avisei" desdenhoso para com os outros partidos.

Os influentes cadetes eram vistos vagando pela Duma Municipal e nos arredores do Comitê para a Salvação. Além disso, a burguesia se recolhia, esperando sua hora — que não tardaria a chegar. Nunca ocorreu a ninguém — exceto talvez a Lênin, a Trótski e aos trabalhadores e soldados simples de Petrogrado — que os bolcheviques ficassem no poder mais de três dias....

No grande anfiteatro do salão Nicolau, naquela tarde, vi a Duma sentada em assembléia permanente, tempestuosa, reunindo a seu redor todas as forças de oposição. O velho prefeito Schreider, majestoso com seu cabelo e barba brancos, descrevia sua visita ao Smolni na noite anterior, para protestar em nome do autogoverno municipal. "A Duma, sendo o único governo legal existente na cidade, eleito por sufrágio igual, direto e secreto, não reconheceria o novo poder", ele dissera a Trótski. E Trótski respondera: "Existe um remédio constitucional para isso. A Duma pode ser dissolvida e reeleita..." Diante desse comentário, houve um clamor furioso.

"Se reconhecermos um governo de baionetas", continuou o velho, dirigindo-se à Duma, "bem, temos um; mas eu considero legítimo apenas um governo reconhecido pela maioria, e não um criado pela usurpação de uma minoria!" Aplausos entusiásticos em todas as bancadas, menos nas dos bolcheviques. Entre o tumulto renovado, o prefeito anunciou que os bolcheviques já estavam violando a autonomia municipal ao indicar comissários para vários departamentos.

O presidente bolchevique gritou, tentando fazer-se ouvir, que a decisão do Congresso de Sovietes significava que toda a Rússia apoiava a ação dos bolcheviques.

— Você! — ele gritou —, "você não é o verdadeiro representante do povo de Petrogrado! — Gritos de "Insulto! Insulto!" O velho prefeito, com dignidade, lembrou que a Duma fora eleita pelo voto popular mais livre possível. — Sim — ele respondeu —, mas isso foi há muito tempo... como o Tsik... como o Comitê do Exército.

— Não houve um novo Congresso de Sovietes! — gritaram para ele.

— A facção bolchevique se recusa a continuar neste ninho de contra-revolução — clamor — e exigimos uma reeleição da Duma... — E assim os bolcheviques deixaram a câmara, acompanhados por gritos de "Agentes alemães! Abaixo os traidores!"

Shingariov, cadete, exigiu então que todos os funcionários municipais que haviam consentido em ser comissários do Comitê Militar Revolucionário fossem demitidos de seus cargos e indiciados. Schreider levantou-se, apresentando uma moção para que a Duma protestasse contra a ameaça dos bolcheviques de dissolvê-la e, como representante legal da população, que se recusasse a deixar seu posto.

O Salão de Alexandre estava lotado para a reunião do Comitê para a Salvação, e Skobeliev falava novamente. "Jamais", ele disse, "o destino da revolução foi tão premente, jamais a questão da existência do Estado russo provocou tamanha ansiedade, e jamais a história colocou de modo tão cru e categórico a pergunta: tomará a Rússia as rédeas do próprio destino, ou não? A grande hora da salvação da revolução chegou, e em consciência observamos a íntima união das forças vivas da democracia revolucionária, por cujo desejo organizado já se criou um centro de salvação do país e da revolução..." E muito mais nesse estilo. "Preferimos morrer a entregar nossos cargos!"

Em meio a aplausos clamorosos foi anunciado que o Sindicato dos Ferroviários tinha se unido ao Comitê para a Salvação. Alguns momentos depois, os funcionários dos Correios e Telégrafos entraram; então alguns internacionalistas mencheviques adentraram o salão, sob aplausos. Os ferroviários disseram que não reconheciam os bolcheviques e que tinham tomado todo o aparato das estradas de ferro, recusando-se a confiá-lo a qualquer poder usurpador. O delegado dos telegrafistas declarou que os operadores tinham se recusado completamente a operar seus instrumentos enquanto o comissário bolchevique estivesse no cargo. Os carteiros não entregariam ou receberiam correspondência no Smolni... Todos os telefones do Smolni estavam cortados. Com grande júbilo, foi relatado como Uritzki tinha ido ao Ministério das Relações Exteriores para solicitar os tratados secretos, e como Neratov o havia expulsado. Todos os funcionários públicos estavam parando de trabalhar...

Era a guerra. A guerra deliberadamente planejada, à maneira russa: guerra através de greve e sabotagem. Enquanto estávamos ali sentados, o presidente leu uma lista de nomes e funções; fulano faria a ronda dos ministérios; outro visitaria os bancos; 10 ou 12 trabalhariam nas casernas e convenceriam os soldados a permanecer neutros — "Soldados russos, não derramem o sangue de seus irmãos!"; um comitê se reuniria com Kerênski; outros seriam despachados para as cidades nas províncias, para formar filiais do Comitê para a Salvação e unir os elementos antibolcheviques.

Estavam todos entusiasmados. "Esses bolcheviques *vão* tentar dar ordens à *intelligentsia?* Mostraremos a eles!"... Nada poderia ser mais chocante que o contraste entre essa assembléia e o Congresso de Sovietes. Lá, grandes massas de soldados maltrapilhos, trabalhadores sujos, camponeses pobres, curvados e marcados pela luta brutal pela sobrevivência; aqui os mencheviques e os líderes socialistas revolucionários — Avksentievs, Dans, Liebers — e os ex-ministros socialistas — Skobelievs, Tchernovs — estavam lado a lado com cadetes como o escorregadio Shatski e o maneiroso Vinaver; com jornalistas, estudantes, intelectuais de quase todos os campos. Essa multidão da Duma era bem-alimentada e bem-vestida; não vi mais que três proletários entre todos eles...

Chegaram notícias. Os fiéis de Kornilov — Tekhintsi* — tinham assassinado seus guardas em Bykhov, e ele escapara. Kaledin marchava para o norte...

O soviete de Moscou havia formado um Comitê Militar Revolucionário e estava negociando com o comandante da cidade a posse do arsenal, de modo que os trabalhadores fossem armados.

A esses fatos misturava-se uma confusão surpreendente de rumores, distorções e simples mentiras. Por exemplo, um jovem e inteligente cadete que fora secretário particular de Miliukov e depois de Tereshchenko nos chamou de lado e contou sobre a tomada do Palácio de Inverno.

— Os bolcheviques foram chefiados por oficiais alemães e austríacos — ele afirmou.

— É verdade? — respondemos educadamente. — Como sabe disso?

— Um amigo meu estava lá e os viu.

— Como ele soube que eram oficiais alemães?

— Ora, porque usavam uniformes alemães!

* Ver Notas e Explicações.

Havia centenas dessas histórias absurdas, e eram não apenas solenemente publicadas pela imprensa antibolchevique, mas acreditadas pelas pessoas mais improváveis — revolucionários socialistas e mencheviques que sempre se haviam distinguido pela sóbria devoção aos fatos...

Mas ainda mais sérias eram as histórias sobre a violência e o terrorismo bolcheviques. Por exemplo, foi impresso que a Guarda Vermelha não apenas tinha saqueado completamente o Palácio de Inverno, como tinha massacrado os *yunkers* depois de desarmá-los, e matado alguns dos ministros a sangue-frio; quanto às mulheres soldados, a maioria tinha sido violada, e muitas teriam cometido suicídio devido às torturas que sofreram... Todas essas histórias eram engolidas pela multidão na Duma. Pior ainda, as mães e os pais dos estudantes e das mulheres liam esses detalhes terríveis — muitas vezes acompanhados de listas de nomes —, e ao cair da noite a Duma começou a ser sitiada por cidadãos frenéticos...

Um caso típico é o do príncipe Tumanov, cujo corpo, segundo anunciado em vários jornais, fora encontrado boiando no canal Moika. Algumas horas depois isso foi desmentido pela família do príncipe, que acrescentou que ele estava preso, e então a imprensa identificou o morto como o general Demissov. O general também estava vivo, como investigamos, e não se encontrava vestígio de qualquer corpo encontrado em lugar algum...

Quando saímos do prédio da Duma, dois escoteiros estavam distribuindo panfletos[31] para a enorme multidão que bloqueava o Nevski em frente à porta; uma multidão composta quase inteiramente por empresários, lojistas, vendedores. Um deles dizia:

DA DUMA MUNICIPAL

A Duma Municipal, em sua reunião de 26 de outubro, diante dos eventos do dia, decreta: A inviolabilidade das residências particulares. Através dos Comitês de Habitação, pedimos à população da cidade de Petrogrado que enfrente decisivamente todas as tentativas de invasão domiciliar, usando armas, se necessário, no interesse da autodefesa dos cidadãos.

Na esquina da Liteini, cinco ou seis guardas vermelhos e alguns marinheiros tinham cercado um vendedor de jornais e exigiam que ele entregasse os exemplares da *Rabot-chaya Gazeta* (Gazeta dos Trabalhadores) menchevique. O vendedor gritava para eles com raiva, sacudindo o punho, enquanto um dos marinheiros arrancava jornais de sua banca. Uma multidão ameaçadora se reunira em torno, insultando a patrulha. Um pequeno trabalhador explicava insistentemente às pessoas e ao jornaleiro, repetindo várias vezes: "Ele traz a proclamação de Kerênski. Diz que matamos russos. Vai causar derramamento de sangue..."

O Smolni estava mais tenso que nunca, como se isso fosse possível. Os mesmos homens correndo pelos corredores escuros, esquadrões de trabalhadores com rifles, líderes com pastas cheias de papéis argumentando, explicando, dando ordens, enquanto se movimentavam ansiosamente, cercados por amigos e colaboradores. Homens literalmente fora de si, prodígios vivos de falta de sono e excesso de trabalho — homens barbados, sujos, com os olhos ardentes, dirigindo-se em linha reta para o objetivo definido, movidos por enorme exaltação. Eles tinham tanto a fazer, tanto! Tomar o governo, organizar a cidade, manter a guarnição leal, combater a Duma e o Comitê para a Salvação, repelir os alemães, preparar-se

Vladivostok

para a batalha com Kerênski, informar as províncias do que acontecia, fazer propaganda de Archangel a Vladivostok... Funcionários do governo e municipais recusavam-se a obedecer a seus comissários, os Correios e Telégrafos recusavam-lhes comunicação, ferroviários ignoravam obtusamente seus pedidos de trens, Kerênski chegando, a guarnição não totalmente confiável, os cossacos esperando para sair... Contra eles, não apenas a burguesia organizada, mas todos os outros partidos socialistas, exceto os revolucionários socialistas de esquerda, alguns internacionalistas mencheviques e os internacionalistas social-democratas, e mesmo eles indecisos quanto a aguardar ou não. Com eles, é verdade, estavam as massas de trabalhadores e soldados e os camponeses — em número desconhecido. Mas afinal, os bolcheviques eram uma facção política carente de homens treinados e educados...

Riazanov estava subindo a escadaria dianteira, explicando numa espécie de pânico bem-humorado que ele, comissário do comércio, não entendia absolutamente nada de negócios. No café do primeiro andar estava sentado um homem sozinho num canto, com uma capa de pele de cabra e roupas com que parecia ter dormido, mas é claro que não tinha dormido — e uma barba de três dias. Ele olhava nervosamente para um envelope sujo e mordia o lápis. Era Menzhinski, o Comissário de Finanças, cujas qualificações eram que certa vez tinha sido escriturário num banco francês... E aqueles quatro, apressados pelo corredor depois de sair do escritório do Comitê Militar Revolucionário, rabiscando em pedaços de papel enquanto corriam, aqueles eram os comissários enviados para os quatro cantos da Rússia para levar as notícias, discutir ou lutar — com quaisquer argumentos ou armas que encontrassem...

O Congresso deveria se reunir à 1 hora, e o grande salão de reuniões estava lotado havia muito, mas às 7 ainda não havia sinal do *presidium*... Os bolcheviques e facções dos socialistas revolucionários de esquerda estavam em sessão em suas próprias salas. Durante toda a tarde, Lênin e Trótski tinham lutado contra o compromisso. Uma parte considerável dos bolcheviques era favorável a ceder à criação de um governo conjunto socialista. "Não podemos nos sustentar!" eles gritavam.

"Há muita coisa contra nós. Não temos homens. Ficaremos isolados e tudo cairá." O mesmo diziam Kamenev, Riazanov e outros.

Mas Lênin, com Trótski a seu lado, mantinha-se firme como uma rocha*. "Que os defensores do compromisso aceitem nosso programa e poderão entrar! Não cederemos um centímetro. Se alguns camaradas não têm coragem e decisão para ousar como nós ousamos, que saiam com o resto dos covardes e conciliadores! Com o apoio dos trabalhadores e soldados, nós continuaremos."

Cinco minutos depois das 7 chegou um comunicado dos socialistas revolucionários de esquerda, dizendo que eles permaneceriam no Comitê Militar Revolucionário.

* Nota. Lênin não era contra um governo puramente socialista, desde que este respondesse aos sovietes e aceitasse um programa bolchevique mínimo. Ver *Erros do Trótskismo*.

"Estão vendo?", disse Lênin. "Eles aceitaram!"

Um pouco depois, quando estávamos sentados à mesa de imprensa no grande saguão, um anarquista que escrevia para os jornais burgueses me propôs que fôssemos descobrir o que tinha acontecido com o *presidium*. Não havia ninguém no escritório do Tsik, nem no do soviete de Petrogrado. Andamos de sala em sala pelo imenso Smolni. Ninguém parecia ter a menor idéia de onde se encontrava o corpo governante do Congresso. Enquanto seguíamos, meu companheiro descreveu suas antigas atividades revolucionárias, seu longo e agradável exílio na França... Quanto aos bolcheviques, ele me confidenciou que eram pessoas comuns, rudes e ignorantes, sem sensibilidade estética. Ele era um verdadeiro espécime da *intelligentsia* russa... Chegou finalmente a sala 17, o escritório do Comitê Militar Revolucionário, e ficamos ali, no meio do furioso vaivém. A porta se abriu e dela disparou um homem de rosto inexpressivo, num uniforme sem insígnia, que parecia sorrir — sorriso que, depois de um minuto, percebia-se ser uma expressão de extremo cansaço. Era Krylenko.

Meu amigo, que era um jovem bem-vestido, de aspecto civilizado, deu um grito de prazer e adiantou-se.

— Nicolai Vasilievitch! — ele disse, estendendo a mão. — Lembra-se de mim, camarada? Estivemos juntos na prisão.

Krylenko fez um esforço, concentrando sua mente e sua visão.

— Ora, sim — ele finalmente respondeu, olhando o outro de alto a baixo com uma expressão de grande amizade. — Você é S. *Zdra'stvuitye!* — Eles se beijaram. — O que está fazendo nisso tudo? — e fez um gesto ao redor.

— Ah, estou apenas observando... Você parece muito bem-sucedido.

— Sim — respondeu Krylenko, com uma espécie de obstinação. — A revolução proletária é um grande sucesso — e riu. — Talvez... talvez, porém, nos encontremos novamente na prisão!

Quando voltamos a sair para o corredor, meu amigo continuou com suas explicações. “Sabe, sou um seguidor de Kropotkin. Para nós a revolução é um grande fracasso; ela não despertou o patriotismo das massas. É claro que isso apenas prova que o povo não está pronto para ela...”

Eram exatamente 8h40, quando uma torrente de aplausos anunciou a entrada do *presidium*, com Lênin — o grande Lênin — entre eles. Uma figura baixa e atarracada, com uma grande cabeça fincada nos ombros, calvo e rotundo. Olhos pequenos, um nariz arrebitado, boca larga e generosa e queixo quadrado; agora estava recém-barbeado, mas já começava a usar a conhecida barba de seu passado e futuro. Usava roupas gastas, com as calças compridas demais. Nada marcante, para ser o ídolo de uma multidão, amado e reverenciado como talvez poucos líderes na história. Um estranho líder popular — líder puramente por virtude do intelecto; sem cor, sem humor, intransigente e distante, sem idiossincrasias pitorescas —, mas com o poder de explicar idéias profundas em termos simples, de analisar uma situação concreta. E isso combinado com uma incrível audácia intelectual.

Kamenev estava lendo o relatório dos atos do Comitê Militar Revolucionário: abolição da pena capital no Exército, restauração do livre direito de propaganda, libertação dos oficiais e soldados presos por crimes políticos, ordens para prender Kerênski e confiscar os suprimentos alimentares nos armazéns privados... Um aplauso tremendo.

Novamente o representante do *Bund*: a atitude intransigente dos bolcheviques significaria o esmagamento da revolução; portanto, os delegados do *Bund* devem se recusar a continuar vindo ao congresso. Gritos da platéia: "Pensamos que tinham ido embora ontem à noite! Quantas vezes vão sair?"

Em seguida, o representante dos internacionalistas mencheviques. Gritos: "O quê?! Ainda estão aí?" O orador explicou que apenas parte dos internacionalistas mencheviques deixara o Congresso; os demais ficariam.

"Consideramos perigoso e talvez até mortal para a revolução transferir o poder ao sovietes" — interrupções —, "mas sentimos que é nosso dever ficar no Congresso e votar contra a transferência!"

Outros oradores se seguiram, aparentemente sem qualquer ordem. Um delegado dos mineiros de carvão da bacia do Don pediu que o Congresso tomasse medidas contra Kaledin, que poderia cortar o carvão e os alimentos da capital. Vários soldados recém-chegados do *front* trouxeram saudações entusiásticas de seus regimentos... Era a vez de Lênin, agarrado à borda do púlpito, com seus pequenos olhos piscando e examinando a multidão enquanto esperava ali de pé, aparentemente sem notar a longa ovação, durante vários minutos. Quando ela terminou, ele disse simplesmente: "Agora iremos construir a ordem socialista!" Novamente aquele rugido humano avassalador.

"A primeira coisa é a adoção de medidas práticas para concretizar a paz... Vamos oferecer paz aos povos de todos os países beligerantes com base nos termos soviéticos — sem anexações, sem indenizações, e o direito à autodeterminação dos povos. Ao mesmo tempo, segundo nossa promessa, vamos publicar e repudiar os tratados secretos... A questão da Guerra e Paz é tão clara que acho que posso, sem preâmbulos, ler o projeto de uma Proclamação aos Povos de Todos os Países Beligerantes..."

Sua grande boca, parecendo sorrir, escancarava-se quando ele falava; sua voz era rouca — não de modo desagradável, mas como se estivesse mais dura depois de anos e anos de discursos — e seguia monotonamente, com a capacidade de continuar para sempre... Para dar ênfase, ele se inclinava ligeiramente para a frente. Nada de gestos. E diante dele mil rostos simples olhavam para cima em intensa adoração.

PROCLAMAÇÃO AOS POVOS E GOVERNOS DE TODOS OS PAÍSES BELIGERANTES

O governo soviético e o seu chefe, Vladimir Ilitch Ulianov (Lênin), reiteravam suas propostas de paz a todos os governos beligerantes

O Governo dos Trabalhadores e Camponeses, criado pela Revolução de 6 e 7 de Novembro e com base nos Sovietes dos Deputados de Operários, Soldados e Camponeses, propõe a todos os povos beligerantes e a seus governos que iniciem imediatamente negociações para uma paz justa e democrática.

O governo entende por uma paz justa e democrática — desejada pela imensa maioria dos operários e das classes trabalhadoras, exaustas e esgotadas pela guerra, paz que os trabalhadores e camponeses russos, depois de terem derrubado a monarquia czarista, não cessam de pedir categoricamente — a paz imediata sem anexações (isto é, sem conquista de território estrangeiro, sem anexação forçosa de outras nacionalidades) e sem indenizações.

O governo da Rússia propõe a todos os povos beligerantes que concluam imediatamente essa paz, mostrando-se dispostos a dar os passos decisivos de negociações em sua direção, de imediato, sem a menor demora, antes da ratificação definitiva de todas as condições dessa paz pelas assembléias autorizadas dos povos de todos os países e de todas as nacionalidades.

Por anexação ou conquista de território estrangeiro, o governo entende — conforme a concepção dos direitos democráticos em geral, e os direitos da classe trabalhadora em particular — toda união a um Estado grande e forte de uma nacionalidade pequena ou fraca, sem a expressão voluntária, clara e precisa de seu consentimento e desejo; qualquer que tenha sido o momento em que tal anexação pela força foi efetuada, qualquer que seja o grau de civilização do país anexado por força ou mantido fora das fronteiras de outro Estado, não importa que essa nação esteja na Europa ou nos distantes países de além-mar.

Se qualquer nação for retida por força dentro dos limites de outro Estado; se, apesar do desejo por ela manifestado (pouco importa que esse desejo seja expresso pela imprensa, por reuniões populares, decisões de partidos políticos ou por distúrbios e rebeliões contra a opressão nacional), essa nação não tiver o direito de decidir por voto livre (sem o menor constrangimento, depois da completa saída das forças armadas da nação que a anexou ou deseja anexar ou é mais forte de modo geral) a forma de sua organização nacional e política, essa união constitui uma anexação — isto é, uma conquista e um ato de violência.

Continuar essa guerra para permitir que as nações fortes e ricas dividam entre si as nacionalidades fracas e conquistadas é considerado pelo governo o maior crime possível contra a humanidade; e o governo solenemente proclama sua decisão de assinar um tratado de paz que porá fim a essa guerra segundo as condições acima, igualmente justas para todas as nacionalidades, sem exceção.

O governo abole a diplomacia secreta, expressando diante de todo o país sua firme decisão de conduzir todas as negociações à luz do dia diante do povo, e procederá imediatamente à total publicação de todos os tratados secretos confirmados ou concluídos pelo governo de proprietários de terras e capitalistas, de março a 7 de novembro de 1917. Todas as cláusulas dos tratados secretos que, como ocorre na maioria dos casos, têm por objetivo obter vantagens e privilégios para capitalistas russos, manter ou aumentar as anexações dos imperialistas russos serão denunciadas pelo governo imediatamente e sem discussão.

Ao propor a todos os governos de todos os povos que se envolvam em negociações públicas para a paz, o governo se declara pronto a efetuar essas negociações por telégrafo, por correio ou por discussões entre os representantes dos diferentes países, ou em uma conferência desses representantes. Para facilitar essas negociações, o governo nomeia seus representantes autorizados nos países neutros.

O governo propõe a todos os governos e aos povos de todos os países beligerantes que concluam um armistício imediato, ao mesmo tempo sugerindo que o armistício deve durar três meses, durante os quais é perfeitamente possível não apenas realizar as discussões necessárias entre os representantes de todos os países e nacionalidades, sem exceção, levados à guerra ou forçados a participar dela, mas também convocar assembléias de representantes do povo de todos os países, com o objetivo da aceitação definitiva das condições de paz.

Ao enviar esta oferta de paz aos governos e aos povos de todos os países beligerantes, o Governo Provisório dos Trabalhadores e Camponeses da Rússia dirige-se igualmente e em particular aos trabalhadores conscientes das três nações mais dedicadas à humanidade e às três nações mais importantes entre as que participam da atual guerra — Inglaterra, França e Alemanha. Os trabalhadores desses países prestaram os maiores serviços à causa do progresso e do socialismo. Os esplêndidos exemplos do movimento cartista na Inglaterra, a série de revoluções de significado histórico mundial realizadas pelo proletariado francês, e finalmente, na Alemanha, a histórica luta contra as Leis de Exceção, um exemplo para os trabalhadores do mundo todo de ação prolongada e tenaz, e a criação das formidáveis organizações de proletários alemães — todos esses modelos de heroísmo proletário, esses monumentos da história, são para nós uma garantia segura de que os trabalhadores desses países compreenderão o dever que lhes cabe de libertar a humanidade dos horrores e das conseqüências da guerra; e de que esses trabalhadores, por sua ação decisiva, enérgica e contínua, nos ajudarão a levar a uma conclusão bem-sucedida a causa da paz — e ao mesmo tempo a causa da libertação das massas trabalhadoras exploradas, de toda escravidão e toda exploração.

Quando o grande trovão de aplausos se extinguiu, Lênin voltou a falar:

"Propomos ao congresso que ratifique esta declaração. Dirigimo-nos aos governos, assim como aos povos, pois uma declara-

Lênin discursa no II Congresso dos Sovietes, em 26 de outubro de 1917 (8 de novembro)

ção que fosse dirigida apenas aos povos dos países beligerantes poderia adiar a conclusão da paz. As condições de paz, elaboradas durante o armistício, serão ratificadas pela Assembléia Constituinte. Ao fixar a duração do armistício em três meses, desejamos dar aos povos um descanso tão longo quanto possível depois deste sangrento extermínio, e amplo tempo para que elejam seus representantes. Esta proposta de paz enfrentará resistência de parte dos governos imperialistas — não nos iludimos quanto a isso. Mas esperamos que a revolução logo irrompa em todos os países beligerantes; é por isso que nos dirigimos especialmente aos trabalhadores da França, Inglaterra e Alemanha...

"A revolução de 6 e 7 de novembro", ele concluiu, "inaugurou a era da revolução social... O movimento trabalhista, em nome da paz e do socialismo, vencerá e cumprirá seu destino..."

Havia um tom tranqüilo e poderoso em tudo isso, que animava a alma dos homens. Era compreensível por que as pessoas acreditavam quando Lênin falava...

Por votação dos presentes, decidiu-se rapidamente que apenas representantes das facções políticas teriam permissão para falar sobre a moção, e que os oradores deveriam limitar-se a 15 minutos.

Primeiro foi Karelin, pelos revolucionários socialistas de esquerda. "Nossa facção não teve oportunidade de propor emendas ao texto dessa proclamação; é um documento privativo dos bolcheviques. Mas votaremos a seu favor porque concordamos com seu espírito..."

Pelos internacionalistas social-democratas, falou Kramarov, alto, de ombros curvos e míope — destinado a conquistar certa notoriedade como o Palhaço da Oposição. Somente um governo composto de todos os partidos socialistas, ele disse, poderia ter autoridade para tomar uma medida tão importante. Se uma coalizão socialista fosse formada, sua facção apoiaria todo o programa; senão, apenas parte dele.

Quanto à proclamação, os internacionalistas estavam totalmente de acordo com seus pontos principais...

Então falaram um após o outro, em meio ao entusiasmo crescente: a Social-Democracia da Ucrânia, em apoio; Social-Democracia da Lituânia, em apoio; Socialistas Populistas, em apoio; Social-Democracia Polonesa, em apoio; Socialistas Poloneses, em apoio — mas prefeririam uma coalizão socialista; Social-Democracia da Letônia, em apoio... Havia alguma coisa incendiada naqueles homens. Um falou sobre a "próxima revolução mundial, da qual somos a vanguarda"; outro da "nova era de fraternidade, quando todos os povos se tornarão uma grande família..." Um indivíduo pediu a palavra. "Há contradição aqui", ele disse. "Primeiro você oferece paz sem anexação e sem indenizações, então diz que vai considerar todas as ofertas de paz. Considerar significa aceitar..."

Lênin se ergueu. "Queremos uma paz justa, mas não tememos uma guerra revolucionária... Provavelmente os governos imperialistas não responderão a nosso apelo — mas não emitiremos um ultimato ao qual será fácil dizer não... Se o proletariado alemão perceber que estamos prontos a considerar todas as ofertas de paz, talvez seja a última gota que fará transbordar o pote — a revolução irromperá na Alemanha...

Consentimos em examinar todas as condições de paz, mas isso não quer dizer que as aceitaremos... Por alguns de nossos termos lutaremos até o fim, mas possivelmente por outros acharemos impossível continuar a guerra... Acima de tudo queremos pôr fim à guerra..."

Eram exatamente 10h35 quando Kamenev pediu que todos a favor da proclamação levantassem seus cartões. Um delegado ousou erguer a mão contra, mas a súbita comoção a seu redor o fez baixá-la rapidamente... Unânime.

Subitamente, num impulso comum, estávamos todos de pé, murmurando juntos num uníssono suave e crescente a *Internationale*. Um velho soldado grisalho soluçava como uma criança.

Alexandra Kollontai rapidamente conteve as lágrimas. O som das vozes se propagou pelo salão, rompeu janelas e portas e se ergueu no céu tranqüilo. "A guerra acabou! A guerra acabou!", disse um jovem trabalhador perto de mim, com rosto esfuziante. E quando terminou, enquanto estávamos ali numa espécie de estranho silêncio, alguém no fundo da sala gritou: "Camaradas! Lembremos dos que morreram pela liberdade!" Então começamos a cantar a Marcha Fúnebre, aquele canto lento, melancólico porém triunfante, tão russo e tão comovente. A *Internationale* é uma ária estrangeira, afinal. A Marcha Fúnebre parecia a própria alma daquelas massas sombrias, cujos delegados sentavam-se nesse salão, construindo a partir de suas visões obscuras uma nova Rússia — e talvez mais.

Aos que tombaram na luta fatal
Pela liberdade e pela honra do povo.
Entregaram suas vidas e tudo o que lhes era mais caro,

O povo apelidou o dia 9 de janeiro de 1905, data da primeira revolução russa, de "Domingo Sangrento". A fé secular incutida no povo quanto à "bondade" do tzar foi fuzilada pelos tiros dos soldados e pisoteada pelos cascos dos cavalos dos cossacos

Padeceram na prisão,
Foram para o exílio acorrentados...
Sem dizer palavra, suportaram seus grilhões
Porque não podiam ignorar seus irmãos sofredores,
Porque acreditavam que a justiça é mais forte que a espada...
Chegará o tempo em que sua vida rendida terá reconhecimento.
Esse tempo se aproxima; quando a tirania cair, o povo se erguerá, forte e livre!
Adeus, irmãos, vocês escolheram um nobre caminho,
Perante seu túmulo, juramos lutar, trabalhar pela liberdade e pela felicidade dos povos...

Por tais ideais eles morreram, os mártires de março, e descansavam em sua fria Tumba da Fraternidade, no Campo de Marte; milhares, dezenas de milhares morreram nas prisões, no exílio, nas minas da Sibéria. Esses ideais não vieram como eles

Revolução de Fevereiro em Moscou. Manifestação na Praça dos Teatros em 12 de março de 1917

esperavam, nem como a *intelligentsia* desejava; mas vieram — de maneira dura, forte, impaciente com as fórmulas, desprezando o sentimentalismo; *real*...

Lênin estava lendo o Decreto da Terra:

1. Toda a propriedade privada da terra está abolida imediatamente, sem compensação.
2. Todas as propriedades dos latifundiários e todas as terras pertencentes à coroa, a monastérios, terras da Igreja com todo seu gado e propriedades inventariadas, construções e pertences, ficam à disposição dos Comitês Agrários das cidades e aos deputados dos Sovietes de Camponeses dos distritos até que se reúna a Assembléia Constituinte.
3. Qualquer dano cometido à propriedade confiscada que a partir de agora pertence a todo o povo é considerado um crime sério, punível pelos tribunais revolucionários. Os Sovietes dos Deputados de Camponeses do distrito deverão tomar todas as medidas necessárias para a

ИЗВѢСТІЯ
Центральнаго Исполнительнаго Комитета
и Петроградскаго Совѣта
Рабочихъ и Солдатскихъ Депутатовъ
ДЕКРЕТЪ О ЗЕМЛѢ

Decreto sob
as terras

observância da ordem mais estrita durante a posse das propriedades dos latifundiários, para a determinação das dimensões do terrenos e quais deles estão sujeitos a confisco, para a elaboração de um inventário de toda propriedade confiscada, e para a mais estrita proteção revolucionária a toda propriedade agrícola na terra, com todos os prédios, implementos, gado, suprimentos e produtos, etc., passando às mãos do povo.

4. Para orientação durante a realização das grandes reformas agrárias até sua resolução final pela Assembléia Constituinte, deverá servir o seguinte *nakaz* camponês (instruções)[32], elaborado com base em 242 *nakazi* camponeses locais pelo conselho editorial do "*Izvestia* do Soviete Pan-Russo dos Deputados de Camponeses", e publicado no nº 88 do dito "*Izvestia*" (Petrogrado, nº 88, 29 de agosto de 1917).

As terras dos camponeses e dos cossacos que servem no exército não serão confiscadas.

"Isto não é", explicou Lênin, "o projeto do ex-ministro Chernov, que falou em 'erigir uma estrutura' e tentou realizar reformas a partir de cima. De baixo, no local, serão decididas as questões de divisão da terra. A quantidade de terra recebida por cada camponês irá variar segundo a localidade...

Sob o Governo Provisório, os *pomieshtchiki* recusaram-se absolutamente a obedecer às ordens dos Comitês Agrários — aqueles Comitês Agrários projetados por Lvov, trazidos à existência por Shingariov e administrados por Kerênski!"

Antes que os debates começassem, um homem abriu caminho violentamente através da multidão no corredor e subiu à plataforma. Era Pianikh, membro do Comitê Executivo dos Sovietes de Camponeses, e estava enfurecido.

"O Comitê Executivo dos Sovietes Pan-Russos dos Deputados de Camponeses protesta contra a prisão de nossos camaradas, os ministros Salazkin e Mazlov!", ele bradou, encarando a multidão. "Exigimos sua imediata libertação! Eles estão agora na Fortaleza de Pedro e Paulo. Devemos tomar uma ação imediata! Não há um momento a perder!"

Kerênski quando de sua visita à família imperial na aldeia do Tzar, ao lado do comandante da guarda. Ele entrou para os quadros do Governo Provisório como substituto do Presidente do Soviete de Petrogrado, apesar de o Comitê Executivo do Soviete não ter autorizado

Outro o seguiu, um soldado com barba desgrenhada e olhos flamejantes. "Vocês ficam aqui sentados e falam sobre dar a terra aos camponeses, e vocês cometem um ato de tiranos e usurpadores contra os representantes escolhidos pelos camponeses! Eu lhes digo..." — e ergueu o punho —, "se tocarem num só fio de cabelo deles vocês terão uma revolta nas mãos!" A multidão se agitou, confusa.

Então ergueu-se Trótski, calmo e sarcástico, consciente de seu poder, recebido com uma ovação. "Ontem, o Comitê Militar Revolucionário decidiu libertar os ministros socialistas revolucionários e mencheviques Mazlov, Salazkin, Gvozdov e Maliantovitch — em princípio. Eles continuam em Pedro e Paulo apenas porque tínhamos muito a fazer. Eles ficarão, porém, detidos em suas casas até investigarmos sua cumplicidade nos atos traiçoeiros de Kerênski durante o caso Kornilov!"

E Pianikh gritou: "Nunca, em qualquer revolução, se viram coisas como as que acontecem aqui!"

"Você está enganado", respondeu Trótski. "Essas coisas foram vistas até nesta revolução. Centenas de nossos camaradas foram presos em julho... Quando a camarada Kollontai foi solta da prisão por ordens médicas, Avksentiev colocou em sua porta dois antigos agentes da polícia secreta do czar!" Os camponeses se contiveram, murmurando, seguidos por vaias irônicas.

O representante dos socialistas revolucionários de esquerda falaram sobre o Decreto da Terra. Seu grupo o aprovara em princípio, mas só concordava com a votação se houvesse uma discussão prévia. Os sovietes dos camponeses deveriam ser consultados...

Os internacionalistas mencheviques também insistiram numa reunião do partido.

Então falou o líder dos maximalistas, a ala anarquista dos camponeses: "Devemos honrar um partido político que coloca concretiza tal ato no primeiro dia, sem discuti-lo!"

Um camponês típico subiu à tribuna, de cabelos compridos, botas e casaco de pele de carneiro, inclinando-se para todos os cantos do salão. "Desejo-lhes o bem, camaradas e cidadãos", ele disse. "Há alguns cadetes dando voltas lá fora. Vocês prenderam nossos camponeses socialistas — por que não os prendem?"

Esse foi o sinal para um debate de camponeses excitados. Foi exatamente como o debate dos soldados na noite anterior. Ali estavam os verdadeiros proletários da terra...

"Os membros do nosso comitê executivo, Avksentiev e os demais, que pensamos fossem defensores dos camponeses, eles também são apenas cadetes! Vamos prendê-los! Vamos prendê-los!"

E outro: "Quem são esses Pianikhs, esses Avksentievs? Eles não são camponeses de modo algum! Eles apenas abanam seus rabos!"

A multidão se levantou para eles, reconhecendo-os como irmãos!

Os socialistas revolucionários de esquerda propuseram um intervalo de meia hora. Enquanto os deputados saíam, Lênin ergueu-se em sua cadeira.

"Não devemos perder tempo, camaradas! Notícias importantes para a Rússia devem estar na imprensa amanhã de manhã. Sem atraso!"

E acima da acalorada discussão, do bater de pés, podia-se ouvir a voz de um emissário do Comitê Militar Revolucionário, gritando: "Quinze agitadores são necessários na sala 17 imediatamente! Para ir para o *front*!"

Duas horas e meia depois os delegados voltaram se arrastando, o *presidium* subiu na plataforma e a sessão recomeçou com a leitura dos telegramas dos diversos regimentos, anunciando sua adesão ao Comitê Militar Revolucionário. De maneira tranqüila, a reunião ganhou ímpeto. Um delegado das tropas russas na frente da Macedônia falou amargamente sobre sua situação. "Lá, sofremos mais com a amizade de nossos 'aliados' do que com o inimigo", ele disse. Representantes do 10º e do 12º Exércitos, que chegaram em grande pressa, relataram: "Nós os apoiamos com toda a nossa força!" Um soldado camponês protestou contra a libertação dos "traidores socialistas Mazlov e Salazkin"; quanto ao Comitê Executivo dos Sovietes dos Camponeses, deveria ser preso *en masse!* Isso era o verdadeiro discurso revolucionário... Um delegado do exército russo na Pérsia declarou que fora instruído para exigir todo o poder aos sovietes... Um oficial ucraniano falou em sua língua nativa: "Não há nacionalismos nesta crise... Viva a ditadura do proletariado de todas as terras!" Era tal o dilúvio de pensamentos acalorados e elevados que certamente a Rússia nunca mais se calaria!

Outubro de 1917. Moradores de Petrogrado lêem os primeiros decretos do governo soviético

Kamenev comentou que as forças antibolcheviques tentavam provocar distúrbios por toda parte, e leu um apelo do congresso a todos os sovietes da Rússia:

O Congresso Pan-Russo de Sovietes dos Deputados de Operários e Soldados, incluindo alguns deputados dos camponeses, conclama os sovietes locais a tomar medidas enérgicas e imediatas para se opor a qualquer ação contra-revolucionária antijudaica e a todos os *pogroms*, quaisquer que sejam. A honra da revolução dos trabalhadores, camponeses e soldados exige que não se tolere nenhum *pogrom*.
A Guarda Vermelha de Petrogrado, a guarnição revolucionária e os marinheiros mantiveram completa ordem na capital.
Operários, soldados e camponeses de todos os lugares, vocês devem seguir o exemplo dos operários e soldados de Petrogrado.
Camaradas soldados e cossacos, cabe a nós o dever de garantir a verdadeira ordem revolucionária.
Toda a Rússia revolucionária e o mundo inteiro têm seus olhos voltados para nós...

A grande marcha religiosa, realizada na Praça Vermelha, em Moscou, deveria reerguer "o espírito patriótico". A contra-revolução preparava-se para novas medidas de repressão ao povo revolucionário.

Às 14 horas, o Decreto da Terra foi colocado em votação, com apenas um voto contra. Os deputados dos camponeses ficaram loucos de alegria... Assim, os bolcheviques se lançavam para a frente, irrefreáveis, superando a hesitação e a oposição — o único grupo na Rússia que tinha um programa definido de ação, enquanto os outros, durante oito longos meses, só fizeram falar.

Destacamentos da Guarda Vermelha nas ruas de Petrogrado

Então levantou-se um soldado magro, maltrapilho e eloqüente, para protestar contra a cláusula do *nakaz* que tendia a privar os desertores militares de participação nos loteamentos da terra das aldeias. Vaiado no início, seu discurso simples e comovente finalmente provocou o silêncio. "Atirado contra sua vontade à carnificina das trincheiras", gritou, "que vocês mesmos, no decreto de paz, consideraram sem sentido e horrível, ele saudou a revolução com a esperança de paz e liberdade.

Paz? O governo de Kerênski o obrigou novamente a avançar na Galícia para matar e ser morto; diante das suas súplicas de paz, Tereshchenko simplesmente riu... Liberdade? Sob Kerênski, seus comitês foram suprimidos, seus jornais eliminados, os líderes de seu partido presos... Em casa, em sua aldeia, os proprietários de terras desafiavam os comitês agrários, prendiam seus camaradas... Em Petrogrado, a burguesia, aliada aos alemães, estava sabotando os alimentos e a munição do Exército... Ele estava sem roupas nem botas...

Quem o obrigou a desertar? O governo de Kerênski, que vocês derrubaram!" No final houve aplausos.

Mas outro soldado denunciou enfaticamente: "O governo de Kerênski não é uma tela atrás da qual podemos esconder ações deploráveis, como a deserção! Os desertores são a escória que foge para casa e deixa seus camaradas morrer sozinhos nas trincheiras! Cada desertor é um traidor e deve ser punido..." Agitação, gritos de *"Do volno! Teesche!"* Kamenev rapidamente propôs deixar a questão para o governo decidir[33].

Às 2h30 fez-se um silêncio tenso. Kamenev lia o decreto da Constituição do Poder:

A. V. Lunarcharski, comissário do povo para educação, e o poeta Demian Bedni

Até a reunião da Assembléia Constituinte, está formado um Governo Provisório dos Trabalhadores e Camponeses, que será chamado de Conselho dos Comissários do Povo[34].

A administração dos diversos ramos da atividade estatal será confiada a comissões, cuja composição será regulada para garantir a execução do programa do congresso, em estreita união com as organizações de massa dos trabalhadores, trabalhadoras, marinheiros, soldados, camponeses e funcionários públicos. O poder governamental está conferido a um *collegium* formado pelos presidentes dessas comissões, isto é, o Conselho dos Comissários do Povo.

O controle das atividades dos comissários do povo, e o direito de substituí-los, pertencerá ao Congresso Pan-Russo de Sovietes dos Deputados de Operários, Camponeses e Soldados, e a seu Comitê Executivo Central.

Continuava o silêncio; quando ele leu a lista de comissários, houve erupções de aplausos depois de cada nome, especialmente dos de Lênin e Trótski.

Presidente do conselho: Vladimir Ulianov (Lênin)
Interior: A. E. Rykov
Agricultura: V. P. Miliutin
Trabalho: A. G. Shliapnikov
Assuntos Militares e Navais: um comitê composto de V. A. Avseenko (Antonov), N. V. Krylenko e F. M. Dybenko.
Comércio e Indústria: V. P. Nogin
Educação Popular: A. V. Lunatcharski
Finanças: E. E. Skvortsov (Stepanov)
Relações Exteriores: L. D. Bronstein (Trótski)
Justiça: G. E. Oppokov (Lomov)
Abastecimento: E. A. Teodorovitch
Correios e Telégrafos: N. P. Avilov (Gliebov)
Presidente das Nacionalidades: I. V. Djougashvili (Stálin)
Ferrovias: a ser preenchido depois.

Havia baionetas nas laterais da sala, baionetas que se erguiam entre os deputados; o Comitê Militar Revolucionário estava armando todo mundo, o bolchevismo estava se armando para a batalha decisiva contra Kerênski, cujas trombetas chegavam soando com o vento de sudoeste...

Enquanto isso, ninguém foi para casa; ao contrário, centenas de recém-chegados se infiltraram, e a sala ficou repleta de soldados e trabalhadores com expressão séria, que permaneceram de pé durante horas e horas, sem demonstrar cansaço. O ar estava espesso de fumaça de cigarros, respiração humana, cheiro de roupas usadas e suor.

Avilov, da equipe do *Novaya Zhizn,* estava falando em nome dos social-democratas internacionalistas e dos internacionalistas mencheviques remanescentes; Avilov, com seu rosto jovem e inteligente, parecia deslocado em sua elegante casaca.

"Devemos nos perguntar aonde estamos indo... A facilidade com que o governo de coalizão foi derrubado não pode ser explicada pela força da ala esquerda da democracia, mas somente pela incapacidade de o governo dar ao povo paz e pão. E a ala esquerda não pode se manter no poder a menos que solucione essas questões...

Ela pode dar pão ao povo? Os grãos estão escassos. A maioria dos camponeses não ficará com vocês, porque vocês não podem lhes dar o maquinário de que precisam. Combustível e outras necessidades básicas são quase impossíveis de obter...

Quanto à paz, será ainda mais difícil. Os Aliados se recusam a conversar com Skobeliev. Eles jamais aceitarão a proposta de uma conferência de paz de *vocês*. Vocês não serão reconhecidos em Londres, Paris ou Berlim...

Vocês não podem contar com a ajuda eficaz do proletariado dos países aliados, porque na maioria dos países ele está muito longe da luta revolucionária; lembrem-se de que a democracia aliada foi incapaz até de convocar a Conferência de Estocolmo. No que se refere aos social-democratas alemães, acabo de conversar com o camarada Goldenberg, um de nossos delegados enviados a Estocolmo; ele foi informado pelos representantes da extrema-esquerda que a revolução na Alemanha é impossível durante a guerra..." Aqui as interrupções começaram a ficar mais fortes e freqüentes, mas Avilov continuou.

"O isolamento da Rússia fatalmente resultará ou na derrota do exército russo pelos alemães — e na montagem de uma paz entre a coalizão austro-alemã e a coalizão franco-britânica *às custas da Rússia* — ou em uma paz em separado com a Alemanha.

Acabo de saber que os embaixadores aliados estão se preparando para partir, e que Comitês de Salvação do País e da Revolução estão se formando em todas as cidades da Rússia...

Nenhum partido pode vencer essas enormes dificuldades. Somente a maioria do povo, defendendo um governo de coalizão socialista, pode realizar a revolução...

Então ele leu a resolução das duas facções:

> Reconhecendo que para a salvação das conquistas da revolução é indispensável constituir imediatamente um governo baseado na democracia revolucionária, organizada nos Sovietes de Deputados dos Operários, Soldados e Camponeses; reconhecendo, além disso, que a tarefa desse governo é alcançar a paz o mais rapidamente possível, a transferência da terra para as mãos dos comitês agrários, a organização do controle da produção industrial e a convocação da Assembléia Constituinte na data marcada, o congresso indica um comitê executivo para constituir esse governo depois de um acordo com os grupos democráticos que estão participando do congresso.

Apesar da exaltação revolucionária da multidão triunfante, o raciocínio frio e tolerante de Avilov os havia abalado. Perto do final, os gritos e assobios diminuíram, e quando ele terminou houve até alguns aplausos.

Karelin o seguiu — também jovem, destemido, de cuja sinceridade ninguém duvidava —, pelos revolucionários socialistas de esquerda, o partido de Maria Spiridonova, o partido que seguiu os bolcheviques quase sozinho e que representava os camponeses revolucionários.

"Nosso partido se recusou a entrar no Conselho de Comissários do Povo porque não desejamos nos separar para sempre da parte do exército revolucionário que deixou o congresso, uma separação que tornaria impossível para nós servir de intermediários entre os bolcheviques e os outros grupos da democracia... E esse é nosso principal dever neste momento. Não podemos apoiar qualquer governo exceto um de coalizão socialista...

Protestamos, além disso, contra a conduta tirânica dos bolcheviques. Nossos comissários foram expulsos de seus postos. Nosso único órgão, o *Znamia Truda* (Bandeira do Trabalho), foi proibido de circular ontem...

A Duma Central está formando um poderoso Comitê para a Salvação do País e da Revolução para combatê-los. Vocês já estão isolados, e seu governo não tem o apoio de um só dos demais grupos democráticos..."

Trótski, então, subiu à tribuna elevada, consciente e dominador, com aquela expressão sarcástica na boca que era quase uma zombaria. Ele falou com a voz ressonante, e a grande multidão ergueu-se para ouvi-lo.

"Essas considerações sobre os perigos do isolamento de nosso partido não são novas. Na véspera da insurreição nossa derrota fatal também foi prevista. Todos estavam contra nós; somente uma facção dos socialistas revolucionários de esquerda ficou conosco no Comitê Militar Revolucionário. Como é que conseguimos derrubar o governo quase sem derramamento de sangue?... Esse fato é a prova mais patente de que *não estamos isolados*. Na verdade, o Governo Provisório estava isolado; os partidos democráticos que marcham contra nós estavam isolados, estão isolados, e para sempre afastados do proletariado!

Eles falam na necessidade de uma coalizão. Existe apenas uma coalizão possível — a dos trabalhadores, soldados e camponeses mais pobres; e foi graças a nosso partido que ela se realizou... De que tipo de coalizão falava Avilov? Uma coalizão com os que apoiaram o governo de traição ao povo? Coalizão nem sempre aumenta a força. Por exemplo, poderíamos ter organizado a insurreição com Dan e Avksentiev em nossas fileiras?" Gargalhadas.

"Avksentiev dava pouco pão. Uma coalizão com os *oborontsi* oferecerá mais? Entre os camponeses e Avksentiev, que ordenou a prisão dos comitês agrários, escolhemos os camponeses! Nossa revolução será a revolução clássica da história...

Eles nos acusam de rejeitar um acordo com os outros partidos democráticos. Mas a culpa é nossa? Ou devemos, como disse Karelin, culpar uma 'incompreensão'? Não, camaradas. Quando um partido em plena onda da revolução, ainda envolto na fumaça da pólvora, chega a dizer 'Aqui está o poder, tome-o!', e quando aqueles a quem é oferecido procuram o inimigo, isso não é uma incompreensão... Isso é a declaração de uma guerra impiedosa. E não fomos nós que declaramos a guerra...

Avilov nos ameaça com o fracasso de nossos esforços de paz — se continuarmos 'isolados'. Repito, eu não vejo como uma coalizão com Skobeliev, ou mesmo Tereshchenko, pode nos ajudar a alcançar a paz! Avilov tenta nos assustar com a ameaça de uma paz às nossas custas. E eu respondo que em todo caso, se a Europa continuar sendo governada pela burguesia imperialista, a Rússia revolucionária inevitavelmente se perderá...

Existem apenas duas alternativas: ou a revolução russa cria um movimento revolucionário na Europa, ou as potências européias destruirão a Revolução Russa!"

Eles o aplaudiram freneticamente, aprovando sua ousadia, a idéia de serem heróis da humanidade. A partir daquele momento houve algo consciente e decidido nas massas insurgentes, em todas as suas ações, que nunca as deixou.

Mas por outro lado a batalha ganhava forma. Kamenev reconheceu um delegado do Sindicato dos Ferroviários, um homem baixo de rosto duro, com uma atitude de hostilidade implacável. Ele atirou uma bomba:

"Em nome da organização mais forte da Rússia, exijo o direito de falar, e lhes digo: o Vikjel me encarrega de divulgar a decisão do sindicato sobre a constituição do poder. O Comitê Central se recusa absolutamente a apoiar os bolcheviques se insisti-

A greve em Petrogrado, ocorrida em 24 de fevereiro, transformou-se num evento nacional de cunho político rem em isolar-se de toda a democracia da Rússia!" Um enorme tumulto percorreu o salão.

"Em 1905, e na época de Kornilov, os ferroviários foram os melhores defensores da revolução. Mas vocês não nos convidaram para seu congresso..." Gritos: "Foi o antigo Tsik que não os convidou!" O orador não deu atenção. "Não reconhecemos a legalidade deste congresso; desde a partida dos mencheviques e dos socialistas revolucionários, não há um *quorum* legal... O sindicato apóia o antigo Tsik e declara que o congresso não tem o direito de eleger um novo comitê...

O poder deve ser um poder socialista e revolucionário, responsável diante dos órgãos autorizados por toda a democracia revolucionária. Até a constituição desse poder, o sindicato de ferroviários, que se recusa a transportar tropas contra-revolucionárias para Petrogrado, ao mesmo tempo proíbe a execução de qualquer ordem sem o consentimento do Vikjel. O Vikjel também toma em suas mãos toda a administração das ferrovias da Rússia."

No final ele mal podia ser escutado devido à furiosa tempestade de insultos que o atingiu. Mas foi um golpe pesado — e isso se podia ver na preocupação nos rostos do *presidium*. Kamenev, porém, simplesmente respondeu que não podia haver dúvida sobre a legalidade do congresso, mesmo que o *quorum* estabelecido pelo antigo Tsik fosse excedido — apesar da secessão dos mencheviques e revolucionários socialistas...

Então veio a votação sobre a constituição do poder, que aprovou por imensa maioria a posse do Conselho de Comissários do Povo...

A eleição do novo Tsik, o novo Parlamento da República Russa, mal levou 15 minutos. Trótski anunciou sua composição: cem membros, 70 dos quais bolcheviques... Quanto aos camponeses e às facções dissidentes, seriam reservados lugares para eles. "Recebemos no governo todos os partidos e grupos que adotarem nosso programa", concluiu Trótski.

E assim o Segundo Congresso Pan-Russo de Sovietes foi dissolvido, para que os membros pudessem correr para suas casas nos quatro cantos da Rússia e contar os grandes acontecimentos...

Eram quase 7 horas quando despertamos os condutores dos bondes que o Sindicato dos Trabalhadores das Ferrovias de Rua mantinham à espera no Smolni para levar os delegados soviéticos a suas casas. No carro lotado, senti que havia menos alegria que na noite anterior. Muitos pareciam ansiosos; talvez estivessem dizendo a si mesmos: "Agora somos os senhores; como podemos executar nossa vontade?"

Em nosso prédio de apartamentos fomos detidos, no escuro, por uma patrulha de cidadãos armados, e cuidadosamente examinados. Era a proclamação da Duma já em ação...

A senhoria nos ouviu chegar e apareceu, envolta num roupão de seda cor-de-rosa:

— O Comitê de Habitação pediu novamente que vocês façam seu turno da guarda com o resto dos homens — ela disse.

— Qual o motivo dessa guarda?

— Proteger a casa e as mulheres e crianças.

— De quem?

— De ladrões e assassinos.

— Mas suponha que venha um comissário do Comitê Militar Revolucionário procurar armas...

— Ah, isso é o que eles *dirão* que são... Além disso, que diferença faz?

Solenemente, afirmei que o cônsul tinha proibido todos os cidadãos americanos de portar armas — especialmente nas vizinhanças da *intelligentsia* russa...

Com o peito defenderemos Petrogrado. Litografia de A. Apssit (1919), Museu Central Estatal da História Contemporânea da Rússia

Capítulo 6

O comitê para a salvação

Sexta-feira, 9 de novembro...

Novocherkask, 8 de novembro.

Diante da revolta dos bolcheviques, e de sua tentativa de depor o governo provisório e tomar o poder em Petrogrado... o governo cossaco declara que considera esses atos criminosos e absolutamente inadmissíveis. Em conseqüência, os cossacos darão todo seu apoio ao Governo Provisório, que é um governo de coalizão. Devido a essas circunstâncias, e até o retorno do Governo Provisório ao poder e a restauração da ordem na Rússia, assumo pessoalmente, a partir de 7 de novembro, todo o poder no que se refere à região do Don.

Assinado: Ataman Kaledin
Presidente do Governo das Tropas Cossacas

Os componentes do primeiro Governo Provisório. Da esquerda para a direita: Nabokov, chefe para assuntos de Estado; Stchepkin, primeiro camarada (substituto) do Ministro para Assuntos Internos; Manuilov, Ministro da Educação; Godnev, fiscal do governo; Terestchenko, Ministro das Finanças; Kerênski, Ministro da Justiça; Lvov, Ministro-Presidente e Ministro do Interior; Miliukov, Ministro do Exterior; Nekrasov, Ministros dos Transportes; Chingarev, Ministro da Agricultura; Konovalov, Ministro da Indústria e Comércio

Prikaz do ministro-presidente Kerênski, datado em Gatchina:

Eu, ministro-presidente do Governo Provisório e comandante supremo de todas as forças armadas da República Russa, declaro que sou o chefe dos regimentos da frente que permaneceram fiéis à pátria.
Ordeno que todas as tropas do distrito militar de Petrogrado, que por erro ou loucura responderam ao apelo dos traidores do país e da revolução, retornem a seu dever sem demora.
Esta ordem deverá ser lida em todos os regimentos, batalhões e esquadrões.

Assinado: *Ministro-presidente do Governo Provisório*
e comandante supremo
A. F. Kerênski.

Telegrama de Kerênski ao general no Comando da Frente Norte:

A cidade de Gatchina foi tomada pelos regimentos leais sem derramamento de sangue. Destacamentos de marinheiros de Kronstadt e dos regimentos Semionovski e Ismailovski entregaram suas armas sem resistência e se uniram às tropas do governo. Ordeno a todas as unidades designadas que avancem o mais rapidamente possível. O Comitê Militar Revolucionário ordenou que suas tropas recuem...

O torpedeiro Samson e outros navios de guerra que vieram de Helsinque e Kronstadt

Gatchina, a cerca de 30 quilômetros a sudoeste, tinha caído durante a noite. Destacamentos dos dois regimentos mencionados — não os marinheiros —, enquanto vagavam sem comando na vizinhança, realmente tinham sido cercados por cossacos e entregado suas armas; mas não era verdade que tivessem se unido às tropas do governo. Naquele exato momento bandos deles, atônitos e envergonhados, estavam em Smolni tentando explicar. Não pensavam que os cossacos estivessem tão perto... Tinham tentado argumentar com os cossacos...

Aparentemente, prevalecia a maior confusão na frente revolucionária. As guarnições de todas as pequenas cidades ao sul tinham se dividido desesperada e amargamente em duas facções — ou três: o alto comando estando do lado de Kerênski, à falta de algo mais forte; a maioria dos soldados rasos com os sovietes, e o resto vacilando infeliz.

Apressadamente, o Comitê Militar Revolucionário indicou para o comando da defesa de Petrogrado um ambicioso capitão do exército regular, Muraviov, o mesmo que tinha organizado os Batalhões da Morte durante o verão, e que certa vez ouviram dizer ao governo que "era muito brando com os bolcheviques; eles devem ser eliminados". Um homem de mentalidade militar, que admirava o poder e a audácia, talvez sinceramente...

Quando desci, de manhã, ao lado de minha porta estavam afixadas duas novas ordens do Comitê Militar Revolucionário, ordenando que todas as lojas e oficinas deveriam abrir como de hábito, e que todos os apartamentos e quartos vazios deveriam ser colocados à disposição do comitê...

Durante 36 horas os bolcheviques estiveram cortados da Rússia provincial e do mundo exterior. Os ferroviários e telegrafistas se recusavam a transmitir seus despachos, os carteiros não distribuíam sua correspondência. Somente a estação telegráfica do governo, em Tsarskoye Selo, emitia a cada meia hora boletins e manifestos para os quatro cantos dos céus; os comissários de Smolni engajaram-se numa disputa contra os comissários da Duma Municipal: quem pegaria o trem mais veloz e chegaria primeiro a seu destino, em qualquer canto do país? Dois aeroplanos, carregados de propaganda, voaram em direção às frentes...

Mas os ventos de insurreição estavam se espalhando pela Rússia com uma rapidez que superava qualquer esforço humano. O soviete de Helsinque aprovou resoluções de apoio; os bolcheviques de Kiev capturaram o arsenal e a estação telegráfica, apenas para serem expulsos por delegados do Congresso de Cossacos que, por acaso, estava reunido ali. Em Kazan, um Comitê Militar Revolucionário deteve a equipe da guarnição local e o comissário do Governo Provisório; da distante Krasnoyarsk, na Sibéria, chegaram notícias de que os sovietes estavam no controle das instituições municipais; em Moscou, onde a situação foi agravada por uma grande greve de trabalhadores do couro, de um lado, e por uma ameaça de

Cidade de Povoljia — Kazan

greve geral, do outro, os sovietes tinham votado, com esmagadora maioria, a favor da ação dos bolcheviques de Petrogrado... Um Comitê Militar Revolucionário já estava em ação.

Por toda parte acontecia a mesma coisa. Os soldados comuns e os trabalhadores industriais apoiavam os sovietes em sua vasta maioria; os oficiais, os *junkers* e a classe média geralmente estavam do lado do governo — assim como os cadetes burgueses e os partidos socialistas “moderados”. Em todas essas cidades surgiam Comitês de Salvação do País e da Revolução, armando-se para a guerra civil...

“Guerra, Liberdade e Vitória” é o que se apresenta na faixa. *Junkers* da Escola de Petrogrado realizam uma passeata de apoio ao Governo Provisório

A enorme Rússia estava em estado de dissolução. O processo já se iniciara em 1905; a Revolução de Março simplesmente o havia acelerado e, dando origem a uma espécie de previsão da nova ordem, terminara por simplesmente perpetuar a estrutura oca do antigo regime. Agora, porém, os bolcheviques, em uma noite, o haviam dissipado, como alguém que sopra fumaça. A velha Rússia não existia mais; a sociedade humana fluía derretida no calor original, e desse revolto mar de chamas emergia a luta de classes, estridente e impiedosa — e a frágil crosta de novos planetas, em lento resfriamento...

Em Petrogrado, dezesseis ministros estavam em greve, liderados pelos ministros do Trabalho e do Abastecimento — os únicos dois criados pelo governo socialista de agosto.

Se já houve homens isolados, aquele "punhado de bolcheviques" estava aparentemente isolado naquela fria manhã cinzenta, com todas as tempestades pairando sobre eles[35].

Colocado contra a parede, o Comitê Militar Revolucionário agiu para salvar sua vida. "*De l'audace, encore de l'audace, et toujours de l'audace.*"* Às 5 da manhã a Guarda Vermelha entrou na imprensa do governo municipal, confiscou milhares de exemplares do apelo-protesto da Duma e suprimiu o órgão oficial municipal — o *Viestnik Gorodskovo Samoupravleniya* (Boletim do Autogoverno Municipal). Todos os jornais burgueses foram arrancados das prensas, até o *Golos Soldata,* o jornal do antigo Tsik — que, porém, mudando seu nome para *Soldatski Golos,* apareceu numa edição de 100 mil cópias, bradando raiva e desafio:

Os homens que iniciaram seu golpe de traição à noite, que suprimiram os jornais, não manterão o país na ignorância por muito tempo. O país saberá a verdade! Ele os julgará, senhores bolcheviques! Veremos!...

Quando descemos a Nevski pouco depois do meio-dia, toda a rua diante da Duma estava lotada de gente. Aqui e ali viam-se guardas vermelhos e marinheiros, com rifles com baionetas, cada um cercado por cerca de cem homens e mulheres — empregados, estudantes, lojistas, *tchinovniki* (funcionários do governo) — brandindo os punhos e gritando insultos e amea-

* Nota. Famosa frase de Danton, em discurso à Assembléia Legislativa, em 1792.

ças. Nos degraus estavam escoteiros e oficiais, distribuindo cópias do *Soldatski Golos*. Um trabalhador com uma faixa vermelha em torno do braço e um revólver na mão estava trêmulo de raiva e nervosismo no meio de uma multidão hostil aos pés da escadaria, exigindo a entrega dos jornais... Imagino que nada parecido ocorrera na história. De um lado, um punhado de trabalhadores e soldados comuns, de armas nas mãos, representando uma insurreição vitoriosa — e perfeitamente miseráveis; do outro, uma multidão frenética formada pelo tipo de gente que ocupa as calçadas da Quinta Avenida ao meio-dia, zombando, insultando, gritando: "Traidores! Provocadores! *Opritchniki!*"*

As portas estavam guardadas por estudantes e oficiais portando nos braços faixas brancas com letras vermelhas: "Milícia do Comitê de Segurança Pública", e meia dúzia de escoteiros iam e vinham. No alto das escadas reinava a comoção. O capitão Gomberg estava descendo. "Vão dissolver a Duma", ele disse. "O comissário bolchevique está com o prefeito agora." Quando alcançamos o topo, Riazanov saiu apressado. Ele fora pedir que a Duma reconhecesse o Conselho dos Comissários dos Povos, e o prefeito foi categórico na recusa.

Nos escritórios, uma grande multidão ruidosa gritava, corria, gesticulava — oficiais do governo, intelectuais, jornalistas, correspondentes estrangeiros, oficiais franceses e britânicos... O engenheiro da cidade apontou para eles triunfante. "As embaixadas reconhecem a Duma como único poder vigente", ele explicou. "Para esses assassinos e ladrões bolcheviques é apenas questão de horas. Toda a Rússia está se unindo a nós..."

No salão Alexandre, uma reunião-monstro do Comitê para a Salvação. Fillipovski na cadeira e Skobeliev novamente na tribuna

* Nota. Selvagens guarda-costas de Ivan o Terrível, século XVII

relatavam, sob imenso aplauso, as novas adesões ao comitê: Comitê Executivo dos Sovietes dos Camponeses, o velho Tsik, Comitê Central do Exército, *Tsentroflot*, mencheviques, revolucionários socialistas e delegados dos grupos da frente do Congresso de Sovietes, comitês centrais dos mencheviques, socialistas revolucionários, partidos populistas socialistas. O grupo "Yedinstvo", sindicato dos camponeses, cooperativas, Zemstvos, municipalidades, os sindicatos dos correios e telégrafos, *Vikjel*, Conselho da República Russa, União das Uniões*, a Associação dos Mercadores e Manufatureiros...

"... O poder dos sovietes não é um poder democrático, mas uma ditadura — e não a ditadura do proletariado, mas *contra* o proletariado. Todos os que sentiram ou sabem sentir o entusiasmo revolucionário devem se unir agora em defesa da revolução...

O problema do dia não é apenas tornar inofensivos os demagogos irresponsáveis, mas lutar contra a contra-revolução... Se forem verdadeiros os rumores de que certos generais das províncias estão tentando se aproveitar dos eventos para marchar sobre Petrogrado com outros objetivos, é apenas mais uma prova de que devemos estabelecer uma sólida base de governo democrático. De outro modo, problemas com a direita se seguirão aos problemas com a esquerda...

"A guarnição de Petrogrado não pode ficar indiferente quando os cidadãos que compram o *Golos Soldata* e os garotos que vendem a *Rabotchaya Gazeta* são presos nas ruas...

A hora das resoluções passou... Que aqueles que não têm mais fé na revolução se retirem... Para estabelecer um poder unido, devemos mais uma vez restaurar o prestígio da revolução...

Vamos jurar que a revolução será salva ou pereceremos!"

* Ver Notas e Explicações.

O salão se ergueu, jubiloso, com olhares ardentes. Não havia um único proletário à vista em qualquer lugar...

Então, Weinstein:

"Devemos permanecer calmos e só agir quando a opinião pública estiver firmemente reunida em apoio ao Comitê para a Salvação — então poderemos passar da defensiva à ação!"

O representante do *Vikjel* anunciou que sua organização estava tomando a iniciativa na formação do novo governo, e seus delegados agora estavam discutindo a questão com o Smolni... Seguiu-se uma acalorada discussão: os bolcheviques deveriam ser admitidos no novo governo? Martov pediu a admissão deles; afinal, segundo ele, representavam um importante partido político. As opiniões estavam muito divididas quanto a isso; os mencheviques de direita e socialistas revolucionários, assim como os socialistas populistas, as cooperativas e os elementos burgueses sendo firmemente contrários...

"Eles traíram a Rússia", disse um orador. "Eles começaram a guerra civil e abriram a frente para os alemães. Os bolcheviques devem ser esmagados impiedosamente..."

Skobeliev era a favor de excluir tanto os bolcheviques quanto os cadetes.

Entabulamos conversa com um jovem socialista revolucionário que tinha saído da conferência democrática para se reunir com os bolcheviques na noite em que Tseretelli e os "compromissados" impuseram a coalizão à democracia na Rússia.

Tsereteli, um dos líderes mencheviques, ministro dos Correios e Telégrafos do primeiro governo de coalizão

— Você estava aqui? — eu lhe perguntei.

— Sim! — ele gritou.

Seus olhos brilharam ao responder.

— Deixei o congresso com meu partido na noite de quarta-feira. Não arrisquei minha vida durante vinte anos ou mais para me submeter agora à tirania desses obscurantistas. Seus métodos são intoleráveis. Mas eles não contaram com os camponeses... Quando os camponeses começarem a agir, será questão de minutos para que sejam liquidados.

— Mas os camponeses vão agir? O Decreto da Terra não os deixou satisfeitos? Que mais eles querem?

— Ah, o Decreto da Terra! — ele disse enfurecido. — Sim, você sabe o que é esse Decreto da Terra? É o *nosso* decreto — é o programa revolucionário socialista intacto! Meu partido criou aquela política depois da mais cuidadosa compilação dos desejos dos próprios camponeses. É um ultraje...

— Mas, se é sua própria política, por que vocês objetam? Se são os desejos dos camponeses, por que irão se opor?

— Você não compreende! Não vê que os camponeses perceberão imediatamente que tudo isso é um truque — que esses usurpadores roubaram o programa revolucionário socialista?

Eu lhe perguntei se era verdade que Kaledin estava marchando para o norte. Ele assentiu e esfregou as mãos numa espécie de amarga satisfação.

— Sim. Agora você vê o que esses bolcheviques fizeram. Eles levantaram a contra-revolução contra nós. A revolução está perdida. A revolução está perdida...

— Mas vocês não vão defendê-la?

— É claro que sim, até nossa última gota de sangue. Mas não vamos cooperar com os bolcheviques de maneira alguma...

— Mas se Kaledin vier para Petrogrado e os bolcheviques defenderem a cidade, você não se unirá a eles?

— É claro que não. Defenderemos a cidade também, mas não apoiaremos os bolcheviques. Kaledin é o inimigo da revolução, mas os bolcheviques também.

— Qual você prefere — Kaledin ou os bolcheviques?

— Isso não é uma questão a ser discutida! — ele explodiu impaciente. — Eu lhe digo que a revolução está perdida. E os bolcheviques são os culpados. Mas por que devemos falar dessas coisas? Kerênski está vindo... Depois de amanhã passaremos à ofensiva... Smolni enviou delegados nos convidando a formar um novo governo. Mas agora eles estão absolutamente impotentes... Não vamos cooperar...

Ouviu-se um tiro lá fora. Corremos para as janelas. Um guarda vermelho, não suportando mais os insultos da multidão, havia disparado contra ela, ferindo uma jovem no braço. Pudemos vê-la sendo erguida e colocada em um carro, rodeada por uma multidão que gritava excitada. Enquanto olhávamos, de repente um automóvel blindado apareceu na esquina da Mikhailovski, com suas armas girando de um lado para outro. Imediatamente a multidão começou a correr, como fazem as multidões de Petrogrado, caindo e deitando-se imóveis nas ruas, amontoadas nas sarjetas, atrás de postes de telefone. O carro galgou com esforço os degraus da Duma, e um homem ergueu a cabeça para fora da torre, exigindo a entrega dos *Soldatski Golos*. Os escoteiros vaiaram e se abrigaram no edifício. Depois de um momento o automóvel, hesitante, deu a volta e se foi, subindo a Nevski, enquanto centenas de homens e mulheres se ajeitavam e limpavam as roupas...

Lá dentro havia um prodigioso movimento de pessoas com os braços carregados de jornais, procurando lugar para escondê-los...

Um jornalista entrou correndo na sala, acenando com um jornal. "Tenho aqui uma proclamação de Krasnov!", ele gritou. Todo mundo se juntou a seu redor. "Mande imprimir — mande imprimir rapidamente e distribuir em todos os quartéis!"

Apesar dos protestos do povo ao conteúdo do texto, em 19 de março as tropas prestaram juramento à bandeira no Kremlim, em Moscou. A praça ficou cercada por um destacamento da Polícia Montada

Por ordem do Comandante Supremo, fui nomeado comandante das tropas concentradas na jurisdição de Petrogrado.
Cidadãos, soldados, valorosos cossacos do Don, do Kuban, do Transbaikal, do Amur, do Yenissei, a todos vocês que permaneceram fiéis a seu juramento, eu apelo; a vocês que juraram manter inviolável nosso juramento de cossacos... conclamo-os a salvar Petrogrado da anarquia, da fome, da tirania, e a salvar a Rússia da vergonha indelével a que um punhado de homens ignorantes, comprados pelo ouro de Guilherme, estão tentando submetê-la.

O Governo Provisório, ao qual vocês juraram fidelidade nos grandes dias de março, não foi derrubado, mas expulso pela violência do edifício em que realizava suas reuniões. Mas o governo, com a ajuda dos exércitos do *front*, fiéis a seu dever, com a ajuda do Conselho de Cossacos — que reuniu sob seu comando todos os cossacos e, forte com o moral que reina em suas fileiras e agindo de acordo com a vontade do povo russo, jurou servir ao país como seus ancestrais serviram nos tempos tumultuados de 1612, quando os cossacos do Don libertaram a Moscou ameaçada pelos suecos, pelos poloneses e pelos lituanos —, esse governo continua existindo...
O exército ativo vê esses criminosos com horror e desprezo.

Seus atos de vandalismo e pilhagem, seus crimes, a mentalidade germânica com que consideram a Rússia — abalada, mas ainda não rendida — afastaram deles todo o povo.
Cidadãos, soldados, valorosos cossacos da guarnição de Petrogrado; enviem-me seus delegados, para que eu possa saber quem é traidor do país e quem não é, e assim seja evitada uma efusão de sangue inocente.

Soldados da Guarda Vermelha na praça Skobelevski, diante do prédio do Soviete de Moscou

Quase no mesmo instante correu de grupo em grupo a notícia de que o prédio estava cercado pela Guarda Vermelha. Um oficial entrou, com a faixa vermelha ao redor do braço, perguntando pelo prefeito. Alguns minutos depois ele saiu, e o velho Schreider deixou seu escritório. Sua face ia do vermelho ao pálido, alternadamente.

— Uma reunião especial da Duma! — ele gritou. — Imediatamente!

No grande salão os procedimentos foram interrompidos. "Todos os membros da Duma estão convocados para uma reunião especial!"

— O que aconteceu?

— Não sei... Vão nos prender... Vão dissolver a Duma... prender os membros na porta — esses eram os comentários excitados.

No Salão Nicolau, quase não cabia mais ninguém. O prefeito anunciou que havia tropas junto a todas as portas, proibindo a saída e entrada, e que um comissário tinha ameaçado de prisão e dispersão a Duma Municipal. A reação foi uma enxurrada de discursos apaixonados dos membros, e até das galerias. O governo municipal livremente eleito não poderia ser dissolvido por *nenhum* poder; a pessoa do prefeito e as de todos os seus membros eram invioláveis; os tiranos, os provocadores, os agentes alemães jamais deveriam ser admitidos. "Querem nos dissolver? Deixem-nos tentar. Somente sobre nossos corpos mortos eles ocuparão esta câmara. Nós faremos como os senadores romanos de antigamente: esperamos com dignidade a chegada dos bárbaros!"

Resolução: informar as Dumas e os Zemstvos de toda a Rússia por telégrafo. Resolução: era impossível para o prefeito ou o presidente da Duma ter quaisquer relações com representantes do Comitê Militar Revolucionário ou com o chamado Conselho de Comissários do Povo. Resolução: dirigir outro apelo à população de Petrogrado para se erguer em defesa do governo eleito de sua cidade. Resolução: continuar em sessão permanente...

Enquanto isso, um membro chegou com a informação de que tinha telefonado para o Smolni, e que o Comitê Militar Revolucionário dissera que não haviam sido dadas ordens para cercar a Duma; as tropas seriam retiradas...

Quando descíamos as escadas, Riazanov irrompeu pela porta da frente, muito agitado.

— Vocês vão dissolver a Duma? — perguntei.

— Meu Deus, não! — ele respondeu. — É tudo um engano. Eu disse ao prefeito esta manhã que a Duma seria poupada...

Lá fora na Nevski, na escuridão crescente, uma longa fila dupla de ciclistas se aproximava, de armas penduradas nos ombros. Eles pararam e a multidão os cercou, inundando-os de perguntas.

— Quem são vocês? De onde vêm? — perguntou um homem gordo com um charuto na boca.

— Do 12º Exército. Da frente. Viemos apoiar os sovietes contra a maldita burguesia!

Houve gritos furiosos: — Policiais bolcheviques! Cossacos bolcheviques!

Um pequeno oficial de casaco de couro desceu correndo a escada.

— A guarnição está virando! — ele sussurrou no meu ouvido. — É o começo do fim dos bolcheviques. Você quer ver a maré virar? Venha! — Ele começou a subir a Mikhailovski a passos rápidos, e nós o seguimos.

— Que regimento é esse?

— Os *bronneviki*...

Isso realmente era um problema sério. Os *bronneviki* eram as tropas de carros blindados, a chave da situação; quem os controlasse controlaria a cidade.

— Os comissários do Comitê para a Salvação e a Duma têm conversado com eles. Haverá uma reunião para decidir...

— Decidir o quê? De que lado eles vão lutar?

— Oh, não. Essa não é a maneira de fazer a coisa. Eles nunca lutarão contra os bolcheviques. Eles votarão para permanecer neutros, e então os *junkers* e os cossacos...

À porta da grande escola de cavalaria Mikhailovski, duas sentinelas tentaram nos deter, mas passamos rapidamente, ignorando seus protestos indignados. Lá dentro havia apenas uma lâmpada acesa no alto, junto ao teto do salão enorme, cujas imensas pilastras e fileiras de janelas desapareciam na escuridão. Ao redor viam-se vagamente as formas monstruosas dos carros blindados. Um deles estava colocado no centro do lugar, sob a luz, e ao redor dele se reuniam cerca de 2 mil soldados de cor acinzentada, quase perdidos na imensidão do edifício imperial. Uma dúzia de homens — oficiais, presidentes dos comitês de soldados e oradores — estavam empoleirados sobre o carro, e um soldado falava. Era Khanjunov, que fora presidente do Congresso Pan-Russo dos *Bronneviki* no último verão. Elegante e belo em seu casaco de couro com galões de tenente no ombro, ele defendia com eloqüência a neutralidade.

Representantes da divisão dos montanheses caucasianos que se recusaram a servir à contra-revolução

"É uma coisa terrível", ele disse, "que os russos matem seus irmãos russos. Não deve haver uma guerra civil entre soldados que se ergueram ombro a ombro contra o czar e conquistaram o inimigo estrangeiro em batalhas que ficarão na história! O que nós soldados temos a ver com essas disputas de partidos políticos? Não vou lhes dizer que o Governo Provisório foi um governo democrático; não queremos coalizão com a burguesia, não! Mas precisamos de um governo da democracia unida, ou a Rússia estará perdida! Com esse governo não haverá necessidade de guerra civil e a matança de irmãos por irmãos!"

Isso parecia razoável — o grande saguão ecoou o estrépito das mãos e vozes.

Um soldado subiu, com o rosto branco e tenso: "Camaradas!", ele gritou. "Eu venho da frente da Romênia, para dizer com urgência a todos vocês: é preciso haver paz! Paz imediatamente! Quem quer que nos dê a paz, sejam os bolcheviques ou este novo governo, aceitaremos. Paz! Nós não podemos continuar lutando. Não podemos combater os alemães ou os russos..."

Dizendo isso, ele saltou para baixo. Um som confuso, de agonia, se ergueu então de toda aquela massa agitada, explodindo numa espécie de raiva quando o orador seguinte, um *oboronetz* menchevique, tentou dizer que a guerra deveria continuar até que os aliados saíssem vitoriosos.

"Você fala como Kerênski!", gritou uma voz rouca.

Um delegado da Duma pediu neutralidade. Eles o escutaram, murmurando inquietos, sentindo que não era um deles. Nunca vi homens esforçando-se tanto para compreender, para decidir. Eles não se moviam, ficavam parados olhando para o orador de uma maneira aterradoramente intensa, suas testas enrugadas pelo esforço de pensar, o suor marcando suas frontes; grandes gigantes com olhos claros e inocentes de crianças e rostos de guerreiros épicos...

Agora falava um bolchevique, um deles próprios, com violência, cheio de ódio. Eles não o aprovaram mais que ao outro. Não era esse o espírito deles. Por enquanto estavam afastados de seus pensamentos cotidianos, pensando em termos de Rússia, de socialismo, do mundo, como se deles dependesse se a revolução viveria ou morreria...

Os oradores se sucederam, debatendo em meio a um silêncio tenso, a rugidos de aprovação ou de raiva: devemos sair ou não? Khanjunov retornou, persuasivo e simpático. Mas não era ele um oficial, um *oboronets,* por mais que falasse de paz? Então foi a vez de um operário de Vasili Ostrov, mas eles o receberam com "E você poderá nos dar paz, operário?" Perto de nós, alguns homens, muitos deles oficiais, se uniram para aplaudir os defensores da neutralidade. Gritavam insistentemente "Khanjunov! Khanjunov!" e assobiavam de modo insultuoso quando os bolcheviques tentavam falar.

De repente os membros do comitê e oficiais que estavam sobre o automóvel começaram a discutir algo com grande intensidade e muita gesticulação. O público gritava para saber o que estava havendo, e toda aquela grande massa se agitou. Contido por um dos oficiais, um soldado conseguiu se safar e levantou a mão.

"Camaradas!", ele gritou. "O camarada Krylenko está aqui e quer nos falar." Desabou então uma torrente de aplausos, assobios, gritos de *"Prosim! Prosim! Doloi!* Vá em frente! Vá em frente! Para fora!" Em meio a isso tudo, o comissário do povo para assuntos militares galgou pela lateral do carro, ajudado por mãos à sua frente e atrás, puxado e empurrado de cima e por baixo. Ele se ergueu por um momento e então caminhou sobre o radiador, colocou as mãos nos quadris e olhou em volta sorrindo, uma figura baixa, de pernas curtas, com a cabeça descoberta e sem insígnias no uniforme.

A grupo perto de mim continuava gritando: "Khanjunov! Queremos Khanjunov! Tirem-no daí! Cale a boca! Abaixo o traidor!" Todo o lugar fervilhava e rugia. Então começou uma movimentação, como uma avalanche caindo sobre nós, grandes homens mal-encarados forçando passagem.

"Quem está interrompendo nossa reunião?", eles gritaram. "Quem está assobiando aqui?" O grupo que gritava, rudemente dispersado, saiu voando; não voltou a se reunir...

"Camaradas soldados!", começou Krylenko, com a voz fraca de cansaço.

"Não consigo falar direito com vocês; sinto muito, mas não dormi nada nas últimas quatro noites...

Não preciso lhes dizer que sou um soldado. Não preciso lhes dizer que quero a paz. O que devo dizer é que o partido bolchevique, que teve êxito na revolução dos operários e soldados, com a ajuda de vocês e de todo o resto dos bravos camaradas que derrubaram para sempre o poder da burguesia sedenta de sangue, prometeu oferecer a paz a todos os povos, e isso já foi feito hoje!" Aplausos tumultuados.

"Pedem que vocês permaneçam neutros — permaneçam neutros enquanto os *junkers* e os Batalhões da Morte, que *nunca* são neutros, nos matem nas ruas e tragam Kerênski de volta a Petrogrado, ou talvez algum outro da gangue. Kaledin está marchando do Don. Kerênski está vindo da frente. Kornilov está levantando os *Tekhintsi* para repetir sua tentativa de agosto. Todos esses mencheviques e socialistas revolucionários que agora apelam a vocês para evitar a guerra civil... como eles mantiveram o poder a não ser pela guerra civil, aquela guerra civil que dura desde julho passado e na qual eles constantemente ficaram ao lado da burguesia, como fazem agora?

Como posso convencê-los, se vocês já decidiram? A questão é muito simples. De um lado estão Kerênski, Kaledin, Kornilov, os mencheviques, revolucionários socialistas, cadetes, Dumas, oficiais... Eles nos dizem que seus objetivos são bons. Do outro lado estão os operários, os soldados e marinheiros, os camponeses mais pobres. O governo está em suas mãos. Vocês são os senhores. A grande Rússia pertence a vocês. Vocês vão devolvê-la?"

Ele se mantinha de pé à custa de muita força de vontade, e, enquanto prosseguia, o sentimento profundo e sincero por trás de suas palavras surgia através da voz cansada. No final ele cambaleou, quase caindo; uma centena de mãos se ergueram para ajudá-lo a descer, e os grandes espaços sombrios do saguão devolveram a onda de som que os atingiu.

Khanjunov tentou falar novamente, mas eles gritaram "Votação! Votação! Votação!"

Afinal, desistindo, ele leu a resolução: os *brunnoviki* retiravam seu representante do Comitê Militar Revolucionário e declaravam sua neutralidade na atual guerra civil.

Todos os que estivessem a favor deveriam ir para a direita; os contrários, para a esquerda. Houve um momento de hesitação, uma expectativa imóvel, e então a multidão começou a se agitar cada vez mais depressa para a esquerda, tropeçando um nos outros, centenas de grandes soldados em uma massa sólida correndo pelo chão de terra à luz difusa... Perto de nós, cerca de 50 homens ficaram isolados, teimosamente a favor, e enquanto o teto alto tremia sob o choque da ovação vitoriosa eles se viraram e rapidamente saíram do prédio — e alguns deles, da revolução...

Imaginem essa luta se repetindo em cada quartel da cidade, do distrito, de toda a frente, de toda a Rússia. Imaginem os Krylenkos, mortos de sono, correndo de um lugar para outro, discutindo, ameaçando, negociando. Então imaginem o mesmo em todos os locais de cada sindicato, nas fábricas, nas aldeias, nos navios de guerra

O Instituto Smolni, quartel-general da Revolução

das distantes frotas russas; pensem nas centenas de milhares de russos olhando para os oradores por todo o imenso país, trabalhadores, camponeses, soldados, marinheiros, tentando com afinco compreender e decidir, pensando com extrema intensidade — e decidindo de maneira unânime no final. Assim foi a Revolução Russa...

No Smolni, o novo Conselho dos Comissários do Povo não estava ocioso. O primeiro decreto já estava nas prensas, para ser distribuído aos milhares pelas ruas da cidade naquela noite, e enviado em fardos por todos os trens para o sul e o leste:

Em nome do governo da República Russa, escolhido pelo Congresso Pan-Russo de Sovietes dos Deputados de Trabalhadores e Soldados, com a participação dos deputados de camponeses, o Conselho de Comissários do Povo decreta:

1. As eleições para a Assembléia Constituinte ocorrerão na data determinada — 12 de novembro.
2. Todas as comissões eleitorais, órgãos do autogoverno local, Sovietes de Operários, Soldados e Camponeses, e organizações de soldados no *front* devem reunir todos os esforços para garantir eleições livres e regulares na data acima determinada.
Em nome do Governo da República Russa.

Presidente do Conselho de Comissários do Povo,
Vladimir Ulianiv — Lênin

No edifício municipal a Duma estava a todo vapor. Um membro do Conselho da República falava quando entramos. O conselho, ele dizia, não se considera dissolvido absolutamente, mas apenas incapaz de continuar seus trabalhos até que obtenha um novo local de reunião. Enquanto isso, seu Comitê de Anciãos decidira entrar *en masse* no Comitê para a Salvação... Esta, devo salientar, é a última vez que a história menciona o Conselho da República Russa...

Então seguiu-se a seqüência habitual de delegados dos ministérios, do *Vikjel,* o Sindicato dos Correios e Telégrafos, pela centésima vez reiterando sua determinação de não trabalhar para os usurpadores bolcheviques. Um *junker* que estivera no Palácio de Inverno contou uma história muito colorida de heroísmo sobre si mesmo e seus camaradas, e a conduta vergonhosa da Guarda Vermelha — o que foi totalmente acreditado. Alguém leu em voz alta um relato do jornal dos revolucionários socialistas, *Narod,* que avaliava em 500 milhões de rublos os prejuízos causados ao Palácio de Inverno e descrevia em detalhe os saques e a quebradeira.

De vez em quando chegavam mensageiros com notícias conseguidas ao telefone. Os quatro ministros socialistas tinham sido libertados da prisão. Krylenko fora para Pedro e Paulo para dizer ao almirante Verderevski que o Ministério da Marinha estava deserto e para lhe pedir, pelo bem da Rússia, que assumisse o cargo sob a autoridade do Conselho de Comissários do Povo; e o velho marinheiro consentiu... Kerênski avançava de Gatchina para o norte, e as guarnições bolcheviques recuavam diante dele. O Smolni tinha emitido outro decreto, ampliando os poderes das Dumas municipais para lidar com o abastecimento alimentar.

Essa última insolência causou uma explosão de fúria. Ele, Lênin, o usurpador, o tirano, cujos comissários tinham tomado a garagem municipal, invadido os armazéns municipais e estavam interferindo nos Comitês de Abastecimento e na distribuição de comida — ele pretendia definir os limites de poder do governo municipal livre, independente e autônomo! Sacudindo o punho, um membro propôs cortar os alimentos da cidade se os bolcheviques ousassem interferir nos comitês de abastecimento... Outro, representante do Comitê Especial de Abastecimento, relatou que a situação alimentar era muito grave e pediu que fossem enviados emissários para apressar os trens de alimentos.

Diedonenko anunciou dramaticamente que a guarnição estava impaciente. O regimento Semionovski já tinha decidido submeter-se às ordens do Partido Socialista Revolucionário; as tripulações dos torpedeiros no Neva estavam agitadas. Sete membros foram imediatamente indicados para dar continuidade à propaganda...

Então o velho prefeito subiu à tribuna: "Camaradas e cidadãos! Acabo de saber que os prisioneiros em Pedro e Paulo estão em perigo. Catorze *junkers* da escola Pavlovsk foram despidos e torturados pelos guardas bolcheviques. Um deles enlouqueceu. Estão ameaçando linchar os ministros!"

Houve um redemoinho de indignação e horror, que se tornou ainda mais violento quando uma mulher baixa, vestida de cinza, pediu passagem e levantou sua voz dura e metálica. Era Vera Slutskaya, revolucionária veterana e membro bolchevique da Duma.

"Isso é uma mentira e uma provocação!", ela disse, sem se importar com a torrente de insultos. "O governo dos trabalhadores e camponeses, que aboliu a pena de morte, não pode permitir esses atos. Exigimos que essa história seja investigada imediatamente; se houver alguma verdade nela, o governo tomará medidas enérgicas!"

Uma comissão composta de membros de todos os partidos foi imediatamente nomeada e enviada com o prefeito a Pedro e Paulo para investigar. Enquanto saíamos junto com eles, a Duma indicou outra comissão para ir ao encontro de

Kerênski — a fim de tentar evitar derramamento de sangue quando ele entrasse na capital...

Era meia-noite quando passamos correndo pelos guardas no portão da fortaleza e avançamos sob o fraco brilho das raras lâmpadas elétricas ao longo da lateral da igreja onde estão os túmulos dos czares, abaixo da esguia abóbada dourada e do carrilhão, que durante meses continuaram tocando *Bozhe Tsaria Khrani* (Deus Salve o Czar) todos os dias ao meio-dia. O lugar estava deserto; na maioria das janelas, sequer havia luzes. De vez em quando topávamos com uma figura tropeçando na escuridão, que respondia às perguntas com o habitual *"Ya nieznayu"**.

À esquerda pairava a silhueta baixa e escura da torre Trubetskoi, aquela tumba viva em que tantos mártires da liberdade tinham perdido a vida ou a razão nos dias do czar, onde o Governo Provisório trancara os ministros do czar, e agora os bolcheviques trancavam os ministros do Governo Provisório.

Um marinheiro amistoso nos levou ao escritório do comandante, numa pequena casa perto da Casa da Moeda. Meia dúzia de guardas vermelhos, marinheiros e soldados estavam sentados ao redor de uma sala quente e esfumaçada, em que um samovar fumegava... Eles nos receberam com grande cordialidade, oferecendo chá. O comandante não estava; fora escoltar uma comissão de *"sabotazhniki"* (sabotadores) da Duma Municipal, que insistiam que os *junkers* estavam todos sendo assassinados. Isso parecia diverti-los muito. Em um lado da sala estava um homem calvo e de aspecto dissoluto, vestindo casaca e um rico casaco de pele, mordendo o

* Nota. "Eu não sei".

bigode e olhando ao redor como um rato acuado. Ele acabara de ser preso. Alguém disse, olhando displicentemente para ele, que era ministro ou alguma coisa... O homenzinho não pareceu escutar; estava evidentemente aterrorizado, embora os ocupantes da sala não demonstrassem qualquer animosidade contra ele.

Aproximei-me e falei com ele em francês. "Conde Tosltói", ele respondeu, inclinando-se rigidamente. "Não entendo por que fui preso. Estava atravessando a ponte Troitski a caminho de casa quando dois desses... dessas... pessoas me detiveram. Eu fui comissário do Governo Provisório ligado ao Estado-Maior, mas de modo algum um membro do governo..."

— Deixem-no ir — disse um marinheiro. — É inofensivo...

— Não — respondeu o soldado que havia trazido o prisioneiro. — Devemos perguntar ao comandante.

— Ah, o comandante! — zombou o marinheiro. — Para que você fez uma revolução? Para continuar obedecendo aos oficiais?

Um *praporshtchik (alferes)* do regimento Pavlovski nos contava como a insurreição começou. "O *polk* (regimento) estava de plantão no Estado-Maior, na noite do dia 6. Alguns de meus camaradas e eu montávamos guarda; Ivan Pavlovitch e outro homem — não lembro seu nome — bem, eles se esconderam atrás das cortinas da sala onde o Estado-Maior se reunia e ouviram muitas coisas. Por exemplo, ouviram ordens para trazer os *junkers* de Gatchina para Petrogrado à noite, e uma ordem para que os cossacos se preparassem para marchar de manhã... Os principais pontos da cidade deveriam ser ocupados antes do amanhecer. Então havia a história de abrir as pontes. Mas, quando eles começaram a falar sobre cercar o Smolni, Ivan Pavlovitch não agüentou mais. Naquele minuto havia grande movimento de gente entrando e saindo; ele se esgueirou e desceu para a sala da guarda, deixando o outro camarada para escutar o que pudesse.

Eu já suspeitava de que alguma coisa estava acontecendo. Automóveis cheios de oficiais continuavam chegando, e todos os ministros estavam lá. Ivan Pavlovitch me contou o que tinha escutado. Eram duas e meia da manhã. O secretário do comitê regimental estava lá, então lhe contamos e perguntamos o que devíamos fazer.

'Prendam todos os que entrarem!', ele disse. E começamos a prender. Em uma hora tínhamos alguns oficiais e ministros, que enviamos para o Smolni imediatamente. Mas o Comitê Militar

Greve dos operários moscovitas, que reuniu mais de quatrocentas mil pessoas e destruiu os projetos da contra-revolução

Revolucionário não estava pronto; eles não sabiam o que fazer; e logo veio a ordem para libertar todo mundo e não prender mais ninguém.

Então corremos até o Smolni, e acho que conversamos durante uma hora até que finalmente eles viram que era uma guerra. Eram 5 horas quando voltamos para o Estado-Maior, e nesse momento a maioria deles tinha partido. Mas pegamos alguns, e toda a guarnição estava marchando..."

Um guarda vermelho de Vasili Ostrov descreveu com detalhes o que acontecera em seu distrito no grande dia do levante. "Não tínhamos qualquer metralhadora lá", ele disse, rindo. "E não se podia conseguir nenhuma no Smolni. O camarada Zalkind, que era membro do *Uprava* (Escritório Central) da Duma de bairro, lembrou imediatamente que havia na sala de reuniões do Uprava uma metralhadora que fora capturada dos alemães. Então ele, eu e mais um camarada fomos até lá. Os mencheviques e os socialistas revolucionários estavam em reunião. Abrimos a porta e entramos, indo na direção deles, que estavam sentados ao redor da mesa — doze ou quinze, e três de nós. Quando nos viram, pararam de falar e ficaram olhando. Atravessamos toda a sala, desmontamos a metralhadora; o camarada Zalkind pegou uma parte e eu a outra, as colocamos sobre o ombro e saímos — e nenhum deles disse uma palavra!"

"Vocês sabem como o Palácio de Inverno foi capturado?", perguntou um terceiro homem, um marinheiro. "Mais ou menos às 11 horas descobrimos que não havia mais *junkers* do lado do Neva. Então arrombamos as portas e subimos as diversas escadas um a um, ou em pequenos grupos. Quando chegamos ao topo das escadas, os *junkers* nos detiveram e tomaram nossas armas. Mas nossos colegas continuaram subindo aos poucos, até que éramos maioria. Então invertemos a situação e tomamos as armas dos *junkers*..."

Nesse momento o comandante entrou — um jovem oficial, de aparência alegre, com o braço numa tipóia e profundas olheiras. Seu olhar voltou-se primeiramente para o prisioneiro, que começou a se explicar imediatamente.

"Ah, sim", interrompeu o outro. "Você era um do comitê que se recusou a entregar o Estado-Maior na quarta-feira à tarde. Mas não o queremos aqui, cidadão. Desculpe..." Ele abriu a porta e fez um gesto para o conde Tolstói sair. Vários outros, especialmente os guardas vermelhos, murmuraram protestos, e o marinheiro comentou em triunfo: "*Vot!* Viram? Eu não disse?"

Então dois soldados foram até o comandante. Tinham sido eleitos enviados pela guarnição da fortaleza para protestar. Os prisioneiros, segundo eles, estavam recebendo a mesma comida que os guardas, quando não havia o suficiente sequer para alimentar um homem.

— Por que os contra-revolucionários devem ser tão bem tratados?

— Somos revolucionários, camaradas, e não bandidos — respondeu o comandante.

Ele virou-se para nós. Explicamos que havia rumores de que os *junkers* estavam sendo torturados, e que as vidas dos ministros eram ameaçadas.

— Poderíamos ver os prisioneiros, para poder provar ao mundo...?

— Não — disse o jovem militar, irritado. — Não vou perturbar novamente os prisioneiros. Acabo de ser obrigado a acordá-los. Eles estavam certos de que íamos massacrá-los... De todo modo, a maioria dos *junkers* foi libertada, e o resto sairá amanhã.

Dizendo isso, virou-nos as costas.

— Poderíamos então falar com a comissão da Duma?

O comandante, que estava se servindo de um copo de chá, assentiu.

— Eles ainda estão aí fora, no corredor — ele disse, sem dar atenção.

De fato estavam parados do lado de fora da porta, sob a luz fraca de uma lamparina, agrupados em torno do prefeito e falando excitadamente.

— Senhor prefeito — eu disse —, somos correspondentes americanos. O senhor poderia por favor nos dizer oficialmente o resultado de suas investigações?

Ele virou para nós seu rosto, que deixava transparecer uma venerável dignidade.

— Não há verdade alguma nos relatórios — disse lentamente. — Exceto pelos incidentes que ocorreram quando os ministros estavam sendo trazidos para cá, eles foram tratados com toda consideração. Quanto aos *junkers*, nenhum recebeu o menor ferimento...

Na Nevski, na escuridão vazia da meia-noite, uma coluna interminável de soldados se arrastava em silêncio — para combater Kerênski. Nas escuras ruas laterais, automóveis de faróis apagados passavam para um lado e para outro. No número 6 da Fontanka, quartel-general do Soviete dos Camponeses, assim como em certo apartamento de um enorme edifício na Nevski e na *Injinierny Zamok* (Escola de Engenharia), trabalhava-se furtivamente. A Duma estava iluminada...

No Instituto Smolni, parecia que se podiam ver faíscas ao redor do Comitê Militar Revolucionário, como num dínamo sobrecarregado...

Você já se alistou como voluntário? Litografia de D. Moor (1918), Museu Central Estatal da História Contemporânea da Rússia

Capítulo 7

A frente revolucionária

Sábado, 10 de novembro...

Cidadãos!
O Comitê Militar Revolucionário declara que não tolerará nenhuma violação da ordem revolucionária.
Roubos, brigas, assaltos e tentativas de massacres serão severamente punidos...
Seguindo o exemplo da Comuna de Paris, o comitê aniquilará, sem piedade, qualquer saqueador ou instigador da desordem...

Aparentemente, a vida entrava em seu curso normal, apenas os piquetes espalhados pelas ruas falavam sobre os recentes confrontos

A calma reinava sobre a cidade. Nenhum furto, nenhum assalto, nem mesmo uma briga de bêbados. À noite, patrulhas rondavam as ruas silenciosas e, nas esquinas, soldados e guardas vermelhos se aqueciam em volta das fogueiras, rindo e cantando. Durante o dia, grandes multidões reuniam-se nas calçadas para ouvir as intermináveis discussões entre estudantes e soldados, negociantes e trabalhadores.

Os cidadãos paravam uns aos outros na rua.

— Os cossacos estão a caminho?

— Não...

— Quais as novidades? — Eu não sei de nada. Onde está Kerênski?

— Dizem que está perto, a oito verstas* de Petrogrado... É verdade que os bolcheviques estão refugiados no couraçado Aurora?

— Dizem que sim...

Só as paredes gritavam, e os poucos jornais; denunciando, pedindo, decretando...

Um enorme cartaz trazia o manifesto do Comitê Executivo dos Sovietes de Camponeses:

... Eles [os bolcheviques] ousam dizer que têm o apoio do Soviete dos Deputados de Camponeses, e que estão falando em nome dos deputados de camponeses...
Que toda a Rússia saiba que isto é mentira e que todos os camponeses que trabalham — através do Comitê Pan-Russo dos Sovietes dos Deputados de Camponeses — recusa com indignação qualquer participação do campesinato organizado nessa criminosa violação do desejo da classe trabalhadora...

Da seção de soldados do Partido Socialista Revolucionário, lia-se:

A insana tentativa dos bolcheviques está à beira do fracasso. A guarnição está dividida... Os ministérios estão em greve, e está cada vez mais difícil conseguir pão. Todas as facções, exceto os poucos bolcheviques, abandonaram o congresso. Os bolcheviques estão sozinhos...
Rogamos a todos os indivíduos equilibrados que se agreguem ao Comitê para a Salvação do País e da Revolução e se preparem para responder prontamente ao primeiro chamado do Comitê Central...

* Nota. Medida itinerária russa equivalente a 1.067 metros.

Um impresso do Conselho da República trazia os seguintes agravos:

Cedendo à força das baionetas, o Conselho da República foi obrigado a dissolver-se, e a interromper, temporariamente, suas reuniões.
Os usurpadores, sempre com as palavras "Liberdade e Socialismo" nos lábios, estabeleceram uma ditadura de violência arbitrária; prenderam os membros do Governo Provisório, fecharam os jornais, tomaram as gráficas... Esse tipo de poder deve ser considerado inimigo do povo e da revolução. Faz-se necessário lutar contra ele e derrubá-lo...
O Conselho da República, até a retomada de seus trabalhos, convida os cidadãos da república russa a reunir-se nos Comitês para a Salvação do País e da Revolução, que estão organizando a derrocada dos bolcheviques e a criação de um governo capaz de conduzir o país à Assembléia Constituinte.

O *Dielo Naroda* dizia:

Uma revolução é a insurreição de todo um povo... Mas o que temos aqui? Nada além de um punhado de pobres coitados liderados por Lênin e Trótski... O destino de seus decretos e apelos é o museu de curiosidades históricas...

O *Narodnoye Slovo* (A Palavra do Povo — Socialista Populista):

Governo "operário e camponês"? Isso é uma quimera. Ninguém, seja na Rússia ou nos países aliados, reconhecerá tal "governo" — nem os países inimigos...

A imprensa burguesa havia desaparecido temporariamente...

O *Pravda* trazia um relato da primeira reunião do novo Tsik, agora parlamento da República Soviética Russa. Milyutin, comissário da Agricultura, lembrou que o Comitê Executivo dos Sovietes Camponeses havia convocado o Congresso Pan-Russo de Camponeses para 13 de dezembro.

"Mas não podemos esperar", dizia. "Precisamos ter o apoio dos camponeses. Proponho que convoquemos o congresso imediatamente..." A esquerda socialista revolucionária concordou. Redigiu-se apressadamente um apelo aos camponeses de toda a Rússia, e foi eleito um comitê de cinco elementos para dar continuidade ao projeto.

Os detalhes dos planos para a distribuição das terras e a questão do controle dos operários sobre a indústria foram adiados até que os peritos encarregados apresentassem um relatório.

Três decretos[36] foram lidos e aprovados: primeiro, o Regulamento Geral da Imprensa, ordenando a suspensão de todos os jornais que incitassem à resistência e à desobediência ao novo governo e a atos criminosos, ou que adulterassem deliberadamente as notícias. O segundo decreto estabelecia a moratória para aluguéis de imóveis. O terceiro estabelecia uma milícia operária. Também foram lidas ordens, uma dando à Duma Municipal poder para requisitar apartamentos e casas vazios, e outra exigindo que os vagões de carga fossem descarregados ao chegar às estações, a fim de acelerar a distribuição de artigos de primeira necessidade e liberar os trens, tão necessários para outros fins...

Duas horas mais tarde, o Comitê Executivo dos Sovietes Camponeses enviava a toda a Rússia o seguinte telegrama:

A arbitrária organização bolchevique denominada "Agência para a Organização do Congresso Nacional de Camponeses" convidou todos os sovietes camponeses a enviar delegados ao congresso que se realizará em Petrogrado...

O Comitê Executivo de Deputados dos Sovietes de Camponeses declara que considera perigoso, neste momento, ausentar das províncias as forças necessárias à preparação das eleições para a Assembléia Constituinte, que é a única salvação da classe trabalhadora e do país. Confirmamos a data do Congresso dos Camponeses, dia 13 de dezembro.

A Duma estava em pleno alvoroço, com grande vaivém de oficiais, o prefeito em conferência com os líderes do Comitê para a Salvação... Um conselheiro entrou correndo com uma cópia da proclamação de Kerênski, jogada às centenas por um avião que passara voando baixo na avenida Nevski. Ela ameaçava vingança terrível aos que não obedecessem e ordenava aos soldados que baixassem as armas e se reunissem imediatamente no Campo de Marte.

Fomos informados que o ministro-presidente havia tomado Tsarskoye Selo e já se encontrava próximo a Petrogrado. Ele invadiria a cidade no dia seguinte — dentro de algumas horas. As tropas soviéticas em contato com seus cossacos teriam passado para o lado do Governo Provisório. Chernov estaria em algum lugar, tentando organizar as tropas "neutras" para impedir a guerra civil.

Na cidade, comentava-se que os regimentos da guarnição estavam abandonando os bolcheviques. O Smolni já teria sido abandonado... Toda a máquina governamental havia cessado de funcionar. Os empregados do Banco do Estado recusavam-se a trabalhar sob as ordens de comissários do Smolni e a entregar-lhes dinheiro. Todos os bancos particulares estavam fechados. Os ministérios estavam em greve. Um comitê da Duma corria as casas comerciais, recolhendo fundos[37] para pagar os salários dos grevistas...

Trótski tinha ido ao Ministério de Assuntos Externos para pedir que os funcionários traduzissem o Decreto de Paz em seis idiomas diferentes, e seiscentos funcionários jogaram pedidos de demissão em sua cara... Shliapnikov, comissário do Trabalho, ordenara a todos os empregados do ministérios que voltassem a seus postos dentro de 24 horas, ou perderiam seus empregos e o direito a aposentadoria. Os únicos a obedecer foram os porteiros... Algumas seções do Comitê Especial de Abastecimento preferiram suspender o trabalho a ter que submeter-se aos bolcheviques... Apesar das sedutoras promessas de maiores salários e melhores condições, as telefonistas da Central Telefônica não completavam as conexões para os quartéis-generais soviéticos...

O Partido Socialista Revolucionário havia votado pela expulsão de todos os membros remanescentes no Congresso dos Sovietes ou que participaram da insurreição...

As ruas de Kiev nos dias da Revolução

Notícias das províncias: Moghilev declarara-se contra os bolcheviques. Em Kiev, os cossacos haviam destituído os sovietes e levaram presos todos os líderes. O soviete e a guarnição de Luga, formada por 30 mil homens, afirmavam sua lealdade ao Governo Provisório e pediam que a toda a Rússia se reunisse para protegê-los. Kaledin havia dispersado todos os sovietes e sindicatos da bacia do Don, e suas forças rumavam para o norte...

Um representante dos ferroviários declarou: "Ontem, enviamos um telegrama para todas as partes da Rússia exigindo o fim da luta entre os partidos políticos e insistindo na formação de um governo de coalizão socialista. Caso contrário, convocaremos uma greve para amanhã à noite... De manhã, haverá uma assembléia com todas as facções para discutir essa questão. Os bolcheviques parecem ansiosos por um acordo..."

"Se viverem até lá!", comentou, rindo, o engenheiro-chefe da cidade, um homem robusto e corado...

Quando chegamos ao Smolni — que não estava abandonado, mas mais movimentado que nunca, com grupos de soldados entrando e saindo e duplas de guardas em todos os cantos —, encontramos os repórteres dos jornais burgueses e socialistas "moderados".

"Nos colocaram para fora!", gritou um repórter do *Volia Naroda*. "'Bontch-Bruevitch' entrou na sala de imprensa e nos mandou embora! Disse que éramos espiões!" Todos começaram a falar ao mesmo tempo. "Uma afronta! Que insulto! Liberdade de imprensa!"

Vladimir Dimitrievitch Bontch-Bruevitch. No movimento revolucionário desde fins do século XIX. Membro ativo da Revolução de Outubro, em Petrogrado, comandante do Smoni-Tavritcheski e presidente da comissão encarregada de combater os saques, o banditismo e a contra-revolução. De 1917 a 1920, encarregado dos negócios do Soviete dos Comissariados do Povo

No saguão, as grandes mesas estavam cobertas com pilhas de avisos, proclamações e ordens do Comitê Militar Revolucionário. Soldados e operários transportavam pacotes com esses papéis para veículos parados do lado de fora.

Um dos papéis dizia:

PARA O PELOURINHO!

Neste trágico momento que o povo russo atravessa, os mencheviques e seus seguidores, assim como os socialistas revolucionários da direita, traíram a classe trabalhadora. Eles passaram para o lado de Kornilov, Kerênski, Sakinkov...

Eles estão imprimindo ordens do traidor Kerênski e criando pânico na cidade, espalhando os mais ridículos boatos de vitórias espantosas desses renegados...

Cidadãos! Não acreditem nesses falsos rumores. Nenhum poder pode derrubar a Revolução Popular... Ao primeiro-ministro Kerênski e seus seguidores, aguarda-os castigo veloz e bem merecido...

Nós os colocaremos no pelourinho! Nós os abandonaremos ao ódio dos operários, soldados, marinheiros e camponeses, a quem eles tentam atrelar novamente a seus antigos grilhões. Eles nunca conseguirão lavar de seus corpos a mancha do ódio e do desprezo do povo...

Para os traidores do povo, restam a vergonha e a maldição...

O Comitê Militar Revolucionário mudara para instalações maiores, na sala 17 do último andar. Havia guardas vermelhos na porta. Lá dentro, o pequeno espaço em frente à balaustrada estava repleto de pessoas elegantes, com aspecto respeitável, mas por dentro cheias de rancor — burgueses que queriam licenças para seus carros ou passaportes para deixar a cidade, entre eles muitos estrangeiros... Bill Shatov e Peters estavam de serviço. Eles suspenderam todos os seus afazeres para ler-nos os últimos boletins.

O 179º Regimento da Reserva oferecia seu total apoio. Cinco mil estivadores do porto de Putilov saudavam o novo governo. O Comitê Central dos Sindicatos manifestava apoio entusiástico. A guarnição e o esquadrão de Reval elegeram Comitês Militares para cooperar e enviaram tropas. Pskov e Minsk estavam sob o controle dos comitês militares revolucionários. Saudações dos sovietes de Tsaritzin, Rovno-do-Don, Chernigovsk, Sebastopol... A Divisão da Finlândia e os novos comitês do 5º e 6º Exércitos juravam obediência...

De Moscou, as notícias não eram muito precisas. As tropas do Comitê Militar Revolucionário ocupam pontos estratégicos da cidade. Duas companhias servindo no Kremlin passaram para o lado dos sovietes, mas o arsenal ainda se encontrava nas mãos do coronel Diabtsev e seus *junkers*. O Comitê Militar

Revolucionário exigia armas para os operários, e Diabtsev havia mantido conversações com eles durante toda a noite, até que de manhã resolveu lançar um ultimato ao comitê, ordenando às tropas soviéticas que se rendessem e que o comitê fosse dispersado. A luta havia começado...

Em Petrogrado, o Estado-Maior submetera-se definitivamente aos comissários do Smolni. O Tsentroflot resistira e fora atacado por Dybenko e uma companhia de marinheiros de Kronstadt, o que resultou na formação de um novo Tsentroflot, apoiado pelas frotas do Báltico e do mar Negro...

Entretanto, debaixo dessas aparentes garantias de segurança, havia uma sensação estranha, uma certa atmosfera de desconforto. Os cossacos de Kerênski estavam se aproximando e tinham artilharia. Skripnik, secretário dos comitês de fábrica, com a cara fechada, preocupado, confirmou-me que era todo um exército, mas acrescentou com firmeza: "Eles nunca nos pegarão vivos!" Petrovski deu uma risada cansada e disse: "Quem sabe amanhã consigamos dormir... para sempre..." Lozovski, com seu rosto magro e pálido, a barba ruiva, disse: "Que chance nós temos? Estamos sozinhos... um punhado de gente comum contra um exército de soldados experientes!"

No sul e no sudoeste, os sovietes haviam fugido de Kerênski, e as guarnições de Gatchina, Pavlovsk e Tsarskoye Selo estavam divididas — uma parte queria permanecer neutra, e o restante, sem oficiais, recuava para a capital, na maior desordem.

Um comunicado estava sendo afixado nos corredores:

KRASNOYE SELO, 10 DE NOVEMBRO, 8 HORAS

Para ser comunicado a todos os comandantes do Estado-Maior, comandantes-em-chefe, comandantes, e a todos, a todos, a todos.

O ex-ministro Kerênski, deliberadamente, enviou um telegrama falso para todos, em todo o país, informando que as tropas da Petrogrado revolucionária entregaram as

armas voluntariamente e uniram-se às tropas do antigo governo, o governo da traição, e que os soldados receberam ordens do Comitê Militar Revolucionário para render-se. Tropas formadas por um povo livre não recuam e tampouco se rendem.
Nossas tropas deixaram Gatchina para evitar derramamento de sangue entre elas e seus equivocados irmãos cossacos, e também para tomar uma posição estratégica mais adequada, que neste momento é tão forte que, mesmo se Kerênski e seus companheiros multiplicarem suas forças por dez, ainda assim não seriam motivo para preocupação. O moral de nossas tropas está altíssimo.
Em Petrogrado, tudo está tranqüilo.

Chefe da Defesa de Petrogrado e do distrito de Petrogrado
Tenente-coronel Muraviov

V. A. Antonov (Ovchenko) — um dos comandantes do ataque ao Palácio de Inverno

Ao sairmos do Comitê Militar Revolucionário encontramos com Antonov levando na mão um papel. Parecia um cadáver. "Enviem isso", disse.

PARA TODOS OS SOVIETES DISTRITAIS DE DEPUTADOS DE OPERÁRIOS E COMITÊS DE FÁBRICA

Ordem

Os bandos kornilovistas de Kerênski estão ameaçando as cercanias da capital. Foram expedidas todas as ordens necessárias para esmagar sem piedade esse atentado dos contra-revolucionários contra o povo e suas conquistas. O Exército e a Guarda Vermelha da revolução necessitam do apoio imediato dos operários.

ORDENAMOS A TODOS OS SOVIETES DE BAIRRO E COMITÊS DE FÁBRICA:

1. Que mobilizem o maior número possível de homens para cavar trincheiras, montar barricadas e reforçar as cercas.

2. Se, para tal propósito, for necessário parar o trabalho nas fábricas, isto deverá ser feito sem hesitação.
3. Todos os fios de arame comum e farpado devem ser reunidos, assim como todas as ferramentas necessárias para cavar as trincheiras e levantar barricadas.
4. Todas as armas disponíveis devem ser usadas.
5. Deve-se seguir a mais rigorosa disciplina, e todos devem estar preparados para apoiar o Exército da revolução a todo custo.

O presidente do Soviete dos Deputados de Operários e Soldados de Petrogrado,
comissário do povo Leon Trostski
O presidente do Comitê Militar Revolucionário,
comandante-chefe Podvoiski

Barricadas pelas ruas de Moscou

Leon Trostski

Ao sairmos no dia escuro e triste, as sirenes das fábricas soavam, repercutindo por todo o horizonte cinzento um ruído rouco, nervoso, agoureiro. Nas ruas, milhares e milhares de trabalhadores, homens e mulheres; os agitados cortiços vomitavam, aos milhares, suas hordas de miseráveis. A Petrogrado

Vermelha corria perigo! Os cossacos! Pelo sul e sudoeste, homens, mulheres e crianças invadiam as ruas antigas em direção à Porta de Moscou portando fuzis, picaretas, pás, rolos de arame, alguns com cartucheiras por cima das roupas de trabalho... Uma imensa mobilização espontânea como nenhuma cidade jamais vira! Vinham em uma só torrente, arrastando, em sua passagem, companhias inteiras de soldados, armas, caminhões, carroças — era o proletariado revolucionário defendendo de peito aberto a capital da República Operária e Camponesa!

Diante da porta do Smolni, havia estacionado um automóvel. Um homem franzino, com óculos de lentes grossas que ampliavam seus olhos vermelhos de fadiga, falava com dificuldade, encostado no pára-lama com as mãos nos bolsos de seu puído capote. Um grande marinheiro barbado, com olhos cheios de energia juvenil, andava nervosamente de um lado para outro, distraindo-se com um revólver de aço. Esses dois eram Antonov e Dybenko.

Alguns soldados tentavam atrelar duas bicicletas ao estribo do carro. O motorista protestou, alegando que iria arranhar a pintura. Sim, ele era bolchevique, e o carro havia sido tomado de um burguês. Sim, as bicicletas seriam usadas pelos estafetas. Mas isso tocara seu orgulho profissional de motorista... As bicicletas ficaram lá...

Os comissários do povo para a Guerra e a Marinha iam inspecionar a frente revolucionária, onde quer que ela estivesse. Podíamos ir com eles? Obviamente, não. No carro, cabiam cinco pessoas — os dois comissários, dois ordenanças e o motorista. No entanto, um russo conhecido meu, a quem chamarei de Trusishka, entrou calmamente no veículo, sentou-se e não houve meio de tirá-lo dali...

Não vejo razão para duvidar do relato feito posteriormente por Trusishka sobre essa viagem. Enquanto desciam a avenida Suvorovski, alguém levantou a questão da comida. Eles poderiam ficar fora por três ou quatro dias num lugar onde fosse difícil encontrar alimento. Pararam o carro. Dinheiro? O comissário da Guerra verificou seus bolsos — não tinha um copeque sequer. O comissário da Marinha estava quebrado, e o motorista também. Trishshka teve que pagar as despesas...

Quando chegavam à avenida Nevski, um pneu furou.

— O que faremos agora? — perguntou Antonov.

— Requisitaremos outro veículo! — sugeriu Dybenko, mostrando o revólver.

Antonov parou no meio da rua e mandou encostar um carro dirigido por um soldado.

— Preciso deste veículo — disse Antonov.

— Mas não vai tê-lo — respondeu o soldado.

— Você sabe quem eu sou? — perguntou Antonov, mostrando sua identificação de comandante-em-chefe dos exércitos da República Russa e afirmando que todos deveriam obedecê-lo sem pestanejar.

— Mesmo que fosse o Diabo em pessoa — disse o soldado com firmeza. — Este veículo pertence ao 1º Regimento de Metralhadoras e está carregado de munição, portanto não vou entregá-lo...

O contratempo foi resolvido quando apareceu um velho carro de praça ostentando a bandeira italiana. (Em momentos turbulentos, os proprietários registravam seus carros nos consulados estrangeiros para escapar das requisições.) O passageiro, um senhor gordo vestindo luxuoso casaco de pele, teve que descer do automóvel, e o grupo seguiu viagem.

Chegando à Porta de Narva, a cerca de 15 quilômetros do ponto de partida, Antonov perguntou pelo comandante da Guarda Vermelha. Foi levado aos limites da cidade, onde algumas centenas de trabalhadores haviam cavado trincheiras e aguardavam os cossacos.

— Está tudo bem por aqui, camarada? — perguntou Antonov.

— Está tudo perfeito, camarada — respondeu o comandante. — O moral das tropas está excelente... Só há um problema: não temos munição...

— No Smolni temos grandes quantidades — disse-lhe Antonov. — Darei uma ordem por escrito — disse, revirando os bolsos. — Alguém tem um pedaço de papel?

Dybenko não tinha, nem os estafetas. Trusishka teve que oferecer seu caderno de anotações...

— Droga! Não tenho lápis! — gritou Antonov. — Alguém tem um lápis?

Desnecessário dizer que Trusishka carregava o único que havia ali...

Como tínhamos ficado sozinhos, decidimos ir até a Estação de Tsarkoye Selo. Quando passamos pela avenida Nevski, guardas vermelhos armados marchavam, alguns com baionetas, outros sem elas. A luz crepuscular dos curtos dias de inverno caía rapidamente. De cabeça erguida, em fileiras irregulares de quatro, pisavam sobre o barro gelado, sem música ou tambores. Na bandeira vermelha que ondulava sobre suas cabeças, lia-se em letras malfeitas com tinta dourada: "Paz! Terra!" Eram todos jovens. A expressão de seus rostos era a de homens que sabem que caminham para a morte... A multidão que, silenciosa, os via passar dividia-se: uns demonstravam desprezo, outros, receio...

Na estação de trem, ninguém sabia onde estava Kerênski, nem onde estava a frente. Mas os trens não passavam de Tsarskoye.

Nosso vagão estava cheio de passageiros comuns e de gente do campo voltando para casa, carregados de embrulhos e jornais noturnos. Só se falava do levante bolchevique. No entanto, fora isso, ninguém diria que a guerra civil estava dividindo a poderosa Rússia ao meio, e que esse trem nos conduzia para a zona de combate. Pela janela podíamos ver, dentro da profunda escuridão, massas de soldados dirigindo-se à cidade por caminhos cobertos de lama, brandindo suas armas. Um trem de carga, apinhado de tropas e iluminado por imensas fogueiras, estava parado num trecho de desvio. Isso era tudo. No horizonte que se afastava por trás de nós, o brilho das luzes da cidade ia aos poucos cobrindo-se da escuridão da noite. Ao longe, um bonde percorria os vastos subúrbios...

A estação de Tsarskoye Selo estava calma, mas havia alguns grupos de soldados conversando em altos brados e olhando ansiosamente para a estrada deserta que levava a Gatchina. Perguntei a alguns deles de que lado estavam: "Bem, não sabemos o que se passou, exatamente... Está claro que Kerênski é um provocador, mas não achamos correto que um russo dispare sua arma contra outro russo", ele disse.

Na estação, o oficial encarregado era um soldado simples — jovial, grande, barbudo, ostentando a fita vermelha de um comitê de regimento. Nossas credenciais do Smolni impuseram respeito. Ele era plenamente a favor dos sovietes, mas estava um tanto desnorteado.

— Os guardas vermelhos estiveram aqui há duas horas, mas foram embora. Hoje pela manhã, veio um comissário, mas voltou a Petrogrado quando os cossacos chegaram.

— Então os cossacos estão aqui?

Balançou a cabeça, em triste afirmativa.

— Houve combate. Os cossacos chegaram de manhã, bem cedo. Capturaram duzentos ou trezentos homens e mataram cerca de 25.

— Onde estão os cossacos?

— Não devem estar muito longe. Não sei exatamente onde... Foram por ali... — Apontou, num gesto vago, para oeste.

Jantamos no restaurante da estação — um jantar excelente, melhor e mais barato que em Petrogrado. Perto de nós estava um oficial francês que acabara de chegar a pé de Gatchina. Disse que estava tudo calmo por lá. Kerênski controlava a cidade. "Ah, esses russos", continuou. "Como são originais! Que guerra civil! Há de tudo, exceto combates!"

Saímos pela cidade. Na porta da estação, dois soldados armados de fuzis com baionetas caladas foram rodeados por uma centena de comerciantes, funcionários do governo e estudantes que os atacaram violentamente com acusações e insultos. Os soldados estavam constrangidos e magoados, como crianças que fizeram algo errado.

Um jovem alto, com uniforme de estudante e ar arrogante, liderava o ataque.

— Vocês compreendem, eu presumo, — disse em tom desdenhoso — que pegando em armas contra seus irmãos estão se transformando em instrumentos dos assassinos e traidores!

— Escute, irmão — disse o soldado, em tom sincero. — Você não entende. Existem duas classes, o proletariado e a burguesia. Nós...

— Ah, eu conheço essa conversa fiada! — interrompeu o estudante, bruscamente. Um bando de camponios ignorantes como você ouve alguém dizer umas palavras bonitas e pronto. Nem sabem o que significam. Só sabem repeti-las feito papagaios — a multidão riu. — Sou estudante marxista e afirmo que não é pelo socialismo que vocês estão lutando. Que isso é pura anarquia pró-germânica!

— Ah, sim, eu sei — respondeu o soldado, com o suor pingando de sua testa. — É fácil perceber que o senhor é um homem instruído e eu sou um homem simples. Mas me parece que...

— Suponho — interrompeu o outro, com desprezo, — que você acredita que Lênin é um verdadeiro amigo do proletariado!

— Acredito, sim — respondeu o soldado, incomodado.

— Meu amigo, você sabe que Lênin atravessou a Alemanha num vagão fechado? Você sabe que recebeu dinheiro dos alemães?

— Não sei de nada disso — respondeu o soldado, com firmeza. — Só sei que ele diz o que eu e todos os homens simples como eu queremos ouvir. Existem duas classes: a burguesia e o proletariado...

— Você é um idiota! Saiba, meu amigo, que passei dois anos em Schlüsselburg por causa de minha atividade revolucionária enquanto vocês ainda estavam matando revolucionários e cantando "Deus Salve o Czar". Meu nome é Vasili Georgevich Panyin. Já ouviu falar de mim?

— Desculpe, nunca ouvi seu nome — respondeu o soldado, humildemente. — Mas eu não sou um homem instruído. O senhor deve ser um grande herói.

— Pois sou — disse o estudante com convicção. — E sou contra os bolcheviques, pois estão destruindo nossa Rússia e nossa revolução livre. Como explica isso?

O soldado coçou a cabeça.

— Não posso explicar tudo — disse ele, fazendo caretas devido ao esforço intelectual. — Para mim, tudo parece muito simples... mas eu não sou um homem instruído. Para mim, parece mesmo que só existem duas classes: o proletariado e a burguesia...

— Lá vem você novamente com essa estúpida teoria! — gritou o estudante.

— Duas classes somente — continuou o soldado, obstinado. — E quem não está de um lado está do outro...

Vagamos pelas ruas iluminadas por raríssimas lâmpadas, e com poucos transeuntes. Um silêncio ameaçador tomava conta da cidade, algo parecido com um purgatório entre o céu e o inferno, uma terra de ninguém política. Os únicos lugares bem iluminados e cheios eram os barbeiros. Na porta da casa de banhos, havia uma fila. Era uma noite de sábado, dia em que toda a Rússia se banhava e perfumava. Não tenho a mínima dúvida de que havia homens das tropas soviéticas e cossacos misturados nos lugares onde se realizavam essas cerimônias.

Quanto mais perto chegávamos do Parque Imperial, mais desertas ficavam as ruas. Um padre amedrontado apontou-nos o soviete e saiu, apressado. Ele ficava numa ala de um dos grandes palácios ducais, em frente ao parque. As janelas estavam às escuras, e a porta, trancada. Um soldado que passava por ali, com as mãos apoiadas na cintura das calças, examinou-nos de cima a baixo, demonstrando suspeita.

— O soviete foi embora há dois dias — disse.

— Para onde?

— *Nié znayu.* (Eu não sei)

Um pouco mais adiante havia um grande edifício, todo iluminado. De seu interior vinha o ruído de marteladas. Enquanto decidíamos o que fazer, passaram um soldado e um marinheiro, de mãos dadas. Mostrei-lhes meu passe do Smolni.

— Vocês estão com os sovietes? — perguntei.

Eles não responderam, entreolhando-se assustados.

— O que está acontecendo lá dentro? — perguntou o marinheiro, apontando para o edifício.

— Não sei.

Timidamente, o soldado estendeu o braço e abriu a porta. Lá dentro, uma grande sala coberta de bandeiras, plantas, fileiras de cadeiras e um palco ainda em construção.

Uma mulher robusta apareceu, com um martelo nas mãos e um punhado de pregos na boca.

— O que desejam? — ela perguntou.

— Vai haver alguma apresentação hoje à noite? — perguntou o marinheiro, nervoso.

— No domingo à noite vai haver um espetáculo de teatro amador — ela respondeu, em tom agressivo. — Agora vão embora.

Tentamos conversar mais com o soldado e o marinheiro, mas eles pareciam assustados, pouco à vontade, e desapareceram na escuridão.

Caminhamos até os Palácios Imperiais, margeando os imensos jardins com seus fantásticos pavilhões e pontes ornamentais, que mal podiam ser vistas no escuro da noite. Das fontes, ouvíamos somente o suave barulho da água correndo. Num determinado ponto, em que de dentro de uma gruta artificial um patético cisne de ferro cuspia incessante jato de água, percebemos que estávamos sendo vigiados. Olhamos para cima e vimos seis enormes soldados armados, que nos observavam, entediados, do alto de um terraço gramado. Subimos até lá.

— Quem são vocês? — perguntei.

— Somos a guarda — respondeu um deles.

Todos tinham um ar deprimido, e certamente deviam sentir-se assim, depois de semanas a fio de discussões e debates, dia e noite.

— Vocês são das tropas de Kerênski ou dos sovietes?

Houve um momento de silêncio, entreolharam-se com certo desconforto.

— Somos neutros — disse um deles.

Atravessamos o arco do monumental Palácio de Catarina, penetramos no pátio interno do palácio e perguntamos onde ficava o quartel-general. Um sentinela que montava guarda à porta de uma ala branca do palácio disse que o comandante estava lá dentro.

Em uma sala branca de gracioso estilo georgiano, dividida em partes desiguais por uma lareira dupla, um grupo de oficiais conversava agitadamente. Estavam pálidos e distraídos. Era evidente que haviam passado a noite em claro. Mostramos nossos papéis bolcheviques a um deles, indicado como o coronel. Era um homem idoso, de barba branca, com o uniforme coberto por condecorações. Ele ficou surpreso.

— Como conseguiram chegar até aqui vivos? — perguntou educadamente. — As ruas andam muito perigosas. Os ânimos políticos estão muito exaltados em Tsarskoye Selo. Houve luta esta manhã, e haverá mais amanhã de manhã. Kerênski deve entrar na cidade às 8 horas.

— Onde estão os cossacos?

— A pouco mais de um quilômetro naquela direção — ele apontou.

— E vocês irão defender a cidade contra eles?

— Certamente que não! — ele sorriu. — Estamos guardando a cidade para Kerênski.

Nossos corações quase pararam, pois nossos passes provavam que éramos revolucionários até a medula. O coronel pigarreou.

— Quanto a esses passes — continuou. — Vocês correm perigo de vida se forem capturados. Portanto, se desejarem presenciar a batalha, providenciarei aposentos no hotel dos oficiais e, se voltarem aqui às 7 horas da manhã, lhes fornecerei novos passes.

— Então, está do lado de Kerênski?

— Bem, não exatamente do lado de Kerênski — o coronel hesitou. — Veja só, a maioria dos soldados na guarnição é bolchevique,

Charge da época apresenta Kerênski como uma galinha choca, que "chocou" o motim do general Kornilov. Temendo ser derrubado juntamente com Kornilov, rompeu com este último e denunciou-o como um amotinado contra o Governo Provisório

e hoje, após a batalha, todos eles seguiram na direção de Petrogrado, levando junto a artilharia. Creio que nenhum *soldado* está a favor de Kerênski; mas alguns deles simplesmente não desejam lutar. Quase todos os *oficiais* passaram para o lado de Kerênski, e outros fugiram. Estamos numa posição difícil, entende?

Ele não acreditava que haveria batalha... Teve a gentileza de mandar seu ordenança nos acompanhar até a estação ferroviária. Era um jovem do sul, filho de imigrantes franceses que viviam na Bessarábia. Ele não parava de repetir: "Não me importo com o perigo, nem com as privações, mas ficar três anos sem ver minha mãe..."

Pela janela do trem que nos levava de volta a Petrogrado, através da noite escura, entrevia grupos de soldados que gesticulavam à luz das fogueiras, carros blindados parados nos cruzamentos, com os motoristas pendurados nas torres de tiro, conversando aos gritos.

Durante toda aquela noite agitada, bandos de soldados e guardas vermelhos vagaram confusos, sem chefes, pela planície gelada; os comissários do Comitê Militar Revolucionário corriam de grupo em grupo, tentando organizar a defesa...

De volta à cidade, deparamos com um aglomerado humano que se movia como uma grande onda, por toda a avenida Nevski. Havia alguma coisa no ar. Da estação Varsóvia ouvia-se o som distante dos canhões. Nas escolas de *junkers*, a atividade era febril. Os membros da Duma iam de quartel em quartel, argumentando, pedindo, contando histórias horríveis sobre a violência dos bolcheviques — *junkers* massacrados no Palácio de Inverno, militares estupradas, a execução de uma menina em frente à Duma, o assassinato do príncipe Tumanov... Na Sala Alexandre, no prédio da Duma, o Comitê para a Salvação estava reunido em sessão extraordinária; comissários entravam e saíam, apressados... Todos os jornalistas expulsos do Smolni encontravam-se lá, contentes. Eles não acreditaram no que contamos sobre Tsarskoye. Ora, todo mundo já sabia que Kerênski tinha Tsarskoye nas mãos, e que os cossacos já estavam em Pulkovo. Estavam até elegendo um comitê para recepcionar Kerênski na estação ferroviária, pela manhã...

Um deles me confidenciou, secretamente, que a contra-revolução começaria à meia-noite. Mostrou-me dois manifestos, um assinado por Gotz e Polkovnikov, ordenando que as escolas de *junkers*, os soldados convalescentes nos hospitais e os cavaleiros de São Jorge se preparassem para lutar e aguardassem ordens do Comitê para a Salvação; o outro era do próprio Comitê para a Salvação e dizia o seguinte:

À população de Petrogrado!
Camaradas, operários, soldados e cidadãos da Petrogrado revolucionária!
Os bolcheviques, ao mesmo tempo que pedem a paz no *front*, incitam à guerra civil na retaguarda.
Não dêem ouvidos aos seus apelos provocadores!
Não cavem mais trincheiras!
Abaixo as barricadas traidoras!
Larguem suas armas!
Soldados, voltem para seus quartéis!
Começou a guerra em Petrogrado — é a morte da revolução!
Em nome da liberdade, da terra e da paz, unamo-nos todos ao Comitê para a Salvação do País e da Revolução!

Quando deixávamos a Duma, vinha descendo a rua escura uma companhia de guardas vermelhos, todos com ar grave e desesperado. Levavam uma dúzia de prisioneiros — membros da seção local do Conselho dos Cossacos, surpreendidos arquitetando planos contra-revolucionários em seu quartel-general...

Um soldado, acompanhado por um menino que carregava uma lata de cola, afixava cartazes escritos em letras garrafais:

Pelo presente decreto, fica declarado estado de sítio na cidade de Petrogrado e subúrbios. Todas as assembléias, comícios ou qualquer tipo de reunião ao ar livre estão proibidos, até segunda ordem.

N. Podvoisk, Presidente do Comitê
Militar Revolucionário

A caminho de casa, o ar estava carregado de sons — buzinas, gritos, tiros ao longe. A cidade agitava-se em desconforto, insone.

De manhã cedo, uma companhia de *junkers*, disfarçados de soldados do Regimento Semionovski, apresentou-se na Central Telefônica um pouco antes da troca da guarda. Eles sabiam a senha bolchevique e tomaram os postos sem levantar suspeitas. Pouco depois apareceu Antonov, fazendo a ronda. Foi capturado e trancado numa pequena sala. Quando os verdadeiros guardas chegaram, foram recebidos a tiros. Muitos morreram.

Havia começado a contra-revolução...

A contra-revolução partiu para o ataque. Pela primeira vez, após o ano de 1905, repetiram-se na capital cenas de tiroteio contra uma passeata pacífica

Viva a união de operários e camponeses. Litografia de A. Vanetsman (1920), Museu Central Estatal da História Contemporânea da Rússia

Capítulo 8

A contra-revolução

Na manhã seguinte, domingo, 11 de novembro, os cossacos entraram em Tsarskoye Selo, com Kerênski[38] montando um cavalo branco, aclamado pelo repicar dos sinos de todas as igrejas. Do alto de uma pequena colina nos arredores da cidade, era possível ver as espirais douradas e as cúpulas multicores, a vastidão cinza da capital espalhando-se pela árida planície. Mais além, como que feito de aço, vislumbrava-se o Golfo da Finlândia.

Não houve batalha. Mas Kerênski cometeu um erro crasso. Às 7 horas da manhã, ordenou que o 2º de Fuzileiros de Tsarskoye Selo entregasse as armas. Os soldados responderam que iriam permanecer neutros, mas não desarmados. Kerênski deu-lhes dez minutos para que obedecessem. Isso os irritou; nos últimos oito meses, eles haviam governado a si mesmos através do comitê, e aquela atitude lembrava o antigo regime... Depois de alguns minutos, a artilharia cossaca abriu fogo sobre os quartéis, matando oito homens. Daquele momento em diante, não haveria mais soldados "neutros" em Tsarskoye...

Petrogrado acordou ao som de tiros de fuzil e dos pesados passos de homens marchando. Sob o céu escuro, um vento frio trazia cheiro de neve. De madrugada, o Hotel Militar e a Agência Telegráfica haviam sido ocupados por forças de *junkers* e recuperados em seguida, depois de luta sangrenta. A estação telefônica estava cercada de marinheiros protegidos por barricadas feitas de caixas, barris e folhas de estanho, erguidas no meio da avenida Morskaya. Outros abrigavam-se na esquina da Gorokhovaya com a praça Santo Isaac, atirando em tudo que se movesse. Vez ou outra, passava um automóvel ostentando a bandeira da Cruz Vermelha. Os marinheiros permitiam que passasse...

Sentinelas protegem a Estação Telefônica contra os bolcheviques

Albert Rhys Williams estava na Central Telefônica. Ele saiu de dentro de um automóvel da Cruz Vermelha que carregava muitos feridos. Após circular um pouco pela cidade, o carro seguiu por um caminho alternativo em direção à escola *junker* Mikhailovski, quartel-general da contra-revolução. Um oficial francês que se encontrava no pátio parecia estar no comando... Era assim que a Central Telefônica era abastecida de munição e mantimentos. Inúmeras dessas falsas ambulâncias serviam como meio de comunicação e abastecimento para os *junkers*.

Cinco ou seis carros blindados que haviam pertencido à antiga divisão britânica estavam em poder dos contra-revolucionários. Quando Louise Bryant* andava pela praça Santo Isaac, um desses carros surgiu, do lado do almirantado, e dirigiu-se para a central. Ao chegar à esquina na Ulitsa Gogolia, bem em frente dela o carro parou. Alguns marinheiros, entrincheirados em montes de madeira, abriram fogo. A metralhadora na torre de tiro do blindado deu meia-volta e cuspiu uma saraivada de balas a esmo, atingindo o monte de madeira e as pessoas que estavam por ali. Na passagem abobadada em que Louise Bryant havia se protegido, sete pessoas morreram, incluindo dois meninos. Então, subitamente os marinheiros saíram de seus esconderijos gritando, cercaram o monstro e enfiaram suas baionetas dentro da torre onde estavam os tripulantes — uma, duas, diversas vezes, aos gritos... O motorista fingiu ter sido ferido e eles o libertaram — para ir correndo à Duma e reforçar as mentiras sobre as atrocidades bolcheviques... Entre os mortos, havia um oficial inglês...

Mais tarde, os jornais mencionaram outro oficial francês, capturado em um carro blindado *junker* e enviado à Fortaleza de Pedro e Paulo. A embaixada francesa negou prontamente o fato, mas um dos conselheiros municipais me disse que fora ele quem conseguira libertar o oficial da prisão...

Fosse qual fosse a atitude das embaixadas aliadas, a verdade é que havia oficiais franceses e ingleses participando da luta, chegando ao ponto de dar sugestões durante as sessões executivas do Comitê para a Salvação.

* Nota. Escritora e ativista norte-americana, esposa de John Reed.

Durante o dia inteiro, em todos os bairros da cidade, aconteceram confrontos entre *junkers* e guardas vermelhos, batalhas entre carros blindados... Ouviam-se rajadas de balas, tiros isolados e o tagarelar penetrante das metralhadoras, próximos e distantes. As portas de ferro das lojas estavam fechadas, mas as vendas continuavam. Até mesmo os cinemas, com todos os letreiros apagados, continuavam projetando filmes para salas repletas. Os bondes trafegavam. Os telefones funcionavam bem; ao fazer uma chamada através da central, ouvia-se claramente o barulho dos tiros pela linha... Os telefones do Smolni estavam mudos, mas a Duma e o Comitê para a Salvação estavam em constante comunicação com todas as escolas de *junkers* e com Kerênski, em Tsarskoye.

O VI Congresso do Partido Bolchevique, de 26 de julho a 8 de agosto, na casa 37 da avenida Bolshoi Sampsonievski, em Petrogrado

Às 7 horas da manhã, a escola *junker* Vladimir foi visitada por uma patrulha de soldados, marinheiros e guardas vermelhos, que deram aos *junkers* 20 minutos para se renderem. O ultimato foi recusado. Uma hora depois, os *junkers* tentaram escapar, mas acabaram voltando ao serem repelidos por uma violenta carga de fuzilaria na esquina da Grebetskaya com a Bolshoi. Tropas soviéticas cercaram o prédio e abriram fogo. Dois blindados passavam de um lado para outro, com as metralhadoras atirando. Os *junkers* pediram reforços por telefone. Os cossacos responderam que não ousavam sair, pois seu quartel estava cercado por um grande

número de marinheiros, armados com dois canhões. A escola Pavlovsk também estava cercada. A maior parte dos *junkers* da escola Mikhailov combatia nas ruas...

Às 7 e meia, chegaram três peças de campanha. Os *junkers* responderam ao segundo ultimato matando dois delegados soviéticos enviados para conversar, sob a bandeira branca. Agora começava o verdadeiro bombardeio, que abriu buracos nas paredes da escola. Os *junkers* defendiam-se desesperadamente; ondas de guardas vermelhos atacavam, gritando, e tombavam diante das rajadas das metralhadoras... Kerênski telefonara de Tsarskoye para proibir qualquer negociação com o Comitê Militar Revolucionário.

Enlouquecidos pela derrota e pelo grande número de mortos, as tropas soviéticas concentraram todo o seu poder de fogo contra o edifício já desgastado. Seus próprios oficiais não conseguiram impedir o terrível ataque. Kirilov, um comissário do Smolni, tentou detê-los. Quase foi linchado. O sangue da Guarda Vermelha fervia.

Às 2 e meia, os *junkers* levantaram bandeira branca; eles se renderiam sob a garantia de proteção. Prometeram-lhes proteção. Enfurecidos, centenas de soldados e guardas vermelhos entraram pelas janelas, portas e buracos nas paredes. Antes que alguém pudesse impedir, cinco *junkers* foram mortos a golpes de baioneta. O restante, cerca de duzentos, foi levado sob custódia para a Fortaleza de Pedro e Paulo em pequenos grupos, para não chamar atenção. Na caminho, uma multidão avançou sobre um grupo, matando outros oito *junkers*... Mais de cem guardas vermelhos e soldados haviam tombado...

Duas horas mais tarde, a Duma recebeu um telefonema informando que os vitoriosos estavam marchando na direção da

Inzhenierny Zamol — a escola de engenharia. Um punhado de membros saiu imediatamente para distribuir montanhas de panfletos com as últimas proclamações do Comitê para a Salvação. Muitos deles não regressaram... Todas as escolas renderam-se sem resistência, e os *junkers* foram enviados para a Fortaleza de Pedro e Paulo e para Kronstadt...

A Central Telefônica resistiu até a tarde, quando surgiu um blindado bolchevique e os marinheiros atacaram o lugar. As telefonistas corriam para todos os lados dando gritinhos agudos; os *junkers* arrancavam de seus uniformes qualquer detalhe que os identificasse, e um chegou a propor a Williams *qualquer coisa* para que ele emprestasse seu casaco, como disfarce... "Vamos ser massacrados!" Vamos ser massacrados!" gritavam, pois muitos deles haviam dado a palavra no Palácio de Inverno de que não pegariam em armas contra o povo. Williams ofereceu-se para mediar uma negociação, se eles libertassem Antonov. A proposta foi aceita de pronto; Antonov e Williams discursaram para os marinheiros vitoriosos, inflamados pelas muitas baixas — e mais uma vez os *junkers* foram libertados... Todos exceto alguns, que em pânico tentaram escapar pelos telhados, ou esconderam-se no sótão, e foram encontrados e arrastados para a rua.

Cansados, ensangüentados, triunfantes, os marinheiros e operários entraram todos na sala de telefonia. Ao deparar com tantas garotas bonitas, estacaram, tímidos, dando um passo atrás, tropeçando nos próprios pés, desajeitadamente. Nenhuma mulher foi insultada ou ameaçada. Assustadas, elas se encolhiam nos cantos. Pouco depois, já se sentindo mais seguras, deram vazão a seu veneno: "Nossa! Que gente ignorante, suja! Idiotas!"... Os homens ficaram desconcertados. "Brutos! Porcos!", gritavam, esganiçadas, enquanto vestiam seus casacos e chapéus. Tinham acabado de viver uma experiência um tanto romântica, passando munição e cobrindo as feridas de seus destemidos e belos defensores, os *junkers*, muitos deles pertencentes a famílias nobres, que lutavam para trazer de volta seu adorado czar! Quanto a estes aqui, eram só reles operários, camponeses, "gente baixa"...

O comissário do Comitê Militar Revolucionário, o pequeno Vishniak, tentou persuadir as garotas a permanecer. Ele foi extraordinariamente político: "Vocês foram maltratadas", disse ele. "O sistema telefônico é controlado pela Duma Municipal. Vocês recebem 60 rublos por mês e têm que trabalhar dez horas ou ainda mais... De agora em diante isso irá mudar. O governo pretende passar os telefones para o controle do Ministério de Correios e Telégrafos. Seus salários irão subir imediatamente para 150 rublos, e sua jornada será reduzida. Como membros da classe operária, deveriam sentir-se satisfeitas."

Membros da *classe operária?* Pois bem! Ele estava sugerindo que havia alguma coisa em comum entre... esses animais e *nós?* Ficar aqui? Nem por mil rublos!... Arrogantes e vingativas, elas foram embora...

Os empregados do edifício — guarda-fios e operários — permaneceram. Mas as mesas telefônicas precisavam de alguém para operá-las — o telefone era vital... Só meia dúzia de telefonistas resolveu ficar. Recorreu-se aos voluntários, e cem responderam: marinheiros, soldados, operários. As seis garotas passavam apressadamente de um lado para o outro da sala — ensinando, ajudando, resmungando... Foi desse modo, devagar, aos poucos, que os fios voltaram a zunir. A primeira providência foi conectar o Smolni com os quartéis e fábricas; a segunda, cortar a comunicação da Duma e das escolas de *junkers*... No final da tarde a notícia se espalhou pela cidade, e centenas de burgueses ligaram para reclamar: "Idiotas! Demônios! Quanto tempo vocês acham que vão agüentar? Os cossacos vão acabar com vocês!"

Já era quase noite. Um vento cortante varria a quase deserta avenida Nevski. Discutindo os mesmos assuntos de sempre, um grande grupo de pessoas estava reunido em frente à catedral de Kazan: alguns operários, uns poucos soldados e, em grande maioria, comerciantes, funcionários e pessoas semelhantes.

Catedral de Kazan, em São Petersburgo (1800-1811)

— Mas Lênin não conseguira que a Alemanha aceite a paz!", gritou um.

— E de quem é a culpa? — respondeu agressivamente um jovem soldado. — De seu maldito Kerênski, esse burguês nojento! Para o diabo com Kerênski! Não o queremos. Queremos Lênin...

Em frente à Duma, um oficial usando uma faixa branca no braço arrancava cartazes dos muros, praguejando em voz alta. Um deles dizia:

À População de Petrogrado!

Neste momento perigoso, quando a Duma Municipal lança mão de todos os meios possíveis para acalmar a população, para garantir-lhes o pão e outras necessidades básicas, os socialistas revolucionários de direita e os cadetes, esquecendo seu dever, transformaram a Duma em assembléia contra-revolucionária, tentando incitar parte da população contra a restante, para facilitar a vitória de Kornilov e Kerênski. Em vez de cumprir seu dever, os socialistas revolucionários de direita transformaram a Duma numa arena de ataques políticos contra os sovietes de operários, soldados e camponeses, contra o governo revolucionário da paz, contra o pão e contra a liberdade.

Cidadãos de Petrogrado, nós, os bolcheviques do Conselho Municipal, eleitos por vocês, vemos como nossa obrigação informar-lhes que a direita socialista revolucionária e os cadetes estão envolvidos em atos contra-revolucionários, desonraram o compromisso assumido e estão conduzindo o povo à fome e à guerra civil. Nós, eleitos por 183 mil votos, consideramos nosso dever trazer ao conhecimento de nossos constituintes o que está acontecendo na Duma, e declarar que não assumiremos qualquer responsabilidade por suas terríveis mas inevitáveis conseqüências...

Ocasionalmente, ainda se ouviam tiros distantes, mas a cidade estava calma, fria, como se exaurida pelos espasmos de violência que a haviam dilacerado.

No Salão Nikolai, a reunião da Duma estava chegando ao fim. Até a Duma, sempre violenta, parecia um tanto atordoada. Vários comissários relataram a ocupação da Central Telefônica, conflitos nas ruas, a tomada da escola Vladimir... "A Duma", disse Trupp, "está do lado da democracia em seu dever de lutar contra a violência arbitrária, mas, de qualquer modo, seja qual for o lado a vencer, ela sempre se oporá a linchamentos e tortura..."

O cadete Konovski, homem alto e de expressão cruel, declarou: "Quando as tropas do governo legítimo chegarem a Petrogrado, aniquilarão esses insurgentes, e isso não será linchamento!" A sala se pronunciou num uníssono protesto, vindo até de seu próprio partido.

A atmosfera era de incerteza e desânimo. A contra-revolução estava sendo sufocada. O Comitê Central do Partido Socialista Revolucionário mostrava falta de confiança em seus representantes; a esquerda do partido detinha o controle; Avksentiev havia renunciado. Um mensageiro trouxe a notícia de que o comitê de boas-vindas enviado à estação ferroviária para receber Kerênski tinha sido preso. Nas ruas, ouvia-se o

Por causa da censura, o jornal *Pravda* (Verdade) foi editado sob diversos títulos, oferecendo respostas às questões explosivas e atuais

ribombar surdo e distante dos canhões, vindo do sul e do sudoeste. E Kerênski não chegava...

Só três jornais circulavam: o *Prava*, o *Dielo Naroda* e o *Novaya Zhizn*. Todos eles abriam muito espaço para o governo de "coalizão". O jornal socialista revolucionário exigia um gabinete sem cadetes ou bolcheviques. Gorki era mais otimista, dizendo que o Smolmi havia feito concessões e que um governo puramente socialista estava tomando forma, congregando todos os partidos, exceto a burguesia. O *Pravda* zombava:

São ridículas essas coalizões com partidos políticos cujos membros mais proeminentes são jornalistas de segunda, de reputação duvidosa; nossa "coalizão" deve ser entre o proletariado, o exército revolucionário e os camponeses pobres...

O *Vikjel* afixara pretensiosos cartazes nos muros, ameaçando entrar em greve caso os partidos não chegassem a um acordo:

Os vencedores desses conflitos, os que salvarão nossa pátria do desastre, não serão os bolcheviques, nem o Comitê para a Salvação, nem as forças de Kerênski, mas nós, o Sindicato dos Ferroviários...

Os guardas vermelhos não têm capacidade para realizar uma tarefa tão complexa como cuidar do sistema ferroviário; quanto ao Governo Provisório, mostrou-se inapto a exercer o poder...

Só prestaremos serviços a um partido que aja em nome de um governo cujas bases gozem da confiança de toda a democracia...

O Smolni vibrava com a inexaurível energia humana.

Na sede dos sindicatos, Lozovski apresentou-me um delegado dos ferroviários da linha Nikolai, que disse que os homens estavam realizando enormes comícios protestando contra as atitudes de seus líderes.

"Todo o poder aos sovietes!" gritou, dando um murro na mesa. "Os *oborontsi* do Comitê Central entraram no jogo de Kornilov. Tentaram enviar uma missão ao Stavka*, que foi presa em Minsk... Nosso grupo exigiu uma convenção de toda a Rússia, e eles se negaram a convocá-la...

Os sovietes e comitês do Exército enfrentavam o mesmo impasse. Uma por uma, as diversas organizações democráticas em toda a Rússia estavam caindo e mudando. As cooperativas se dissolviam devido a conflitos internos. As reuniões da Executiva dos Camponeses terminou em luta violenta. Até entre os cossacos havia problemas...

No último andar, o Comitê Militar Revolucionário trabalhava a todo vapor, sem parar um minuto. Os homens chegavam descansados e fortalecidos; dia e noite, incessantemente, lançavam-se ao trabalho nas máquinas, e saíam exaustos, cegos de cansaço, imundos e roucos, jogando-se ao chão para dormir... O Comitê para a Salvação havia sido declarado ilegal. Enormes pilhas de novos manifestos[39] cobriam o chão:

... Os conspiradores, que já não tinham o apoio da guarnição nem da classe trabalhadora, contavam acima de tudo com a surpresa de seu ataque. Seu plano foi descoberto a tempo pelo subtenente Blagonrarov, graças à vigilância revolucionária de

* Nota. Estado-Maior Geral.

um soldado da Guarda Vermelha, cujo nome será divulgado em breve. No centro da trama estava o Comitê para a Salvação. O coronel Polkovnikov estava em comando de suas forças, e as ordens vinham assinadas por Gotz, membro do antigo Governo Provisório, libertado sob sua palavra de honra...

Ao trazer esses fatos ao conhecimento da população de Petrogrado, o Comitê Militar Revolucionário decretou a prisão de todos os envolvidos na conspiração, que deverão ser julgados pelo tribunal revolucionário...

De Moscou, chegou a notícia de que os *junkers* haviam cercado o Kremlin e ordenado que as tropas soviéticas se rendessem. As tropas aceitaram e, quando saíam do Kremlin, foram massacradas. Pequenos grupos de bolcheviques haviam sido expulsos da Telefônica e dos Telégrafos; os *junkers* tomavam conta do centro da cidade agora... Em contrapartida, mais tropas soviéticas reuniam-se, formando um grande cerco. Ainda havia alguns combates nas ruas; todas as tentativas de negociação haviam fracassado... Do lado soviético, uma guarnição de 10 mil soldados e alguns guardas vermelhos; do lado do governo, 6 mil *junkers*, 2.500 cossacos e 2 mil guardas brancos.

O Soviete de Petrogrado estava reunido. Na sala ao lado, o novo Tsik trabalhava nas ordens e decretos[40] que chegavam, em profusão, do Conselho dos Comissários do Povo, situado no andar superior. Entre esses papéis, leis a serem ratificadas ou promulgadas, a criação da jornada de trabalho de oito horas e a "Base para um Sistema Educacional Popular", de Lunacharski. Apenas algumas centenas de representantes participavam das duas reuniões, quase todos portando armas. O Smolni estava quase deserto, exceto por alguns guardas, preocupados em montar metralhadoras ao lado das janelas para defender os flancos do edifício.

No Tsik, tinha a palavra um delegado do Vikjel:

"Recusamo-nos a transportar tropas de qualquer partido... Enviamos um comitê a Kerênski para informar-lhe que se continuar e marchar sobre Petrogrado cortaremos todas as linhas de comunicação..."

Pediu, como de costume, que fosse realizada uma conferência de todos os partidos socialistas para a formação de um novo governo...

Kamenev deu resposta discreta. Os bolcheviques compareceriam de bom grado a essa conferência. Entretanto, o cerne da questão não residia na composição de tal governo, mas em que esse governo aceitasse o programa do Congresso de Sovietes... O Tsik havia se pronunciado sobre a declaração feita pelos socialistas revolucionários de esquerda e pelos social-democratas internacionalistas, aceitando a proposta de representação proporcional na conferência, e mesmo a participação de delegados dos Comitês do Exército e dos Sovietes de Camponeses...

Na sala maior, Trótski relatava os acontecimentos do dia.

"Oferecemos uma chance de rendição aos *junkers* da Escola Vladimir", ele dizia. "Queríamos chegar a um acordo sem derramamento de sangue. Mas agora o sangue já foi derramado e só há um caminho: a luta implacável. Seria inocência acreditar que poderemos vencer de outra maneira... O momento é crucial. Todos devemos cooperar com o Comitê Militar Revolucionário, informando a localização dos depósitos de arame farpado, benzina, armas... Conquistamos o poder! Agora devemos mantê-lo em nossas mãos!"

Destacamento da Guarda Vermelha, nas ruas de Petrogrado

Palácio de Inverno, construído nos anos de 1754-1764)

O menchevique Yoffe tentou ler a declaração de seu partido, mas Trótski negou-se a iniciar "um debate sobre princípios".

"A partir de agora, nossos debates acontecem nas ruas", bradou. "O passo decisivo foi dado. Todos nós, e particularmente eu, assumimos a responsabilidade pelo que está acontecendo..."

Soldados vindos do *front* de Gatchina contavam suas histórias. Um deles, do batalhão de choque da 481ª Divisão de Artilharia, disse: "Quando as trincheiras souberem disso, vão gritar: 'Este sim, é o *nosso* governo!'" Um *junker* de Peterhof disse que ele e dois colegas se recusaram a marchar contra os sovietes, e quando seus camaradas tiveram que recuar na defesa do Palácio de Inverno o escolheram como representante para ir ao Smolni e propor que o grupo se colocasse a serviço da *verdadeira* revolução...

Ardente, infatigável, Trótski dava ordens, respondia a perguntas.

"Para derrotar os operários, soldados e camponeses, a pequena burguesia se aliaria ao próprio Diabo!" disse ele uma vez. Haviam sido registrados muitos casos de embriaguez nos últimos dois dias. "Nada de bebidas, camaradas! Ninguém deve permanecer nas ruas depois das 8 horas da noite, exceto os guardas da patrulha. Todos os lugares que possam ter estoques de bebida devem ser verificados e a bebida, destruída[41]. Não haverá misericórdia para os vendedores de bebidas..."

O Comitê Militar Revolucionário pediu a presença da delegação da seção de Viborg. Em seguida, chamou os delegados de Putilov. Os dois grupos apresentaram-se imediatamente.

"Para cada revolucionário morto", disse Trótski, "mataremos cinco contra-revolucionários!

Voltamos ao centro da cidade. A Duma continuava brilhantemente iluminada. Multidões entravam pelos portões. Do saguão, vinham gritos e gemidos de dor; o povaréu acotovelava-se diante de um quadro de avisos em que estava afixada uma lista com os nomes dos *junkers* tidos como mortos nos combates daquele dia. Mas muitos desses mortos apareceram mais tarde, sãos e salvos... Na sala de Alexandre, o Comitê para a Salvação continuava reunido: oficiais ostentando suas distintas dragonas vermelhas e douradas, os rostos familiares dos intelectuais mencheviques e socialistas revolucionários, o olhar duro e a aparência opulenta de banqueiros e diplomatas, autoridades do antigo regime, mulheres elegantemente vestidas...

As telefonistas vieram prestar declarações. Uma a uma, subiram à tribuna — com sapatos surrados, abatidas, vestidas com exagero, procuravam imitar a elegância das outras mulheres. Todas coraram de prazer ao serem aplaudidas pelos cidadãos "de bem" de Petrogrado, os oficiais, os ricos, os grandes políticos. Todas narraram o que sofreram nas mãos do proletariado e juraram lealdade à antiga ordem, ao antigo regime...

A Duma estava novamente reunida na Sala Nicolau. O prefeito disse, com otimismo, que os regimentos de Petrogrado estavam envergonhados de suas atitudes. Era a propaganda surtindo efeito...

Emissários iam e vinham, contando ações horríveis dos bolcheviques, intercedendo para salvar os *junkers*, procurando saber de tudo...

"Os bolcheviques", disse Trupp, "sucumbirão à sua força moral, e não às baionetas..."

Enquanto isso, nem tudo ia bem na frente revolucionária. O inimigo havia trazido trens blindados equipados com canhões. As forças soviéticas, em sua maior parte guardas vermelhos, estavam desprovidas de oficiais e não tinham um plano de ação definido. Somente 5 mil soldados regulares haviam sido mobilizados. O restante da guarnição ou estava ocupado controlando a revolta dos *junkers*, guardando a cidade, ou sem saber o que fazer. Às 22 horas, Lênin reuniu e conversou com delegados dos regimentos da cidade, cuja esmagadora maioria manifestou-se a favor da luta. Elegeu-se um comitê de cinco soldados, com as funções de estado-maior, e logo às primeiras horas da manhã os regimentos deixaram os quartéis, já em formação de combate. No caminho de casa, vi os soldados em sua marcha cadenciada de veteranos com as baionetas perfeitamente alinhadas, através das ruas da cidade conquistada...

Ao mesmo tempo, no quartel-general de Vikjel, na Sadovaya, todos os partidos socialistas reuniam-se para tentar formar um novo governo. Abramovich, pelos mencheviques de centro, disse que não deveria haver conquistadores nem conquistados, que o passado precisava ser enterrado... Todos os partidos de esquerda concordaram com a idéia. Dan, em nome da direita menchevique, propôs trégua aos bolcheviques, sob as seguintes condições: A Guarda Vermelha seria desarmada e a guarnição de Petrogrado ficaria sob o comando da Duma; as tropas de Kerênski não disparariam um só tiro, nem fariam nenhum prisioneiro; seria criado um ministério formado por todos os partidos socialistas, *exceto os bolcheviques*. Riazanov e Kamenev, em nome do Smolni, declararam que um ministério de coalizão de todos os partidos era aceitável, mas protestaram contra as propostas de Dan. Os socialistas revolucionários ficaram divididos; o Comitê Executivo do Soviete dos Camponeses e o socialistas populistas recusaram-se terminantemente a aceitar a participação dos bolcheviques... Após discussão acirrada, foi eleita uma comissão para delinear um plano exeqüível...

Máximo Gorki. Trabalho de V. Serov, 1905, Museu Gorki, Moscou

A comissão escolhida discutiu a noite inteira, e todo o dia e a noite seguintes. Anteriormente, no dia 9 de novembro, já se havia tentado igual esforço conciliatório, liderado por Martov e Gorki. Desta vez, perante

a iminente chegada de Kerênski e as ações do Comitê para a Salvação, a direita dos mencheviques, os socialistas revolucionários e os socialistas populistas recuaram inesperadamente. A esmagadora derrota da rebelião dos *junkers* deixara-os amedrontados...

Segunda-feira, dia 12, foi um dia de expectativa. Todo o país tinha os olhos voltados para a planície acinzentada que se estende até Petrogrado, onde todas as forças disponíveis do antigo regime enfrentavam o poder desorganizado do novo, do desconhecido. Em Moscou, declarara-se trégua. Os dois lados mantinham conversações, aguardando o resultado dos acontecimentos da capital. Os delegados do Congresso dos Sovietes dirigiam-se em velozes trens para os cantos mais distantes da Ásia, voltando para suas casas e levando consigo a cruz ardente da revolução. A notícia do milagre espalhava-se em ondas que cresciam cada vez mais, até atingir todo o país, e em seu rastro povoados, cidades e aldeias distantes se agitavam e se rebelavam: sovietes e comitês revolucionários contra dumas, zemstvos e comissários governamentais; a Guarda Vermelha contra a Guarda Branca. Confrontos nas ruas e discursos flamejantes... O resultado dependeria das notícias de Petrogrado...

O Smolni ficara quase vazio, mas a Duma estava agitada e barulhenta. O antigo prefeito, com seu jeito imponente, protestava contra o apelo dos conselheiros bolcheviques.

"A Duma não é um foco da contra-revolução", disse ele, acaloradamente. "A Duma não participa desta luta entre os partidos. Mas em momentos como este, em que não existe ordem legal, o poder só pode ser exercido pelo Governo Municipal Autônomo. A população pacífica compreende esse fato; as embaixadas estrangeiras reconhecem somente os documentos assinados pelo prefeito da cidade. A mentalidade européia não concebe situação diferente, pois o Governo Municipal Autônomo é o único órgão capaz de proteger os interesses dos cidadãos. A cidade tem o dever de mostrar hospitalidade a todas as organizações que desejem desfrutar essa hospitalidade, portanto a Duma não pode impedir a distribuição de nenhum jornal, seja ele qual for, dentro de suas instalações. Nosso campo de ação está aumentando. Precisamos ter plena liberdade de ação, e nossos direitos devem ser respeitados por ambas as partes...

Somos absolutamente neutros. Quando a Central Telefônica foi ocupada pelos *junkers*, o coronel Polkovnikov ordenou que os telefones do Smolni fossem cortados. Graças aos meus protestos é que os telefones foram mantidos em funcionamento..."

Ao ouvir essas afirmações, a bancada bolchevique não conteve risadas de ironia, e a direita não conteve seus insultos.

"Mesmo assim", continuou Schreider, "somos encarados como contra-revolucionários e delatados à população. Fomos privados de nossos meios de transporte, pois tomaram nossos últimos carros. Não será nossa culpa se a fome assolar a cidade. Não adianta protestar..."

A guerra trouxe miséria, amargura e desgraça para o país

Kobozev, membro bolchevique do Conselho Municipal, não tinha certeza se o Comitê Militar Revolucionário havia requisitado os automóveis pertencentes ao município. Mesmo que o fato fosse verdadeiro, teria provavelmente ocorrido devido a alguma emergência, e por indivíduo não-autorizado.

"O prefeito", continuou, "nos diz que não devemos fazer reuniões políticas fora da Duma. Mas todos os mencheviques e socialistas aqui presentes não fazem outra coisa a não ser propaganda. Na entrada, distribuem suas publicações ilegais, o *Iskri* (Centelhas), o *Soldatski Golos* e o *Rabochaya Gazeta*, incitando à insurreição. E se nós, bolcheviques, também começássemos a distribuir nossos jornais aqui? Mas isso não acontecerá, porque respeitamos a Duma. Não atacamos e não atacaremos o Governo Municipal Autônomo. No entanto, como o senhor dirigiu um apelo à população, nos reservamos o direito de fazer o mesmo..."

Em seguida, falou Shingariov, cadete. Disse que não poderia haver diálogo com indivíduos que deveriam ser intimados a comparecer perante o procurador geral e julgados por traição... Propôs, mais uma vez, a expulsão de todos os membros bolcheviques da Duma. No entanto, a proposta foi adiada porque não havia acusações pessoais contra os membros, e eles atuavam na administração municipal.

Chegou a vez de dois mencheviques internacionalistas, afirmando que o manifesto dos conselheiros bolcheviques era um convite ao massacre. "Se tudo que é contra os bolcheviques for considerado contra-revolucionário", disse Pinkevich, "então não sei mais qual a diferença entre revolução e anarquia... Os bolcheviques contam com o fervor da paixão popular; nós contamos somente com força moral. Protestaremos contra todo tipo de violência, venha de onde vier, pois nossa tarefa é encontrar uma solução pacífica."

"O manifesto afixado nas ruas, intitulado 'Para o Pelourinho', que apela ao povo para que destrua os mencheviques e socialistas revolucionários", disse Nazariev, "é um crime que vocês, bolcheviques, não conseguirão apagar. A julgar por esse manifesto, os horrores de ontem são somente o prefácio para o que vocês estão preparando... Sempre tentei conciliar seu partido com os outros. No entanto, neste momento, desprezo é tudo o que sinto por vocês!"

Os conselheiros bolcheviques ergueram-se, respondendo com a mesma fúria das vozes e gestos que os atacavam...

Saí da sala. No corredor, encontrei o engenheiro-chefe do município, o menchevique Gomberg, e três ou quatro repórteres. Estavam todos muito animados.

"Estão vendo?", disseram. "Esses covardes estão com medo de nós. Não têm coragem de prender a Duma! O Comitê Militar Revolucionário nem se importou em enviar um comissário. Hoje, numa esquina da Sadovaya, vi um guarda vermelho tentando impedir que um menino vendesse o *Soldatski Golos*... O garoto riu-se dele, enquanto a multidão quis linchar o bandido. É só uma questão de horas. Mesmo se Kerênski não estivesse a caminho, eles não têm homens para constituir um governo. É um absurdo! Parece que já estão lutando uns contra os outros no Smolni!"

Um amigo socialista revolucionário me chamou de lado. "Eu sei onde o Comitê para a Salvação está escondido", disse ele. "Quer falar com eles?"

Já estava escurecendo. A cidade tinha voltado ao normal — as lojas exibiam as vitrines iluminadas. Nas ruas, um grande número de pessoas passava para lá e para cá, conversando, discutindo...

No número 86 da avenida Nevski, adentramos uma passagem que nos levou a um pátio, rodeado de prédios de apartamentos. Meu amigo bateu, de modo muito peculiar, à porta do apartamento 229. Ouvimos o som de passos arrastados e de uma porta batendo. A porta de entrada entreabriu-se e apareceu o rosto de uma mulher. Era uma mulher de meia-idade, com aspecto tranqüilo. Depois de nos analisar por cerca de um minuto, permitiu que entrássemos e imediatamente gritou: "Kyril, está tudo bem!" Na sala de jantar, em cima da mesa, fumegava um samovar, ao lado de pratos cheios de pão e peixe cru. Um homem vestindo uniforme surgiu de trás da cortina da janela, e outro, com roupas de operário, saiu de um armário. Os dois ficaram encantados em conhecer um jornalista americano. Com certa satisfação, disseram que seriam fuzilados se fossem descobertos pelos bolcheviques. Não revelaram seus nomes, mas ambos eram socialistas revolucionários...

— Por que publicam mentiras em seus jornais? — perguntei.

Sem demonstrar ter sido ofendido, o oficial respondeu:

— Sim, eu sei, mas o que podemos fazer? — e encolheu os ombros. — O senhor deve entender que precisamos criar uma certa disposição no espírito do povo...

— Para os bolcheviques, trata-se meramente de uma aventura — interrompeu o outro. — Eles não possuem intelectuais... Os ministérios não irão adiante... A Rússia não é uma cidade, é um grande país... Ao perceber que não durarão mais que alguns dias, decidimos apoiar seu adversário mais forte — Kerênski — e ajudar a restabelecer a ordem.

— Muito bem — disse eu. — Mas por que unir-se aos cadetes?

O pseudo-operário abriu um sorriso sincero.

— Para falar a verdade, neste momento todo o povo está com os bolcheviques. Não temos ninguém do nosso lado. Não podemos mobilizar um simples punhado de soldados. Não temos armas... Os bolcheviques têm razão, até certo ponto; hoje, na Rússia, só existem dois grupos com alguma força — os bolcheviques e os reacionários, que se escondem atrás dos cadetes. Quando tivermos liquidado os bolcheviques, nos voltaremos contra os cadetes...

— Os bolcheviques serão admitidos no novo governo?

Ele coçou a cabeça.

— Aí está um problema — afirmou. — Se não forem admitidos, certamente irão começar tudo de novo. De qualquer modo, terão uma chance de controlar o equilíbrio do poder na Constituinte — isso é, *se houver* uma Constituinte.

— Isso implica — disse o oficial — a questão da admissão de cadetes no novo governo, e pelas mesmas razões. O senhor sabe que os cadetes não desejam a Assembléia Constituinte. Não, se os bolcheviques puderem ser derrotados agora — ele balançou a cabeça. — Não é fácil para nós, russos, fazer política. Vocês americanos são políticos natos, a política faz parte de suas vidas. Mas nós...

— O que acham de Kerênski? — perguntei.

— Kerênski é o responsável por todos os pecados do Governo Provisório — respondeu o outro homem. — Foi ele que nos forçou a aceitar a coalizão com os burgueses. Houvesse ele renunciado, como ameaçou, teria provocado uma crise do gabinete dezesseis semanas antes da Assembléia Constituinte, e não podíamos deixar que isso acontecesse.

— Mas, afinal, não foi o que acabou acontecendo?

— Sim, mas como poderíamos prever? Kerênski, Avksentiev e seus comparsas nos enganaram. Gotz é um pouco mais radical.

Fico com Chernov, que é um verdadeiro revolucionário... Hoje mesmo, Lênin declarou que não se oporia à entrada de Chernov no governo.

— Também queríamos acabar com o governo de Kerênski, mas achamos melhor esperar pela Constituinte... No começo, eu estava com os bolcheviques, mas o Comitê Central de meu partido votou contra eles, por unanimidade... O que eu podia fazer? Era uma questão de disciplina...

— Em uma semana, o governo bolchevique virá abaixo. Se os socialistas revolucionários ficassem de lado, esperando, o governo cairia em suas mãos. Mas se esperarmos uma semana o país ficará tão desorganizado que os imperialistas alemães vencerão facilmente. Foi por isso que começamos nossa revolta somente com o apoio de dois regimentos. E até eles se voltaram contra nós... Restaram somente os *junkers*...

— E os cossacos?

O oficial suspirou.

— Eles nem se moveram. No princípio, disseram que lutariam se fossem apoiados pela infantaria. Depois, afirmaram que a maioria deles estava a favor de Kerênski e que estavam cumprindo seu papel... Disseram, também, que os cossacos sempre eram acusados de ser os inimigos hereditários da democracia... E no final declararam: “Os bolcheviques se comprometeram a não tirar nossas terras. Não representam ameaça para nós. Permaneceremos neutros.”

Durante nossa conversa, havia gente entrando e saindo, na maioria oficiais, que haviam arrancado seus distintivos. Podíamos vê-los na outra sala, conversando em tom baixo e veemente. Num determinado instante, por uma fresta na cortina vimos a porta do banheiro abrir-se. Lá dentro, sentado, um oficial corpulento em uniforme de coronel escrevia algo num bloco de papel em seu colo. Reconheci-o: era o coronel Polkovnikov, antigo comandante de Petrogrado. O Comitê Militar Revolucionário teria dado uma fortuna por sua prisão.

— Nosso programa? — disse o oficial. — Aqui está: a terra voltará aos comitês agrários; os operários terão plena representação no controle da indústria; um vigoroso programa de paz, mas não um ultimato ao resto do mundo, como fizeram os bolcheviques. Os bolcheviques não conseguirão cumprir as promessas que fizeram às massas, nem mesmo aos camponeses. Não permitiremos... Eles roubaram nosso programa agrário para conseguir o apoio dos camponeses. Isso é desonestidade! Se eles tivessem esperado pela Assembléia Constituinte...

— A Assembléia Constituinte não importa! — interrompeu o outro. — Se os bolcheviques quiserem estabelecer um estado socialista, não poderemos cooperar com eles em hipótese alguma! Kerênski cometeu um erro grave. Ele revelou aos bolcheviques suas intenções ao anunciar, no Conselho da República, que tinha ordenado sua prisão...

— E agora, o que pretendem fazer? — perguntei.

Os dois homens olharam-se.

— Dentro de alguns dias, o senhor verá. Se conseguirmos o apoio de tropas suficientes, não faremos concessões aos bolcheviques. Caso contrário, talvez sejamos forçados a chegar a um acordo...

Na avenida Nevski, pegamos um bonde lotado. Tivemos que viajar equilibrados nos estribos que, de tão pesados, quase esbarravam no chão. Devagar, muito devagar, chegamos ao Smolni.

Meshkovski, um homem franzino, bem arrumado, andava pela sala, com ar preocupado. Informou-nos que as greves nos ministérios estavam começando a surtir efeito. Por exemplo, o Conselho dos Comissários do Povo havia prometido publicar os tratados secretos. Mas Neratov, o funcionário responsável, desaparecera levando consigo os documentos. Dizia-se que eles estavam na embaixada britânica...

Entretanto, o pior de tudo era a greve bancária. “Sem dinheiro”, disse Menzhinski, “não podemos fazer nada. Temos que pagar os salários dos ferroviários e dos empregados dos telégrafos... Os bancos estão fechados, inclusive o Banco do Estado, que poderia ter a solução para a situação. Todos os bancários foram subornados para parar de trabalhar. Mas Lênin ordenou que os cofres do Banco do Estado sejam abertos a dinamite, e baixou um decreto mandando os bancos particulares abrirem amanhã, ou nós mesmos os abriremos!”

ИЗВѢСТІЯ
Центральнаго Исполнительнаго Комитета
и Петроградскаго Совѣта
РАБОЧИХЪ и СОЛДАТСКИХЪ ДЕПУТАТОВЪ.
Декретъ о мирѣ,
принятый единогласно на засѣданіи Все-российскаго Съѣзда Совѣтовъ Рабочихъ Солдатскихъ и Крестьянскихъ Депутатовъ
26 октября 1917 г.

Decreto da Paz

O Soviete de Petrogrado estava a todo vapor, abarrotado de homens armados. Trótski falava: “Os cossacos estão recuando de Krasnoye Selo.” (Aplausos e gritos de alegria) “Mas a batalha está apenas começando. Em Pulkovo, a luta é difícil. Todas as forças disponíveis devem ser enviadas para lá... De Moscou, más notícias. O Kremlin está nas mãos dos *junkers*, e os operários têm poucas armas. O resultado depende de Petrogrado. No *front*, os decretos de Paz e Terra estão provocando grande entusiasmo. Kerênski está inundando as trincheiras com histórias mentirosas que falam de matanças e incêndios em Petrogrado, de mulheres e crianças massacradas pelos bolcheviques. Mas ninguém acredita nele... Os cruzadores *Oleg*, *Aurora* e *República* estão ancorados no Neva, com os canhões apontados para os limites da cidade...

— Por que você não está lá combatendo ao lado dos guardas vermelhos? — gritou uma voz rude.

— É o que vou fazer agora! — respondeu Trótski, e deixou a tribuna.

Seu rosto estava mais pálido que de costume. Passou pelo canto da sala, acompanhado por amigos, e correu para o automóvel que o esperava.

Agora falava Kameniev, descrevendo os procedimentos da conferência de conciliação. Os termos do armistício propostos pelos mencheviques, disse ele, haviam sido rejeitados com desprezo. Até o Sindicato dos Ferroviários tinha votado contra a proposta...

"Agora que conquistamos o poder e estamos arrebatando toda a Rússia", declarou, "só nos pedem três coisas: 1. Que entreguemos o poder. 2. Que convençamos os soldados a continuar com a guerra. 3. Que façamos os camponeses desistir da terra..."

Lênin fez uma breve aparição, para responder às acusações dos socialistas revolucionários:

"Acusam-nos de roubar seu programa agrário... Se isso aconteceu, estão de parabéns. Nós o consideramos excelente..."

E assim prosseguiu a reunião, os diversos líderes explicando, exaltando, discutindo; soldados, operários erguendo-se para falar o que pensavam e o que sentiam... A platéia renovava-se continuamente, num fluxo contínuo. De vez em quando entravam homens chamando determinados membros deste ou daquele destacamento para se dirigirem ao *front*. Homens dispensados, feridos, ou que haviam vindo ao Smolni para pegar armas ou equipamentos também se faziam presentes...

Eram 3 horas da manhã quando, ao deixarmos a sala, Holtzman, do Comitê Militar Revolucionário, entrou correndo, com expressão desfigurada.

"Está tudo bem!" ele gritou, agarrando minhas mãos. "Um telegrama da frente. Kerênski foi arrasado. Olhe só!"

Ele mostrou a folha de papel, rabiscada apressadamente a lápis. Percebendo que não conseguíamos entender o que estava escrito, leu em voz alta:

Pulkov, Estado-Maior, 2h10.
A noite de 30 para 31 de outubro* ficará na história. A tentativa de Kerênski de lançar as tropas contra-revolucionárias contra a capital da revolução foi reprimida definitivamente. Kerênski está recuando, e nós estamos avançando. Os soldados, marinheiros e operários de Petrogrado mostraram que, uma vez armados, podem e vão consolidar a autoridade da democracia. A burguesia tentou isolar o exército revolucionário. Kerênski tentou esmagá-lo, valendo-se da força dos cossacos. Os dois planos tiveram amarga derrota.

Ilustração feita por I. P. Anenkov, para o poema *Dvenadtzat* (Os Doze), de A. Blok, dedicado à Revolução

* Nota. Essa data está de acordo com o calendário juliano, treze dias atrasado em relação ao calendário ocidental, que só seria introduzido mais tarde. Portanto, de acordo com o nosso calendário, o fato se deu em 12-13 de novembro. Veremos, mais adiante, uma ordem do dia acompanhando o novo estilo.

O grandioso ideal do domínio da democracia proletária e camponesa uniu todas as tropas do exército e fortaleceu sua vontade. A partir de hoje, o país inteiro ficará convencido de que o poder dos sovietes não é algo efêmero, mas um fato incontestável... A derrota de Kerênski é a derrota dos grandes proprietários, dos burgueses e de todos os kornilovistas. A derrota de Kerênski é a confirmação do direito do povo a uma vida de paz, livre, do direito à terra, ao pão e ao poder. O destacamento de Pulkovo, com seu golpe decisivo, fortaleceu a causa da revolução dos operários e camponeses. O passado não mais voltará. Enfrentaremos lutas, obstáculos e sacrifícios. Mas o caminho está aberto, e a vitória é certa.

A Rússia revolucionária e o poder soviético orgulham-se da ação do destacamento de Pulkovo, comandado pelo coronel Walden. Os que tombaram nunca serão esquecidos! Glória aos guerreiros da revolução, aos soldados e oficiais que foram leais ao povo!

Viva a Rússia revolucionária, popular e socialista!

Em nome do Conselho,

Trótski, Comissário do Povo

A caminho de casa, passando pela praça Znambenski, notamos uma grande aglomeração na estação Nikolai. Milhares de marinheiros acotovelavam-se lá, empunhando seus fuzis.

De pé nos degraus da escada, um membro do *Vikjel* tentava convencê-los.

"Camaradas, não podemos levá-los conosco a Moscou. Somos neutros. Não carregamos tropas de nenhum partido. Não podemos levá-los a Moscou, onde já acontece uma terrível guerra civil..."

A fervente massa humana vociferava; os marinheiros começaram a forçar o caminho. De repente, escancarou-se um portão. Apareceram dois ou três guarda-freios, um maquinista, e gritaram:

"Por aqui, camaradas! Nós os levaremos a Moscou, a Vladivostok, aonde queiram! Viva a revolução!"

Glória aos que lutam pela libertação dos trabalhadores.
Litografia, autor anônimo (1921), Museu Central Estatal da História Contemporânea da Rússia

Capítulo 9

Vitória

Ordem Número 1
Às Tropas do Destacamento de Pulkovo

13 de novembro de 1917, 9 horas e 38 minutos.
Após sangrenta batalha, as tropas do destacamento de Pulkovo expulsaram as forças contra-revolucionárias, que recuaram de suas posições desordenadamente e fugiram por Tsarskoye Selo, em direção a Pavlovsk II e Gatchina.
Nossas unidades avançadas ocuparam a extremidade noroeste de Tsarskoye Selo e a estação Alekxandrovskaya. O destacamento de Kolpino estava à nossa esquerda e o de Tsarskoye Selo à nossa direita.
Ordenei que as forças de Pulkovo ocupassem Tsarskoye Selo, a fim de reforçar seus *approaches*, particularmente do lado de Gatchina.
Ordenei também que avançassem a fim de ocupar Pavlovskoye, reforçando seu lado sul, e a estrada de ferro até Dno.
As tropas devem tomar todas as medidas necessárias para fortalecer as posições por elas ocupadas, preparando trincheiras e tomando outras providências defensivas.
Elas devem manter estreita e constante ligação com os destacamentos de Colpinno e Krasnoye Selo, e também com o Estado-Maior do Comando Geral da Defesa de Petrogrado.
Assinado,

Comandante-em-chefe de todas as forças em combate
contra as tropas contra-revolucionárias de Kerênski.
Tenente-coronel Muraviov

Manhã de terça-feira. Mas como? Dois dias atrás, no campo de Petrogrado, havia apenas bandos sem líderes, vagando à toa, sem comida, artilharia ou planos. O que teria unido aquela massa desordenada de guardas vermelhos indisciplinados e soldados sem oficiais, transformado-os num exército obediente a um comando eleito por eles próprios, um exército decidido a enfrentar o ataque da artilharia e da cavalaria cossacas?[42]

Um povo em revolta tem o poder de desafiar todos os precedentes militares. Basta lembrar os esfarrapados exércitos da Revolução Francesa, por exemplo — Valmy e as linhas de Weissembourg. Unidos contra as forças sovietes encontravam-se os *junkers*, cossacos, grandes proprietários, nobres, as Centúrias Negras, e ainda a ameaça da volta do czarismo, da Okrana, das prisões siberianas... além da vasta e terrível ameaça germânica... Vitória, nas palavras de Carlyle, significava "glória e prosperidade sem fim!"

No domingo à noite, com os comissários do Comitê Militar Revolucionário retornando apressados do campo, a guarnição de Petrogrado elegia seu Comitê dos Cinco, seu estado-maior de combate: três soldados e dois oficiais, todos imaculadamente revolucionários. O coronel Muraviov, ex-patriota, estava no comando — era eficiente, mas precisava ser estreitamente vigiado. Em Colpinno, em Obukhovo, em Pulkovo e em Krasnoye Selo, foram formados destacamentos provisórios, que aumentavam a cada grupo extraviado que se incorporava a eles — soldados, marinheiros, guardas vermelhos, partes de regimentos, infantaria, cavalaria e artilharia — todos juntos, mais alguns blindados.

Ao raiar do dia, apareceram piquetes dos cossacos de Kerênski. Houve trocas de tiros e ordens de rendição. Através da planície árida, o ar gelado e parado transportava o som da batalha até os ouvidos dos bandos errantes que, sentados ao redor das fogueiras, esperavam... Estava começando! Eles rumaram para o combate. Nas estradas, hordas de trabalhadores apressavam o passo... De todos os lados, surgiam, como que saídos do nada, enxames humanos cheios de raiva, dispostos a lutar, e os comissários lhes atribuíam postos de combate ou outras ocupações. Essa batalha era *deles*, pelo mundo *deles*. Os oficiais em comando haviam sido eleitos por *eles*. Naquele momento, a incoerência das diferentes vontades unia-se em um só desejo...

Os marinheiros importantes na luta pelo poder dos Sovietes

Os que participaram da luta relataram como os marinheiros lutaram bravamente: quando acabou a munição, eles correram com toda sua fúria de encontro ao inimigo. Os trabalhadores, sem treino militar, atiravam-se em cima dos cossacos, derrubando-os dos cavalos. As hordas anônimas, escondidas na escuridão em torno do campo de batalha, elevaram-se em grande onda e assolaram o inimigo... Antes da meia-noite de segunda-feira, os cossacos foram dispersados e fugiram, deixando para trás sua artilharia. O exército do proletariado, numa frente maltrapilha, avançou até Tsarskoye, antes que o inimigo tivesse chance de destruir a grande estação telegráfica, de onde os comissários do Smolni irradiaram para o mundo inteiro as notícias da vitória...

"Todo o poder aos Sovietes de Deputados Operários, Soldados e Camponeses"

A TODOS OS SOVIETES DE DEPUTADOS DE OPERÁRIOS E SOLDADOS

A 12 de novembro, em sangrento combate perto de Tsarskoye Selo, o Exército revolucionário derrotou as tropas contra-revolucionárias de Kerênski e Kornilov. Em nome do Governo Revolucionário, ordeno que todos os regimentos mantenham a ofensiva contra os inimigos da democracia revolucionária e tomem todas as medidas para prender Kerênski, e também para impedir outras manifestações que possam ameaçar as conquistas da revolução e a vitória do proletariado.

Viva o Exército Revolucionário!

Muraviov

Notícias das províncias:

Em Sebastopol, o soviete local tinha assumido o poder. Uma enorme concentração de marinheiros dos navios de guerra ancorados no porto obrigou seus oficiais a jurar lealdade ao novo governo. Em Nizhni Novgorod, o soviete também tomara o poder. De Kazan, chegaram notícias de um confronto nas ruas, entre *junkers* e uma brigada de artilharia contra a guarnição bolchevique...

Combates encarniçados haviam irrompido em Moscou, mais uma vez. Os *junkers* e a Guarda Branca ocupavam o Kremlin e o centro da cidade, atacados por todos os lados pelas tropas do Comitê Militar Revolucionário. A artilharia soviética estava estacionada na praça Skobeliev, bombardeando as instalações da Duma Municipal, a prefeitura e o hotel Metropole. As pedras da ruas Tverskaya e Nikitskaya haviam sido arrancadas e usadas para construir barricadas. Os bairros dos grandes bancos e casas comerciais eram varridos por contínuas rajadas das metralhadoras. Não havia luz nem telefones. A população burguesa estava vivendo nos porões... O último boletim dizia que o Comitê Militar Revolucionário dera um ultimato ao Comitê de Segurança Pública, exigindo a rendição imediata do Kremlin. Caso contrário, o Kremlin seria bombardeado.

"Bombardear o Kremlin?" gritava o cidadão comum. "Eles não ousariam!"

De Vologda a Tchita, no extremo da Sibéria, de Pskov a Sebastopol, no mar Negro, nas grandes cidades e pequenas aldeias, acendera-se o estopim da guerra civil. Vindas de milhares de fábricas, de comunas camponesas, de regimentos e exércitos e de navios em alto-mar, as mensagens chegavam aos montes a Petrogrado, todas saudando o Governo Popular.

A Guarda Vermelha nas ruas de Tchita

O governo cossaco de Novocherkask telegrafou a Kerênski: "O governo das tropas cossacas convida o Governo Provisório e os membros do Conselho da República a vir, se possível, para Novocherkask, onde juntos poderemos organizar a resistência aos bolcheviques."

Comício realizado em Tachkent, em 12 de setembro de 1917, no qual foi exigida a entrega do poder aos Sovietes. O movimento nacionalista-libertador crescia na Finlândia, na Ucrânia, na Ásia Central

Na Finlândia, a situação começava a ficar agitada. O Soviete de Helsinque e o Tsentrobalt (Comitê Central da Frota do Báltico) decretaram, em conjunto, o estado de sítio e declararam que qualquer tentativa de interferir nas forças bolcheviques e qualquer resistência armada a suas ordens seriam duramente punidas. Ao mesmo tempo, o Sindicato dos Ferroviários da Finlândia convocou uma greve nacional, para aplicar imediatamente as leis aprovadas pela dieta socialista de junho de 1917, dissolvida por Kerênski...

Pela manhã, bem cedo, dirigi-me ao Smolni. Quando passava pela calçada de madeira que sai do portão externo, vi os primeiros flocos de neve — leves, hesitantes — caindo do céu cinzento e parado. "Neve!" gritou o soldado que estava à porta, deliciando-se. "Faz bem à saúde!" No interior, os longos corredores sombrios e as salas escuras pareciam abandonados. Nada se movia em todo o enorme edifício. De repente, um som grave e incômodo me chegou aos ouvidos. Ao procurar sua origem, percebi que todo o chão estava forrado de homens adormecidos. Homens rudes, sujos; operários, soldados, todos cobertos de lama já endurecida, espalhavam-se, sozinhos ou amontoados, em posições tão desguarnecidas que pareciam mortos. Alguns tinham partes do corpo enroladas em bandagens manchadas de sangue. No chão, abandonadas, armas e cartucheiras... Ali estava o vitorioso exército do proletariado!

Na cantina do primeiro andar, havia tantos homens amontoados que quase não se podia andar. O ar estava pesado. Uma luz tênue atravessava as janelas embaçadas. No balcão, um velho samovar, já frio, e muitas xícaras com restos de chá. Ao lado delas havia uma cópia do último boletim do Comitê Militar Revolucionário, de cabeça para baixo, rabiscado com letras irregulares. Era um memorial escrito por alguns soldados a seus camaradas mortos no combate contra Kerênski. O papel estava exatamente como ele o havia colocado na mesa antes de desmaiar de sono. As letras estavam borradas pelo que presumi serem lágrimas...

"Alexei Vinogradov
D. Moskvin
A. Voskressenski
D. Leonski
S. Stolbikov
D. Preobrazhenski
V. Laidonski
M. Berchikov

Esses homens foram convocados no dia 15 de novembro de 1916. Deles, só três sobreviveram:

Mikhail Berchikov
Alexei Voskressenski
Dmitri Leonski.

Dormi, águias guerreiras, descansai o espírito em paz.
Merecestes, irmãos, felicidade e paz eterna!
Sob a terra que vos cobre, não necessitais mais ser soldados.
Dormi, cidadãos!"

Somente o Comitê Militar Revolucionário ainda funcionava, vigilante. Skripnik saiu da sala interna e informou que Gotz tinha sido preso, mas negara terminantemente haver assinado a proclamação do Comitê para a Salvação, assim como Avksentiev. O próprio Comitê para a Salvação havia repudiado o apelo à guarnição. Ainda havia desafetos entre os regimentos da cidade, disse Skripnik. O regimento de Volhynski recusara-se a lutar contra Kerênski.

Diversos destacamentos de tropas "neutras", lideradas por Chernov, estavam em Gatchina, tentando dissuadir Kerênski de atacar Petrogrado.

Skripnik riu. "É impossível ser 'neutro' neste momento", disse. "Vencemos!" Seu rosto barbado, de traços fortes, abriu-se em exaltação quase religiosa. "Mais de 60 delegados chegaram das frentes, com garantias de apoio de todos os exércitos, exceto as tropas da frente romena, da qual não temos notícias. Os comitês do Exército interceptam as notícias de Petrogrado, mas agora montamos um sistema regular de mensageiros.

Descemos ao térreo, onde Kameniev acabava de entrar — extenuado pela sessão noturna da Conferência para a Formação de um

Novo Governo, porém feliz. "Os socialistas revolucionários já estão inclinados a admitir-nos no novo governo", ele me disse. "Os grupos de direita estão apavorados com os tribunais revolucionários. Estão tendo ataques de pânico, pedindo que os dissolvamos antes de mais nada... Aceitamos a proposta do *Vikjel* para a formação de um ministério socialista homogêneo, e eles estão trabalhando nisso neste momento. Tudo isso foi provocado por nossa vitória. Quando estávamos fracos, eles não nos aceitaram nem de graça. Agora, todos querem entrar em acordo com os sovietes... Mas ainda precisamos de uma vitória realmente definitiva. Kerênski propôs armistício, mas ele terá que capitular..."[43]

Era esse o espírito dos líderes bolcheviques. A um jornalista estrangeiro que pediu a Trótski uma declaração ao mundo, ele replicou: "Neste momento, a única declaração possível é a que estamos fazendo através das bocas de nossos canhões!"

No entanto, havia uma ansiedade velada sob a maré de vitória: a questão financeira. Em vez de abrir os bancos, como ordenara o Comitê Militar Revolucionário, o Sindicato dos Bancários havia convocado uma assembléia e decidido entrar em greve formal. O Smolni havia pedido 35 milhões de rublos ao Banco do Estado, e o caixa trancara os cofres, pagando somente aos representantes do Governo Provisório. Os reacionários estava usando o Banco do Estado como arma política; por exemplo, quando o *Vikjel* solicitou dinheiro para pagar os salários dos empregados das ferrovias, disseram-lhe para pedir ao Smolni...

Fui até o Banco do Estado conhecer o novo comissário, um bolchevique ruivo, ucraniano, chamado Petrovich. Ele tentava organizar o caos em que os funcionários grevistas haviam deixado os trabalhos. Em todas as salas do imenso edifício, voluntários, soldados e marinheiros suavam, com as línguas para fora demonstrando a intensidade do esforço, debruçados sobre os grossos livros, com um ar abobalhado...

O edifício da Duma estava apinhado. Ainda havia casos isolados de desafios ao novo governo, mas eram raros. O Comitê Agrário Central fizera um apelo aos camponeses, pedindo que não reconhecessem o decreto sobre a terra aprovado no Congresso dos Sovietes, pois isso provocaria o caos e a guerra civil. O prefeito Schreider anunciou que, devido à insurreição bolchevique, a eleição para a Assembléia Constituinte teria que ser adiada indefinidamente.

Duas questões pareciam predominar na mente de todos, chocados pela ferocidade da guerra civil: primeiro, uma trégua ao derramamento de sangue[44]; segundo, a criação de um novo governo. Não se ouvia mais ninguém falando em "destruir os bolcheviques", e poucos pensavam em excluí-los do governo, com exceção dos socialistas populistas e dos sovietes de

Barricadas na praça de Marinski, em Petersburgo

camponeses. Até o Comitê Central do Exército, o mais ferrenho inimigo do Smolni, telefonou, de Moghilev: "Se para constituir o novo ministério for necessário entrar em entendimento com os bolcheviques, concordaremos em admiti-los, *minoritariamente*, no gabinete."

Chamando ironicamente a atenção para os "sentimentos humanitários" de Kerênski, o *Pravda* publicou seu despacho ao Comitê para a Salvação:

De acordo com as propostas do Comitê para a Salvação e todas as organizações democráticas por ele congregadas, determinei a suspensão de toda e qualquer ação militar contra os rebeldes. Um delegado do Comitê foi enviado para começar as negociações. Façam tudo para impedir o derramamento inútil de sangue."

O *Vikjel* enviou o seguinte telegrama a toda a Rússia:

A Conferência do Sindicato dos Ferroviários com os representantes dos partidos beligerantes, que reconhecem a necessidade de um acordo, posiciona-se terminantemente contra o uso do terrorismo político na guerra civil, especialmente entre as diferentes facções da democracia revolucionária, e declara que o terrorismo político, sob qualquer forma, vem de encontro à própria idéia das negociações para a formação de um novo governo...

A conferência enviou algumas delegações ao *front* de Gatchina. Lá, tudo parecia caminhar para um acordo final. Tinha-se decidido, até, eleger um conselho popular provisório, composto por cerca de quatrocentos membros — 75 representando o Smolni, 75 representando o antigo Tsik, e o resto dividido entre as Dumas municipais, os sindicatos, comitês agrários e partidos políticos. O nome de Chernov foi sugerido como primeiro-ministro. Comentava-se que Lênin e Trótski seriam deixados de lado...

Por volta do meio-dia, encontrava-me novamente em frente ao Smolni, conversando com o motorista de uma ambulância que se dirigia à frente revolucionária. Será que me deixaria ir junto? É claro! Era um voluntário, estudante universitário. No caminho, gritava sobre o ombro frases num alemão sofrível: "*Also, gut! Wir mach die Kasernen zu essen gehen!*" Deduzi que serviriam almoço em algum quartel...

Na Kirochnaya, entramos num imenso pátio cercado de edifícios militares e subimos por uma escadaria escura até uma sala iluminada somente por uma janela. Havia cerca de 20 soldados sentados a uma longa mesa de madeira, comendo *shchi* (sopa de repolho), conversando em altos brados e rindo bastante.

"Bem-vindo ao Comitê do 6º Batalhão de Engenharia!" gritou meu amigo, apresentando-me como um socialista norte-americano. Ao ouvir isso, todos levantaram para apertar minha mão, e um velho soldado envolveu-me em seus braços, dando-me um beijo caloroso. Ganhei uma colher de madeira e ocupei meu lugar à mesa. Trouxeram uma tigela cheia de *kasha*, junto com um pão preto enorme e, como não poderia faltar, xícaras de chá. Todos, de uma vez só, começaram a indagar sobre os Estados Unidos: era verdade que, num país livre, as pessoas vendiam seus votos por dinheiro? Se era assim, como eles conseguiam o que queriam? E quanto a esse tal de Tammany?* Era verdade que, num país livre, um pequeno grupo de pessoas podia controlar toda uma cidade e explorá-la em benefício próprio? Por que o povo suportava isso? Mesmo no tempo do czar, esse tipo de coisa

* Nota. Alusão à organização política Tammany, ligada ao Partido Democrata em Nova York desde 1789, caracterizada pela prática do clientelismo e palco de inúmeros escândalos políticos. Sua influência deixou de se fazer notar por volta de 1970.

nunca poderia acontecer na Rússia. Aqui havia corrupção, é claro, mas comprar e vender uma cidade inteira! E num país livre! O povo não tinha sentimentos revolucionários? Tentei explicar que em meu país as pessoas tentavam mudar as coisas através de leis.

"Entendo", afirmou um jovem sargento chamado Baklanov, que falava francês. "Mas vocês não têm uma classe capitalista muito poderosa? Então a classe capitalista deve controlar a legislação e os tribunais. Como o povo pode mudar as coisas desse jeito? Estou aberto a explicações, pois não conheço o seu país, mas me parece incrível..."

Eu disse que estava a caminho de Tsarskoye Selo. "Eu também", disse Baklanov, de repente.

"E eu..." "E eu..." Todos na sala decidiram ir para Tsarskoye Selo naquele momento.

Alguém bateu à porta, que se abriu, revelando a figura de um coronel. Ninguém se levantou, mas todos o cumprimentaram. "Posso entrar?" perguntou o coronel. "*Prosim! Prosim!*" (Entre!), responderam calorosamente. Ele entrou, sorrindo. Um homem distinto, vestindo uma capa de couro bordada a ouro. "Parece que ouvi vocês dizendo que iam a Tsarskoye Selo, camaradas!", ele disse. "Posso acompanhá-los?"

Baklanov ponderou. "Acho que não há nada a fazer aqui, hoje", respondeu. "Sim, camarada, teremos prazer em tê-lo conosco". O coronel agradeceu e sentou-se, enchendo uma xícara de chá.

Em voz baixa, com medo de ferir o orgulho do coronel, Baklanov explicou-me. "Sou o presidente do comitê. Temos controle total sobre o batalhão, exceto em ação, quando designamos o coronel para nos comandar. Nas operações, as ordens dele devem ser obedecidas, mas ele deve se reportar a nós. Nos quartéis, ele deve pedir nossa permissão se quiser fazer alguma coisa... Ele poderia ser definido como nosso oficial executivo..."

Recebemos armas — revólveres e fuzis. "Podemos cruzar com alguns cossacos no caminho..." Acotovelamo-nos dentro da ambulância, junto com mais três enormes pacotes de jornais destinados à frente. Pegamos a Liteiny, depois a Zagarodny, chacoalhando sempre. A meu lado, um jovem com galões de tenente parecia falar todas as línguas européias fluentemente. Era membro do Comitê do Batalhão.

— Não sou bolchevique — ele atestou enfaticamente. — Venho de família muito antiga, de nobres. Digamos que sou um cadete...

— Mas como...? — balbuciei, surpreso.

— Faço parte do comitê. Não escondo minhas opiniões políticas, mas os outros não se importam, porque sabem que não irei impor minha vontade à maioria... No entanto, neguei-me a tomar parte na guerra civil, pois não acredito que tenha que pegar em armas contra meus irmãos russos...

— Provocador! Kornilovista! — brincavam os outros, dando tapinhas em seu ombro.

Nas comemorações do 1º de maio, a sombra ameaçadora da antiga águia de duas cabeças abriu suas asas sobre o novo emblema do governo

Passamos sob o grande arco de pedra da Porta de Moscou, coberto com hieróglifos dourados, altivas águias imperiais e nomes de czares, e entramos na estrada larga e reta, meio cinza e meio branca, devido aos primeiros flocos de neve. Estava cheia de guardas vermelhos, que se dirigiam a pé até à frente revolucionária, gritando e cantando; outros, enlameados e tristes, faziam o caminho de volta. A maior parte deles parecia ser bem jovem, meninos ainda. Mulheres com pás, algumas com fuzis e bandoleiras, outras com braçadeiras da Cruz Vermelha. Eram mulheres dos cortiços, curvadas, esgotadas por uma vida de trabalho duro. Pelotões de soldados marchavam fora de compasso, zombando amistosamente dos guardas vermelhos. Marinheiros carrancudos, crianças levando pacotes de comida para seus pais e mães. Todas essas pessoas passavam por nós, caminhando com dificuldade através da espessa camada de lama embranquecida que cobria as pedras da estrada. Passamos pela artilharia que, rangendo seus carros de munições, dirigia-se ao sul. Havia caminhões indo nas duas direções, abarrotados de homens armados. Ambulâncias cheias de feridos voltavam da batalha. Num carro de camponês que vinha chiando vagarosamente pela estrada estava um menino pálido, dobrado sobre o próprio estômago dilacerado, gemendo de dor. Nos campos dos dois lados, mulheres e homens idosos cavavam trincheiras e estendiam cercas de arame farpado.

As nuvens escuras foram rumo ao norte e, de repente, um sol tímido nos iluminou. Ao fundo da planície pantanosa, brilhava Petrogrado. À direita, cúpulas brancas, douradas e coloridas. À esquerda, altas chaminés, algumas cuspindo fumaça preta, e mais além o céu encontrava a Finlândia. Nos dois lados da estrada havia mosteiros, igrejas... De quando em quando, víamos um ou outro monge que, à distância, em silêncio, apreciava o vigor do exército proletário congestionando a estrada.

Em Pulkovo, a estrada se bifurcava. Paramos no meio de uma grande multidão, num ponto de confluência de três caminhos diferentes. O fluxo humano era estonteante. Amigos se reencontrando, animados, descrevendo as batalhas uns aos outros. As casas que davam para essa encruzilhada tinham as paredes marcadas por furos de balas, e uma grande extensão da terra em volta havia sido profundamente pisoteada e transformara-se em lama, revelando sinais de combate. A batalha aqui havia sido encarniçada... Perto dali, viam-se cavalos cossacos sem cavaleiros, circulando famintos em busca de pasto, mas a grama havia morrido fazia muito tempo. Bem em frente a nós, um desajeitado guarda vermelho tentava montar num deles, mas era uma queda atrás da outra, provocando risos de alegria infantil naqueles milhares de homens rudes.

A estrada à esquerda, pela qual os cossacos sobreviventes haviam se retirado, levava a uma pequena colina com uma choupana, de onde se tinha uma esplendorosa vista da vasta planície, triste como um mar sem vento e escurecida por nuvens espessas. Ao fundo, a cidade imperial, desaguando seus milhares de homens ao longo das estradas. Mais à esquerda, ficava a pequena colina de Krasnoye Selo, a praça de armas da colônia de férias da Guarda Imperial e a Fazenda Imperial. Nada quebrava a monotonia desse pedaço de terra, exceto alguns mosteiros e conventos protegidos por muralhas, uma ou outra fábrica, e diversas construções enormes e malcuidadas, que eram os asilos e orfanatos...

"Aqui", disse o motorista, quando subíamos uma colina deserta, "foi aqui que morreu Vera Slutskaya, membro bolchevique da Duma. Aconteceu hoje cedo. Ela estava num carro, com Zalkind e outro homem. Houve uma trégua, e eles decidiram ir até a frente. Vinham conversando e rindo, quando inesperadamente, do trem blindado em que viajava o próprio Kerênski, alguém viu o automóvel e disparou um canhão. A granada atingiu Vera Slutskaya..."

Chegamos finalmente a Tsarskoye, que fervilhava de orgulho pelo heroísmo do exército proletário. O palácio onde se instalara o soviete estava muito movimentado; o pátio, repleto de guardas vermelhos e marinheiros, sentinelas nas portas, mensageiros e comissários que se trombavam na saída e na entrada. Na sala do soviete, mais de cinqüenta operários, soldados, marinheiros e oficiais reuniam-se em volta de um samovar, bebendo chá e conversando, aos gritos. Num canto, dois operários tentavam fazer funcionar um multicopiador. Na mesa do centro, o enorme Dybenko debruçava-se sobre um mapa, marcando as posições para as tropas com lápis vermelhos e azuis. Em sua mão livre levava, como sempre, seu poderoso brinquedo: um grande revólver de aço. Dali a pouco, sentou-se em frente a uma máquina de escrever e começou a martelar com um só dedo; de vez em quando parava, pegava o revólver e girava o cilindro de modo carinhoso.

Sobre um sofá junto à parede, estendia-se um jovem operário. Dois guardas vermelhos inclinavam-se sobre ele, mas o resto da companhia não lhe dava nenhuma atenção. havia um buraco em seu peito. A cada batida de seu coração, o sangue jorrava por sobre as roupas. Tinha os olhos fechados, e sua face jovem e barbada já não possuía a cor dos vivos. Ainda respirava, embora com dificuldade, e a cada exalação repetia: "*Mir boudit! Mir boudit!*" (A paz chegará! A paz chegará!)

Dybenko reparou quando entramos. "Ah!" disse ele para Baklanov. "Camarada, pode ir ao quartel-general e assumir o comando? Espere, vou escrever suas referências." Foi até a máquina e devagar começou a escrever, procurando cada letra.

O novo comandante de Tsarskoye Selo e eu nos dirigimos ao palácio de Catarina. Baklanov sentia-se estimulado e importante. Na sala branca e primorosamente decorada, cujos detalhes estavam sendo investigados por alguns guardas vermelhos, meu velho amigo, o coronel, achava-se ao lado da janela, mordendo o bigode. Cumprimentou-me como a um irmão saudoso. Sentado a uma mesa perto da porta, o francês da Bessarábia. Os bolcheviques haviam ordenado que ele permanecesse e continuasse seu trabalho.

"O que eu podia fazer?", ele sussurrou. "Pessoas como eu não podem lutar nem de um lado nem de outro numa guerra como essa, mesmo que sintamos repugnância pela ditadura da plebe... Eu só lamento estar tão longe de minha mãe, na Bessarábia!"

Baklanov assumiu o cargo oficialmente, das mãos do comandante.

— Aqui estão as chaves de minha escrivaninha — disse o coronel, nervoso.

Um guarda vermelho interrompeu.

— Onde está o dinheiro? — perguntou, de modo agressivo.

O coronel pareceu surpreso.

— Dinheiro? Que dinheiro? Ah! O baú, você quer dizer. Lá está ele, do jeito como o encontrei quando tomei posse, três dias atrás — disse o coronel. — As chaves? Não tenho as chaves — disse, dando de ombros.

O guarda vermelho comentou, ironicamente:

— Muito conveniente — disse.

— Vamos abrir o baú — disse Baklanov — Tragam um machado. Aqui temos um camarada norte-americano. Deixemos que ele arrombe o baú e nos diga o que há lá dentro.

Golpeei o baú de madeira com o machado. Ele estava vazio.

— Vamos prendê-lo — disse o guarda vermelho, com rancor. — Ele é comparsa de Kerênski. Roubou o dinheiro e o entregou a ele.

Baklanov não queria fazer isso.

— Não — ele disse. — Foi o kornilovista antes dele. Ele não é culpado.

— Conversa! — disse o guarda vermelho. — Ele é partidário de Kerênski, tenho certeza. Mesmo se não mandar prendê-lo nós o faremos, e o levaremos para a Fortaleza de Pedro e Paulo em Petrogrado, que é o lugar dele!

Os outros guardas vermelhos grunhiram em assentimento. O coronel lançou-nos um olhar desesperançoso e foi levado pelos guardas...

Diante do palácio do soviete, estava parado um caminhão que partiria para a frente. Meia dúzia de guardas vermelhos, alguns marinheiros, um ou dois soldados, comandados por um operário troncudo, embarcaram e me chamaram para ir junto. Guardas vermelhos saíam do quartel-general cambaleando sob o peso das braçadas de pequenas granadas de *grubit* — que, segundo eles, é dez vezes mais forte e cinco vezes mais sensível que dinamite — e as depositavam em nosso caminhão. À parte traseira do veículo, amarraram, com pedaços de corda e arame, um canhão de três polegadas carregado.

Partimos com um grito e, naturalmente, a toda velocidade. O pesado caminhão chacoalhava sem parar, dançando sobre as rodas, e as bombas de *grubit* rolavam para lá e para cá, sob nossos pés, chocando-se contra a parede da carroceria.

Um gigantesco guarda vermelho, chamado Vladimir Nikolayavich, importunava-me a todo instante com perguntas sobre os Estados Unidos. "Por que vocês entraram na guerra? Os trabalhadores americanos estão preparados para derrubar o capitalismo? Qual é a situação atual do caso Mooney?* Berkman**

* Nota. Thomas J. Mooney, militante trabalhista radical, acusado de atentado a bomba em 22 de junho de 1916, em São Francisco, EUA. Considerado culpado, foi condenado à forca, pena depois comutada para prisão perpétua. Saiu da prisão em 1939, morrendo três dias depois.

** Nota. Alexander Berkman, militante anarquista de família judia emigrada da Rússia para os EUA. Em 1919, após um período de prisão por propaganda antibélica, foi deportado para a Rússia. Entretanto, como anarquista, não foi bem-aceito na Rússia bolchevique, indo para a Suécia, para a Alemanha e estabelecendo-se, por fim, na França. Suicidou-se em 1936.

será extraditado para São Francisco?" e outras, todas difíceis de responder e feitas aos gritos, mais alto que o barulho do caminhão, enquanto nos segurávamos uns nos outros e sapateávamos por cima das bombas que continuavam a rolar.

De quando em quando, uma patrulha tentava parar o veículo. Os soldados se punham no meio da estrada e gritavam: "*Stoi!*" (Alto!), brandindo seus fuzis.

Mas não dávamos atenção. "Vão para o inferno!" gritavam os guardas vermelhos. "Não paramos para ninguém! Somos guardas vermelhos!" Desse modo, imperiosamente, seguíamos jornada, enquanto Vladimir Nikolayevich interrogava-me sobre a internacionalização do Canal do Panamá e coisas desse tipo...

— Onde é a frente de combate, companheiros?

O marinheiro que comandava a tropa parou e coçou a cabeça.

— Hoje de manhã, estava meio quilômetro estrada abaixo. Mas agora não está em lugar nenhum. Andamos, andamos, mas não encontramos nada.

Eles subiram no caminhão, e prosseguimos. Depois de um quilômetro, talvez um quilômetro e meio, Vladimir Nikolayevich levou a mão em concha ao ouvido e pediu que o motorista parasse.

"Tiros!", disse. "Estão ouvindo?" Ficamos um momento em silêncio e então escutamos, um pouco adiante, três tiros consecutivos vindos da esquerda. Essa parte da estrada era cercada por densa mata, com muitas árvores em ambos os lados. Muito atentos, seguimos devagar, falando em sussurros, até o caminhão alcançar o lugar de onde os tiros pareciam ter vindo. Descemos e nos espalhamos. Cada homem levando um fuzil, adentramos a floresta, silenciosamente.

Enquanto isso, dois camaradas desataram o canhão e o viraram de modo que cobrisse nossa retaguarda.

A mata estava silenciosa. Já não havia folhas, e os troncos ganhavam uma cor pálida sob a luz oblíqua e amarelada do sol de outono. Nada se movia, exceto o gelo formado nas poças do charco, a cada passo nosso. Seria uma emboscada?

Penetramos fundo na mata, sem encontrar nada, até que as árvores começaram a escassear, então paramos. Um pouco além, numa pequena clareira, deparamos com três soldados sentados em frente a uma pequena fogueira, completamente distraídos.

Vladimir Nikolayevich deu um passo adiante. "*Zra'zvuitye* (Bom dia) camaradas!", cumprimentou. Para protegê-lo, um canhão, vinte fuzis e um carregamento de bombas de *grubit*, prontos para entrar em ação. Os soldados deram um pulo.

— Ouvimos tiros. Vieram daqui?

Um dos soldados respondeu, aliviado:

— Ah, é que estávamos caçando uns coelhos, camarada...

O caminhão retomou viagem, rumo a Romanov. O dia estava claro e calmo. Na primeira encruzilhada, dois soldados pularam na nossa frente, apontando os fuzis. Diminuímos a marcha e paramos.

— Seus passes, camaradas!

Os guardas vermelhos reclamaram bem alto:

— Somos guardas vermelhos, não precisamos de passes... Vá embora, não ligue para eles!

Mas um marinheiro objetou.

— Está errado, camaradas. Devemos manter a disciplina revolucionária. E se vierem contra-revolucionários dentro de um caminhão alegando: "Não precisamos de passes?" Esses camaradas não conhecem vocês.

Começou a discussão. No entanto, todos eles, marinheiros e soldados, acabaram concordando com o primeiro. Resmungando,

A patrulha, com severidade, examinava os documentos de todos os cidadãos

cada um dos guardas vermelhos apresentou seu sujo *bumaga* (passe). Todos eram iguais, exceto o meu, que fora expedido pelo Estado-Maior Revolucionário do Smolni. Os sentinelas disseram que eu teria que acompanhá-los. Os guardas vermelhos objetaram veementemente, mas o marinheiro que havia falado primeiro insistiu: "Sabemos que esse é um verdadeiro camarada", disse ele. "Mas existem ordens do comitê, e essas ordens devem ser obedecidas. É essa a disciplina revolucionária..."

Para não causar mais problemas, desci do caminhão e acompanhei sua partida. Ao desaparecer na estrada, todos ainda me acenavam um adeus. Os soldados trocaram idéias baixinho e em seguida colocaram-me contra um muro. Logo percebi o que iria acontecer: eles vão me matar!

Olhei para os lados. Não se via viva alma em nenhuma direção. O único sinal de vida era a fumaça proveniente de uma *dacha*, um casebre de madeira, a cerca de um quilômetro e meio adiante. Os dois soldados já se afastavam da estrada para tomar distância. Desesperado, corri até deles.

— Mas camaradas! Olhem! Este é o selo do Comitê Militar Revolucionário!

Examinaram meu passe com ar obtuso e depois se entreolharam.

— Mas este é diferente dos outros — disse um deles com teimosia.

— Não sabemos ler, camarada!

— Venha — disse eu, pegando-o pelo braço. — Vamos até aquela casa. Alguém lá deve saber ler.

— Não — disse um.

O outro examinou-me e murmurou:

— Por que não? Afinal, matar um inocente é crime sério.

Andamos até a casa e batemos à porta. Atendeu-nos uma mulher gorda e baixa, que deu um pulo para trás de susto, balbuciando:

— Não sei nada sobre eles! Não sei nada sobre eles!

Um dos guardas deu-lhe o passe. Ela gritou.

— Leia este papel, camarada.

Hesitante, ela pegou o papel e leu-o em voz alta:

O portador deste passe, John Reed, é representante da social-democracia norte-americana, um internacionalista...

Novamente na estrada, os dois soldados conjeturavam. "Temos que levá-lo ao Comitê do Regimento", disseram. A noite caía rapidamente enquanto nos arrastávamos pela estrada lamacenta. De vez em quando encontrávamos pelotões de soldados, que circulavam ao meu redor, lançando olhares ameaçadores, examinando meu passe e divergindo em opiniões: deviam ou não fuzilar-me?

Já era noite quando chegamos ao quartel do 2º de Fuzileiros de Tsarskoye Selo, uma série de edifícios baixos espalhados ao longo da estrada. Na entrada, um grupo de soldados em postura relaxada fez perguntas desconfiadas. Um espião? Um provocador? Subimos uma escada em caracol que levava a uma sala enorme e simples, com um grande aquecedor no centro, e fileiras de camas de lona no chão, onde cerca de mil soldados jogavam cartas, conversavam, cantavam ou simplesmente dormiam. No teto, um grande rombo feito pela artilharia de Kerênski...

Fiquei parado à porta. Imediatamente, todos silenciaram e voltaram o olhar para mim. De repente, começaram a se movimentar, devagar a princípio, depois com rapidez, agressivos, com os rostos cheios de ódio. "Camaradas! Camaradas!" gritou um de meus guardas. "Comitê! Comitê!" A turba parou e formou um cerco em torno de mim, resmungando. Um jovem magro, usando braçadeira vermelha, aproximou-se.

"Quem é ele?", perguntou agressivamente. Os guardas explicaram. "Deixe-me ver os papéis!" Ele leu os papéis com muita atenção, olhando-me de modo interessado. Em seguida sorriu e devolveu-me o passe. "Camaradas, este aqui é um camarada norte-americano. Sou o presidente do comitê e dou-lhe as boas-vindas ao regimento..." O clima apreensivo deu lugar à euforia geral. Todos queriam apertar minha mão.

"Ainda não jantou? Nós, aqui, já jantamos. Vou levá-lo ao clube dos oficiais. Alguns deles falam seu idioma..."

Ele me conduziu através do pátio até a entrada de outro edifício. Um jovem com ar aristocrático e ombreiras de tenente estava entrando. O presidente disse quem eu era, deu-me um aperto de mão e partiu.

"Stepan Georgevich Morovski, às suas ordens", disse o tenente, num francês perfeito. Do suntuoso saguão saía uma escadaria cerimonial cujo final era iluminado por lustres resplandecentes. No segundo andar havia sala de bilhar, sala de jogo e uma biblioteca cuja porta dava para o corredor. Entramos na sala de jantar. No centro, uma longa mesa em que sentavam-se cerca de vinte oficiais uniformizados, usando suas espadas com punhos de ouro e prata e as fitas e cruzes das ordens imperiais. Todos se levantaram à minha chegada e deram-me um lugar ao lado do coronel, um homem com barba grisalha, alto e imponente. Os ordenanças serviam o jantar com destreza. O ambiente era igual ao dos refeitórios de oficiais de qualquer outro lugar na Europa. Onde estava a revolução?

— Vocês não são bolcheviques? — perguntei a Morovski.

A pergunta provocou alguns sorrisos na mesa, mas percebi alguns olhares furtivos aos ordenanças.

— Não — respondeu meu amigo. — Só há um oficial bolchevique neste regimento. Ele está em Petrogrado esta noite. O coronel é menchevique. O capitão Kherlov é cadete. Quanto a mim, sou um socialista revolucionário de direita... Eu diria que a maior parte dos oficiais do Exército não são bolcheviques mas, como eu, acreditam na democracia e acreditam que devem seguir as massas de soldados...

Depois de terminado o jantar, trouxeram mapas, que o coronel espalhou sobre a mesa. Todos se juntaram para ver.

— Aqui — disse o coronel apontando para as marcas de lápis — estavam nossas posições esta manhã. Vladimir Krylovich, onde está sua companhia?

— Seguindo ordens, — disse o capitão Kherlov, pondo o dedo no mapa — ocupamos posições ao longo desta estrada. Karsavin rendeu-se às cinco horas.

Neste momento, a porta abriu-se e surgiu o presidente do comitê do regimento, acompanhado de um soldado. Uniram-se ao grupo, por trás do coronel, tentando ver o mapa.

— Bom — disse o coronel — Agora, os cossacos recuaram dez quilômetros em nosso setor. Acho que não será necessário ocupar posições avançadas. Senhores, esta noite conservem a linha atual, reforçando as posições...

— Com licença... — interrompeu o presidente do comitê do regimento. — Temos ordens de avançar com força total e preparar-nos para combater os cossacos ao norte de Gatchina pela manhã. Uma derrota definitiva se faz necessária. Por favor, queiram tomar providências quanto a isso.

Houve um momento de silêncio. O coronel voltou-se novamente para o mapa.

— Muito bem — disse ele, mudando o tom. — Stepan Georgevich, por favor...

Traçando rapidamente algumas linhas com lápis azul, deu suas ordens, anotadas em taquigrafia por um sargento. Em seguida, o sargento saiu, voltando dez minutos depois, já com as ordens datilografadas e uma cópia em carbono. O presidente do comitê estudou o mapa tendo à sua frente uma cópia das ordens.

— Muito bem — disse ele, levantando-se.

Dobrou a cópia em carbono e meteu-a no bolso. Assinou a outra, carimbou-a com um selo redondo que tirou do bolso e entregou-a ao coronel...

Esta era a revolução!

Voltei ao palácio do soviete, em Tsarskoye, no carro do estado-maior do regimento. Lá, a mesma multidão de operários, soldados e marinheiros entrava e saía; os mesmos caminhões, blindados e artilharia aglomerados na entrada, gritos e risos exaltados, provocados por uma vitória sem precedentes. Meia dúzia de guardas vermelhos forçavam a entrada, entre eles um padre, que me informaram ser o padre Ivan, que abençoara os cossacos quando estes entraram na cidade. Depois, fiquei sabendo que havia sido executado...[45]

Dybenko estava saindo. Deu algumas ordens rápidas e foi embora. Na mão, sempre o enorme revólver. Um automóvel esperava-o, com o motor ligado. Entrou no banco de trás sozinho e partiu — partiu para Gatchina, para derrotar Kerênski.

Já era quase noite quando ele atingiu os limites da cidade e dali prosseguiu a pé. O que Dybenko disse aos cossacos, ninguém sabe, mas o fato é que o general Krasnov e seu estado-maior, junto com milhares de cossacos, renderam-se e aconselharam Kerênski a fazer o mesmo[46].

Quanto a Kerênski, reproduzirei aqui o depoimento feito pelo general Krasnov, na manhã de 14 de novembro:

Gatchina, 14 de novembro de 1917. Hoje, por volta das três horas da madrugada, fui chamado pelo Comandante Supremo (Kerênski). Ele estava muito agitado e nervoso.
"General", disse-me, "o senhor me traiu. Seus cossacos declaram categoricamente que irão prender-me e entregar-me aos marinheiros."
"Sim", respondi, "estão pensando em fazer isso, e eu sei que o senhor não tem mais simpatizantes em lugar algum."
"Mas os oficiais dizem a mesma coisa."

"Sim, os oficiais são os mais insatisfeitos com o senhor."

"O que devo fazer? Suicidar-me!"

"Se é um homem honrado, deve dirigir-se imediatamente a Petrogrado com uma bandeira branca, apresentar-se ao Comitê Militar Revolucionário e iniciar conversações, na sua qualidade de chefe do Governo Provisório."

"Muito bem. Farei isso, general."

"Designarei uma escolta e pedirei que um marinheiro o acompanhe."

"Não, um marinheiro, não. Sabe se é verdade que Dybenko está aqui?"

"Não sei quem é Dybenko.

"É meu inimigo."

"Não há o que fazer. Quando se aposta alto, é preciso saber aproveitar as chances."

"Sim. Partirei esta noite."

"Iria parecer uma fuga. Parta tranqüilamente, a céu aberto, para que todos vejam que não está fugindo."

"Muito bem. Mas preciso de uma escolta que me proteja de verdade."

"Está bem."

Saí e chamei o cossaco Russkov, do 10º Regimento do Don. Ordenei que escolhesse dez cossacos para acompanhar o Comandante Supremo. Meia hora depois, os cossacos vieram informar-me que Kerênski não estava em seus aposentos, que havia fugido. Dei o sinal de alarme e ordenei que procurassem por ele, supondo que ele não poderia sair de Gatchina, mas não foi encontrado...

Kerênski fugiu sozinho, "disfarçado de marinheiro", e com essa atitude perdeu o último resquício de popularidade que ainda poderia ter junto ao povo russo...

Voltei a Petrogrado, no banco da frente de um caminhão conduzido por um operário e lotado de guardas vermelhos. Como não tínhamos querosene, nossas lanternas estavam apagadas. A estrada estava coberta por homens do exército proletário, que voltavam para casa, e pelos outros que iriam substituí-los. Caminhões enormes, colunas de artilharia assomavam de repente, no breu da noite, todos sem luz, como nós. Seguíamos como loucos, esquivando-nos para a esquerda, para a direita, evitando colisões que pareciam inevitáveis, derrapando... e ouvindo os nomes nada educados com que os pedestres nos brindavam...

Lá longe, no horizonte, resplandeciam as luzes da capital, desmedidamente mais belas à noite que de dia, como uma barreira de pedras preciosas em meio à planície inóspita.

O velho operário que conduzia o caminhão mantinha uma só mão ao volante, enquanto a outra era usada num gesto largo, exaltando a capital que brilhava ao longe.

"Minha!" disse ele, e sua expressão se iluminou. "Agora, você é toda minha! Minha Petrogrado!"

Catedral de São Isaac, em São Petersburgo (antiga Petrogrado)

Moscou Vermelha: coração da revolução proletária mundial. Litografia, autor anônimo (1920), Museu Central Estatal da História Contemporânea da Rússia

Capítulo 10

Moscou

O Comitê Militar Revolucionário deu continuidade à sua vitória com intensidade obstinada:

14 de novembro.

A todos os comitês de corpos, divisões e regimentos do Exército, a todos os sovietes de operários, soldados e camponeses, a todos, sem restrição.
Em conformidade com o acordo entre os cossacos, *junkers*, soldados, marinheiros e operários, foi decidido levar Alexander Feodorovich Kerênski perante um tribunal do povo. Determinamos que Kerênski seja preso, em nome da organização supracitada, e trazido imediatamente a Petrogrado para apresentar-se ao tribunal.
Assinado,

Os cossacos da 1ª Divisão de Cavalaria de Ussur; o Comitê de Junkers do Destacamento de Franco-Atiradores de Petrogrado; o delegado do 5º Exército, O Comissário do Povo, Dybenko

O Comitê para a Salvação, a Duma, o Comitê Central do Partido Socialista Revolucionário — que orgulhosamente reivindicavam Kerênski como um de seus membros — protestaram veementemente, alegando que ele só poderia ser julgado pela Assembléia Constituinte.

Na noite de 16 de novembro, vi 2 mil guardas vermelhos descerem a avenida Zagorodny, atrás de uma banda militar que tocava a Marselhesa — uma combinação perfeita — com bandeiras vermelho-sangue pairando sobre as cabeças dos humildes trabalhadores, que ali estavam para dar as boas-vindas a seus irmãos que haviam defendido a "Petrogrado Vermelha". Sob a triste luz do ocaso eles caminhavam — homens e mulheres — brandindo suas longas baionetas; pelas ruas escuras e cheias de lama, por entre multidões de burgueses calados — arrogantes, mas temerosos...

Todos estavam contra eles: negociantes, especuladores, investidores, donos de terras, oficiais do exército, políticos, professores, estudantes, profissionais liberais, donos de lojas, vendedores. Os outros partidos socialistas nutriam pelos bolcheviques um ódio implacável. Do lado dos sovietes estavam os trabalhadores mais pobres, marinheiros, todos os soldados que acreditavam na guerra, os camponeses sem terra e alguns — poucos — intelectuais.

Cidade de Povoljia, Sarátov

Dos cantos mais distantes da imensa Rússia, onde cresciam os combates de rua, as notícias da derrota de Kerênski amplificaram o eco da magnífica vitória do proletariado. Em Kazan, Saratov, Novgorod e Vinnitza, os combates haviam sido sangrentos. Em Moscou, os bolcheviques haviam voltado sua artilharia para o último baluarte da burguesia: o Kremlin.

"Estão bombardeando o Kremlin!" A notícia corria de boca a boca nas ruas de Petrogrado, provocando pavor. Os que vinham de Moscou, da "branca e reluzente mãe Moscou", relatavam fatos horrorosos. Milhares de mortos; a Tverskaya e a Kuznetski ardiam em chamas; a igreja de São Basílio (Vasili Blazhenny) fora reduzida a ruínas; a catedral de Usspenski estava prestes a desabar; a Porta de Spasskaya, do Kremlin, estava abalada; da Duma, só restaram cinzas[47].

Nada que os bolcheviques fizessem poderia ser comparado a essa vergonhosa blasfêmia praticada no coração da Santa Rússia. Aos ouvidos dos devotos só chegava o estrondo da artilharia atingindo a Santa Igreja Ortodoxa e reduzindo a pó o santuário da nação russa...

Em 15 de novembro, Lunacharski, comissário da Educação, desatou a chorar durante a sessão do Conselho dos Comissários do Povo e teve que retirar-se: "Não consigo suportar! Não suporto essa destruição absurda da beleza e da tradição..."

Naquela tarde, sua carta de renúncia foi publicada nos jornais:

Catedral de São Basílio, na Praça Vermelha, em Moscou

Acabo de ser informado, por pessoas vindas de Moscou, do que está acontecendo lá.
A catedral de São Basílio, o Abençoado, e a catedral da Assunção, estão sendo bombardeadas. O Kremlin, onde se encontram os mais importantes tesouros artísticos de Petrogrado e de Moscou, está sob fogo da

artilharia. Há milhares de vítimas.
Essa luta aterrorizante atinge o auge da selvageria.
O que restou? O que mais pode acontecer?
Não consigo agüentar. Esta foi a gota d'água. Sou incapaz de suportar tais horrores. É impossível trabalhar sob a pressão de pensamentos que me levam à loucura!
Por essa razão, deixo o Conselho de Comissários do Povo.
Compreendo a gravidade de minha decisão. Mas não suporto mais...[48]

Naquele mesmo dia, os guardas brancos e *junkers* que ocupavam o Kremlin renderam-se e puderam abandonar o edifício sem ser molestados. Estas foram as condições do tratado de paz:

1 — O comitê de Segurança Pública deixa de existir.
2 — A Guarda Branca entrega as armas e é dissolvida. Os oficiais conservam suas espadas e armas regulamentares. As escolas militares conservarão somente as armas necessárias à instrução; todas as armas em poder dos *junkers* serão devolvidas. O Comitê Militar Revolucionário garante a liberdade e inviolabilidade pessoais.
3 — A fim de resolver a questão do desarmamento, como previsto na seção 2, será nomeada uma comissão especial, consistindo em representantes de todas as organizações que tomaram parte nas negociações de paz.
4 — A partir do momento da assinatura deste tratado de paz, ambas as partes devem cessar fogo imediatamente e suspender as operações militares, tomando medidas para assegurar a obediência irrestrita a esta ordem.
5 — Após firmar este tratado, as duas partes devem libertar seus prisioneiros...

Os bolcheviques já estavam controlando a cidade fazia dois dias. Os cidadãos, assustados, saíam sorrateiramente dos porões para espiar os mortos; as barricadas estavam sendo removidas das ruas. Entretanto, em Moscou, em vez de diminuírem, os relatos de destruição continuavam a ganhar força... Foram esses relatos escabrosos que nos fizeram ir até lá.

Petrogrado, na realidade, apesar de haver sediado o governo por um século, ainda é uma cidade artificial. A verdadeira Rússia está em Moscou, a Rússia de ontem e a de amanhã. Em Moscou, teríamos a noção precisa do verdadeiro sentimento do povo russo para com à revolução. Lá, a vida era mais intensa.

Durante toda a semana anterior, o Comitê Militar Revolucionário de Petrogrado, auxiliado pelos ferroviários, havia detido o controle da ferrovia Nikolai e enviado diversos trens repletos de marinheiros e guardas vermelhos para o sudoeste... Recebemos passes do Smolni, sem os quais ninguém podia deixar a capital... Quando o trem entrou na estação, uma turba de soldados maltrapilhos, todos carregando imensas sacolas com mantimentos, se atirou contra as portas e janelas e invadiu todos os compartimentos, enchendo os corredores e até subindo no teto. Eu e mais dois amigos conseguimos abrir caminho à força e chegar a uma cabine, mas fomos imediatamente seguidos por mais de vinte soldados... Só havia espaço para quatro pessoas; discutimos, reclamamos — até o condutor veio em nosso auxílio —, mas os soldados só riam. Por que deveriam importar-se com o conforto de um punhado de *boorzhui* (burgueses)? Mostramos os passes do Smolni, e isso os fez mudar de atitude instantaneamente.

"Venham, camaradas", gritou um deles, "São *tovarishchi* (camaradas) americanos. Viajaram muito para ver nossa revolução e devem estar cansados..."

Desculpando-se educada e amavelmente, os soldados começaram a sair. Instantes depois, percebemos, pelo barulho, que estavam arrombando uma cabine ocupada por dois homens gordos e bem-vestidos, que tinham subornado o condutor e trancado a porta...

Partimos da estação às 19 horas. O comboio era enorme, puxado por uma locomotiva movida a lenha, que percorria seu caminho lentamente, com muitos solavancos e fazendo muitas paradas. Os soldados que viajavam no teto batiam os calcanhares e cantavam lamentos camponeses. No corredor, tão abarrotado que era impossível passar, a noite foi preenchida por acaloradas discussões sobre política. De vez em quando, o condutor passava pedindo as passagens, como era seu costume. Não encontrou muitas além das nossas e, depois de tentar em vão por meia hora, num gesto de impaciência jogou os braços ao ar e foi embora. O ar era sufocante, cheio de fumaça e cheiro de corpos sujos. Se o vidro da janela não estivesse quebrado, certamente teríamos morrido asfixiados durante a noite.

Horas depois, já de manhã, a neve cobria toda a paisagem. O frio era intenso. Por volta do meio-dia, subiu uma camponesa com uma cesta cheia de pedaços de pão e uma enorme lata de um líquido morno parecido com café. Dali até escurecer, nada além de nosso trem — chacoalhando e parando — e algumas estações, onde multidões famintas tomavam de assalto restaurantes pobres, deixando os balcões completamente vazios... Numa dessas paradas, encontrei Nogin e Rykov, comissários dissidentes que retornavam a Moscou para expor suas queixas a seu próprio soviete*; e mais adiante encontramos Bukhárin, homem baixo e de barba ruiva, com olhos de fanático — "mais esquerdista que Lênin", é como o descreviam...

Soaram as três badaladas anunciando a partida e corremos para o trem, serpenteando pelo corredor apinhado e barulhento, até a cabine... Eram todos homens de boa índole, que suporta-

* Ver Capítulo 11.

vam o desconforto com paciência e bom humor, que não paravam de discutir, fosse o assunto qual fosse, desde a situação em Petrogrado até o sistema sindical britânico, provocando os poucos *boorzhui* a bordo. Antes de chegarmos a Moscou, cada vagão já havia organizado um comitê para vigiar e distribuir a comida, e esses comitês já tinham se dividido em facções políticas que brigavam por seus princípios fundamentais...

A estação de Moscou estava deserta. Fomos ao gabinete do comissário para obter nossas passagens de volta. Era um jovem taciturno, com galões de tenente. Quando mostramos nossos papéis do Smolni, ele ficou irritado e declarou que não era bolchevique, mas representante do Comitê de Segurança Pública... Era um fato característico: em meio à confusão, preocupados em reorganizar o caos gerado pela conquista da cidade, os vitoriosos haviam se esquecido da estação ferroviária principal...

Não havia um táxi sequer. Andamos algumas quadras e acordamos um *izvozchik*, que dormia sentado na cabine de seu pequeno coche, decorado com um tecido ridículo.

— Quanto custa até o centro da cidade?

Ele coçou a cabeça e disse:

— Os *barini* não vão encontrar lugar em nenhum hotel, mas por cem rublos posso levá-los...

Antes da revolução custava apenas dois! Reclamamos, mas ele simplesmente deu de ombros. "É preciso ter muita coragem para dirigir um coche, hoje em dia", continuou.

Pechinchamos muito, mas não conseguimos baixar para menos de 50... Enquanto cruzávamos as ruas escuras, quietas, cobertas pela neve, ele relatava suas aventuras durante os seis dias de luta. "Conduzindo sozinho, ou esperando por algum passageiro, na esquina", disse, "e de repente: Pum!! Uma bala de canhão explodiu bem ali... Pum!! Outra lá... ra-ta-ta-tá... uma metralhadora... Saí a galope, mas os demônios atiravam para todos os lados. Finalmente, consegui encontrar uma rua tranqüila. Estacionei, e quando estava quase dormindo... Pum!! Outra bala de canhão... ra-ta-ta-tá... Demônios! Demônios! Brrr!"

No centro da cidade, as ruas forradas de neve exalavam quietude de convalescença. Havia poucas luzes acesas, e nas calçadas pouquíssimos transeuntes apressados. Proveniente da grande planície, um vento glacial gelava até os ossos. No primeiro hotel que entramos, a recepção estava iluminada por duas velas.

"Sim, temos quartos muito confortáveis, mas as balas acabaram com todas as janelas. Se os *gospodin* (senhores) não se incomodarem com um pouco de ar fresco..."

Na Tverskaya, as vitrines das lojas estavam quebradas. Nas rua viam-se as crateras abertas pelas granadas e as pedras do calçamento estraçalhadas. Todos os hotéis que visitamos estavam lotados, ou seus proprietários sentiam-se tão apavorados que iam dizendo, de pronto: "Não, não temos lugar. Não temos lugar." Nas ruas principais, onde ficavam os grandes estabelecimentos bancários e as grandes lojas, a artilharia bolchevique havia atacado a tudo e a todos. Um funcionário do soviete me diria, mais tarde: "Quando não sabíamos exatamente onde estavam os *junkers* e os guardas brancos, bombardeávamos seus livros de bolso..."

Conseguimos, finalmente, arranjar quartos no grande hotel Nacional porque éramos estrangeiros, e o Comitê Militar Revolucionário havia prometido proteger as moradias dos estrangeiros... O gerente nos levou até o andar de cima, onde nos mostrou diversas janelas quebradas, atingidas por estilhaços. “São uns animais! Mas eles não perdem por esperar. Dentro de alguns dias, esse governo ridículo virá abaixo e eles vão ver o que é sofrer!”

Jantamos num restaurante vegetariano que tinha o nome altamente sugestivo de *Não Como Ninguém*, e um retrato de Tolstói em destaque na parede. Em seguida, saímos para caminhar pela cidade.

O quartel-general do soviete de Moscou ficava no palácio do antigo governador, um edifício imponente em frente à praça Skobeliev. Guardas vermelhos montavam sentinela à porta. Subimos pela larga escadaria, cujas paredes encontravam-se cobertas de comunicados sobre reuniões de comitês e endereços de partidos políticos. No final da escada, deparamos com uma série de ante-salas espaçosas, decoradas por quadros com molduras douradas ocultos sob tecido vermelho, que levavam a um magnífico salão de recepções, com lustres de cristal e cornijas douradas. Um zunir de vozes suaves abafado pelo barulho de diversas máquinas de costura preenchia o lugar. Enormes peças de algodão vermelho e preto estavam desenroladas pelo chão de madeira e por cima das mesas, nas quais sentavam-se cerca de cinqüenta mulheres, cortando e costurando flâmulas, faixas e bandeiras para o funeral dos mortos da revolução. Os rostos dessas mulheres ostentavam as cicatrizes de vidas vividas na dor; elas trabalhavam com afinco, muitas com os olhos vermelhos de tanto chorar... O Exército Vermelho havia perdido muitos homens.

Sentado a uma mesa no canto estava Rogov, homem inteligente, com barba e óculos. Vestia a camisa negra dos operários. Ele nos convidou a sair junto com o Comitê Executivo Central no cortejo fúnebre, na manhã seguinte...

"É impossível ensinar qualquer coisa aos socialistas revolucionários e aos mencheviques!", exclamou. "O compromisso para eles já se tornou puro hábito. Imaginem só! Eles nos propuseram um funeral coletivo, junto com os *junkers*."

Do outro lado do corredor, um homem vestindo um capote de soldado rasgado e *shapka*, cujo rosto me parecia familiar. Era Melnichanski, que eu conhecera como o relojoeiro George Melcher, em Bayonne, Nova Jersey, durante a greve geral da Standard Oil. Contou-me que agora era secretário do Sindicato dos Metalúrgicos de Moscou e, durante a guerra, fora comissário do Comitê Militar Revolucionário...

"Olhe só para mim!", ele disse, mostrando suas roupas decrépitas. "Estava com os meninos, no Kremlin, quando os *junkers* vieram a primeira vez. Trancaram-me no porão e surrupiaram meu sobretudo, meu dinheiro, meu relógio e até o anel que tinha no dedo. Isso é tudo que me resta para vestir!"

Vista do Kremlin a partir da ponte sobre o rio Moscou. Foto de Nivaldo dos Santos

Melnichanski contou-me muitos detalhes da sangrenta luta de seis dias que havia dividido Moscou. Ao contrário do que acontecera em Petrogrado, a Duma Municipal de Moscou tinha sob seu controle os *junkers* e os guardas brancos. Rudnev, o prefeito, e Minor, presidente da Duma, dirigiram as atividades do Comitê de Segurança Pública e das tropas. Riabtsev, comandante da cidade, homem de instintos democráticos, estava hesitante quanto a fazer oposição ao Comitê Militar Revolucionário, no que foi forçado pela Duma... O prefeito havia insistido na ocupação do Kremlin: "Eles nunca ousariam atacá-los lá", afirmara.

Um regimento da guarnição, altamente desmoralizado devido ao longo período de inatividade, convocou uma reunião para decidir que atitude tomar. Resolveram que permaneceriam neutros e continuariam com suas atividades atuais: vender galochas e sementes de girassol!

"O pior", disse Melnichanski, "é que tivemos que nos organizar durante a batalha. O outro lado sabia muito bem o que queria, mas aqui os soldados tinham seu soviete e os operários tinham o deles... Foi uma disputa terrível para definir quem seria o comandante-em-chefe. Alguns regimentos reuniram-se dias a fio para decidir o que fazer, e quando o oficiais nos deixaram, repentinamente, não tínhamos quem comandasse as operações..."

Ele me narrou passagens incríveis. Num dia frio e nublado, estava na esquina na Nikitskaya, quando de repente o local foi varrido por uma rajada de metralhadora. Um grupo de meninos estava reunido por ali — meninos sem lar, que costumavam vender jornais. Davam gritos agudos, como se tudo aquilo fosse uma nova brincadeira. Eles esperaram até o fogo diminuir e tentaram atravessar a rua... Muitos caíram, mortos, mas os outros ficaram ali, dançando de um lado para o outro, rindo, desafiando uns ao outros...

No começo da noite, fui até o Dvorianskoye Sobranie — o Clube da Nobreza —, onde os bolcheviques de Moscou deveriam reunir-se para analisar o relatório de Nogin, Rykov e os outros que haviam abandonado o Conselho de Comissários do Povo.

A reunião realizava-se no teatro em que, durante o antigo regime, platéias de elegantes oficiais e senhoras exuberantes costumavam assistir a montagens amadoras das últimas novidades da comédia francesa.

Os primeiros a chegar foram os muitos intelectuais, que moravam perto do centro da cidade. Nogin começou a falar, e a maior parte dos ouvintes concordou plenamente com ele. Os operários demoraram muito a chegar. Os bairros proletários ficavam nos limites da cidade, e os bondes não estavam circulando. Por volta da meia-noite, começaram a chegar — ouviam-se seus passos pesados subindo a escada. Vinham em grupos de dez ou vinte — homens fortes, rudes, vestindo roupas surradas, recém-chegados das linhas de combate, onde durante uma semana haviam dado tudo de si, travando lutas infernais, vendo morrer camaradas ao seu lado.

Mal havia sido formalmente aberta a sessão, Nogin já recebia gritos de zombaria e ódio. Ele tentou argumentar, explicar, mas foi tudo em vão; nem escutavam. Ele tinha abandonado o Conselho de Comissários do Povo, tinha deixado seu posto no auge da batalha. Quanto à imprensa burguesa, aqui em Moscou não seria mais permitida. Até a Duma Municipal havia sido dissolvida[49]. Bukhárin levantou-se, furioso mas coerente, falando num tom de voz incisivo... Todos os ouviram com os olhos brilhando. Resolução: apoiar a ação do Conselho de

Comissários do Povo, aprovado por maioria absoluta. Essa era a palavra de Moscou...

Já era quase madrugada quando saímos pelas ruas desertas, atravessamos a Porta da Ibéria e demos na praça Vermelha, diante do Kremlin. A igreja de Vasili Blajnni (São Basílio) tinha uma aparência impressionante, com suas cúpulas espiraladas e resplandecentes sobressaindo na escuridão. Não havia sinal de destruição... De um lado da praça, elevavam-se as torres escuras e os maciços muros do Kremlin. No alto deles, tremeluzia a sombra de luzes avermelhadas, que não conseguíamos ver. Vindo do outro lado daquele lugar imenso, chegaram até nós sons de vozes, pás e picaretas. Atravessamos a praça.

Praça Vermelha com a Catedral de São Basílio ao fundo. Foto de Nivaldo dos Santos

Junto à base do muro, havia grandes montes de detritos e pedras. Subimos neles e deparamos com duas grandes covas de aproximadamente 5 metros de profundidade e 40 metros de largura, onde centenas de soldados e trabalhadores escavavam, à luz de fogueiras enormes.

Um jovem estudante veio conversar conosco, falando em alemão: "A Tumba da Fraternidade", explicou. "Amanhã enterraremos quinhentos proletários que morreram pela revolução."

Ele nos levou até a cova. Pás e picaretas moviam-se freneticamente, tornando os montes cada vez maiores. Todos trabalhavam em silêncio. O céu estava salpicado de estrelas, e de onde estávamos as muralhas do Kremlin Imperial pareciam unir-se a ele, de tão altas.

"Aqui, neste lugar sagrado", disse o estudante, "o mais sagrado de toda a Rússia, enterraremos nossos bens mais sagrados. Aqui, onde jazem os czares, descansará para sempre o nosso czar: o povo." Seu braço estava apoiado numa tipóia; havia se ferido em combate. Ele olhou para o braço e disse: "Vocês, estrangeiros, desprezam a Rússia por temos suportado durante tanto tempo uma monarquia medieval. "Mas acabamos percebendo que o czar não era o único tirano do mundo, que o capitalismo era pior, pois em todos os países do mundo é ele o imperador! As táticas revolucionárias russas são o melhor caminho para o povo."

Quando nos retiramos, os que trabalhavam nas covas, exaustos e encharcados de suor — apesar do frio intenso —, começavam com dificuldade a sair da cova. Do outro lado da praça Vermelha muitos homens já vinham, apressados. Ao chegarem, imediatamente invadiram as covas, pegaram as ferramentas e começaram a cavar, cavar, sem dizer palavra...

Durante toda a noite, voluntários do povo se revezaram, sem nunca diminuir o ritmo do trabalho. A fria luz da madrugada já revelava a praça, coberta por um manto branco de neve, e o trabalho nas covas já chegara ao fim.

Levantamos antes de amanhecer e depressa nos dirigimos através das ruas escuras para a praça Skobeliev. Não se via absolutamente ninguém. No entanto, um murmúrio distante de agitação permeava o ar, como o prenúncio de um vento forte. Na luz pálida, um pequeno grupo de homens e mulheres estava reunido diante do quartel-general do soviete, segurando um rolo de faixas e bandeiras vermelhas com letras douradas. Era o Comitê Central Executivo dos Sovietes de Moscou. O dia já havia raiado. O murmúrio distante de agitação já se fazia mais próximo e ficava cada vez mais forte, produzindo um som surdo e contundente. A cidade despertava. Pegamos a Tverskaya, com as bandeiras tremulando ao vento. As pequenas capelas ao longo do caminho estavam fechadas e escuras, inclusive a capela da Virgem Ibérica, que costumava ser visitada pelos czares antes de sua coroação, no Kremlin, e permanecia aberta noite e dia, sempre com muito movimento, iluminada pelas velas dos devotos cujo lume fazia brilhar ainda mais o ouro, a prata e as pedras preciosas dos ícones. Diziam que essa era a primeira vez, desde que Napoleão esteve em Moscou, que não havia velas acesas.

Entrada de Napoleão em Moscou

A Santa Igreja Ortodoxa também havia virado o rosto contra Moscou, contra o ninho de víboras que tinham bombardeado o Kremlin. As igrejas encontravam-se às escuras, silenciosas. Os padres haviam sumido. Nem sinal de sacerdotes para oficiar o funeral vermelho; os mortos não receberam o sacramento, e nenhuma prece deveria ser proferida sobre o túmulo desses blasfemadores. Tikhon, metropolita de Moscou, não tardaria a excomungar os sovietes...

As lojas também estavam fechadas, e as classes abastadas permaneciam em seus lares, mas por outros motivos. Era o dia do povo, a terrível tempestade já anunciada...

Uma grande torrente humana já atravessava a Porta da Ibéria. Na imensidão da praça Vermelha já estavam alguns milhares de pessoas. Notei que a multidão, ao passar pela capela Ibérica, onde sempre se fazia o sinal-da-cruz, nem sequer percebeu onde estava...

Tivemos que forçar nossa passagem através da multidão compactada perto dos muros do Kremlin e subimos num dos montes de terra. Ali já se encontravam diversos homens, entre eles Muranov, o soldado que havia sido eleito comandante de Moscou — um homem alto, simples, revelando por trás da barba um rosto generoso.

Todas as ruas que levavam à praça Vermelha despejavam ali uma enorme onda humana. Vinham aos milhares, todos com a mesma aparência pobre e fisionomia sofrida. Uma banda militar tocava a *Internacional*. Num movimento espontâneo, a canção começava a ser entoada por todos, espalhando-se como marolas num mar agitado pelo vento. Um cantar lento e solene. Do alto do Kremlin, pendiam flâmulas gigantescas que alcançavam o chão, com frases escritas em grandes letras douradas e brancas: "Mártires do Princípio da Revolução Social Universal", e "Viva a Fraternidade de Trabalhadores de Todo o Mundo".

Um vento gélido varria a praça, agitando as bandeiras. Dos bairros mais distantes da cidade, chegavam operários de diversas fábricas trazendo seus mortos. Conseguíamos vê-los atravessando a Porta, ostentando suas bandeirolas e carregando caixões vermelho sangue. Eram caixões muito rudimentares, feitos de madeira tosca e tingidos de carmesim, levados nos ombros de homens rudes, que caminhavam com lágrimas a lhes percorrer o rosto, seguidos por mulheres que soluçavam e gritavam, ou que se moviam, simplesmente, rígidas e pálidas como os próprios mortos. Alguns

O retorno dos soldados do *front* para suas casas

dos caixões estavam abertos, e a tampa era carregada pelos que vinham atrás. Outros estavam cobertos com mantos dourados ou prateados, ou ostentavam o quepe do soldado preso na cabeceira. Muitos vinham com horrendas coroas de flores artificiais.

Seguindo uma rua de traçado irregular, ora estreita, ora larga, o cortejo lentamente se aproximava de nós. Sob a porta, passava um fluxo interminável de bandeiras, flâmulas e faixas feitas em todos os tons de vermelho, sempre com dizeres em letras prateadas ou douradas e laços de crepe pendentes. Alguns tinham bandeiras anarquistas, pretas com letras brancas. A banda tocava a marcha fúnebre revolucionária, e mesmo em meio ao coro uníssono da massa do povo podíamos ouvir, em destaque, a voz dos que carregavam seus mortos, cantando em soluços, roucos, tristes...

Entre os operários, misturavam-se companhias de soldados também carregando seus ataúdes, assim como esquadrões de cavalaria, desfilando em continência, e baterias de artilharia, com as peças envoltas em preto e vermelho — para sempre, ao que parecia. Seus estandartes diziam: "Viva a 3ª Internacional!", ou "Queremos uma Paz Honesta, Geral e Democrática!"

Lentamente, o cortejo aproximava-se dos limites do túmulo, e os que carregavam os féretros escalavam com dificuldade os montes de terra para depois descer ao fundo da cova. Muitos eram mulheres, as fortes e robustas mulheres proletárias. Acompanhando os mortos vinham outras — jovens e alquebradas, velhas, enrugadas — que emitiam sons guturais, como animais feridos, tentando seguir seus filhos e maridos para dentro do Túmulo Fraternal, emitindo gritos estridentes quando mãos compassivas as detinham. Os pobres amam assim desse jeito, intenso!

O cortejo durou o dia inteiro, entrando pela Porta da Ibéria e saindo da praça pela Nikolskaya, num rio caudaloso de bandeiras vermelhas, com palavras de esperança e fraternidade e profecias extraordinárias, contra um pano de fundo de 50 mil pessoas — sob os olhos dos trabalhadores de todo o mundo, e de seus descendentes, para a posteridade...

Um por um, os quinhentos caixões foram depositados nas covas. A noite se aproximava, e as bandeiras ainda tremulavam, a banda ainda tocava a marcha fúnebre e a enorme multidão seguia cantando. Os ramos nus das árvores foram decorados com as coroas de flores, formando um estranho quadro de centenas de brotos multicores. Cerca de duzentos homens começaram a cobrir as covas. Os pingos de chuva que atingiam a madeira dos caixões produziam pancadas surdas, audíveis mesmo sob o som do canto...

Acenderam-se as luzes. As últimas bandeirolas passaram, assim como as últimas mulheres, aos prantos, lançando para trás olhares de profunda intensidade e tristeza. Lentamente, a maré do proletariado afastava-se da Praça Vermelha...

Subitamente, compreendi que o povo religioso russo não precisava mais de sacerdotes para lhe mostrar o caminho do paraíso. Bem aqui, na terra, eles estavam erigindo um reino mais glorioso que qualquer paraíso prometido. Por esse reino, morrer era uma grande glória...

Luta do cavaleiro vermelho contra a força escura. Litografia de Zvorikin (1918), Museu Central Estatal da História Contemporânea da Rússia

Capítulo 11

A conquista do poder[50]

DECLARAÇÃO DOS DIREITOS DOS POVOS DA RÚSSIA[51]

... O Primeiro Congresso dos Sovietes, em junho deste ano, proclamou os direitos dos povos da Rússia à autodeterminação.

O Segundo Congresso dos Sovietes, em novembro último, confirmou esse direito inalienável dos povos da Rússia decisiva e definitivamente.

Executando a vontade desses Congressos, o Conselho dos Comissários do Povo decidiu estabelecer como bases para sua atividade na questão das nacionalidades os seguintes princípios:

1) A igualdade e a soberania dos povos da Rússia.

2) O direito dos povos da Rússia à livre autodeterminação, mesmo a ponto da separação e da formação de um estado independente.

3) A abolição de todo e qualquer tipo de privilégio e restrição de caráter nacional ou religioso.

4) O livre desenvolvimento das minorias nacionais e étnicas habitantes do território da Rússia.

Decretos formalizando esses princípios serão promulgados ao se instalar a Comissão das Nacionalidades.

Em nome da República Russa,

Comissário do Povo para as Nacionalidades,

Djugasvili-Stálin

Presidente do Conselho dos Comissários do Povo,

V. Ulyanov (Lênin)

Rua Kreschatik, Kiev

A Rada Central, em Kiev, imediatamente declarou a Ucrânia uma república independente, e o mesmo fez o governo da Finlândia, por meio do Senado, em Helsinque. "Governos" independentes surgiram da Sibéria ao Cáucaso. As tropas polonesas no Exército Russo aboliram seus comitês e estabeleceram uma disciplina férrea...

Todos esses "governos" e "movimentos" tinham duas características em comum: eram controlados pelas classes proprietárias e temiam e detestavam o bolchevismo...

Seguramente, em meio ao caos do choque da mudança, o Conselho dos Comissários do Povo trabalhava as estruturas da ordem socialista. Decretos sobre Seguridade Social, sobre o controle operário das fábricas, sobre os comitês agrários, sobre a abolição de títulos e da hierarquia, sobre a abolição das antigas cortes de justiça e criação dos novos tribunais populares...[52]

Dos Exércitos e das Frotas chegavam delegações saudando o novo governo do povo.

Em frente ao Smolni, observei um regimento em frangalhos recém-chegado das trincheiras. Em frente aos grande portões, os soldados, magros, com os rostos cinzas, olhavam para o edifício como se ali dentro estivesse o próprio Deus. Alguns, rindo, apontavam as águias imperiais na entrada... Guardas Vermelhos surgiram para montar guarda. Todos os soldados se voltaram para olhar, com curiosidade, algo sobre o que tinham ouvido falar mas nunca tinham visto. Os soldados romperam filas e se dirigiram, sorrindo, aos Guardas Vermelhos, cumprimentando-os com tapas nas costas e brincando com eles...

O Governo Provisório já não existia. No dia 15 de novembro, nas igrejas da capital, os padres pararam de rezar por ele. Mas o próprio Lênin declarou ao Tsik que "aquilo era apenas o começo da tomada do poder". Desarmadas, as oposições, que ainda controlavam a vida econômica do país, resolveram promover a desorganização, com toda a genialidade russa para ações cooperativas, através da obstrução, da sabotagem, para desacreditar os sovietes...

A greve dos funcionários governamentais foi bem organizada, apoiada financeiramente pelos bancos e grandes estabelecimentos comerciais. Todas as tentativas dos bolcheviques para se assenhorear do aparato do governo encontraram resistência.

Trótski dirigiu-se ao Ministério do Exterior; os funcionários se recusaram a reconhecê-lo, trancaram-se e, quando as portas foram forçadas, se demitiram. Ao exigir as chaves dos arquivos, estas só lhe foram entregues quando trabalhadores se preparavam para arrombar as fechaduras... Descobriu-se, então, que Neratov, ministro assistente, desaparecera com os tratados secretos...

Shiapnikov tentou tomar posse do Ministério do Trabalho. Fazia muito frio, e não havia ninguém para ligar o aquecimento.

Entre as centenas de funcionários, nenhum se dispôs a mostrar-lhe o escritório do ministro...

Alexandra Kollontai, nomeada, a 13 de novembro, comissária da Assistência Pública — o departamento encarregado de lidar com entidades assistenciais e de caridade, públicas e privadas —, foi recebida com uma greve que só não incluiu quarenta dos funcionários do Ministério. Imediatamente, os pobres das grandes cidades e os internos das instituições foram atirados a um grau de necessidade extrema. Delegações de aleijados famintos, de órfãos com faces encovadas, cercaram o edifício. Com lágrimas correndo-lhe pela face, Kollontai mandou prender os grevistas até que entregassem as chaves das salas e dos cofres. Uma vez com as chaves, entretanto, descobriu-se que a antiga ministra, a condessa Panina, levara todos os fundos existentes, negando-se a restituí-los a não ser por ordem da Assembléia Constituinte.

Alexandra Kollontai participou do movimento revolucionário desde os anos de 1890 e, por indicação de Lênin, foi a responsável pela arregimentação de elementos esquerdistas e internacionalistas da social-democracia dos países escandinavos e americanos. Ocupou posição de responsabilidade após a revolução socialista de outubro. Foi, também, embaixatriz da União soviética na Suécia

Ocorreram incidentes parecidos no Ministério da Agricultura, no Ministério do Abastecimento, no Ministério da Fazenda. E os funcionários, advertidos a retornar ao trabalho sob pena de perder cargos e pensões, ou se mantiveram afastados ou retornaram para sabotar... Como praticamente toda a intelectualidade era antibolchevique, não havia como o governo soviético recrutar novas equipes.

Os bancos privados teimosamente permaneciam fechados, mantendo porém uma porta aberta, nos fundos, para atender especuladores. Quando os comissários bolcheviques apareciam, os funcionários retiravam-se, escondendo os livros e levando os fundos. Todos os funcionários do Banco do Estado entraram em greve, exceto os encarregados da guarda das caixas-fortes e da impressão de dinheiro, que recusavam todas as demandas do Smolni mas, discretamente, entregavam somas enormes ao Comitê para a Salvação e à Duma Municipal.

Por duas vezes um comissário, com uma companhia de Guardas Vermelhos, compareceu formalmente para exigir a entrega de grandes somas para as despesas governamentais. Na primeira vez, os membros da Duma Municipal e os líderes mencheviques e socialistas revolucionários estavam presentes em grande número, e falaram tão gravemente sobre as conseqüências que o comissário se impressionou, retirando-se sem cumprir sua missão. Da segunda vez, o comissário trouxe um mandado e começou a ler, mas alguém chamou sua atenção para o fato de que o documento não tinha data nem selo; dado o tradicional respeito russo por "documentos", o oficial novamente se retirou...

Os oficiais guardiães dos registros do crédito público destruíram seus livros, perdendo-se toda a documentação das relações financeiras da Rússia com outros países.

Os comitês do Abastecimento, as administrações dos serviços públicos municipais ou simplesmente não atuavam ou praticavam sabotagem. E quando os bolcheviques, pressionados pelas desesperadas necessidades da população da cidade, tentaram controlar os serviços públicos, todos os empregados entraram imediatamente em greve, e a Duma inundou a Rússia com telegramas denunciando os bolcheviques pela "violação da autonomia municipal".

Nos quartéis-generais e nas repartições dos Ministérios da Guerra e da Marinha, onde os antigos oficiais tinham continuado a trabalhar, os Comitês de Exército e o alto comando bloqueavam de todas as maneiras possíveis os sovietes, chegando ao extremo de negligenciar as tropas no *front.* O Vikjel permanecia hostil, recusando-se a transportar tropas leais aos sovietes. Todo trem de tropas que deixava Petrogrado tinha que sair à força, escoltado, e sempre havia prisões de ferroviários, quando o Vikjel então ameaçava uma greve geral para que fossem libertados...

O Smolni estava reduzido à impotência. Os jornais diziam que as fábricas de Petrogrado tinham combustível para apenas três semanas; o Vikjel anunciava que os trens parariam no primeiro dia de dezembro; havia comida para apenas três dias em Petrogrado, e sem perspectiva de novas entregas; o exército, nas frentes, estava faminto... O comitê de Salvação e os vários comitês centrais divulgavam exortações pelo país exortando a população a ignorar os decretos do governo. As embaixadas dos aliados mostravam-se ou friamente indiferentes ou abertamente hostis...

Os jornais de oposição, que mal eram suprimidos reapareciam sob outra denominação já na manhã seguinte, tratavam o novo regime com amargo sarcasmo[54]. Mesmo o *Novaya Zhizn* caracterizava-o como "uma combinação de demagogia e impotência":

A cada dia, o governo dos Comissários do Povo afunda-se mais e mais no atoleiro da precipitação superficial. Tendo com facilidade conquistado o poder... os bolcheviques não podem fazer uso dele.

Impotentes para dirigir o mecanismo de governo existente, são incapazes de criar um outro que deveria funcionar livre e facilmente, de acordo com as teorias da experimentação social.

Ainda há pouco, os bolcheviques não tinham pessoas suficientes para administrar seu próprio partido em crescimento — um trabalho envolvendo, sobretudo, habilidades de discursar e redigir; onde pensam poder encontrar homens treinados na execução das diversas e complicadas funções governamentais?
O novo governo age e desafia, espalha decretos pelo país, cada um mais radical e mais "socialista" que o outro. Mas essa exibição de "socialismo de papel" — mais adequado para provocar a estupefação de nossos descendentes — não parece ter nem o desejo nem a capacidade para resolver os problemas imediatos do cotidiano!

Entretanto, organizada pelo Vikjel, a Conferência para a Formação de um Novo Governo continuava a reunir-se, noite e dia. Ambos os lados concordavam, em princípio, com as bases para o governo; discutia-se a composição do Conselho do Povo; a composição do Ministério era negociada, com Chernov como primeiro-ministro; os bolcheviques eram admitidos como minoria, mas os nomes de Lênin e Trótski foram barrados. Os comitês centrais dos partidos menchevique e socialista revolucionário e o comitê executivo dos sovietes camponeses decidiram que, embora irredutivelmente contrários à "política criminosa" dos bolcheviques, não se oporiam à sua entrada no Conselho do Povo, "a fim de parar o banho de sangue fratricida".

Kerênski (à esquerda) no banco traseiro, tirano

A fuga de Kerênski, entretanto, e o espantoso sucesso dos sovietes em todos os lugares alteraram a situação. No dia 16, numa reunião do Tsik, os socialistas revolucionários de esquerda insistiram que os bolcheviques formassem um governo de coalizão com os outros partidos socialistas; de outro modo, eles se retirariam do Tsik e do Comitê Militar Revolucionário.

Malkin declarou: "As notícias de Moscou, onde nossos camaradas estão morrendo nos dois lados das barricadas, fazem com que levantemos novamente a questão da organização do poder, o que é não só nosso direito como nosso dever... Conquistamos o direito de estar ao lado dos bolcheviques, aqui no Instituto Smolni, e de falar desta tribuna. Se vocês recusarem, teremos de passar de um conflito interno ao partido para uma luta aberta fora daqui... Devemos propor termos de compromisso aceitáveis à democracia..."

Após um recesso para considerar esse ultimato, os bolcheviques retornaram com uma resolução, lida por Kamenev:

O Tsik considera necessário que tenham representantes no governo todos os partidos socialistas, incluindo os Sovietes dos Deputados de Soldados, Operários e Camponeses que reconhecem as conquistas da Revolução de 7 de novembro — quais sejam, o estabelecimento do governo dos sovietes, os decretos da paz, da terra, e do controle operário sobre a indústria, e o armamento da classe trabalhadora. O Tsik, portanto, decide propor a todos os partidos integrantes do soviete negociações referentes à constituição do governo, e insiste nas seguintes condições básicas:

O governo é responsável perante o Tsik. O Tsik deve ser ampliado para 150 membros. A esses 150 delegados dos sovietes dos deputados de operários e soldados serão adicionados 75 delegados dos sovietes provinciais de deputados camponeses, 80 delegados das organizações do Exército e da Marinha nas frentes, 40 dos sindicatos (25 dos vários sindicatos de nível federal, ou de toda a Rússia, proporcionalmente à sua importância, 10 do Vikjel e 5 dos trabalhadores dos Correios e Telégrafos), e 50 delegados dos grupos socialistas presentes na Duma Municipal de Petrogrado. No

Ministério, pelo menos metade das pastas será reservada aos bolcheviques. As pastas do Trabalho, do Interior e do Exterior devem ser reservadas aos bolcheviques. O comando das guarnições de Petrogrado e Moscou deve permanecer nas mãos de delegados dos sovietes de Petrogrado e Moscou.

O governo assume a tarefa de, sistematicamente, armar os trabalhadores de toda a Rússia.

Insiste-se na candidatura dos camaradas Lênin e Trótski.

Kamenev acrescentou mais explicações: "O assim denominado 'Conselho do Povo'", disse, "proposto pela Conferência, deveria consistir em 420 membros, dos quais 150 seriam bolcheviques. Além disso, haveria delegados do antigo e contra revolucionário Tsik; 100 membros escolhidos pela Duma Municipal, todos kornilovistas; 100 delegados dos sovietes de camponeses, nomeados por Avksentiev, e 80 dos antigos comitês de Exército, que não mais representam as massas de soldados.

Recusamo-nos a admitir o antigo Tsik, bem como os representantes das Dumas Municipais. Os delegados dos sovietes de camponeses serão eleitos pelo Congresso de Camponeses, por nós convocado, que ao mesmo tempo elegerá um novo Comitê Executivo. A proposta de excluir Lênin e Trótski visa decapitar nosso partido, e não a aceitaremos. Finalmente, não vemos a necessidade de um 'Conselho do Povo': os sovietes estão abertos a todos os partidos socialistas, e o Tsik os representa em suas reais proporções de penetração política entre as massas..."

Karelin, respondendo pelos socialistas revolucionários de esquerda, declarou que seu partido aceitava a resolução bolchevique, reservando-se o direito de alterar certos detalhes, como a representação dos camponeses, e solicitando a pasta da

Agricultura para seu partido. Essas condições foram aceitas pelos bolcheviques...

Mais tarde, numa reunião do Soviete de Petrogrado, Trótski foi perguntado sobre a formação do novo governo e respondeu: "Nada sei sobre isso. Não tenho participação nessas negociações... Entretanto, não penso que sejam de grande importância..."

Nessa noite, havia um grande mal-estar na Conferência. Os delegados da Duma Municipal se retiraram...

Mas no próprio Smolni, nas fileiras do partido bolchevique, uma formidável oposição à política de Lênin ganhava corpo. Para a reunião do Tsik na noite de 17 de novembro, o grande salão estava repleto, o ambiente carregado.

O bolchevique Larin declarou que o momento das eleições para a Assembléia Constituinte se aproximava, e era tempo de encerrar o "terrorismo político":

"As medidas contra a liberdade de imprensa devem ser modificadas. Elas tiveram sua razão de ser durante o enfrentamento, mas agora não há mais como justificá-las. A imprensa deve ser livre, exceto nos casos de incitação a distúrbios ou insurreição."

Em meio às manifestações de desaprovação de seu próprio partido, Larin propôs a seguinte resolução:

> O decreto do Conselho dos Comissários do Povo referente à imprensa está revogado. Medidas de repressão política somente podem ser aplicadas por decisão de um tribunal especial, eleito pelo Tsik proporcionalmente à representação dos diferentes partidos; esse tribunal terá o poder de reconsiderar medidas de repressão anteriormente tomadas.

Essas palavras foram acolhidas com uma tempestade de aplausos, não só dos socialistas revolucionários de esquerda mas também de parte dos bolcheviques.

Falando pelos Lêninistas, Avanessov rapidamente propôs que a questão da imprensa fosse adiada até que os partidos socialistas chegassem a algum acordo. Foi rechaçado por grande maioria.

"A revolução que estamos fazendo", prosseguiu Avanessov, "não hesita quando se trata de atacar a propriedade privada; e é desse ângulo que deve ser vista a questão da imprensa..."

Em seguida, leu a resolução oficial bolchevique:

A supressão da imprensa burguesa foi ditada não somente por necessidades puramente militares, no curso da insurreição, e pela necessidade de combater a ação contra-revolucionária. Ela também é necessária como medida de transição ao estabelecimento de um novo regime referente à imprensa — um regime sob o qual o capitalista proprietário de tipografias e de fábricas de papel não possa se constituir como todo-poderoso e exclusivo fabricante da opinião pública.

Devemos proceder ao confisco das tipografias privadas e das fábricas de papel, que devem se tornar propriedade dos sovietes, tanto na capital como nas províncias, de modo que grupos e partidos políticos delas possam fazer uso na proporção da força das idéias que representam — em outras palavras, proporcionalmente ao número de seus constituintes.

O restabelecimento da pretensa "liberdade de imprensa", a simples devolução das tipografias e das fábricas de papel aos capitalistas — envenenadores da mente do povo — seria uma inadmissível rendição aos desejos do capital, o abandono de uma das mais importantes conquistas da revolução; em outras palavras, seria uma medida de caráter inquestionavelmente contra-revolucionário.

Em conseqüência do exposto, o Tsik categoricamente rejeita todas as proposições que visem ao restabelecimento do anterior estado de coisas com referência à imprensa, e defende inequivocamente a posição do Conselho dos Comissários do Povo nessa questão contra pretensões e ultimatos ditados por preconceitos pequeno-burgueses, ou por evidente rendição aos interesses da burguesia contra-revolucionária.

A leitura dessa resolução foi interrompida por gritos de ironia dos socialistas revolucionários de esquerda e manifestações de indignação dos bolcheviques discordantes.

Karelin levantou-se para protestar: "Três semanas atrás, os bolcheviques eram os mais ardentes defensores da liberdade de imprensa... Os argumentos dessa resolução lembram singularmente o ponto de vista das Centúrias Negras e dos censores do czarismo — também eles falavam em 'envenenadores da mente do povo'."

Trótski falou longamente em favor da resolução. Distinguiu entre a imprensa durante a guerra civil e a imprensa após a vitória: "Durante a guerra civil, o direito do recurso à violência pertence unicamente ao oprimido..." (Gritos de "Quem é o oprimido, agora? Canibal!").

"A vitória sobre nossos inimigos ainda não é completa, e os jornais são armas nas mãos deles. Nessas condições, o fechamento desses jornais é uma medida de legítima defesa..."

Os jornais *Pravda, Verdade do Soldado* (Soldatskaia Pravda) e outras publicações foram fechados. Na foto, depredação da redação do jornal *A Verdade do Soldado*

Passando à questão da imprensa após a vitória, Trótski continuou:

"A atitude dos socialistas na questão da liberdade de imprensa deveria ser a mesma adotada em relação à liberdade de comércio... A soberania da democracia, que está sendo implantada na Rússia, exige que o domínio da imprensa por parte da propriedade privada seja abolido, tal como a dominação da indústria pela propriedade privada... O poder dos sovietes deve confiscar todas as instalações de impressão" (Gritos: "Confisquem as instalações do *Pravda!*")

"O monopólio da imprensa pela burguesia deve ser abolido. Sem isso, não tem significado tomar o poder. Cada grupo de cidadãos deve ter acesso às tipografias e ao papel, que pertencem em primeiro lugar aos operários e camponeses; e somente após satisfeita essa condição poderá seu uso estender-se aos partidos da burguesia, que são minoritários... A passagem do poder às mãos dos sovietes acarretará uma radical transformação das condições de existência, e essa transformação deve necessariamente evidenciar-se na imprensa... Se vamos nacionalizar os bancos, podemos tolerar os jornais de finanças? O velho regime deve perecer: isto deve ser compreendido de uma vez por todas." Aplausos e gritos de desacordo.

Karelin declarou que o Tsik não tinha o direito de julgar tão importante questão, que deveria ser deixada em mãos de um comitê especial. Novamente, e com veemência, insistiu na necessidade da imprensa livre.

Lênin, reconhecido por todos como o líder dos bolcheviques

Tomou a palavra Lênin. Calmo, impassível, sua fronte franzindo-se enquanto falava pausadamente. Escolhendo as palavras, cada frase tinha o efeito de uma martelada: "A guerra civil ainda não terminou; o inimigo ainda está aqui; é impossível abolir as medidas de repressão contra a imprensa.

Nós, os bolcheviques, sempre afirmamos que quando atingíssemos uma posição de poder fecharíamos a imprensa burguesa. Tolerar os jornais burgueses implicaria deixar de ser socialista. Quando se faz uma revolução, não se pode contemporizar. Deve-se ir em frente — ou recuar. Aquele que agora fala sobre 'liberdade de imprensa' está recuando e impede nossa caminhada rumo ao socialismo.

Sacudimos o jugo do capitalismo tal como a primeira revolução sacudiu o jugo do czarismo. Se a primeira revolução teve o direito de suprimir a imprensa monarquista, então temos o direito de suprimir os jornais burgueses. É impossível separar a questão da liberdade de imprensa das demais questões da luta de classes. Prometemos fechar esses jornais, e o faremos. A imensa maioria do povo está conosco!

Agora que a fase de insurreição está concluída, não temos a intenção de suprimir os jornais dos outros partidos socialistas, exceto na medida em que apelarem à sublevação armada, ou à desobediência contra o governo soviético. Entretanto, não lhes permitiremos que, sob o pretexto da liberdade da imprensa socialista, e com o apoio secreto da burguesia, estabeleçam o monopólio sobre prensa, tinta e papel... Esses itens essenciais devem ser propriedade do governo soviético e distribuídos em primeiro lugar aos partidos socialistas, na estrita proporção de suas votações..."

Passou-se, a seguir, à votação. A resolução de Larin e dos socialistas revolucionários de esquerda foi derrotada por 31 votos a 22; a moção de Lênin foi aprovada por 34 votos a 24. Entre os que votaram contra estavam os bolcheviques Riazanov e Lozovski, que declararam ser-lhes impossível votar a favor de qualquer tipo de restrição à liberdade de imprensa.

Em conseqüência desses resultados, os socialistas revolucionários de esquerda declararam que não podiam mais responsabilizar-se pelas atitudes postas em prática e se retiraram do Comitê Militar Revolucionário e de outros postos de responsabilidade executiva.

Cinco membros — Noguin, Rikov, Miliutin, Teodorovich e Shliapnikov — deixaram o Conselho de Comissários do Povo, declarando:

Somos a favor de um governo socialista integrado por todos os partidos representados nos sovietes. Consideramos que apenas a criação de um tal governo poderá assegurar os resultados do heróico combate da classe operária e do exército revolucionário. Caso contrário, restará apenas um caminho: a constituição de um governo puramente bolchevique pelo terrorismo político. Esse parece ser o caminho escolhido pelo Conselho de Comissários do Povo. Não podemos segui-los. Esse caminho leva à eliminação da vida política de muitas organizações proletárias, ao estabelecimento de um regime irresponsável e à destruição da revolução e do país. Não nos responsabilizaremos por tal política e renunciamos, perante o Tsik, às nossas funções como Comissários do Povo.

Outros comissários, sem deixar seus postos, subscreveram a declaração: Riazanov, Derbichev, do Departamento de Imprensa, Arbuzov, da tipografia governamental, Yureniev, da Guarda Vermelha, Fiodorov, do Comissariado do Trabalho, e Larin, secretário da Seção de Elaboração de Decretos.

Ao mesmo tempo, Kamenev, Rikov, Miliutin, Zinoviev e Noguin renunciaram a seus lugares no Comitê Central do partido bolchevique, tornando públicas suas razões:

... A constituição de tal governo (composto por todos os partidos do soviete) é indispensável para prevenir uma nova efusão de sangue, a chegada da fome, a destruição da revolução pelos kaledinistas, para assegurar a convocação da Assembléia Constituinte no tempo devido, e para aplicar eficazmente o programa de governo adotado pelo Congresso dos Sovietes...

Rejeitamos responsabilizar-nos pela desastrosa política do Comitê Central, implementada contra a vontade da grande maioria do proletariado e dos soldados, que estão ansiosos para ver o fim rápido do banho de sangue entre os diferentes partidos da democracia... Renunciamos a nossos títulos de membros do Comitê Central, para poder levar abertamente nossa opinião às massas e aos soldados...
Deixamos o Comitê Central no momento da vitória; não podemos calmamente assistir enquanto a política dos chefes do Comitê Central nos conduz à perda dos frutos da vitória e ao esmagamento do proletariado...

As massas de operários e os soldados da guarnição, numa agitação inquieta, enviavam delegações ao Smolni e à Conferência para a formação do Novo Governo, em que a brecha nas fileiras bolcheviques provocou enorme contentamento.

Mas a resposta dos Lêninistas foi rápida e implacável. Shliapnikov e Teodorovich logo se submeteram à disciplina do partido e retornaram a seus postos. Kamenev foi despojado de seus poderes como presidente do Tsik, e Sverdlov foi eleito para substituí-lo. Zinoviev foi afastado da presidência do Soviete de Petrogrado. Na manhã de 15 de novembro, o Pravda publicava uma violenta proclamação ao povo russo, escrita por Lênin, impressa às centenas de milhares, afixada nas paredes por toda parte e distribuída por toda a Rússia:

O Segundo Congresso Pan-Russo de Sovietes conferiu a maioria ao partido bolchevique. Por conseguinte, somente um governo formado por esse partido pode ser um governo soviético. É do conhecimento de todos que o Comitê Central do partido bolchevique, horas antes da formação do novo governo e antes de propor a lista de seus membros para o Congresso Pan-Russo de Sovietes, convidou para uma reunião três dos mais eminentes membros dos socialistas revolucionários de esquerda, os camaradas Kamkov, Spiro e Karelin, e chamou-os a participar do novo governo. Lamentamos infinitamente que tenham recusado o chamado. Consideramos tal recusa inadmissível em se tratando de revolucionários e defensores da classe trabalhadora. Continuamos, entretanto, dispostos a incluir os socialistas revolucionários de esquerda no governo, mas acreditamos que, como o partido majoritário no Segundo Congresso Pan-Russo de Sovietes, temos não só o direito como também o dever, perante o povo, de constituir um governo...

... Camaradas! Vários membros do Comitê Central de nosso partido e do Conselho dos Comissários do Povo, Kamenev, Zinoviev, Noguin, Rikov, Miliutin e alguns outros, deixaram ontem, 17 de novembro, o Comitê Central de nosso partido e, no caso dos três últimos, também o Conselho dos Comissários do Povo...

Os camaradas que nos deixaram atuaram como desertores, porque não só abandonaram os postos que lhes haviam sido confiados como também desobedeceram a instruções diretas do Comitê Central de nosso partido segundo as quais deveriam aguardar as resoluções das organizações do partido em Petrogrado e em Moscou antes de se afastar. Condenamos energicamente essa deserção. Estamos firmemente convencidos de que todos os operários, soldados e camponeses conscientes, membros ou simpatizantes do nosso partido, também desaprovam o comportamento desses desertores...

Lembrem-se, camaradas, que dois desses desertores, Kamenev e Zinoviev, mesmo antes do levante em Petrogrado, demonstraram ser desertores e fura-greves votando contra a insurreição, na reunião decisiva do Comitê Central, a 23 de outubro de 1917; e mesmo depois da aprovação da resolução pelo Comitê Central continuaram sua campanha num comício de operários do partido... Mas o grande impulso das massas, o grande heroísmo de milhões de operários, soldados e camponeses, em Moscou, em Petrogrado, na frente, nas trincheiras, nas vilas, pôs de lado os desertores tal como um trem espalha a poeira...

Que a vergonha recubra os de pouca fé, que hesitam, que duvidam, que se assustam diante da burguesia ou sucumbem diante dos gritos dos cúmplices diretos ou indiretos dela. Não há nem sombra de hesitação nas massas de Petrogrado, Moscou e do resto da Rússia...

... Não nos submeteremos a ultimatos de pequenos grupos de intelectuais que não são seguidos pelas massas, que praticamente são apoiados apenas pelos Kornilov, Savinkov, pelos *junkers* etc.

A resposta do país inteiro foi como o sopro de uma tormenta. Os insurgentes nunca tiveram a oportunidade de "levar abertamente sua opinião às massas de operários e soldados". Sobre o Tsik abateu-se como uma onda a enérgica condenação popular dos "desertores". Durante dias o Smolni ficou repleto de delegações e comitês das frentes de guerra, do Volga, das fábricas de Petrogrado, todos indignados: "Como ousaram deixar o governo? Estão sendo pagos pela burguesia para destruir a revolução? Devem retornar e acatar as decisões do Comitê Central!"

Retrato de Dostoiévski, S.T. Konenkov, 1933. (Romancista do séc. XIX.) Opunha-se à censura tzarista e permaneceu alguns anos exilado na Sibéria quando jovem

Apenas na guarnição de Petrogrado havia ainda incerteza[55]. Um grande comício de soldados teve lugar no dia 24 de novembro, convocado por representantes de todos os partidos políticos. Por vasta maioria, a linha política de Lênin foi apoiada, e foi dito aos socialistas revolucionários de esquerda que deveriam entrar para o governo...*

Os mencheviques divulgaram um ultimato exigindo que todos os ministros e *junkers* fossem libertados, que todos os jornais tivessem ampla liberdade, que a Guarda Vermelha fosse desarmada e a guarnição posta sob o comando da Duma. A isso, o Smolni respondeu que todos os ministros socialistas estavam já em liberdade, bem como quase todos os *junkers*; que todos os jornais circulavam livremente, à exceção da imprensa burguesa; e que o soviete permaneceria no comando das forças armadas...

* Ver página 335 (remissão)

Em 19 de novembro, a Conferência para a Formação de um Novo Governo dissolveu-se, e os opositores, um por um, se refugiaram em Moghilev, onde, sob as asas do Estado Maior, continuaram a formar governo após governo, até o fim...

Nesse ínterim, os bolcheviques estavam minando o poder do Vikjel. O Soviete de Petrogrado fez um apelo a todos os trabalhadores de ferrovias, pedindo-lhes que pressionassem o Vikjel a renunciar a seus poderes. No dia 15 de novembro, a exemplo do que fizera em relação aos camponeses, convocou um Congresso Pan-Russo dos Trabalhadores de Ferrovias para 1º de dezembro; o Vikjel convocou seu próprio Congresso para duas semanas depois dessa data. No dia 16 de novembro, os membros do Vikjel assumiram seus lugares no Tsik. Na noite de 2 de dezembro, na sessão de abertura do Congresso Pan-Russo de Trabalhadores Ferroviários, o Tsik formalmente ofereceu o Comissariado de Estradas e Comunicações ao Vikjel, que o aceitou...

Tendo consolidado a questão do poder, os bolcheviques dirigiram sua atenção para problemas práticos da administração. Em primeiro lugar, a cidade, o país e o Exército tinham que ser alimentados. Esquadrões de marinheiros e guardas vermelhos vasculharam os armazéns, os terminais ferroviários e até mesmo as balsas nos canais, descobrindo e confiscando milhares de *puds** de mantimentos em mãos de especuladores. Emissários foram enviados às províncias, onde, com a assistência dos comitês agrários, se apossaram dos armazéns dos grandes comerciantes de grãos. Expedições de marinheiros fortemente armados, em destacamentos de 5 mil efetivos, foram enviadas ao sul e à Sibéria, com ordens para capturar todas as cidades ainda em poder dos Guardas Brancos, esta-

* Nota. Equivalente a 16 quilos, aproximadamente.

belecer a ordem e *conseguir alimento*. O tráfego de passageiros pela ferrovia Transiberiana foi suspenso por duas semanas, enquanto treze trens, cada qual a cargo de um comissário, eram enviados para o leste com tecidos e barras de ferro, reunidos pelos comitês de fábrica para serem trocados por grãos e batatas junto aos camponeses da Sibéria.

Proibida a luz elétrica em locais públicos e confiscados os estoques particulares de lenha, os cidadãos se enfileiravam em busca da lenha disponível nas ruas

Estando as minas de carvão do Don em mãos de Kaledin, a questão do combustível se agravou. O Smolni proibiu a luz elétrica em teatros, lojas e restaurantes, diminuiu o número de bondes e confiscou os estoques particulares de lenha... E, quando as fábricas de Petrogrado estavam em vias de fechar por falta de carvão, os marinheiros da Frota do Báltico entregaram aos operários 200 mil *puds* dos depósitos dos navios de guerra...

Pelo final de novembro, ocorreram os "*pogroms* do vinho"[56] — a pilhagem dos depósitos de vinho, começando pelas adegas do Palácio de Inverno. Durante dias viram-se pelas ruas soldados embriagados... Era evidente aqui a mão dos contra-revolucionários, que distribuíam entre os regimentos plantas mostrando a localização dos estoques de bebida. Os comissários do Smolni em princípio pediram e argumentaram, o que não impediu a crescente desordem, seguida por verdadeiras batalhas entre soldados e guardas vermelhos... Finalmente, o Comitê Militar Revolucionário enviou companhias de marinheiros com metralhadoras que atiraram sem dó contra os desordeiros, matando muitos; comitês especiais destruíram os depósitos, com machados e até dinamite...[57]

Companhias de guardas vermelhos, disciplinados e bem remunerados, entraram de serviço nas sedes dos sovietes de bairro, substituindo a antiga milícia. Em todos os cantos da cidade, pequenos Tribunais Revolucionários eletivos foram estabelecidos por operários e soldados para lidar com crimes de menor importância...

Os grandes hotéis, onde os especuladores ainda faziam rendosos negócios, foram cercados pela Guarda Vermelha, e os especuladores atirados na prisão...[58]

Alerta e desconfiada, a classe trabalhadora da cidade organizou um sistema de espionagem em que criados servindo em residências burguesas relatavam todas as informações diretamente ao Comitê Militar Revolucionário, que atuou incansavelmente e com mão de ferro. Desse modo foi descoberto o complô monarquista liderado por Purishkevich, ex-membro da Duma, e por um grupo de nobres e oficiais que armavam um levante da oficialidade, tendo escrito uma carta a Kaledin convidando-o a comparecer a Petrogrado...[59] Desse modo foi descoberta a conspiração dos cadetes de Petrogrado, que mandavam dinheiro e recrutas para Kaledin...

Assustado com o acesso de fúria popular provocado por sua fuga, Neratov retornou e entregou os Tratados Secretos a Trótski, que começou a publicá-los no *Pravda*, escandalizando o mundo...

A liberdade de imprensa foi ainda mais limitada por um decreto[60] que tornava os anúncios monopólio do órgão oficial do governo. Os demais jornais responderam a essa medida com a suspensão de suas edições, ou desobedeceram à lei e foram fechados... Em três semanas, todos se submeteram.

A greve nos Ministérios persistia, bem como a sabotagem dos antigos encarregados e a paralisação da vida econômica normal. O Smolni apoiava-se apenas na vontade das vastas massas populares desorganizadas; e o Conselho dos Comissários do Povo direcionava a ação revolucionária das massas contra seus inimigos. Em eloqüentes proclamações[61] difundidas por toda a Rússia, Lênin explicava a revolução, instando o povo a tomar o poder nas mãos para quebrar pela força a resistência das classes proprietárias, para tomar pela força as instituições governamentais. Ordem revolucionária, disciplina revolucionária! Registro e controle rigorosos! Nada de greves! Nada de indolência![62]

Em 20 de novembro, o Comitê Militar Revolucionário emitiu o seguinte aviso:

As classes abastadas opõem-se ao poder dos sovietes — o governo dos operários, soldados e camponeses. Seus agentes interrompem o trabalho dos empregados do Governo e da Duma, incitam greves bancárias, tentam interromper as comunicações ferroviárias, o correio, o telégrafo...

Advertimos que estão brincando com fogo. O país e o Exército estão ameaçados pela fome. Para lutar contra esse estado de coisas, o funcionamento regular de todos os serviços é indispensável. O governo dos operários e camponeses está tomando todas as medidas para assegurar ao país e ao Exército o atendimento de suas necessidades. Fazer oposição a essas medidas é um crime contra o povo. Alertamos às classes ricas e seus simpatizantes que serão os primeiros a sofrer se não cessarem sua sabotagem e sua provocação, se continuarem interrompendo o transporte de víveres. Serão privados do direito a receber víveres, todas as suas reservas serão requisitadas, suas propriedades serão confiscadas.

Cumprimos nosso dever de avisar aos que brincam com fogo.
Temos a convicção de que, caso sejam necessárias, as medidas decisivas terão o sólido respaldo de todos os soldados, operários e camponeses.

Havia filas para conseguir pão, leite, açúcar e outros mantimentos

Em 22 de novembro, as paredes na cidade foram cobertas com o seguinte panfleto:

COMUNICADO EXTRAORDINÁRIO

O Conselho dos Comissários do Povo recebeu um telegrama urgente do Estado Maior da Frente Norte...
"Não pode haver demora; não deixem o Exército morrer de fome; os exércitos da Frente Norte há muitos dias não recebem sequer pão, e em dois ou três dias não haverá mais biscoitos, que estão sendo distribuídos de reservas até agora intocadas... Delegados de todas as partes da frente são unânimes sobre a necessidade de remover parte do exército para a retaguarda, antecipando-se ao que, em poucos dias, poderá ser uma debandada em massa dos soldados, que morrem de fome, estropiados por três anos de luta nas trincheiras, doentes e mal agasalhados, descalços, enlouquecidos por uma miséria inumana."
O Comitê Militar Revolucionário traz essa situação ao conhecimento da guarnição e dos operários de Petrogrado. São necessárias as medidas mais urgentes e decisivas... Enquanto isso, os altos funcionários das instituições governamentais, dos bancos, das ferrovias, dos correios e dos telégrafos estão em greve, impedindo o trabalho do Governo de abastecer as frentes com provisões... Cada hora de atraso pode custar a vida de milhares de soldados. Os funcionários contra-revolucionários cometem o pior dos crimes contra nossos irmãos nas frentes de batalha...

O Comitê Militar Revolucionário lança a esses criminosos uma última advertência. Na eventualidade da menor resistência ou oposição, a severidade das medidas adotadas corresponderá à seriedade de seus crimes...

As massas de operários e soldados responderam com um selvagem assomo de cólera, que se difundiu pelo país. Na capital, os funcionários governamentais e dos bancos lançaram centenas de proclamações e apelos, protestando e defendendo-se:

A ATENÇÃO DE TODOS OS CIDADÃOS

O Banco do Estado está fechado.
Por quê?
Porque a violência exercida pelos bolcheviques contra o banco tornou impossível nosso trabalho. O primeiro ato dos Comissários do Povo foi *exigir dez milhões de rublos*, e em 27 de novembro *exigiram 25 milhões de rublos*, sem qualquer indicação de como esse dinheiro seria gasto.
... Nós, os funcionários, não tomaremos parte nessa pilhagem da propriedade do povo. Por isso, abandonamos o trabalho.
Cidadãos! O dinheiro no Banco do Estado é dinheiro do povo, adquirido com seu trabalho, seu suor, seu sangue. Cidadãos! Salvem a propriedade do povo desse roubo, protejam-nos da violência, e retornaremos ao trabalho imediatamente.
Os empregados do Banco do Estado

Também do Ministério do Abastecimento, do Ministério das Finanças, do Comitê Especial de Abastecimento, surgiram proclamações de que o Comitê Militar Revolucionário tornava impossível o trabalho dos funcionários, apelos à população buscando apoio contra o Smolni... Mas os soldados e operários não lhes deram ouvidos; estava firmemente fixada na mente popular a convicção de que os funcionários eram sabotadores que provocavam a fome das tropas, a fome do

Os cidadãos russos permaneciam horas seguidas em filas intermináveis em busca de suprimento básico

povo... Nas longas filas à espera de pão, que, como antes, se formavam nas ruas castigadas pelo inverno, não se acusava o governo como nos tempos de Kerênski, mas os *chinovniki*, os sabotadores. Pois o governo era do povo, os sovietes eram do povo — e os funcionários dos Ministérios faziam oposição a eles...

No centro da oposição estava a Duma e seu órgão militante, o Comitê de Salvação, protestando contra todos os decretos do Conselho dos Comissários do povo, votando uma e outra vez contra o reconhecimento do governo soviético, cooperando abertamente com os novos "governos" contra-revolucionários instalados em Moghilev... Em 17 de novembro, o Comitê de Salvação dirigiu-se a "todos os governos municipais, zemstvos, e a todas as organizações camponesas democráticas e revolucionárias, trabalhadores, soldados e demais cidadãos" com estas palavras:

Não reconheçam o governo dos bolcheviques, e lutem contra ele.
Formem localmente Comitês Para a Salvação do País e da Revolução, os quais unirão todas as forças democráticas para ajudar o Comitê Pan-Russo de Salvação nas tarefas por este assumidas...

Entretanto, os bolcheviques obtiveram a esmagadora maioria dos votos nas eleições para a Assembléia Constituinte em Petrogrado, a ponto de os próprios mencheviques proporem uma nova eleição para a Duma, dado que a atual não mais representaria a composição política da população de Petrogrado... Ao mesmo tempo, uma enchente de resoluções de organizações operárias, de unidades militares, e até de camponeses da região da capital, inundou a Duma, tachando-a de contra-revolucionária, kornilovista e exigindo sua renúncia. Os últimos dias da Duma foram atormentados pelas exigências de melhores salários para os trabalhadores municipais e ameaças de greve...

No dia 23 de novembro, um decreto do Comitê Militar Revolucionário dissolveu o Comitê de Salvação. No dia 25, o Conselho dos Comissários do Povo ordenou a dissolução da Duma Municipal de Petrogrado e convocou novas eleições:

Em vista do fato de que a Duma Central de Petrogrado, eleita em 2 de setembro, perdeu definitivamente o direito de representar a população de Petrogrado, estando em completo desacordo com as idéias e aspirações desta... e em vista do fato de que a maioria da Duma, mesmo tendo perdido toda a expressão política, continua a fazer uso de suas prerrogativas para resistir, de maneira contra-revolucionária, à vontade dos operários, soldados e camponeses, e para sabotar e obstruir o trabalho cotidiano do governo, o Conselho dos Comissários do Povo considera seu dever convidar a população de Petrogrado a pronunciar seu julgamento sobre a política do órgão da autonomia municipal.

Com essa finalidade, o Conselho dos Comissários do Povo decreta:

1. A dissolução da Duma Municipal, a 30 de novembro de 1917.
2. Todos os funcionários eleitos ou nomeados pela Duma atual permanecerão em seus cargos, no exercício de seus deveres, até serem substituídos por representantes da nova Duma.
3. Todos os funcionários municipais devem permanecer em seus postos, cumprindo suas obrigações. Quem abandonar o serviço será considerado demitido.

4. As eleições para a nova Duma terão lugar a 9 de dezembro de 1917 ...
5. A Duma Municipal de Petrogrado deverá reunir-se a 11 de dezembro, às 14 horas.
6. Quem descumprir este decreto, ou intencionalmente danificar ou destruir propriedade pública municipal, será preso e conduzido aos tribunais revolucionários...

A Duma adotou uma postura de desafio, votando resoluções de "defender sua posição até a última gota de sangue", e apelando desesperadamente à população para que viesse salvar "seu próprio governo municipal eleito". Mas a população lhe foi indiferente ou hostil. No dia 31, o prefeito Schreider e vários outros membros da Duma foram presos, interrogados e liberados. Nesse dia e no seguinte, a Duma continuou a reunir-se, freqüentemente interrompida por guardas vermelhos e marinheiros, que polidamente solicitavam a dispersão da assembléia. Na reunião de 2 de dezembro, enquanto um membro da Duma discursava, um oficial e vários marinheiros entraram na Sala Nicolau e ordenaram a todos que saíssem, ou haveria emprego de força. Os membros saíram, protestando e declarando que "cediam diante da violência".

A nova Duma, eleita dez dias depois, em eleição boicotada pelos socialistas "moderados", era quase inteiramente bolchevique...[65]

Restavam alguns centros de oposição perigosa, como as "repúblicas" da Ucrânia e da Finlândia, que demonstravam inclinações definitivamente anti-soviéticas. Tanto em Helsingfors quanto em Kiev, os governos concentravam tropas leais e lançavam campanhas para esmagar os bolcheviques e desarmar e expulsar as tropas russas. A Rada ucraniana assumira o controle de toda a Rússia Meridional e fornecia suprimentos e reforços a Kaledin. Tanto a Finlândia como a Ucrânia iniciaram negociações secretas com os alemães e foram imediatamente reconhecidas pelos governos aliados, que lhe fizeram grandes empréstimos, juntando-se às classes proprietárias para criar centros contra-revolucionários e atacar a Rússia soviética. Finalmente, quando os bolcheviques conquistaram o poder nesses dois países, a burguesia derrotada apelou aos alemães para restaurar seu poder...

Porém, a mais formidável ameaça ao governo soviético era interna e tinha um duplo caráter: de um lado, o movimento de Kaledin; de outro, o Estado Maior em Moghilev, onde o general Dukhonin assumira o comando.

O ubíquo Muraviov foi nomeado comandante da guerra contra os cossacos, e um Exército Vermelho foi recrutado entre os operários das fábricas. Centenas de agitadores propagandistas foram enviados ao Don. O Conselho dos Comissários do Povo dirigiu uma declaração aos cossacos[66], explicando o significado do governo soviético e como as classes proprietárias, os *chinovniki*, os senhores rurais, os banqueiros, e seus aliados, os príncipes cossacos, os proprietários rurais e os generais, estavam tentando destruir a revolução e evitar o confisco de sua riqueza pelo povo.

Em 27 de novembro, um comitê de cossacos compareceu ao Smolni para falar com Lênin e Trótski. Exigiram saber se era verdade que o governo soviético pretendia dividir as terras cossacas entre os camponeses russos. "Não", respondeu Trótski. Os cossacos trocaram idéias entre si. "Bem", perguntaram, "o governo soviético pretende dividir as grandes propriedades rurais dos latifundiários cossacos entre os próprios cossacos?" E Lênin respondeu: "Isso é uma tarefa para vocês mesmos. Nós apoiaremos os trabalhadores cossacos em todas as suas ações... A melhor forma de começar é pela formação de sovietes cossacos; vocês terão representação no Tsik, e então este governo será também o seu governo..."

Os cossacos partiram, muito compenetrados. Duas semanas depois, o general Kaledin recebeu uma comissão de suas tropas: "Promete", perguntaram, "dividir as grandes propriedades dos latifundiários cossacos entre os trabalhadores cossacos?"

"Isso acontecerá apenas sobre o meu cadáver", respondeu o general. Um mês depois, vendo seu exército desfazer-se diante de seus olhos, Kaledin estourou os miolos com um tiro. Assim terminou o movimento cossaco...

Entretanto, em Moghilev, reuniram-se o antigo Tsik, os líderes socialistas "moderados" — de Avksentiev a Chernov —, os chefes ativos dos antigos comitês de exército e os oficiais reacionários. O Estado Maior recusou reconhecer o Conselho dos Comissários do Povo. Reuniu em torno de si os Batalhões da Morte, os Cavaleiros de São Jorge e os cossacos do *front*, mantendo intensos contatos secretos com os adidos militares dos Aliados, com Kaledin e com a Rada ucraniana...

Os governos aliados não tinham respondido ao Decreto sobre a Paz, de 8 de novembro, em que o Congresso dos Sovietes propusera um armistício geral.

Em 20 de novembro, Trótski enviou uma nota aos embaixadores aliados[67]:

Tenho a honra de informá-lo, Sr. embaixador, que o Congresso Pan-Russo dos Sovietes... a 8 de novembro constituiu um novo governo da República Russa, na forma do Conselho dos Comissários do Povo. O presidente do governo é Vladimir Ilich Lênin. A direção dos Negócios Estrangeiros foi a mim confiada, na qualidade de comissário do exterior...

Chamando sua atenção para o texto aprovado pelo Congresso Pan-Russo dos Sovietes, que contém nossa proposta para um armistício e uma paz democrática sem anexações ou indenizações, baseada no direto de autodeterminação de todos os povos, tenho a honra de solicitar-lhe que considere esse documento como uma proposta formal de

> armistício em todas as frentes, e imediata abertura de negociações de paz, proposta esta que o governo da República Russa encaminha simultaneamente a todos os povos beligerantes e seus governos. Sr. embaixador, aceite, do Governo Soviético, declaração da mais profunda estima pelo seu povo, o qual anseia pela paz, como todos os povos cansados e exauridos pela matança sem precedentes...

Nessa mesma noite, o Conselho de Comissários do Povo telegrafou ao general Dukhonin:

> ... O Conselho de Comissários do Povo considera indispensável que, sem demora, seja feita uma proposta formal de armistício a todas as potências, tanto inimigas como aliadas. Uma declaração conforme a esta decisão já foi enviada pelo Comissário do Exterior a todos os representantes das potências aliadas em Petrogrado.
>
> O Conselho de Comissários do Povo ordena-lhe, cidadão comandante, ... propor às autoridades militares inimigas o cessar imediato das hostilidades e entabular negociações de paz. Ao confiar-lhe a condução dos contatos preliminares, o Conselho de Comissários do Povo ordena:
>
> 1. Informar ao Conselho imediatamente, por telegrama, todo e qualquer passo dado no estabelecimento desses contatos com representantes dos exércitos inimigos.
> 2. Não assinar nenhum armistício que não tenha sido aprovado pelo Conselho de Comissários do Povo.

Os embaixadores aliados receberam a nota de Trótski com um silêncio desdenhoso, ao mesmo tempo que davam entrevistas anônimas aos jornais com termos ofensivos e ridicularizantes. A ordem enviada a Dukhonin foi abertamente qualificada como ato de traição...

Quanto a Duchonin, não se manifestou. Na noite de 22 de novembro, por telefone, foi questionado quanto a suas intenções de cumprir a ordem. Respondeu que não a cumpriria, a menos que tivesse emanado de um "governo apoiado pelo Exército e pelo país".

Um telegrama o demitiu imediatamente do posto de comandante supremo, e Krilenko foi nomeado para seu lugar. Seguindo sua tática de apelar às massas, Lênin enviou mensagens de rádio a todos os comitês de regimento, de divisão e de corpo, a todos os soldados e marinheiros, do Exército e da Armada, informando a recusa de Dukhonin e ordenando que "os regimentos no *front* devem eleger delegados para entabular negociações com os destacamentos inimigos..."

No dia 23, os adidos militares das nações aliadas, seguindo instruções de seus governos, apresentaram uma nota a Dukhonin alertando-o para não "violar as condições dos tratados concluídos entre as potências da Entente". A nota dizia ainda que, se um armistício em separado fosse concluído com a Alemanha, tal ato "resultaria nas mais sérias conseqüências" para a Rússia. Dukhonin divulgou imediatamente essa nota a todos os comitês de soldados...

Na manhã seguinte, Trótski fez mais um apelo às tropas, caracterizando a nota dos representantes aliados como uma flagrante interferência nos assuntos internos da Rússia e uma tentativa frustrada de "pelo recurso à ameaça forçar o exército e o povo russos a continuar uma guerra pelo cumprimento dos tratados firmados pelo czar..."

O Smolni divulgava seguidas proclamações[68], denunciando Dukhonin e os oficiais contra-revolucionários que tinham se unido a ele, denunciando os políticos reacionários reunidos em Moghilev, agitando, de um extremo a outro de uma frente de 1.800 quilômetros, milhões de soldados zangados e desconfiados. Ao mesmo tempo, Krilenko, acompanhado por três destacamentos de marinheiros fanáticos, partiu para o Stavka*, lançando desafios de vingança[69], e nos lugares por

* Nota. Denominação do Estado-Maior das Forças Armadas Russas.

onde passava foi recebido pelos soldados com tremendas ovações — uma marcha triunfal. O Comitê Central do Exército lançou uma declaração em apoio a Dukhonin; ao mesmo tempo, 10 mil soldados marcharam sobre Moghilev...

No dia 2 de dezembro, a guarnição de Moghilev sublevou-se e tomou a cidade, prendendo Dukhonin e o Comitê do Exército; agitando vitoriosas bandeiras vermelhas, saiu ao encontro do novo comandante supremo. Krilenko entrou em Moghilev na manhã seguinte, deparando com uma ruidosa turba reunida em torno do vagão ferroviário em que Dukhonin fora aprisionado. Krilenko discursou implorando aos soldados que não ferissem Dukhonin, que seria enviado a Petrogrado para julgamento pelos tribunais revolucionários. Mal concluiu, Dukhonin mostrou-se à janela, como se pretendesse dirigir-se à multidão. Esta, com um urro selvagem, invadiu o vagão e, agarrando o velho general, arrastou-o para fora, surrando-o até a morte, na plataforma...

Assim terminou a revolta do Stavka...

Imensamente fortalecido pelo colapso do mais importante bastião de poder militar hostil na Rússia, o governo soviético, confiante, deu início à tarefa de reorganização do Estado. Muitos dos antigos funcionários aderiram à sua bandeira, e muitos membros de outros partidos entraram para o serviço governamental. Os que eram movidos pela ambição monetária, entretanto, foram barrados pelo decreto de Salários dos Funcionários Governamentais, que fixava os salários dos Comissários do Povo — os mais elevados — em 500 rublos (aproximadamente 50 dólares) por mês... A greve dos funcionários governamentais, liderada pela União dos Sindicatos, entrou em colapso, abandonada pelos interesses financeiros e comerciais que lhe davam suporte. Os funcionários dos bancos retomaram seus postos...

Com o Decreto da Nacionalização dos Bancos, a formação do Supremo Conselho do Povo para a Economia, a implementação prática do Decreto sobre a Terra nas aldeias, a reorganização democrática do Exército, as profundas mudanças em todos os aspectos do governo e da vida — tudo isso efetivado graças apenas à vontade das massas de operários, soldados e camponeses —, lentamente iniciou-se, com muitos erros e tropeços, a construção da Rússia proletária.

Não foi estabelecendo acordos com as classes proprietárias, nem se conciliando com o antigo mecanismo governamental, que os bolcheviques conquistaram o poder. Nem tampouco pela violência organizada de um pequeno grupo. Se as massas, por toda a Rússia, não estivessem prontas para a insurreição, esta teria fracassado. A única razão para o sucesso dos bolcheviques reside em sua compreensão dos vastos e simples desejos das mais profundas camadas do povo, chamando-as para o trabalho de demolir o antigo e, em seguida, em meio à poeira das ruínas desabando, erguer as estruturas do novo...

Comício de setembro, na Sibéria. O povo, de todos os cantos do país, exigia uma república democrática autêntica, paz e terras

Camponês, se não queres alimentar os latifundiários, alimente o front... Linogravura de V. Lebedev (1920), Museu Central Estatal da História Contemporânea da Rússia

Capítulo 12

O congresso dos camponeses

A neve chegou no dia 18 de novembro. Pela manhã, acordamos com os parapeitos das janelas cobertos de branco, e flocos de neve caíam em redemoinhos tão densos que mal se podia enxergar três metros adiante. A lama desaparecera; num instante, a cidade de aparência melancólica tornou-se branca, radiante. Os *droshki** deslizavam aos solavancos pela rua acidentada, a toda a velocidade, com os cocheiros em roupas acolchoadas, suas longas barbas duras pelo gelo... Apesar da revolução, de a Rússia estar se lançando vertiginosamente num futuro terrível e desconhecido, a alegria correu pela cidade com a chegada da neve. Todos sorriam; as pessoas corriam para as ruas, aparando os suaves flocos, rindo. O cinza estava oculto; apenas as douradas e coloridas espirais e cúpulas, com seu esplendor bárbaro, brilhavam através da neve.

Até mesmo o sol apareceu, pálido e fraco, por volta do meio-dia. Os resfriados e o reumatismo dos meses chuvosos desapareceram. A vida da cidade animou-se, e a própria revolução correu mais ligeira...

* Nota. Carruagem ligeira com 1 ou até 2 cavalos.

Entrei, uma noite, num *traktir* — uma espécie de hospedaria — em frente aos portões do Smolni; um lugar de teto baixo, barulhento, chamado "Cabana do Pai Tomás", muito freqüentado por guardas vermelhos. Esses guardas lotavam o lugar, amontoados em volta das pequenas mesas com toalhas sujas e enormes bules de chá de porcelana, enchendo o ambiente com a fétida fumaça de seus cigarros, enquanto os atarefados garçons apressavam-se, gritando *"Seichass! Seichass!* Um momento! Um momento!"

A um lado, sentava-se um homem em uniforme de capitão, dirigindo-se aos presentes, que o interrompiam a cada frase.

— Vocês não passam de assassinos! — gritava. — Atiram em seus irmãos russos nas ruas!

— Quando fizemos isso? — perguntou um operário.

— No último domingo, quando os *junkers*...

— Ora, e eles não atiraram em nós? — Um homem exibiu o braço na tipóia. — Eu não tenho aqui algo para me lembrar deles, dos malditos?

O capitão gritou o mais que pôde:

— Vocês deviam ter permanecido neutros! Deviam ter permanecido neutros! Quem são vocês para destruir o governo legal? Quem é Lênin? Um agente dos alemães...

— Quem é você? Um contra-revolucionário! Um provocador! — gritaram-lhe.

Quando pôde fazer-se ouvir novamente, o capitão levantou-se.

— Vocês dizem que são o povo da Rússia. Mas vocês não são o povo russo. Os camponeses são o povo russo. Esperem até que os camponeses...

— Sim, — gritaram — esperemos até que os camponeses falem! Nós sabemos o que eles dirão... Não são trabalhadores como nós?

Afinal, tudo dependia dos camponeses. Embora politicamente atrasados, tinham suas próprias idéias e constituíam mais de 80% do povo russo. Os bolcheviques tinham uma penetração relativamente pequena entre os camponeses, e uma ditadura permanente dos trabalhadores industriais era uma impossibilidade na Rússia... Tradicionalmente, o partido camponês era o Partido Socialista Revolucionário; entre os partidos que apoiavam o governo soviético, os socialistas revolucionários de esquerda eram os presumíveis herdeiros dessa tradição de liderança entre os camponeses e, entregues que estavam à vontade do proletariado urbano organizado, necessitavam desesperadamente do apoio camponês...

Em terra virgem. Escultura de A. M. Ignátiev, 1957. Museu Estatal Russo, São Petersburgo

O Smolni não negligenciara os camponeses. Em seguida ao Decreto da Terra, uma das primeiras ações do Tsik tinha sido a convocação direta de um Congresso de Camponeses, ignorando o Comitê Executivo dos Sovietes de Camponeses. Poucos dias depois foi divulgado um detalhado Regulamento para os Comitês Agrários *Volost*, ou comitês agrários locais, das pequenas aldeias, seguindo-se as *Instruções aos Camponeses*[70], de Lênin, que explicava em termos acessíveis o significado da revolução bolchevique e do novo governo. No dia

16 de novembro, Lênin e Miliutin publicaram as *Instruções para os Emissários Temporários*, e milhares de cópias foram distribuídas nas aldeias pelo governo:

1. Ao chegar à província que lhe foi designada, o emissário deve convocar uma reunião conjunta dos Comitês Centrais dos Sovietes dos Deputados de Operários, Soldados e Camponeses, procedendo a um relato sobre as leis agrárias e propondo, a seguir, uma reunião conjunta dos sovietes...
2. Estudar os aspectos dos problemas agrários na província:
   a) Os latifúndios foram confiscados, e em que distritos?
   b) Quem administra a terra confiscada: os antigos proprietários ou os comitês agrários?
   c) Qual a destinação da maquinaria agrícola e dos animais?
3. Aumentou a área cultivada pelos camponeses?
4. Quanto, e em que aspectos, a quantidade de área cultivada difere do total fixado pelo governo como mínimo?
5. O emissário deve insistir em que, uma vez recebida a terra, os camponeses aumentem a área cultivada e enviem grãos para as cidades tão rápido quanto possível, como único meio de evitar a fome.
6. Quais as medidas planejadas ou efetivadas para a transferência da terra dos proprietários para os comitês agrários ou instituições similares designadas pelos sovietes?
7. É aconselhável que as propriedades agrícolas bem providas e organizadas sejam administradas por sovietes compostos dos empregados dessas propriedades, sob a direção de especialistas agrícolas.

Por todas as aldeias sentiam-se ares de mudança, não só devido ao efeito do Decreto da Terra, mas também pelos milhares de soldados camponeses que retornavam do *front* impregnados de idéias revolucionárias. Estes, em especial, acolheram com satisfação a convocação de um Congresso de Camponeses.

Tal como fizera o antigo Tsik em relação ao Segundo Congresso dos Sovietes de Operários e Soldados, o Comitê Executivo tentou impedir a realização do Congresso de Camponeses chamado pelo Smolni. E também como o antigo Tsik, ao perceber a futilidade de seus esforços, o Comitê Executivo tratou de enviar telegramas alarmantes em que ordenava a eleição de delegados conservadores. Foi até mesmo difundida, entre os camponeses, a falsa informação de que o Congresso se realizaria em Moghilev, e muitos delegados efetivamente se dirigiram para lá; mas, no dia 23 de novembro, aproximadamente quatrocentos delegados estavam em Petrogrado, e as reuniões das bancadas dos diversos partidos começaram.

A primeira sessão teve lugar no Salão Alexandre, no prédio da Duma, e a primeira votação revelou que mais da metade dos delegados eram socialistas revolucionários de esquerda, enquanto os bolcheviques controlavam apenas um quinto do total, os Socialistas Revolucionários conservadores controlavam um quarto, e o resto tinha como causa comum apenas sua oposição ao Comitê Executivo, dominado por Avksentiev, Chaikovski e Peshekhonov...

O grande salão estava completamente tomado e estremecia sob um constante clamor.

Uma hostilidade profunda separava os delegados em grupos irados. À direita, podia-se ver um pequeno grupo de oficiais com suas dragonas e muitos camponeses com suas longas barbas patriarcais. No centro, estavam uns poucos camponeses, alguns suboficiais e soldados. À esquerda, praticamente todos os delegados envergavam o uniforme comum de soldados. Estes eram a nova geração, que servira no exército... As tribunas estavam lotadas de operários — que, na Rússia, ainda lembram sua origem camponesa...

Ao contrário do que fizera o antigo Tsik, o Comitê Executivo na sessão de abertura não reconheceu o Congresso como oficial, afirmando que o oficial ocorreria dia 13 de dezembro; entre um furacão de aplausos e protestos irados, o orador declarou que aquela assembléia era apenas uma "Conferência Extraordinária...". Mas a "conferência extraordinária" logo deixou clara sua posição em relação ao Comitê Executivo ao eleger para presidir os trabalhos a delegada Maria Spiridonova, líder dos socialistas revolucionários de esquerda.

A maior parte do primeiro dia foi tomada por um acalorado debate sobre se os sovietes locais teriam direito a assento, ou se esse direito seria reservado apenas aos sovietes provinciais; tal como acontecera no Congresso dos Sovietes de Operários e Soldados, a esmagadora maioria declarou-se a favor da mais ampla representatividade. Em conseqüência, o Comitê executivo deixou o recinto...

Logo de início, ficou evidente que a maioria dos delegados era hostil ao governo dos Comissários do Povo. Zinoviev, tentando falar pelo partido bolchevique, foi impedido pelos protestos da multidão, e quando deixava a plataforma, entre o riso geral, ouviu-se a exclamação "É assim que um Comissário do Povo cai numa poça de lama!"

"Nós, socialistas revolucionários de esquerda", gritou Nazariev, um delegado provincial, "recusamos reconhecimento ao assim chamado Governo dos Operários e Camponeses enquanto os camponeses não estiverem nele representados. Até agora, trata-se apenas de uma ditadura dos operários... Insistimos na formação de um novo governo que represente a democracia em sua totalidade!"

Os delegados reacionários aproveitaram para aprofundar esse estado de espírito, declarando, sob os protestos da bancada bolchevique, que o Conselho dos Comissários do Povo pretendia ou controlar o congresso ou dissolvê-lo pela força — o que provocou explosões de fúria...

Lênin na Tribuna. Escultura de N. A. Andreiev, 1931-1932, Museu Estatal Russo, São Petersburgo

No terceiro dia, inesperadamente, Lênin subiu à tribuna. Durante dez minutos, o salão pareceu enlouquecer: "Fora!", "Não ouviremos nenhum Comissário do Povo! Não reconhecemos seu governo!"

Lênin permaneceu calmo, ambas as mãos firmes na tribuna, seus pequenos olhos pensativamente observando o tumulto. Por fim, exceto no lado direito da sala, a gritaria acalmou um pouco.

"Não estou aqui como membro do Conselho dos Comissários do Povo", disse Lênin, e esperou novamente que o barulho diminuísse, "mas como membro da facção bolchevique, formalmente eleita para este congresso", e ergueu suas credenciais, à vista de todos.

"Entretanto", continuou, com voz calma, "ninguém pode negar que o presente governo é formado pelo partido bolchevique" — teve que fazer uma pausa. "Logo, para todos os efeitos práticos, dá no mesmo..." A bancada à direita rompeu num ruidoso clamor, mas o centro e a esquerda estavam interessados e exigiram silêncio.

A argumentação de Lênin era simples. "Digam com franqueza vocês, camponeses a quem demos as terras dos *pomieshchiqui*: vocês querem impedir os operários de tomar o controle da indústria? Isto é luta de classes. Os *pomieshchiqui*, naturalmente, opõem-se aos camponeses, e os industriais opõem-se aos operários. Vocês vão permitir a divisão das fileiras do proletariado? De que lado vocês estão?

S. V. Tchekhonin. Ilustração para *Fausto e a Cidade*, de A. V. Lunacharski

Nós, os bolcheviques, somos o partido do proletariado — do proletariado camponês e do proletariado industrial. Somos defensores dos sovietes, tanto dos sovietes de camponeses quanto dos sovietes de operários e soldados. O governo atual é o governo dos sovietes; nós não apenas convidamos os sovietes de camponeses a integrar-se no governo, mas também convidamos representantes dos socialistas revolucionários de esquerda a se integrarem no Conselho dos Comissários do Povo...

Os sovietes são a mais perfeita forma de representação popular, dos trabalhadores nas fábricas e nas minas, dos trabalhadores no campo. Quem tentar destruí-los será culpado de ato antidemocrático e contra-revolucionário. E aviso aos camaradas socialistas revolucionários de direita, e aos senhores cadetes, que se a Assembléia Constituinte tentar destruir os sovietes nós não permitiremos!"

Na tarde de 25 de novembro, vindo de Moghilev, chegou Chernov, atendendo a um chamado urgente do Comitê Executivo. Há apenas dois meses considerado um revolucionário extremado e muito popular entre os camponeses, era agora convocado para impedir a perigosa guinada do congresso rumo à esquerda. Logo ao chegar, Chernov foi preso e conduzido ao Smolni, sendo solto após uma rápida entrevista.

Seu primeiro ato foi censurar duramente o Comitê Executivo pela atitude de deixar o congresso. O comitê concordou em retornar, e Chernov adentrou o salão sob o aplauso da maioria e os protestos dos bolcheviques.

"Camaradas! Estive afastado. Participei da Conferência do 12º Exército sobre a questão da convocação de todos os delegados camponeses da frente ocidental e tenho poucas informações sobre a insurreição que ocorreu aqui..."

Zinoviev levantou-se e gritou: "Sim, esteve fora — por uns poucos minutos!" Formou-se um tremendo tumulto, gritos de "Abaixo os bolcheviques!"

Chernov prosseguiu. "A acusação de que ajudei a liderar um exército contra Petrogrado não tem o menor fundamento, é inteiramente falsa. De onde ela vem? Mostrem-me a fonte!"

Zinoviev: "*Izvestia* e *Dielo Naroda,* seu próprio jornal. Essas são as fontes!"

A face de Chernov, de olhos miúdos, cabelo desalinhado e barba cinzenta, tornou-se vermelha de raiva, mas, controlando-se, prosseguiu: "Repito que quase nada sei sobre o que tem acontecido aqui, e que não liderei exército algum, exceto este (e apontou para os delegados camponeses), que está aqui principalmente por minha causa!" Risos e gritos de "Bravo!"

"Ao chegar, visitei o Smolni. Nenhuma acusação me foi dirigida... Após uma rápida entrevista, eu me retirei, e isso é tudo! Desafio qualquer dos presentes a me fazer tal acusação!"

Iniciou-se um grande distúrbio, com os bolcheviques e alguns socialistas revolucionários de esquerda brandindo os punhos e gritando, e o restante da assembléia gritando que se calassem.

"Isto é um ultraje, não uma sessão!", exclamou Chernov, e deixou o recinto; a sessão foi suspensa. A questão da situação do Comitê Executivo, porém, agitava todas as mentes. Ao declarar a assembléia como "Conferência Extraordinária", tinha-se a intenção de bloquear a eleição de um novo Comitê Executivo. Mas agora essa tática mostrava seu outro lado: os socialistas revolucionários de esquerda decidiram que, se o congresso não tinha poder sobre o Comitê Executivo, este não poderia ter poder sobre o congresso. No dia 25 de novembro, a assembléia decidiu que os poderes do Comitê Executivo seriam assumidos pela Conferência Extraordinária, na qual somente poderiam votar os membros do Executivo que tivessem sido eleitos delegados...

No dia seguinte, apesar da feroz oposição dos bolcheviques, essa resolução foi emendada, concedendo voz e voto a todos os membros do Comitê.

No dia 27, deu-se o debate em torno da questão da terra, revelando as diferenças entre o programa agrário dos bolcheviques e o dos socialistas revolucionários de esquerda.

Falando pelos socialistas revolucionários de esquerda, Kolchinski resumiu a história da questão da terra durante a revolução. O Primeiro Congresso dos Sovietes de Camponeses, disse, votou uma resolução precisa e formal a favor da transferência imediata das grandes propriedades rurais para as mãos dos comitês agrários. Mas os condutores da revolução, e os burgueses no governo, tinham insistido que a questão não fosse definida antes da instauração da Assembléia Constituinte... O segundo período da revolução, o período do "acordo", foi marcado pela entrada de Chernov para o Gabinete. Os camponeses estavam convencidos de que agora, finalmente, haveria uma solução prática para a questão da terra; mas, apesar das imperativas decisões do Primeiro Congresso de Camponeses, os reacionários e os conciliadores no Comitê Executivo impediram qualquer atitude. Essa política provocou uma série de desordens no campo, expressão natural da impaciência e frustração dos camponeses. Estes compreenderam o exato significado da revolução tentaram, então, transformar palavras em atos.

"Os eventos recentes", disse o orador, "não indicam uma simples revolta, ou uma 'aventura bolchevique'; pelo contrário, trata-se de um autêntico levante popular, que tem sido saudado com simpatia pelo país inteiro...

Os bolcheviques de modo geral tomaram a atitude correta em relação ao problema da terra; mas cometeram um grave erro ao aconselhar que os camponeses tomassem a terra pela força... Desde os primeiros dias os bolcheviques declararam que os camponeses deveriam se apossar da terra 'pela ação revolucionária das massas'. Isto é nada menos que anarquia; a terra pode ser tomada de uma maneira organizada... Para os bolcheviques, era importante que os problemas da revolução fossem resolvidos do modo mais rápido possível — mas eles não estavam interessados em como essas questões seriam resolvidas...

Em seus fundamentos, o Decreto da Terra do Congresso dos Sovietes é idêntico às decisões tomadas pelo Primeiro Congresso de Camponeses. Por que, então, o novo governo não seguiu as táticas delineadas por aquele congresso? Porque o Conselho dos Comissários do Povo desejava apressar a solução do problema da terra, de modo que à Assembléia Constituinte nada mais restasse fazer...

O governo percebeu que era necessário adotar medidas práticas; então, sem reflexão, adotou os Regulamentos para os Comitês Agrários, criando assim uma estranha situação, pois o Conselho dos Comissários do Povo aboliu a propriedade privada da terra, mas o Regulamento está baseado na propriedade privada... Entretanto, nada de negativo resultou disso, pois os Comitês Agrários não dão atenção aos decretos dos sovietes, implementando suas próprias decisões práticas, baseadas na vontade da vasta maioria dos camponeses...

Os comitês agrários não pretendem oferecer uma solução legal para o problema da terra, pois isso é da alçada exclusiva da Assembléia Constituinte... Mas a Assembléia Constituinte atenderá à vontade dos camponeses russos? Nada se pode afirmar a respeito... Somente podemos estar seguros de que a determinação revolucionária dos camponeses está firme, e que a Constituinte será forçada a solucionar a questão da terra pela via que os camponeses determinarem... A Assembléia Constituinte não ousará romper com a vontade do povo..."

A seguir, Lênin ocupou a tribuna, e desta vez foi ouvido com grande atenção.

"Neste momento, estamos tentando resolver não apenas a questão da terra, mas a questão da revolução social — e não apenas aqui, na Rússia, mas em todo o mundo... Essa questão não pode ser resolvida de forma independente de outros problemas da revolução social... Por exemplo, o confisco das grandes propriedades rurais provocará a resistência não apenas dos proprietários rurais, mas também do capital estrangeiro, ao qual as grandes propriedades rurais estão ligadas pela intermediação dos bancos...

A propriedade da terra, na Rússia, é a base para imensa opressão, e o confisco da terra em benefício dos camponeses é o passo mais importante da nossa revolução. Mas não pode ser considerado isoladamente, como é demonstrado pelos diversos estágios através dos quais nossa revolução tem tido que passar. O primeiro estágio foi a derrocada da autocracia e a derrocada do poder dos capitalistas industriais e dos latifundiários, cujos interesses estão entrelaçados. O segundo estágio foi o fortalecimento dos sovietes e a conciliação política com a burguesia. O equívoco dos socialistas revolucionários de esquerda foi que naquele momento eles não se opuseram à política de compromisso, e não o fizeram por defenderem a teoria de que a consciência das massas não estava ainda plenamente desenvolvida...

N. G. Tchernichévski. Pensador, defensor do socialismo no séc. XIX, participou do movimento populista russo. Escultura de A. P. Kibalhnikov

Se o socialismo só puder ser conquistado quando o desenvolvimento intelectual de todo o povo o permitir, então não teremos socialismo nos próximos quinhentos anos, pelo menos... O partido político socialista é a vanguarda da classe trabalhadora e, como vanguarda, não pode se permitir ser paralisado pela falta de educação da média das massas. Pelo contrário, deve liderá-las, utilizando os sovietes como órgãos de iniciativa revolucionária... Mas, para poder liderar os indecisos, os camaradas socialistas revolucionários de esquerda devem pôr de lado sua própria hesitação...

Em julho passado, muitas brechas se abriram entre as massas populares e os "conciliadores"; em novembro, os socialistas revolucionários de esquerda ainda estão de mãos dadas com Avksentiev... Conciliar é destruir a revolução. Nenhum compromisso é possível com a burguesia, seu poder deve ser totalmente esmagado...

Nós, bolcheviques, não alteramos nosso programa agrário; não abandonamos a abolição da propriedade privada da terra, nem pretendemos fazê-lo. Adotamos o Regulamento para os Comitês Agrários — que *não* se baseiam na propriedade privada — porque desejamos atender à vontade popular da maneira que o próprio povo decidiu, a fim de estreitar os laços entre todos os que lutam pela revolução social.

Convidamos os socialistas revolucionários de esquerda a integrar essa coalizão, insistindo, entretanto, que deixem de olhar para trás e que rompam com os 'conciliadores' de seu partido...

No que diz respeito à Assembléia Constituinte, é verdade, como disse o orador que me precedeu, que seus trabalhos dependerão da determinação revolucionária das massas. Porém eu afirmo: 'Conte com a determinação revolucionária, mas não esqueça seu fuzil!'

Em seguida, Lênin leu a resolução bolchevique:

O Congresso de Camponeses, apoiando integralmente o Decreto da Terra, de 8 de novembro... reconhece o Governo Provisório de Operários e Camponeses da República Russa, estabelecido pelo Segundo Congresso Pan-Russo dos Sovietes dos Deputados de Operários e Soldados.

O Congresso de Camponeses... convida todos os camponeses a apoiar essa lei e a aplicá-la imediatamente por iniciativa própria; ao mesmo tempo, convida os camponeses a indicar para postos e posições de responsabilidade apenas pessoas que provaram, não com palavras, mas com atos, sua inteira devoção aos interesses dos trabalhadores camponeses explorados, seu desejo e sua capacidade de defender esses interesses contra toda resistência de parte dos grandes latifundiários, dos capitalistas, de seus partidários e cúmplices.

O Congresso de Camponeses expressa sua convicção de que a total implementação de todas as medidas que compõem o Decreto da Terra só será possível com o triunfo da revolução social dos trabalhadores, que começou no dia 7 de novembro de 1917. Somente a revolução social pode realizar a completa transferência, sem possibilidade de

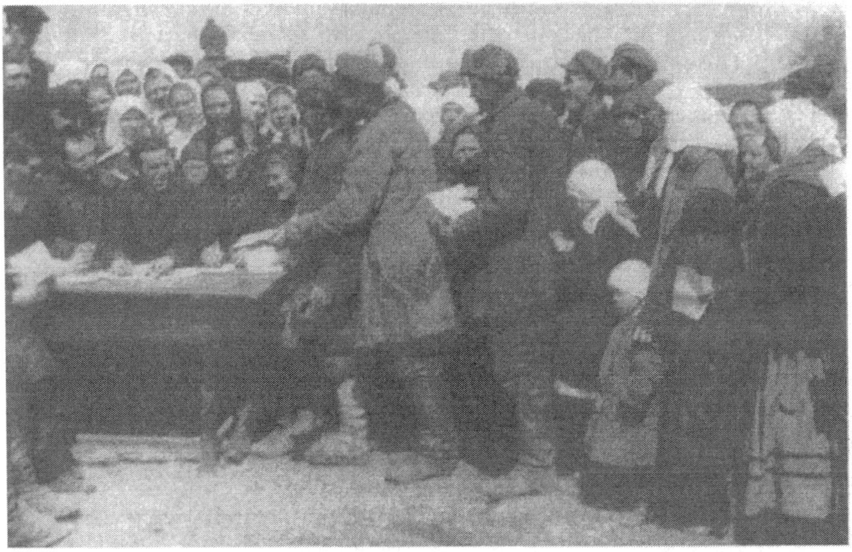

Camponeses em uma fazenda coletiva

retorno, da terra para os trabalhadores camponeses, o confisco das fazendas-modelo e sua transferência para comunas de camponeses, o confisco da maquinaria agrícola pertencente aos grandes proprietários, a salvaguarda dos interesses dos trabalhadores agrícolas pela completa abolição da escravidão assalariada, a distribuição regular e metódica dos produtos da agricultura e da indústria em todas as regiões da Rússia, a tomada dos bancos (sem o que a posse da terra seria impossível, após a abolição da propriedade privada) e todo tipo de assistência do Estado para com os trabalhadores.

Por essas razões, o Congresso de Camponeses defende a revolução de 7 de novembro... como uma revolução social, expressando sua inquebrantável vontade de pôr em prática, com as modificações porventura necessárias mas sem hesitação, a transformação social da República Russa.

As condições indispensáveis à vitória da revolução socialista, que assegurará o sucesso duradouro e a completa realização do Decreto da Terra, consistem na união dos trabalhadores camponeses com a classe operária industrial, na união com o proletariado dos países avançados. A partir deste momento, na República Russa, toda a organização do Estado, de alto a baixo, deve assentar sobre essa união. Esmagando todas as tentativas, diretas ou indiretas, abertas ou dissimuladas, de retornar à política de conciliação com a burguesia, essa união, por si só, assegura a vitória do socialismo em todo o mundo.

Os reacionários do Comitê Executivo não ousaram expor suas opiniões abertamente. Chernov, entretanto, falou várias vezes, com imparcialidade modesta e cativante, chegando a ser convidado para sentar-se à mesa diretora... Na segunda noite do congresso, uma nota anônima, propondo que Chernov fosse feito presidente honorário, chegou ao presidente de mesa, Ustinov, que a leu em voz alta. Imediatamente, Zinoviev se levantou, gritando que era um artifício do antigo Comitê Executivo para dominar a assembléia. O tumulto estava formado: os dois lados se puseram a gritar e a agitar os braços, faces iradas... Mas Chernov manteve-se muito popular.

Durante os tempestuosos debates da questão da terra e da resolução de Lênin, por duas vezes os bolcheviques estiveram a ponto de deixar a assembléia, nas duas ocasiões contidos pelas lideranças... Pareceu-me que o congresso estava num impasse irremediável.

Mas ninguém ali sabia que uma série de conferências secretas estava ocorrendo no Smolni, entre os socialistas revolucionários de esquerda e os bolcheviques. Inicialmente, os socialistas tinham exigido que se formasse um governo com todos os partidos socialistas, mesmo os não-representados nos sovietes, que seria responsável perante um Conselho do Povo composto de igual número de delegados de operários e soldados, bem como de camponeses, incluindo, ainda representantes das Dumas Municipais e dos Zemstvos; Lênin e Trótski deveriam ser excluídos, e o Comitê Militar Revolucionário e outros órgãos repressivos, dissolvidos.

Na manhã de 28 de novembro, quarta-feira, depois de um terrível confronto que durou toda a noite, chegou-se a um acordo. O Tsik teria seus 108 membros aumentados de mais 108, proporcionalmente eleitos no Congresso dos Camponeses; 100 outros delegados seriam eleitos diretamente pelo Exército e pela Frota; outros 50 representando os sindicatos (35 dos sindicatos pan-russos, 10 dos trabalhadores de ferrovias e 5 dos trabalhadores de correios e telégrafos). As Dumas e os Zemstvos ficaram de fora. Lênin e Trótski permaneceriam no governo, e o Comitê Militar Revolucionário continuaria existindo.

As sessões do congresso tinham sido transferidas para a Escola Imperial de Direito, situada à rua Fontanka, número 6, quartel-general dos sovietes de camponeses. Na tarde dessa quarta-feira, os delegados se reuniram no grande anfiteatro. O antigo Comitê Executivo se retirara da assembléia e mantinha uma reunião menor, oficiosa, com delegados descontentes e representantes dos comitês de exército.

Chernov passava de uma reunião a outra, acompanhando atentamente o suceder de eventos. Ele sabia que um acordo com os bolcheviques estava sendo discutido, mas ignorava que já fora concluído.

Dirigiu-se então à reunião do Comitê Executivo: "Atualmente, quando todos são favoráveis à formação de um governo exclusivamente socialista, muitos se esquecem do primeiro Ministério, que não era um governo de coalizão e no qual havia apenas um ministro socialista: Kerênski; esse governo, em seu tempo, foi muito popular. Agora as pessoas acusam Kerênski; esquecem que ele foi levado ao poder não só pelos sovietes, mas também pelas massas populares...

Por que mudou a opinião pública sobre Kerênski? Os selvagens criam deuses aos quais rezam e os punem quando uma prece não é atendida... É o que acontece neste momento... Ontem, Kerênski; hoje, Lênin e Trótski; amanhã, outro...

Propusemos a Kerênski e aos bolcheviques abandonar o poder. Kerênski aceitou; de seu esconderijo, ele hoje anunciou que

Alexandre Kerênski, deposto em 1917, quando os bolcheviques assumiram o poder. Mudou-se para Paris onde viveu até 1940, ano em que se mudou para os Estados Unidos

renuncia como primeiro-ministro. Mas os bolcheviques se agarram ao poder e não sabem como usá-lo...

Quer os bolcheviques triunfem ou fracassem, o destino da Rússia não será afetado. As aldeias russas sabem perfeitamente o que querem e estão agora tomando suas próprias medidas... As aldeias nos salvarão, no final..."

Nesse momento, no grande salão, Ustinov anunciara o acordo entre o Congresso de Camponeses e o Smolni, recebido pelos delegados com intensa alegria. Repentinamente, surgiu Chernov, pedindo a palavra:

"É de meu conhecimento", começou, "que um acordo está sendo concluído entre o Congresso dos Camponeses e o Smolni. Mas ele será ilegal, uma vez que o verdadeiro congresso dos sovietes de camponeses só se reunirá na próxima semana...

Além disso, quero preveni-los de que os bolcheviques nunca aceitarão as exigências deste congresso..."

Foi interrompido por uma explosão de gargalhadas; percebendo a situação, deixou a tribuna e a sala, levando consigo sua popularidade...

No fim da tarde de 29 de novembro, o congresso se reuniu em sessão extraordinária. Havia um clima de festa no ar, as pessoas sorriam... Algumas pendências foram resolvidas em tempo para a assembléia; então o velho Nathanson, decano da ala esquerda dos socialistas revolucionários, com sua barba branca, a voz tremente e lágrimas nos olhos, leu o relato do "casamento" dos sovietes de camponeses com os sovietes de operários e soldados. A cada menção à palavra "união" sobrevinha uma onda de aplausos... Ao final, Ustinov anunciou a chegada de uma delegação do Smolni acompanhada por representantes do Exército Vermelho. Ao entrar na sala, foram saudados com uma grande ovação. Então, um após o outro, subiram à tribuna um operário, um soldado e um marinheiro para saudar o congresso.

A seguir, Boris Reinstein, delegado do Partido Trabalhista Socialista Americano, fez sua saudação:

"O dia da união do Congresso dos Camponeses e dos Sovietes dos Deputados de Operários e Soldados é um dos grandes dias da revolução. Ressoará, ecoando através do mundo inteiro: em Paris, em Londres, e através do oceano, em Nova York. Essa união encherá de alegria o coração de todos os oprimidos.

Uma grande idéia triunfou. O Ocidente e a América esperavam da Rússia, do proletariado russo, algo tremendo... O proletariado do mundo está esperando pela revolução russa, esperando por suas grandes realizações..."

Sverdlov, presidente do novo Tsik, saudou o congresso. Em seguida, os camponeses deixaram o prédio, bradando as saudações: "Salve o fim da guerra civil! Salve a democracia unida!"

Já era noite, e a neve congelada brilhava à pálida luz da lua e das estrelas. Ao longo do canal alinhavam-se os soldados do Regimento Pavlovski. Sua bandatocava a *Marselhesa*. Em meio aos brados dos soldados, os camponeses desfraldaram o grande estandarte vermelho do Comitê Executivo do Soviete Pan-Russo de Camponeses, ostentando em ouro os dizeres recém-escritos: "Salve a união das massas oprimidas revolucionárias!" Seguiram-se outras bandeiras, dos sovietes distritais e das fábricas Putilov, em que se lia: "Saudamos esta bandeira pela criação da irmandade de todos os povos!"

Tochas surgiram na noite, seu brilho alaranjado mil vezes refletido pelo gelo, ondeando ardentes e fumegantes por sobre a multidão enquanto esta, cantando, se deslocava ao longo da Fontanka, entre aglomerações que assistiam a tudo em silêncio, atônitas.

"Viva o Exército Revolucionário! Viva a Guarda Vermelha! Vivas aos camponeses!"

A grande procissão atravessou a cidade, sempre aumentando e desfraldando mais bandeiras vermelhas com dizeres em dourado. Dois velhos camponeses, curvados por uma vida de trabalho duro, caminhavam, amparando-se mão na mão, suas faces iluminadas numa alegria infantil.

"Ah!", disse um deles, "quero ver agora quem é capaz de nos tirar a terra!"

Próximo ao Smolni, a Guarda Vermelha alinhava de ambos os lados da rua. Havia alegria nas fileiras. Outro velho camponês disse a um seu camarada: "Não estou cansado. Flutuei no ar todo o caminho!"

Nas escadarias do Smolni, cerca de uma centena de deputados de operários e soldados que estavam reunidos, com sua bandeira, suas silhuetas escuras contra as luzes que brilhavam através dos arcos, desceram de encontro aos camponeses, abraçando-os e beijando-os. Ruidosamente, a procissão penetrou pela grande porta.

No imenso salão branco, o Tsik aguardava, bem como o Soviete de Petrogrado em peso e um milhar de espectadores, com a solenidade que acompanha os grandes momentos da história.

Zinoviev anunciou o acordo com o Congresso Camponês, provocando uma onda de ruidosos aplausos e manifestações que foram crescendo à medida que a música se aproximava pelo corredor e a procissão penetrava no recinto. A mesa diretora ergueu-se e acolheu com abraços o *presidium* dos camponeses, instalando-o também à mesa. Atrás deles, na parede branca, as duas bandeiras entrecruzadas, sobre a moldura vazia de onde fora arrancado o retrato do czar...

Inaugurou-se a "sessão triunfal". Após as palavras de boas-vindas de Sverdlov, Maria Spiridonova, frágil, pálida, com seus óculos, o cabelo preso, com ar de professora da Nova Inglaterra, subiu à tribuna. Era a mais amada e poderosa mulher em toda a Rússia.

"... Ante os trabalhadores da Rússia abrem-se novos horizontes, como nunca se viu na história... Todos os movimentos de trabalhadores, no passado, foram derrotados. Mas este movimento é internacional e, por isso, invencível. Não há força no mundo que possa extinguir o incêndio da revolução! O velho mundo desmorona, o novo começa a surgir..."

Seguiu-se-lhe a fala ardente de Trótski:

"Sejam bem-vindos, camaradas camponeses! Vocês estão aqui não como convidados, mas como senhores desta casa, onde vibra o coração da revolução russa. A vontade de milhões de trabalhadores está concentrada neste salão... Agora, a terra russa tem apenas um dono: a união dos operários, soldados e camponeses..."

Neste cartaz, Trótski aparece como guerreiro medieval em luta contra um dragão de cartola, simbolizando a contra-revolução sustentada pelos capitalistas

Com sarcasmo e mordacidade, Trótski se referiu aos diplomatas aliados, que até aquele momento desprezavam o convite da Rússia para estabelecer o armistício já aceito pelas Potências Centrais.

"Uma nova humanidade nascerá desta guerra... Nesta sala, juramos aos trabalhadores de todo o mundo que permaneceremos em nossos postos, defendendo a revolução. Se formos derrotados, cairemos defendendo nossa bandeira...

A seguir, Krylenko explicou a situação no *front*, onde Dukhonin se preparava para resistir ao Conselho dos Comissários do Povo: "Façamos saber a Dukhonin e aos que o acompanham que não seremos gentis para com quem bloqueia o caminho para a paz!"

Dibenko apresentou as saudações da Armada, e Krushinski, membro do Vikjel, declarou: "Neste momento, quando a união de todos os verdadeiros socialistas é concretizada, todo o exército dos trabalhadores ferroviários coloca-se à disposição da democracia revolucionária!" Seguiram-se Lunacharski, muito emocionado, e Proshian, pelos socialistas revolucionários de esquerda. E finalmente, pelos Social-Democratas Internacionalistas Unidos, grupo composto pelos seguidores de Martov e Gorki, falou Saharashvili:

"Abandonamos o Tsik devido à política intransigente dos bolcheviques e para forçá-los a fazer concessões que possibilitassem a união de toda a democracia revolucionária. Agora que essa união é uma realidade, consideramos nosso sagrado dever reassumir nossos lugares no Tsik... Declaramos que todos os que abandonaram o Tsik devem retornar."

Stachkov, um velho e digno camponês da presidência do Congresso de Camponeses, saudou os quatro cantos da sala: "Saúdo a todos pelo nascimento de uma nova vida e uma nova liberdade na Rússia!"

Gronski manifestou-se em nome da Social-Democracia Polonesa; Skripnik, pelos Comitês de Fábrica; Tifonov, pelos soldados russos acantonados em Salônica; e ainda outros, interminavelmente, falando apaixonadamente, com a eloqüência feliz das esperanças realizadas...

Era já tarde da noite quando foi aprovada por unanimidade a resolução:

"O Tsik, unido em sessão extraordinária com o Soviete de Petrogrado e o Congresso dos Camponeses, confirma os decretos da Terra e da Paz, aprovados pelo Segundo Congresso dos Sovietes dos Deputados de Operários e Soldados, bem como o decreto sobre o Controle Operário da Indústria, emitido pelo Tsik. A sessão conjunta do Tsik e do Congresso Camponês expressa a firme convicção de que a união dos operários, soldados e camponeses, a fraternal união de todos os trabalhadores e de todos os explorados, consolidará o poder que conquistaram. E esta sessão tomará todas as medidas revolucionárias para apressar a passagem do poder para as mãos da classe trabalhadora em outros países, assegurando assim a conquista permanente de uma paz justa e a vitória do socialismo."[71]

A revolução de outubro. A. T. Matveiev, 1927. Museu Estatal Russo, São Petersburgo

Ilustração feita por I. P. Anenkov, para o poema *Dvenadtzat* (Os Doze), de A. Blok, dedicado à Revolução

Apêndice

Capítulo 1

1 *Oborontsi* – "defensistas". Todos os grupos socialistas "moderados" adotaram ou receberam essa denominação por terem consentido na continuação da guerra sob a liderança aliada, com a alegação de que era uma guerra de defesa nacional. Os bolcheviques, os socialistas revolucionários de esquerda, os mencheviques internacionalistas (a facção de Martov) e os social-democratas internacionalistas (grupo de Gorki) eram favoráveis a que se obrigassem os aliados a declarar objetivos de guerra democráticos e se oferecesse a paz à Alemanha nesses termos.

2 Salários e custo de vida antes e durante a revolução

A tabela de salários e despesas abaixo foi elaborada em outubro de 1917 por um comitê conjunto da Câmara de Comércio de Moscou e da seção de Moscou do Ministério do Trabalho, sendo publicada no jornal *Novaia Zhizn* em 26 de outubro de 1917:

Salários por dia (rublos e copeques)

Ramo de atividade	julho 1914	julho 1916	agosto 1917
Carpinteiro	1,60-2,0	4,0-6,0	8,50
Azulejista	1,30-1,50	3,0-3,5	—
Pedreiro	1,70-2,35	4,0-6,0	8,0
Pintor	1,8-2,2	3,0-5,5	8,0
Ferreiro	1,0-2,5	4,0-5,0	8,5

Salários por dia (rublos e copeques) *(continuação)*

Ramo de atividade	julho 1914	julho 1916	agosto 1917
Limpador de chaminés	1,50-2,0	4,0-5,5	7,5
Chaveiro	0,9-2,0	3,5-6,0	9,0
Auxiliar	1,0-1,5	2,5-4,5	8,0

Apesar das numerosas histórias sobre grandes aumentos salariais após a revolução de março de 1917, essas cifras, publicadas pelo Ministério do Trabalho como características das condições vigentes em toda a Rússia, mostram que os salários não aumentaram imediatamente após a revolução, e sim num lento processo. Em média, aumentaram pouco mais de 500%...

Mas, ao mesmo tempo, o valor do rublo caiu para dois terços de seu valor de compra inicial, e o custo dos gêneros de primeira necessidade cresceu enormemente.

A tabela a seguir foi organizada pela Duma Municipal de Moscou, onde os víveres eram mais baratos e mais fáceis de encontrar que em Petrogrado:

Custo dos mantimentos (rublos e copeques)

	agosto 1914	agosto 1917	aumento percentual
Pão preto (funt)*	0,02	0,12	330
Pão branco (*funt*)	0,05	0,20	300
carne bovina (*funt*)	0,22	1,10	400
carne de vitela (*funt*)	0,26	2,15	727
carne de porco (*funt*)	0,23	2,00	770
Arenque (*funt*)	0,06	0,52	767
Queijo (*funt*)	0,40	3,50	754

* Nota. Unidade de medida russa equivalente a 409,4 gramas.

Custo dos mantimentos (rublos e copeques) *(continuação)*

	agosto 1914	agosto 1917	aumento percentual
Manteiga (*funt*)	0,48	3,20	557
Ovos (dúzia)	0,30	1,60	443
Leite (*krushka*)	0,07	0,40	471

Em média, os preços dos mantimentos sofreram elevação de 556 pontos percentuais, 51 pontos acima dos salários. Com outros gêneros, o aumento foi também notável.

A tabela abaixo foi elaborada pela Seção Econômica do Soviete dos Deputados de Operários e aceita pelo Ministério do Abastecimento do Governo Provisório.

Custo de outros gêneros (rublos e copeques)

	agosto 1914	agosto 1917	aumento percentual
Tecido de algodão cru (*arshin*)	0,11	1,40	1.173
Tecido de algodão (*arshin*)	0,15	2,00	1.233
Vestimenta (*arshin*)	2,00	40,00	1.900
Tecido de lã (*arshin*)	6,00	80,00	1.233
Calçados masculinos (par)	12,00	144,00	1.097
Galochas (par)	2,50	15,00	500
Roupa masculina (terno)	40,00	400-455	900-1.109
Chá (*funt*)	4,50	18,00	300
Couro para sola	20,00	400,00	1.900
Fósforos (caixa)	0,10	0,50	400
Sabão (*pud*)*	4,50	40,00	780

* Nota. Unidade de medida russa. 1 pud = 40 funt (aprox. 16 quilos).

Custo de outros gêneros (rublos e copeques) *(continuação)*

	agosto 1914	agosto 1917	aumento percentual
Gasolina (*vedro*)*	1,70	11,00	547
Velas (*pud*)	8,50	100,00	1.076
Caramelo (*funt*)	0,30	4,50	1.406
Lenha (carregamento)	10,00	120,00	1.100
Carvão vegetal	0,80	13,00	1.523
Artefatos de metal	1,00	20,00	1.900

Em média, os itens acima tiveram um aumento médio de preços de aproximadamente 1.109%, mais que o dobro do índice de elevação dos salários. A diferença, naturalmente, foi para os bolsos dos especuladores e comerciantes.

Em setembro de 1917, quando cheguei a Petrogrado, a remuneração diária de um operário industrial com experiência – (por exemplo, um metalúrgico, das usinas Putilov) era de aproximadamente 8 rublos. Ao mesmo tempo, os lucros eram enormes... Disse-me um dos proprietários das Tecelagens Thornton, estabelecimento inglês nos arredores de Petrogrado, que, enquanto os salários de seus operários tinham subido em 300%, os lucros tinham se elevado em 900%.

3 Os ministros socialistas

A história dos esforços dos socialistas no Governo Provisório de julho para levar avante seu programa em coalizão com os ministros burgueses é um exemplo bastante elucidativo de luta de classes na política. Diz Lênin, explicando esse fenômeno:

> Os capitalistas... vendo que a posição do governo era insustentável, recorreram a um método que, desde 1848, tem sido praticado por eles com o intuito de confundir, dividir e finalmente

* Nota. Antiga unidade de medida russa que equivale a aprox. 12 litros.

subjugar a classe trabalhadora. Consiste no assim denominado "gabinete de coalizão", composto de burgueses e renegados do campo socialista.

Nos países onde a liberdade política e a democracia têm convivido com o movimento revolucionário dos trabalhadores –(por exemplo, na Inglaterra e na França) os capitalistas lançam mão desse subterfúgio, e com muito sucesso. Ao entrar nos ministérios, os líderes "socialistas" invariavelmente comprovam não ser mais que testas-de-ferro, títeres, simples escudos para os capitalistas, um instrumento para fraudar os trabalhadores. Na Rússia, os capitalistas "democráticos" e "republicanos" implementam esse mesmo esquema. Os socialistas revolucionários e os mencheviques foram vítimas dele e, em 1º de junho, um ministério de "coalizão" com a participação de Chernov, Tseretelli, Skobelev, Avksentiev, Savinkov, Zarudni e Nikitinse tornou um fato consumado... (*Problemas da Revolução*)

4 As eleições municipais de setembro, em Moscou

Na primeira semana de outubro de 1917, o jornal *Novaia Zhizn* publicou uma tabela comparativa de resultados eleitorais, apontando que ficava clara a falência da política de coalizão com as classes proprietárias. "Se a guerra civil pode ainda ser evitada, será apenas através de uma frente unida de toda a democracia revolucionária..."

Eleições para a Duma Municipal e as Dumas de Bairro de Moscou (números de membros).

	Junho 1917	Setembro 1917
Socialistas revolucionários	58	14
Cadetes	17	30
Mencheviques	12	4
Bolcheviques	11	47

5 A crescente arrogância dos reacionários

18 de setembro. Escrevendo num jornal de Kiev, o cadete Shulgin disse que a declaração do Governo Provisório de que a Rússia era uma república constituía um grosseiro abuso de poder. "Não

podemos admitir uma república ou o atual governo republicano... E não estamos certos de querer uma república na Rússia..."

23 de outubro. Numa reunião do partido cadete, em Riazan, M. Dukhonin declarou: "Em março, estabelecemos uma monarquia constitucional. Não devemos rejeitar o legítimo herdeiro do trono, Mikhail Alexandrovich..."

27 de outubro. Resolução aprovada pela Conferência de Empresários, em Moscou:

A Conferência... insiste em que o Governo Provisório tome imediatamente as seguintes medidas, com referência ao Exército:

1. Proibição de toda propaganda política. O Exército deve ficar fora da política.

2. Propaganda de idéias e teorias antinacionais ou internacionais negando a necessidade de forças armadas e de disciplina rígida deveria ser proibida, e os divulgadores punidos...

3. A função dos comitês de exército deve ficar restrita exclusivamente aos assuntos econômicos. Todas as suas decisões devem ser ratificadas pelos oficiais superiores; os quais devem ter o direito de dissolver os comitês a qualquer momento...

4. A continência deve ser restabelecida e tornada obrigatória. Pleno estabelecimento do poder disciplinar nas mãos dos oficiais, com direito de revisão de sentença...

5. Expulsão do corpo de oficiais dos que desonrarem sua condição pela participação no movimento das massa dos soldados, que ensina a desobediência... restauração dos Tribunais de Honra...

6. O Governo Provisório deve tomar as medidas necessárias para possibilitar o retorno dos generais e outros oficiais injustamente exonerados por influência dos comitês e outras organizações irresponsáveis...

Capítulo 2

6 Trato em detalhe da revolta de Kornilov em minha próxima obra, *De Kornilov a Brest-Litovsk*. A responsabilidade de Ke-

rênski pela situação que possibilitou o atentado de Kornilov está agora claramente estabelecida. Muitos apologistas de Keresnki afirmam que ele sabia dos planos de Kornilov, tendo induzido o general a um desencadear prematuro de sua manobra para melhor derrota-lo. Mesmo A. J. Sack, em sua obra *O Nascimento da Democracia Russa,* afirma:

Vários elementos ... podem ser considerados certos. O primeiro é que Kerênski sabia do deslocamento de certos destacamentos do *front* para Petrogrado, e é possível que como primeiro-ministro e ministro da Guerra, percebendo o crescimento do perigo bolchevique, ele mesmo os tenha chamado...

A única falha nessa argumentação consiste em que não havia "perigo bolchevique" na época; os bolcheviques eram ainda uma pequena minoria nos sovietes, e seus líderes estavam presos ou escondidos.

7 A Conferência Democrática

Quando a realização de uma Conferência Democrática foi proposta a Kerênski pela primeira vez, este sugeriu uma assembléia de todos os elementos da nação – (as "forças vivas", como as denominava), aí inclusos os banqueiros, os industriais e os latifundiários, e representantes do partido Cadete. O soviete recusou e elaborou a seguinte tabela de representação (número de delegados), com a qual Kerênski concordou:

100 deputados dos sovietes pan-russos de operários e soldados

100 deputados dos sovietes pan-russos de camponeses

50 deputados dos sovietes de operários e soldados distritais

50 deputados dos Comitês Agrários Distritais

100 deputados sindicais

84 deputados dos Comitês do Exército

150 deputados das Sociedades Cooperativas de operários e de camponeses

20 deputados do Sindicato dos Ferroviários
10 deputados do Sindicato dos Trabalhadores dos Correios e Telégrafos
20 deputados dos empregados do comércio
15 deputados dos profissionais liberais — médicos, advogados, jornalistas etc.
50 deputados dos Zemstvos Provinciais
50 deputados de nacionalidades — poloneses, ucranianos etc.

Essa proporcionalidade foi alterada por duas ou três vezes. A disposição final dos delegados ficou assim:

300 deputados pan-russos de operários, soldados e camponeses
300 deputados das Sociedades Cooperativas
300 deputados das municipalidades
150 deputados dos Comitês de Exército
150 deputados dos Zemstvos.
200 deputados sindicais
100 deputados das nacionalidades
200 deputados de vários pequenos grupos

8 O papel dos sovietes está encerrado

Em 28 de setembro de 1917, o jornal *Izvestia*, órgão do Tsik, publicou um artigo em que se afirmava, a propósito do novo Ministério Provisório:

Finalmente, foi constituído um governo verdadeiramente democrático, nascido da vontade de todas as classes do povo russo, e que prenuncia como será o futuro regime de parlamentarismo liberal. Adiante, está a Assembléia Constituinte, a qual dará solução a todas as questões básicas da legalidade e cuja composição será essencialmente democrática. O papel dos sovietes está chegando ao fim, e se aproxima o momento em que eles, juntamente com o resto da parafernália revolucionária, deverão deixar o palco de um povo livre e vitorioso, cuja arma, de agora em diante, deverá ser a pacífica ação política.

O artigo de fundo do *Izvestia* de 23 de outubro intitulava-se "A crise nas organizações soviéticas". Começava dizendo que viajantes relatavam um decréscimo na atividade dos sovietes locais, por toda parte.

Isso é natural [dizia o autor]. Porque as pessoas estão voltando seu interesse para instituições legislativas de caráter permanente: as Dumas Municipais e os Zemstvos.

Nos importantes centros de Petrogrado e Moscou, onde os sovietes se organizaram melhor, não conjugaram em si todos os elementos democráticos... A maioria dos intelectuais não participou, assim como muitos trabalhadores; destes, alguns porque eram politicamente atrasados, outros porque adotavam seus sindicatos como centro de gravidade... Não se pode negar que essas organizações estão firmemente unidas com as massas, a cujas necessidades cotidianas atendem com mais eficiência...

É da maior importância que as administrações democráticas locais sejam organizadas com energia. As Dumas Municipais são eleitas por sufrágio universal e, nos assuntos locais, têm mais autoridade que os sovietes. Nenhum democrata pode ver algo de errado nisso...

... Eleições para os municípios são conduzidas melhor e mais democraticamente que as eleições para os sovietes... Todas as classes estão representadas nas municipalidades... Tão logo os governos autônomos locais começam a organizar a vida nos municípios, o papel dos sovietes locais naturalmente termina...

Há dois fatores na queda do interesse pelos sovietes. O primeiro, podemos atribuí-lo ao decréscimo do interesse pela atividade política, entre as massas; o segundo, ao crescente esforço dos governos locais e provinciais para a organização da nova Rússia... Quanto mais ênfase nesta direção, mais cedo os sovietes perdem significado...

Nós mesmos estamos sendo apelidados de "coveiros" de nossa organização. Em realidade, somos os mais esforçados trabalhadores na construção da nova Rússia...

Quando a autocracia e o inteiro regime burocrático caíram, criamos os sovietes como um abrigo de emergência em que a democracia podia encontrar refúgio temporário. Agora, em lugar de um refúgio improvisado, estamos erguendo o edifício permanente de um novo sistema, e naturalmente as pessoas aos poucos deixarão os abrigos e irão para acomodações mais confortáveis.

9 Discurso de Trótski no Conselho da República Russa

A finalidade da Conferência Democrática, convocada pelo Tsik, era livrar-se do irresponsável governo personalista que produziu Kornilov e estabelecer um governo responsável, capaz de pôr um fim à guerra, assegurando a convocação da Assembléia Constituinte no devido tempo. Entretanto, pelas costas da Conferência Democrática, por artimanhas, por conluios entre o cidadão Kerênski, os cadetes e os líderes dos partidos menchevique e socialista revolucionário, chegou-se ao resultado oposto ao oficialmente proclamado. Criou-se um poder em torno e dentro do qual Kornilovs, tanto os assumidos como os dissimulados, desempenham papéis de liderança. A irresponsabilidade do governo é oficialmente proclamada, quando se anuncia que o Conselho da República Russa será um corpo *consultivo*, e não *legislativo*. No oitavo mês da revolução, o governo irresponsável cria um sósia para si mesmo nesta nova edição da Duma de Buligin*.

As eleições em todo o país mostraram que as classes abastadas entraram neste Conselho Provisório numa proporção que demonstra claramenteque muitos ali não têm direito a participar. Apesar disso, o Partido Cadete, que até ontem queria que o Governo Provisório fosse responsável perante a Duma do Estado, assegurou a independência do Governo em relação ao Conselho da República. Na Assembléia Constituinte, as classes proprietárias sem dúvida terão uma posição menos favorável que neste Conselho, e perante ela não poderão eximir-se de responsabilidade.

Se as classes proprietárias realmente pudessem estar prontas para a Assembléia Constituinte dentro de seis semanas, não haveria razão para estabelecer agora a não-responsabilidade do governo. A verdade é que a burguesia, que dirige a política do Governo Provisório, tem como objetivo frustrar a Assembléia Constituinte. Atualmente, esse é o maior objetivo das classes proprietárias, que controlam a totalidade de nossa política — interna ou externa. Na indústria, na agricultura e no abastecimento, a política das classes proprietárias, atuando com o governo, reforça a natural desorganização causada pela guerra. São essas mesmas classes que provocam a guerra civil e abertamente seguram suas rédeas com a mão ossuda da fome, com a qual pretendem desfazer-se da revolução e impedir a Assembléia Constituinte!

Não menos criminosa é a política internacional da burguesia e de seu governo. Após quarenta meses de guerra, a capital está mortalmente ameaçada. Como solução, propõe-se um plano que transfere o governo para Moscou. A idéia de abandonar a capital não desperta a indignação da burguesia. Muito ao contrário. É aceita como parte integrante e natural de uma ampla

* Nota. A Duma de Buligin foi uma manobra do regime para tentar acalmar o ímpeto insurrecional das massas, em 1905; seria uma espécie de "conselho consultivo", sem qualquer poder. Não chegou, porém, a constituir-se, pois foi atropelada pelos acontecimentos que levaram à Revolução de 1905.

política destinada a promover a conspiração contra-revolucionária... Em lugar de reconhecer que a salvação do país depende de conseguir a paz, em lugar de, abertamente, lançar por sobre as cabeças dos diplomatas e dos imperialistas a idéia de paz imediata para todos os povos, cansados da guerra, e tornar impossível a continuação da guerra, o Governo Provisório, por ordem dos cadetes, dos contra-revolucionários e dos Aliados imperialistas, continua a insistir, sem o menor bom senso, sem um propósito e sem sequer um plano, numa guerra assassina, sentenciando a uma morte inútil centenas de milhares de soldados e marinheiros, e preparando-se para entregar Petrogrado e esmagar a revolução. No momento em que os soldados e marinheiros bolcheviques, ombro a ombro com os demais soldados e marinheiros, estão morrendo por culpa dos erros e crimes de outrem, o assim chamado comandante supremo (Kerênski) suprime a imprensa bolchevique. Os partidos mais importantes no Conselho atuam voluntariamente para manter essas políticas.

Nós, a facção social-democrata bolchevique, proclamamos que nada temos em comum com esse governo de traição ao povo. Nada temos em comum com a atuação desses assassinos do povo, que acontece com cobertura oficial. Nem direta, nem indiretamente, sequer por um dia apoiaremos tal atuação. Enquanto as tropas de Guilherme* ameaçam Petrogrado, o governo de Kerênski e Kornilov prepara-se para fugir rumo a Moscou e lá instalar a base da contra-revolução!

Alertamos os operários e soldados de Moscou para que estejam em guarda. Ao deixar este Conselho, apelamos à coragem e sabedoria dos operários, camponeses e soldados da Rússia. Petrogrado está em perigo! O governo agrava esse perigo; as classes dominantes o intensificam. Somente o povo pode salvar a si mesmo e ao país. Apelamos ao povo. Por uma paz honesta, democrática e imediata! Todo o poder aos sovietes! Toda a terra para o povo! Viva a Assembléia Constituinte!

10 O "nakaz" de Skobelev (resumo)

Aprovado pelo Tsik e fornecido a Skobelev como instrução ao representante da Democracia Revolucionária Russa na Conferência de Paris.

O Tratado de Paz deve ter como princípio "sem anexações, sem indenizações e o direito de autodeterminação de todos os povos".

* Nota. Alusão ao imperador alemão Guilherme II.

Problemas territoriais

1) Saída das tropas do território russo invadido. Total direito de autodeterminação para a Polônia, Lituânia e Letônia.

2) Autonomia da Armênia turca e posterior completa autodeterminação, tão logo governos locais sejam estabelecidos.

3) Solução da questão da Alsácia-Lorena por meio de plebiscito, após a retirada de todas as tropas estrangeiras.

4) Restauração da Bélgica. Compensações por danos a cargo de um fundo internacional.

5) Restauração da Sérvia e do Montenegro, com ajuda de um fundo internacional. Saída sérvia para o Adriático. Autonomia para a Bósnia e Herzegovina.

6) Autonomia provisória para as províncias em disputa nos Bálcãs, seguida de plebiscito.

7) Restauração da Romênia, à condição de reconhecimento de completa autodeterminação à Dobruja... Observação obrigada das cláusulas do Tratado de Berlim referentes aos judeus, bem como reconhecimento de seu direito à cidadania.

8) Autonomia seguida de plebiscito na Itália Irredenta*.

9) Devolução das colônias alemãs.

10) Restauração da Grécia e da Pérsia.

Liberdade dos mares

Neutralidade de todos os estreitos comunicando mares interiores, bem como os canais de Suez e do Panamá. Navegação comercial livre. Direitos de corso abolidos. Proibição do torpedeamento de navios comerciais.

Indenizações

Renúncia a indenizações, diretas ou indiretas (como, por exemplo, despesas com prisioneiros de guerra. Devolução de indenizações e contribuições coletadas durante a guerra.

Da economia

Tratados comerciais não devem constar dos tratados de paz. Cada país deve ter liberdade de relações econômicas, e não deve ser obrigado a, nem impedido de, concertar tratados comerciais em conseqüência dos tratados de paz. Entretanto, todas as nações devem participar da

* Nota. Território italiano que permanecia sob controle do Império Austro-Húngaro

rejeição da prática de bloqueios econômicos depois da guerra, bem como de acordos tarifários em separado. O direito de nação favorecida deve ser estendido a todos os países, sem distinção.

Garantias de paz

A paz deve ser concluída por meio de uma Conferência de Paz, com delegados eleitos pelas instituições representativas de cada país. O termos de paz devem ser ratificados por essas instituições.

Abolição da diplomacia secreta; todos os envolvidos devem rejeitar a prática dos tratados secretos por ferirem a lei internacional. Todos os tratados devem ser considerados nulos até sua ratificação pelos parlamentos das diversas nações.

Desarmamento gradual e estabelecimento de um sistema de milícias. A "Liga da Nações" proposta pelo presidente Wilson poderá ser de grande ajuda para a lei internacional, desde que: a) todas as nações participem em igualdade de direitos, e b) a política internacional seja democratizada.

Caminhos para a paz

Os Aliados devem anunciar imediatamente a seu desejo de entabular negociações de paz tão logo as potências inimigas declarem renunciar a todas as anexações pela força.

Os aliados devem comprometer-se a não dar início a negociações de paz, nem concertar a paz, exceto por meio de uma Conferência de Paz, com a participação de delegados de todos os países neutros.

Remoção de todos os obstáculos à Conferência de Estocolmo; fornecimento de passaportes a todos os delegados de partidos e organizações que desejem participar".

O Comitê Executivo dos Sovietes de Camponeses também elaborou um *nakaz*, com alterações mínimas no supramencionado.

11 Paz às custas da Rússia

Revelações de Ribot sobre as ofertas de paz da Áustria à França; pretensa "Conferência de Paz" em Berna, Suíça, no verão de 1917, em que participaram delegados de todos os países beligerantes, representando os interesses dos grandes grupos financeiros; tentativas de negociação de um agente inglês com um dignitário da Igreja búlgara... Tudo indicava que havia fortes correntes, nos dois lados, a favor de uma paz a expensas da Rússia. Em minha próxima obra, *De Kornilov a Brest-Litovsk*, pretendo abordar este assunto com mais detalhe, tornando públicos vários documentos secretos descobertos no Ministério dos Assuntos Estrangeiros, em Petrogrado.

12 Soldados russos na França

Relatório Oficial do Governo Provisório

Quando as notícias sobre a revolução russa chegaram a Paris, jornais russos de tendências extremistas apareceram imediatamente; esses jornais, bem como pessoas, circulavam livremente entre os soldados, e teve início a propaganda bolchevique, freqüentemente divulgando notícias falsas que apareciam nos jornais franceses. Na ausência de notícias oficiais, e com detalhes precisos, essa campanha provocou descontentamento entre os soldados. O resultado foi o desejo de retornar à Rússia e animosidade para com os oficiais.

Finalmente, instaurou-se uma rebelião aberta. Numa de suas reuniões, e resolvidos a não mais combater, os soldados divulgaram um apelo para que se recusasse a servir. Decidiu-se isolar os rebeldes, e o general Zankievich ordenou a todos os soldados leais ao Governo Provisório que deixassem o campo de Courtine, levando consigo toda a munição. No dia 25 de junho, a ordem foi executada; permaneceram no campo os soldados que disseram submeter-se apenas "condicionalmente" ao Governo Provisório. Os soldados em Courtine receberam por várias vezes a visita do comandante-em-chefe dos Exércitos Russos no Exterior, de Rapp, comissário do Ministério da Guerra, e de vários exilados importantes, todos tentando influenciá-los, mas inutilmente. Finalmente, o comissário Rapp insistiu que os rebeldes deixassem as armas e, em sinal de acato, marchassem em boa ordem para um lugar denominado Clairvaux. A ordem foi obedecida apenas parcialmente; 500 homens seguiram, dos quais 22 foram presos; 24 horas depois, outros 6 mil se deslocaram... cerca de 2 mil permaneceram...

Decidiu-se aumentar a pressão. Suas rações foram racionadas, o soldo suspenso, e as estradas para Courtine passaram a ser guardadas por soldados franceses. Tendo descoberto que uma brigada de artilharia russa atravessava a França, o general Zankievich decidiu formar

> um destacamento misto de infantaria e artilharia para reduzir o número de rebeldes. Uma delegação foi enviada aos rebeldes, retornando horas depois convencida da inutilidade das conversações. Em 1° de setembro, o general Zankievich enviou um ultimato aos rebeldes para que depusessem as armas, ameaçando com artilharia se a ordem não fosse obedecida até 3 de setembro às 10 horas.
>
> Confirmando-se a desobediência, abriu-se fogo leve de artilharia, à hora determinada. Foram disparadas dezoito granadas, e os rebeldes foram advertidos de que o bombardeio seria intensificado. Na noite de 3 de setembro, 160 homens se renderam. No dia 4 de setembro, o bombardeio foi retomado. Às 11 horas, 36 granadas tinham sido disparadas quando os rebeldes ergueram duas bandeiras brancas e começaram a deixar o campo desarmados. À noite, 8.300 homens tinham se rendido; 150 homens que permaneceram no campo abriram fogo de metralhadora nessa noite. Em 5 de setembro uma pesada barragem foi despejada sobre o campo, e nossos soldados o ocuparam lentamente. Os rebeldes mantiveram um intenso fogo de metralhadora. Às 9 horas do dia 6, o campo foi inteiramente ocupado... Após o desarmamento dos rebeldes, houve 81 prisões...

Tal é o relatório. Entretanto, por meio de documentos secretos descobertos no Ministério do Exterior, soubemos que o relatório não foi acurado. Os primeiros problemas ocorreram quando os soldados tentaram formar um comitê, tal como seus camaradas na Rússia. Exigiram ser repatriados, o que lhes foi negado; considerados influência perigosa na França, tentaram enviá-los para Salônica. Recusaram-se, e a batalha teve início... Descobriu-se que eles não só foram maltratados, como foram deixados no campo, sem oficiais, por dois meses, antes de se rebelarem. Todos os esforços para localizar e identificar a "brigada de artilharia russa" que os alvejou foram inúteis; telegramas descobertos no Ministério permitem inferir que a artilharia utilizada era francesa...

Após a rendição, mais de duzentos amotinados foram mortos a sangue-frio.

13 Discurso de Tereschenko (resumo)

... As questões de política externa estão intimamente relacionadas com as de defesa nacional... Portanto, se em assuntos de defesa nacional é necessário recorrer a sessões secretas, freqüentemente o mesmo se pode dizer quando se trata da política externa...

A diplomacia alemã tenta influenciar a opinião pública... Portanto, declarações de líderes de grandes organizações democráticas, falando em alto e bom som a respeito de um congresso revolucionário, e da impossibilidade de outra campanha de inverno, são perigosas... Elas custam vidas humanas...

Pretendo referir-me apenas à questão da lógica governamental, sem tocar em questões como honra e dignidade do Estado. Do ponto de vista dessa lógica, a política exterior da Rússia deveria tomar como base uma real compreensão dos *interesses* russos... Esses interesses significam que é impossível para o nosso país ficar isolado, e que o presente alinhamento de forças (os Aliados) de que somos parte é satisfatório... Toda a humanidade aspira à paz, mas na Rússia ninguém permitirá uma paz humilhante, que violaria os interesses de Estado de nossa terra.

O orador apontou que tal paz retardaria em anos, se não séculos, o triunfo dos princípios democráticos no mundo e, inevitavelmente, seria causa de novas guerras.

Todos se recordam dos dias de maio, quando a confraternização, em nosso *front*, ameaçou terminar a guerra pela simples cessação das operações militares, e conduzir nosso país a uma vergonhosa paz em separado... e os esforços necessários para fazer as massas de soldados no *front* entenderem que não era por aquele método que o Estado russo deveria terminar a guerra e garantir seus interesses.

Comentou os miraculosos efeitos da ofensiva de julho, o reforço que ela trouxe às palavras dos embaixadores russos no exterior e o desânimo alemão causado pelas vitórias russas, bem como a desilusão nos países aliados quando da derrota russa...

Quanto ao governo russo, este aderiu estritamente à fórmula de maio, "sem anexações e sem indenizações punitivas". Consideramos essencial não apenas proclamar a autodeterminação dos povos como, também, a renúncia a objetivos imperialistas...

A Alemanha está continuamente tentando fazer a paz. O único assunto naquele país é a paz; sabem que não podem vencer.

Rejeito as reprimendas, dirigidas ao governo, que alegam que a política exterior russa não fala claro sobre os objetivos da guerra...

Se surge a questão dos objetivos perseguidos pelos Aliados, é indispensável, antes, perguntar sobre os objetivos das potências centrais...

Freqüentemente ouvimos manifestações para que publiquemos os detalhes dos tratados secretos que unem os Aliados, mas as pessoas esquecem que até agora não conhecemos os tratados secretos que unem as potências centrais...

A Alemanha, evidentemente, deseja separar a Rússia do Ocidente por uma série de estados-tampão.

Essa tendência de atacar os interesses vitais da Rússia deve ser combatida...

A democracia russa, que inscreveu em sua bandeira o direito à autodeterminação de todos os povos, permitirá calmamente que continue a opressão sobre os povos mais civilizados (na Áustria-Hungria)?

Os que temem que os Aliados tentem se aproveitar de nossa situação difícil para fazer-nos suportar mais que a parte que nos cabe do peso da guerra, e decidam questões da paz às nossas custas, estão inteiramente enganados. Nosso inimigo vê a Rússia como um mercado para seus produtos. O fim da guerra nos deixaria enfraquecidos, e com nossa fronteira aberta a enchente de produtos alemães poderia facilmente retardar em muitos anos nosso desenvolvimento industrial. Medidas devem ser adotadas contra essa possibilidade.

Afirmo franca e abertamente: a combinação de forças que nos une aos Aliados *favorece os interesses russos*... Desse modo, é importante que nossos pontos de vista sobre as questões de guerra e paz estejam alinhados com os de nossos aliados, tão precisamente quanto possível... Para evitar mal-entendidos, devo dizer francamente que a Rússia deve comparecer à Conferência de Paris com *um ponto de vista*...

O orador não fez comentários sobre o *nakaz* de Skobelev, mas se referiu ao Manifesto do Comitê Holandês-Escandinavo, recém-publicado em Estocolmo. Esse Manifesto declarava-se pela autonomia da Lituânia e da Letônia; "mas isso é claramente impossível", afirmou Tereschenko, "pois a Rússia deve ter no Báltico portos livres durante o ano inteiro..."

Nessa questão, os problemas da política externa relacionam-se intimamente com os de política interna, pois, se existe um forte sentimento de união da grande Rússia, não deveríamos assistir como meros espectadores às manifestações pró-separação do governo central... Tais separações são contrárias aos interesses da Rússia, e nossos delegados não devem referir-se ao assunto...

14 A frota inglesa

Quando da batalha do Golfo de Riga, não apenas os bolcheviques mas também os ministros do Governo Provisório consideraram que a frota inglesa havia deliberadamente abandonado o Báltico, como indicação da atitude tão freqüentemente expressa na imprensa britânica, e em comentários informais dos representantes ingleses na Rússia, de que "A Rússia acabou! Esqueçamos a Rússia!"

Veja-se entrevista com Kerênski (apêndice 18).

O general Gurko foi chefe de Estado-Maior do Exército sob o czar. Era uma figura proeminente na corrupta corte imperial. Depois da revolução, foi uma das poucas pessoas a serem exiladas devido ao seu histórico político e pessoal. A derrota naval russa no golfo de Riga coincidiu com a recepção oficial do general Gurko pelo rei George, em Londres, sendo que o general tinha sido considerado pelo Governo Provisório como perigosamente germanófilo e reacionário!

15 Apelos contra insurreição

Aos operários e soldados

Camaradas! As forças obscuras da reação estão intensificando suas tentativas de provocar desordens e *pogroms* em Petrogrado e outras cidades. Essas forças obscuras precisam da desordem, que lhes dá a oportunidade de esmagar o movimento revolucionário pelo derramamento de sangue. Sob o pretexto de restabelecer a ordem e proteger as pessoas, esperam impor a dominação de Kornilov, que o povo revolucionário há pouco conseguiu vencer. Se essas esperanças se realizarem, o povo sofrerá! A contra-revolução triunfante destruirá os sovietes e os comitês do Exército, dispersará a Assembléia Constituinte, anulará a transferência da terra para os comitês agrários, acabará com as esperanças do povo de uma paz para breve e lotará as prisões com soldados e operários revolucionários.

Em seus cálculos, os contra-revolucionários e os líderes das Centúrias Negras contam com o sério descontentamento do povo menos esclarecido devido à desorganização do abastecimento, à continuação da guerra e às dificuldades genéricas da vida. Esperam transformar em *pogrom* cada manifestação de soldados e operários, amedrontando assim a população pacífica, levando-a a atirar-se nos braços dos "restauradores da Lei e da Ordem".

Sob tais condições, seria criminosa toda tentativa de organizar uma manifestação, mesmo com o mais nobre objetivo. Todos os operários e soldados conscientes, insatisfeitos com a política do governo, apenas farão mal a si mesmos e à revolução se consentirem em realizar manifestações.

Por isso, o Tsik conclama todos os trabalhadores a não seguir qualquer convocação para manifestações.

Operários e soldados! Não cedam à provocação! Lembrem seu dever para com a pátria e a revolução! Não quebrem a unidade do front revolucionário com demonstrações condenadas ao fracasso!

O Comitê Central do Soviete dos Deputados de Operários e Soldados (Tsik)

Partido Operário Social-Democrata Russo

O PERIGO SE APROXIMA!

A todos os operários e soldados

(ler e passar adiante)

Camaradas operários e soldados!

Nossa pátria está em perigo. Esse perigo traz dias sombrios para nossa liberdade e nossa revolução. O inimigo está às portas de Petrogrado. A desorganização aumenta a cada hora que passa. É cada vez mais difícil conseguir pão para Petrogrado. Todos devem redobrar seus esforços para vencer as dificuldades... Devemos salvar nossa pátria, salvar a liberdade... Mais armas e provisões para o Exército! Pão para as grandes cidades. Ordem e organização no campo.

Nestes terríveis dias críticos, crescem rumores de que em algum lugar se prepara uma demonstração, de que alguém está convocando os soldados e operários para destruir a paz revolucionária e a ordem... *Rabochi Put*, o jornal dos bolcheviques, está jogando lenha na fogueira: tenta adular as pessoas menos esclarecidas, seduz os operários e os soldados, pressionando-os contra o governo, prometendo de maravilhas... Os ignorantes não raciocinam, são crédulos e confiantes... Também há rumores sobre o outro lado — rumores de que as forças do obscurantismo, os amigos do czar, os espiões alemães estão esfregando as mãos de contentamento. Estão prontos para unir-se aos bolcheviques e, juntos, transformar a desordem em guerra civil.

Os bolcheviques, e os soldados e operários ignorantes por eles seduzidos, gritam estupidamente: "Abaixo o governo! Todo o poder aos sovietes!" E os obscurantistas, amigos do czar, e os espiões de Guilherme, incitarão: "Surrem os judeus, os comerciantes, roubem os mercados, devastem as lojas, pilhem as adegas! Destruam, queimem, roubem!"

Então virá uma terrível confusão, a guerra de uma parte do povo contra a outra. Tudo ficará ainda mais desorganizado, e uma vez mais haverá sangue nas ruas da capital. E então... então, o quê?

Então o caminho para Petrogrado estará aberto para Guilherme. Então, o pão não virá para Petrogrado, as crianças morrerão de fome. Então, o exército ficará sozinho, nossos irmãos nas trincheiras ficarão entregues ao fogo inimigo. Então, a Rússia perderá todo o prestígio junto às outras nações, nosso dinheiro perderá seu valor, tudo será tão caro que a vida será impossível. Então, a tão aguardada Assembléia Constituinte será adiada — será impossível convocá-la em tempo. E então morte da revolução, morte da nossa liberdade...

É o que vocês, operários e soldados, querem? Não! E se não querem vão, falem aos ignorantes seduzidos pelos traidores e digam-lhes a verdade, a verdade que nós mostramos!

Saibam todos que, nestes dias terríveis, todo aquele que convoca para ir às ruas contra o governo ou é um agente secreto do czar, um provocador, ou um tolo a serviço dos inimigos do povo, ou um espião de Guilherme!

Todo operário revolucionário consciente, todo camponês consciente, todo soldado revolucionário, todos os que compreendem o dano que uma demonstração contra o governo poderia causar às pessoas, devem unir-se e não permitir aos inimigos do povo destruir nossa liberdade.

Comitê Eleitoral dos Mencheviques oborontsi (defensistas) de Petrogrado

16 Lênin: Carta aos Camaradas

Esta série de artigos apareceu em *Rabochi Put* numa seqüência de dias, no fim de outubro e início de novembro. Apresento apenas dois excertos:

1. Kamenev e Riazanov afirmam que não somos maioria entre o povo, e que sem maioria uma insurreição é sem esperanças.

Resposta: Pessoas capazes de fazer tais afirmações são falsificadores, pedantes ou simplesmente não querem encarar a verdadeira realidade. Nas últimas eleições recebemos mais de 50% dos votos, em todo o país...

A coisa mais importante atualmente na Rússia é a revolução camponesa. Em Tambov ocorreu um verdadeiro levante agrário com maravilhosos resultados políticos... Mesmo o *Dielo Naroda* se assustou, a ponto de gritar que a terra deve ser transferida aos camponeses; e não apenas os socialistas revolucionários no Conselho da República, mas também o próprio governo foi afetado. Outro resultado valioso foi a entrega do pão que estava sendo estocado pelos *pomieschiki* nas estações ferroviárias da província. O *Russkaya Volia* teve que admitir que as estações se encheram de pão após o levante camponês...

2. Não estamos fortes o suficiente para tomar o governo, e a burguesia não é forte o suficiente para impedir a Assembléia Constituinte.

Resposta: Isto não é senão timidez, expressa no pessimismo para com os operários e soldados, e no otimismo quanto à fraqueza da burguesia. Se os *junkers* e os cossacos afirmam que lutarão, acreditamos; se os operários e soldados dizem o mesmo, duvidamos. Qual a diferença entre alimentar essas dúvidas e alinhar-se politicamente com a burguesia?

Kornilov nos deu a prova de que os sovietes são realmente um poder. Acreditando em Kerênski e no Conselho da República, se a burguesia não tem força para destruir os sovietes não terá força contra a Constituinte. Mas isso é errado. A burguesia destruirá a Constituinte pela sabotagem, pelos boicotes de empregadores, pela entrega de Petrogrado, pela abertura do *front* aos alemães. Isso já foi feito no caso de Riga...

3. Os sovietes devem permanecer como um revólver apontado para a cabeça do governo para forçá-lo a convocar a Constituinte e para suprimir possíveis intentonas kornilovistas.

Resposta: Rejeitar a insurreição é rejeitar "todo o poder aos sovietes". Desde setembro o Partido Bolchevique tem discutido a questão da insurreição. Recusar o levante é confiar nossas esperanças à boa-fé da burguesia, que "prometeu" convocar a Assembléia Constituinte. Quando os sovietes tiverem todo o poder, a convocação da Constituinte estará garantida, e seu sucesso assegurado.

Recusar a insurreição significa rendição ante os "Lieber-Dan". Ou deixamos de lado o *slogan* "todo o poder aos sovietes" ou fazemos a insurreição; não há outra opção.

4. A burguesia não entregará Petrogrado, embora elementos como Rodzianko sejam favoráveis, porque não é a burguesia que está lutando, e sim nossos heróicos soldados e marinheiros.

Resposta: Isto não impediu que dois almirantes desertassem da batalha de Moonsund. O Estado-Maior não mudou: é integrado por kornilovistas. Se o Estado-Maior, com Kerênski à cabeça, quiser entregar Petrogrado, terá todas as facilidades: poderá fazer arranjos com os alemães ou com os ingleses, ou abrir o *front*. Poderá sabotar o abastecimento do Exército. Todas essas alternativas já foram experimentadas.

Não temos o direito de esperar até que a revolução seja estrangulada pela burguesia. Rodzianko é um homem de ação, que tem prestado inestimáveis serviços à burguesia, durante anos... metade dos "Lieber-Dan" é de covardes conciliadores, a outra metade de simples fatalistas.

5. Somos mais fortes a cada dia. Poderemos entrar na Constituinte como uma forte oposição. Por que jogar tudo numa única cartada?

Resposta: Este é o argumento de um novato sem experiência prática, que ouve dizer que a Constituinte está sendo convocada e aceita respeitosamente a via constitucional e legal. Mesmo as votações da Assembléia Constituinte não afastarão a fome nem derrotarão Guilherme... o assunto da fome e da rendição de Petrogrado não podem ser resolvidos pela espera da Constituinte. A fome não espera. A revolução camponesa não espera. Os almirantes que desertaram não esperaram.

Pessoas cegas surpreendem-se de que pessoas famintas, traídas por almirantes e generais, não tenham interesse em votar.

6. Se os kornilovistas tentarem um golpe, mostraremos nossa força. Mas por que deveríamos arriscar tudo tentando um golpe nós mesmos?

Resposta: A história não se repete. "Talvez um dia Kornilov tente um golpe!" Que sólida base para a ação proletária! Mas suponhamos que Kornilov espere pela fome, pela abertura do *front* — e então? Essa atitude significa construir a tática de um partido revolucionário sobre um erro praticado pela burguesia.

Esqueçamos tudo isso, exceto que não há outra saída senão a ditadura do proletariado — ou esta, ou a ditadura de Kornilov.

Esperemos, camaradas, por...um milagre!"

17 Discurso de Miliukov (resumo)

Aparentemente, todos admitem que a defesa da pátria é nossa tarefa principal, e que para tal devemos ter disciplina no Exército e ordem na retaguarda. Para conseguir isso, deve haver um poder capaz de ousar, não só pela persuasão mas também pela força... O germe de todos os nossos males vem do ponto de vista original, verdadeiramente russo, referente à política externa, o qual passa pelo ponto de vista internacional.

O nobre Lênin apenas imita o nobre Keroievski quando sustenta que da Rússia virá o mundo novo que ressuscitará o velho Ocidente, o qual substituirá a velha bandeira do socialismo doutrinário pela nova da ação direta das massas esfomeadas, e que impulsionará a humanidade para adiante e a forçará pelas portas do paraíso social...

Esses homens sinceramente acreditaram que a decomposição da Rússia teria como conseqüência a decomposição do regime capitalista como um todo. Partindo dessa perspectiva, estavam em condições de cometer inconscientemente a traição, em tempos de guerra, de calmamente propor aos soldados o abandono das trincheiras e, em lugar de combater o inimigo externo, deflagrar a guerra civil interna e atacar os proprietários e capitalistas...

Aqui, Miliukov foi interrompido por furiosos brados da representação esquerdista, desafiando-o a apontar qual socialista teria aconselhado tais ações...

Martov diz que somente a pressão revolucionária do proletariado pode contrapor-se às intenções nefastas dos grupos imperialistas e quebrar-lhes a ditadura que impõem... Não por um acordo entre governos limitando o armamento, mas pelo desarmamento desses governos e pela democratização radical do sistema militar...

Atacou Martov duramente e depois voltou-se contra os mencheviques e socialistas revolucionários, a quem acusou de entrar para o Ministério com o propósito de levar adiante a luta de classes!

Os socialistas da Alemanha e dos países aliados contemplaram essa gente com mal disfarçado desprezo mas, como era para a Rússia, decidiram enviar-nos alguns apóstolos da Conflagração Universal...

A fórmula de nossa democracia é bastante simples: nada de política externa, nada de arte da diplomacia; uma imediata paz democrática, uma declaração aos aliados, "nada queremos, nada temos contra que lutar!" E então nossos adversários farão a mesma declaração, e a fraternidade dos povos estará construída!

Miliukov criticou o Manifesto de Zimmerwald e declarou que mesmo Kerênski não tinha escapado à influência "desse infeliz documento, o qual será para sempre sua declaração de culpa". Atacou Skobelev, cuja posição em reuniões no exterior, às quais comparecia como delegado russo, oposta à política externa de seu próprio governo, pareceria tão estranha que as pessoas se perguntariam: "O que propõe esse sujeito, e o que poderemos dizer-lhe a respeito?" Quanto ao *nakaz*, Miliukov afirmou também ser um pacifista; que acreditava na criação de um Conselho Internacional de Arbitragem, na necessidade da limitação dos armamentos, na necessidade do controle parlamentar sobre a diplomacia secreta, o que não significava a completa abolição dos tratados secretos.

Quanto às idéias socialistas contidas no *nakaz*-": paz sem vitória, direito à autodeterminação dos povos e renúncia à guerra econômica — que Miliukov denominava "idéias de Estocolmo, dizia:

Os sucessos dos alemães são diretamente proporcionais ao sucesso desses que se autodenominam democratas revolucionários. Não uso a expressão "sucessos da revolução" porque acredito que as derrotas da democracia revolucionária são vitórias para a revolução...

A influência dos líderes dos sovietes no exterior não é sem importância. Basta ouvir os discursos do ministro do Exterior para convencer-se de que neste recinto a influência da democracia revolucionária é tão forte que o ministro não ousa falar-lhe, face a face, sobre a honra e a dignidade da Rússia!

Pode-se notar no *nakaz* dos sovietes que as idéias do Manifesto de Estocolmo foram elaboradas em duas direções: do utopismo e dos interesses alemães...

Interrompido pelos gritos irados da esquerda, e advertido pelo presidente, Miliukov insistiu que a proposta de uma paz concluída por assembléias populares, não por diplomatas, e a proposta de iniciar negociações de paz tão logo o inimigo renunciasse a qualquer anexação eram pró-germânicas. Recentemente, Kuhlman teria dito que uma declaração pessoal obriga apenas a quem a exprimiu... "De qualquer modo, preferimos antes imitar os alemães que o Soviete dos Deputados de Operários e Soldados..."

As seções tratando da independência da Lituânia e da Letônia eram apenas sintomas da agitação nacionalista em várias partes da Rússia, pagas com dinheiro alemão... Em meio ao clamor da esquerda, contrastou as cláusulas referentes à Alsácia-Lorena, à Romênia e à Sérvia com as que tratavam das nacionalidades na Alemanha e na Áustria. O *nakaz*, disse Miliukov, expressava o ponto de vista austro-alemão, temeroso de expressar suas próprias convicções e temeroso de pensar em termos da grandeza da Rússia. Os Dardanelos deviam ser russos...

Vocês continuamente afirmam que o soldado não sabe por que está lutando, e que quando souber lutará... É verdade que elenão sabe por que luta, mas agora vocês já lhe disseram que não há razão para continuar lutando, que nós não temos interesses nacionais, e que lutamos pelos objetivos dos outros...

Pagando tributo aos Aliados, que, disse, com a ajuda da América "salvarão a causa da humanidade", ele concluiu:

Viva a luz da humanidade, as democracias avançadas do Ocidente, que há longo tempo estão no caminho que nós apenas começamos a trilhar, com passos incertos e hesitantes! Viva nossos bravos aliados!

18 Entrevista com Kerênski

O representante da Associated Press perguntou:

— Sr. Kerênski, na França e na Inglaterra as pessoas estão desapontadas com a revolução...

— Sim, eu sei — interrompeu Kerênski, um tanto irônico. — No exterior, a revolução não está mais na moda!

— Qual é sua explicação para o fato de a Rússia ter parado de combater? — insistiu o jornalista.

— Essa é uma pergunta tola — Kerênski ficou irritado. — Entre os Aliados, a Rússia entrou na guerra mais cedo e por um longo tempo carregou todo seu peso sozinha. Teve mais perdas que todas as demais nações juntas. Ela tem o direito de exigir dos aliados que contribuam com mais forças — Parou por um momento e olhou seu interlocutor. — Você perguntou por que a Rússia parou de combater, e os russos estão perguntando por que a Frota inglesa desapareceu, por que há navios de guerra alemães no Golfo de Riga — Novamente ele interrompeu subitamente o que dizia e em seguida retomou. — Não foi a revolução que falhou, não foi o exército revolucionário que falhou. Não foi a revolução que desorganizou o exército. Isso foi obra do antigo regime, há muitos anos. Por que os russos não combatem? Eu lhe direi: porque as massas do povo estão economicamente exaustas, e porque estão desencantadas com os Aliados!

A entrevista de que tirei o trecho acima foi enviada por telegrama aos Estados Unidos e devolvida alguns dias depois pelos Departamento de Estado, com a exigência de que fosse "modificada". Kerênski recusou, mas isso foi feito por seu secretário, Dr. David Soskice — e assim, expurgada de todas as referências ofensivas contra os aliados, ela foi distribuída à imprensa do mundo...

Capítulo 3

19 Resolução dos Comitês de Fábrica

Controle Operário

1. (ver p. 64 [remissão])

2. A organização do Controle Operário é manifestação, na esfera da produção industrial, da mesma atividade positiva exercida pelos partidos políticos na esfera da política, pelos sindicatos sobre o emprego, pelas cooperativas na esfera do consumo, pelos clubes literários na esfera da cultura.

3. A classe operária tem muito mais interesse no funcionamento adequado e ininterrupto das fábricas... que a classe capitalista. A esse respeito, o Controle Operário oferece maior segurança, a toda a sociedade, que a vontade arbitrária dos proprietários, guiados apenas por seus desejos egoístas de lucros ou privilégios políticos. Portanto, o Controle Operário é exigido pelo proletariado não apenas em seu interesse próprio, mas no interesse de toda a nação, e deve ser apoiado pelos camponeses revolucionários, bem como pelo exército revolucionário.

4. Considerando a atitude hostil da maioria da classe capitalista em relação à revolução, a experiência mostra que a distribuição adequada das matérias-primas e do combustível, bem como o mais eficiente gerenciamento das fábricas, é impossível sem o Controle Operário.

5. Apenas o Controle Operário sobre as empresas capitalistas, cultivando a atitude consciente do operariado para com o trabalho e tornando claro seu significado social, pode criar as condições favoráveis ao desenvolvimento de uma firme autodisciplina no trabalho e o desenvolvimento máximo da produtividade.

6. A iminente transformação da indústria do regime de guerra para o regime de paz, e a redistribuição do trabalho pelo país, bem como entre as diversas fábricas, podem ser conseguidas sem maiores distúrbios apenas por meio do autogoverno democrático dos próprios operários... Portanto, a concretização do Controle Operário é uma preliminar indispensável para a desmobilização da indústria.

7. De acordo com o *slogan* proclamado pelo Partido Operário Social Democrata (bolchevique), o Controle Operário em escala nacional, para produzir resultados, deve estender-se a todos os empreendimentos capitalistas e não ser organizado de forma aleatória, sem sistemática; deve ser planejado e não separado da vida industrial do país, como um todo.

8. A vida econômica do país — (agricultura, indústria, comércio e transporte) deve ser submetida a um plano unificado, elaborado para satisfazer àsnecessidades e exigências de toda a massa do povo; deve ser aprovado por seus representantes eleitos e conduzido sob a direção desses representantes por meio de organizações locais e nacionais.

9. A parte do plano que trata do trabalho com a terra deve ficar sob a supervisão de organizações de camponeses e trabalhadores rurais; a parte relativa às atividades da indústria, do comércio e do transporte, desempenhadas por meio dos assalariados, deve ficar sob a supervisão do Controle Operário; os órgãos naturais do Controle Operário no interior das instalações industriais devem ser os comitês de fábrica e assemelhados; no caso do mercado de trabalho, tal papel corresponderá aos sindicatos.

10. Os acordos salariais coletivos conseguidos pelos sindicatos para a maioria dos trabalhadores em qualquer ramo do trabalho deve abrigar todos os empregadores daquele tipo de trabalho num dado distrito.

11. Escritórios de emprego devem ser colocados sob controle dos sindicatos, como organizações de classe atuando nos limites e de acordo com o plano industrial geral.

12. Os sindicatos devem ter o direito de mover ações legais contra empregadores que violem os contratos de trabalho ou a legislação trabalhista, providenciando a mesma atenção ao trabalhador individual em qualquer ramo de trabalho.

13. Em todas as questões relacionadas ao controle operário sobre a produção, a distribuição e o emprego, os sindicatos devem consultar os trabalhadores dos estabelecimentos individuais por meio dos comitês de fábrica.

14. Assuntos referentes a emprego e dispensa, férias, escala de salários, recusa de trabalho, índices de produtividade e de habilidade, razões para quebra de acordos, disputas com a administração e problemas similares da vida interna da fábrica devem ser tratados exclusivamente de acordo com os pareceres dos comitês de fábrica, que têm o direito de excluir da participação na discussão qualquer membro da administração.

15. O comitê de fábrica deve formar uma comissão para controlar o suprimento do estabelecimento com matérias-primas, combustível, encomendas, força de trabalho e equipe técnica (incluindo equipamento), e todos os demais itens de abastecimento e arranjos, e também para assegurar que a fábrica obedeça ao plano industrial geral. A administração da fábrica deve

franquear aos comitês de fábrica todos os dados da atividade; facilitar a verificação desses dados e elaborar os livros do estabelecimento a pedido do comitê de fábrica.

16. Qualquer ato ilegal da parte da administração, descoberto pelos comitês de fábrica, ou qualquer suspeita de práticas ilegais, que estejam além das possibilidades de investigação e solução dos próprios operários, devem ser levados ao conhecimento das organizações centrais distritais dos comitês de fábrica encarregados de cada ramo particular de trabalho, as quais discutirão a questão com as instituições encarregadas da execução do plano industrial geral para encontrar meios de resolver o problema, podendo mesmo apelar ao confisco do estabelecimento.

17. A união dos comitês de fábrica deve dar-se por ramo de atividade, para facilitar o controle da totalidade de cada ramo de trabalho, compatibilizando-o com o plano industrial geral, bem como para criar um efetivo plano de distribuição, entre os estabelecimentos, de encomendas, matérias-primas, combustível, força de trabalho e de técnicos, e também para facilitar a cooperação com os sindicatos, que se organizam por ramo de atividade.

18. Os Conselhos Centrais de sindicatos e comitês de fábrica representam o proletariado nas correspondentes instituições distritais e locais criadas para elaborar e implementar o plano industrial geral e para organizar as relações econômicas entre as cidades e as aldeias (operários e camponeses). São também a autoridade suprema da administração dos comitês de fábrica e dos sindicatos, no que respeita ao Controle Operário em cada distrito, e devem elaborar regras obrigatórias referentes à disciplina operária na rotina da produção — regras que, entretanto, devem ser aprovadas pelos próprios operários por meio do voto."

20 Os bolcheviques na imprensa burguesa

Russkaia Volia, 28 de outubro:

O momento decisivo se aproxima ... é decisivo para os bolcheviques. De duas, uma: ou tentarão uma segunda edição dos eventos de 16-18 de julho, ou deverão admitir que seus planos e intenções, com sua impertinente política de separar-se de tudo quanto seja conscientemente nacionalista, foram definitivamente derrotados...

Quais são as possibilidades de sucesso dos bolcheviques?

É difícil responder a essa questão, pois o principal apoio deles reside... na ignorância das massas populares. Eles especulam com ela, trabalham-na com uma demagogia irrefreável...

O governo deve desempenhar seu papel neste caso. Buscando suporte moral no Conselho da República, deve tomar uma atitude definida para com os bolcheviques...

E se os bolcheviques promoverem uma insurreição contra o poder legal, facilitando a invasão alemã, deverão ser tratados como amotinados e traidores...

Birzhevia Viedomosti, 28 de outubro:

Agora que os bolcheviques se isolaram do resto da democracia, o combate contra eles é muito mais simples. E não é razoável, para lutar contra os bolcheviques, esperar que eles organizem uma manifestação. O governo nem mesmo deveria permitir a manifestação...

Os apelos dos bolcheviques à insurreição e à anarquia são atos passíveis de punição pelas cortes criminais, e nos países livres seus autores receberiam severas sentenças. Pois o que os bolcheviques fazem não é lutar contra o governo, ou pelo poder; eles propagandeiam a anarquia, os massacres, a guerra civil. Tal propaganda deve ser extirpada pela raiz; seria estranho esperar para agir contra a incitação aos *pogroms* até que estes acontecessem...

Novoie Vremia, 1 de novembro:

... Por que o governo se alarma apenas com relação ao 2 de novembro (data da convocação do Congresso dos Sovietes), e não com relação ao 12 de setembro, ou 3 de outubro?

Esta não é a primeira vez que a Rússia arde e cai em ruínas, e a poeira da terrível conflagração fere os olhos de nossos aliados...

Desde que ascendeu ao poder, o governo emitiu alguma ordem para parar a anarquia, para pôr um fim à conflagração da Rússia?

Havia outras coisas a fazer...

O governo voltou sua atenção para problemas mais imediatos. Derrotou a insurreição (o golpe de Kornilov), em relação à qual todos estão perguntando: "Existiu, realmente?"

21 Os bolcheviques na imprensa dos socialistas moderados

Dielo Naroda (jornal dos socialistas revolucionários), 28 de outubro:

O mais grave crime dos bolcheviques contra a revolução é que eles imputam exclusivamente às más intenções do governo revolucionário todas as cruéis calamidades sofridas pelas massas, quando, em realidade, tais calamidades advêm de causas objetivas.

Eles fazem às massas maravilhosas promessas, sabendo que não poderão cumpri-las; lideram-nas por um falso caminho, enganando-as quanto à origem de seus males...

Os bolcheviques são os piores inimigos da revolução...

Dien (jornal menchevique), 30 de outubro:

É isto, realmente, liberdade de imprensa? Diariamente, os jornais *Novaia Rus* e *Rabochi Put* incitam abertamente à insurreição. Diariamente, esses jornais cometem verdadeiros crimes por meio de suas colunas. Diariamente incitam *pogroms*... "Liberdade de imprensa" é isso?

O governo deveria defender-se e defender-nos. Temos o direito de insistir em que a máquina do governo não deve permanecer passiva enquanto a ameaça de distúrbios sangrentos põe em perigo a vida dos cidadãos...

22 *Edinstvo*, jornal de Plekhanov, suspendeu sua publicação por várias semanas, após a tomada do poder pelos bolcheviques. Contrariamente à crença que se popularizou, o jornal não foi suspenso pelo governo bolchevique: uma declaração no último número admitia que não poderia continuar devido ao pequeno número de assinantes...

23 Eram os bolcheviques conspiradores?

Reproduzimos, abaixo, um trecho de um artigo publicado em 15 de novembro no jornal francês *Entente*, de Petrogrado:

O governo de Kerênski discute e hesita. O governo de Lênin e Trótski ataca e age.

Este último tem sido chamado de "governo de conspiradores", mas aqui há um erro. Governo de usurpadores, sim, como todo governo revolucionário que triunfa sobre seus adversários. Conspiradores não!

Não! Eles não conspiraram. Pelo contrário: abertamente, audaciosamente, sem meias palavras, sem dissimular suas intenções, multiplicaram sua agitação, intensificaram sua propaganda nas fábricas, nos quartéis, no *front*, por toda parte, até mesmo fixando antecipadamente a data de seu levante armado, a data da tomada do poder.

Conspiradores, *eles*? Jamais...

24 Apelo contra a insurreição

Do Comitê Central do Exército

... Acima de tudo, insistimos na inflexível execução da vontade organizada da maioria do povo, expressa pelo Governo Provisório, conjuntamente com o Conselho da República e o Tsik enquanto órgão do poder popular...

Qualquer demonstração para depor esse poder pela violência, num momento em que uma crise governamental infalivelmente acarretará a desorganização, a ruína do país e a guerra civil, será considerada pelo Exército um ato contra-revolucionário e reprimida pela força das armas...

Os interesses de grupos privados e classes deve submeter-se a um único interesse: o de aumentar a produção industrial e distribuir adequadamente tudo o necessário ao atendimento das necessidades da vida...

Os capazes de praticar sabotagem, desorganização, desordem, os desertores, os que se furtam ao seu dever, os saqueadores devem ser obrigados a cumprir serviço auxiliar na retaguarda dos exércitos...

Convidamos o Governo Provisório a formar com esses violadores da vontade do povo, esses inimigos da revolução, destacamentos de trabalho para atuar na retaguarda, no *front*, nas trincheiras, sob fogo inimigo...

25 Os eventos da noite, 6 de novembro

Ao anoitecer, grupos de guardas vermelhos deram início à ocupação das instalações dos jornais burgueses, onde imprimiram centenas de milhares de exemplares dos jornais *Rabochi Put* e *Soldat* e de várias proclamações. A Milícia Municipal foi enviada, mas deparou com os lugares protegidos por barricadas e defendidos por homens armados. Soldados enviados recusaram-se a atacar.

Por volta da meia-noite, um coronel com uma companhia de *junkers* chegou ao clube "Mente Livre", com um mandado para prender o editor do jornal *Rabochi Put*. Imediatamente, uma enorme multidão se aglomerou na rua e ameaçou linchar os *junkers*. Diante da situação, o coronel pediu que tanto ele quanto os *junkers* fossem conduzidos à prisão de Pedro e Paulo, por segurança. Seu pedido foi prontamente atendido.

À 1 hora da madrugada, um destacamento de soldados e marinheiros do Smolni ocupou a agência dos Telégrafos. À 1h35, a agência dos Correios foi ocupada. Pela manhã, o Hotel Militar foi ocupado, e às 5 horas a Telefônica. Ao raiar do dia, o Banco do Estado foi cercado. Às 10 horas, um cordão de tropas cercou o Palácio de Inverno.

Capítulo 4

26 Eventos de 7 de novembro

Das 4 horas da madrugada ao amanhecer, Kerênski permaneceu no quartel-general do Estado-Maior de Petrogrado, enviando ordens aos cossacos e aos *junkers* na Escola de Oficiais, em Petrogrado e nos arredores. — Todos responderam que não tinham possibilidades de movimentar-se.

O coronel Polkovnikov, comandante da cidade, deslocava-se apressadamente entre o Estado-Maior e o Palácio de Inverno, evidentemente sem qualquer plano. Kerênski ordenou abrir as pontes: três horas se passaram sem qualquer ação, até que um oficial e cinco homens, por iniciativa própria, desalojaram um piquete de guardas vermelhos e abriram a ponte Nicolau. Mal tinham virado as costas, alguns marinheiros fecharam-na novamente.

Kerênski ordenou que as oficinas de impressão de *Rabochi Put* fossem ocupadas. Ao oficial designado foi prometida uma esquadra de soldados; duas horas depois, prometeram-lhe alguns *junkers*; a seguir, a ordem foi esquecida.

Tentou-se retomar os Correios e a agência telegráfica: uns poucos tiros foram disparados; em seguida, as tropas governamentais declararam que não se oporiam mais aos sovietes.

A uma delegação de *junkers* Kerênski afirmou: "Como chefe do Governo Provisório e comandante supremo, não tenho informações sobre os acontecimentos. Não posso dar indicações; mas, como revolucionário veterano, apelo a vocês, jovens revolucionários, que permaneçam em seus postos e defendam as conquistas da revolução."

*

Ordens de Kishkin, 7 de novembro.

Por decreto do Governo Provisório... estou investido de poderes extraordinários para o restabelecimento da ordem em Petrogrado, tendo comando sobre todas as autoridades civis e militares...

No uso dos poderes a mim conferidos pelo Governo Provisório, destituo de suas funções de comandante do Distrito Militar de Petrogrado o coronel George Polkovnikov...

*

Apelo à população, assinado pelo vice-primeiro-ministro Konovalov, 7 de novembro:

Cidadãos! Salvem a pátria, a república e sua liberdade. Maníacos se sublevaram contra o único governo escolhido pelo povo, o Governo Provisório...

Os membros do Governo Provisório permanecem em seus postos, cumprindo seu dever, e continuam a trabalhar para o bem da pátria, o restabelecimento da ordem e a convocação da Assembléia Constituinte, futura soberana da Rússia e de todos os povos russos.

Cidadãos, apóiem o Governo Provisório. Reforcem sua autoridade. Enfrentem esses maníacos a quem se juntam todos os inimigos da liberdade e da ordem, e os seguidores do czarismo, com o fim de frustrar a Assembléia Constituinte, destruir as conquistas da revolução e o futuro de nossa pátria...

Cidadãos! Organizem-se em torno do Governo Provisório para a defesa de sua autoridade temporária, em nome da ordem e da felicidade de todos os povos...

*

Proclamação do Governo Provisório

O Soviete de Petrogrado... declarou a deposição do Governo Provisório e exigiu para si o poder governamental, sob a ameaça de bombardear o Palácio de Inverno com os canhões da Fortaleza de Pedro e Paulo e do cruzador Aurora, ancorado no Neva.

O governo só entregará sua autoridade à Assembléia Constituinte. Por essa razão, decidiu não submeter-se e pedir a ajuda da população e do Exército. Um telegrama foi enviado ao Stavka; a resposta recebida indica que um forte destacamento de tropas foi enviado à capital...

O Exército e o povo rechaçarão as irresponsáveis tentativas dos bolcheviques para criar uma revolta na retaguarda...

Aproximadamente às 9 da manhã, Kerênski partiu para o *front*.

Ao cair da noite, dois soldados ciclistas apresentaram-se ao quartel-general do Estado-Maior como delegados da guarnição da Fortaleza de Pedro e Paulo. Entrando na sala de reuniões, onde estavam Kishkin, Rutenburg, Palchinski, o general Bragatouni, o coronel Paradielov e o conde Tolstoi, exigiram a imediata rendição do Estado-Maior, ameaçando, em caso de recusa, com o bombardeio do quartel... Após duas reuniões dominadas pelo pânico, o Estado-Maior retirou-se para o Palácio de Inverno, e o quartel foi ocupado pela guarda vermelha...

No fim da tarde, vários carros blindados bolcheviques circularam a Praça do Palácio, e soldados soviéticos tentaram, sem sucesso, conferenciar com os *junkers*...

Às 7 da noite, o Palácio começou a ser alvejado.

Às 10 da noite, teve início o bombardeio do Palácio a partir de três lados, sendo a maioria das granadas de exercício; apenas três pequenos estilhaços atingiram a fachada...

27 Kerênski em fuga

Deixando Petrogrado na manhã de 7 de novembro em um automóvel, Kerênski chegou a Gatchina e exigiu um trem especial, no qual se dirigiu a Ostrov, província de Pskov, lá chegando ao anoitecer. Na manhã seguinte, reuniu-se extraordinariamente o Soviete dos Deputados de Operários e Soldados local, com a participação de delegados cossacos — havia cerca de 6 mil cossacos em Ostrov.

Kerênski falou à assembléia pedindo ajuda contra os bolcheviques. Dirigiu-se quase exclusivamente aos cossacos, provocando com isso os protestos dos soldados.

"Por que veio aqui?" gritaram algumas vozes, e Kerênski respondeu: "Busco a ajuda dos cossacos para esmagar a insurreição dos bolcheviques." Iniciaram-se violentos protestos, que se intensificaram quando ele continuou: "Eu derrotei a tentativa de golpe de Kornilov e derrotarei o golpe bolchevique!" O barulho chegou a ponto de obrigá-lo a deixar a tribuna...

Os deputados de soldados e os cossacos da região do rio Ussuri decidiram prender Kerênski, mas os cossacos do Don se opuseram, permitindo que fugisse num trem... Um comitê militar revolucionário, estabelecido durante o dia, tentou informar a guarnição de Pskov, mas as linhas telegráficas e telefônicas tinham sido cortadas...

Kerênski não chegou a Pskov. Soldados revolucionários tinham cortado a linha férrea, para impedir o envio de tropas contra a capital. Na noite de 8 de novembro chegou de automóvel a Luga, onde foi recebido pelos Batalhões da Morte lá estacionados.

No dia seguinte, tomou um trem para a Frente Sudoeste e visitou o comitê do Exército, no quartel-general. O Quinto

Exército, entretanto, estava entusiasmado com as notícias do sucesso dos bolcheviques, e o comitê não pôde oferecer nenhum auxílio.

De lá, Kerênski dirigiu-se a Moghilev, sede do Stavka, ordenando a dez regimentos de diversas partes do *front* que se dirigissem contra Petrogrado. Quase unanimemente, os soldados se recusaram, e os regimentos que iniciaram algum deslocamento pararam no caminho. Por fim, cerca de 5 mil cossacos o seguiram...

28 Minha afirmação de que não houvera pilhagem no Palácio de Inverno estava errada. Tanto antes quanto depois de cair nas mãos dos bolcheviques, o Palácio de Inverno foi saqueado. A afirmação do jornal dos socialistas revolucionários, *Dielo Naroda*, e de membros da Duma Municipal, de que objetos preciosos num valor de 500 milhões de rublos teriam sido roubados, entretanto, era um exagero grosseiro.

Os mais importantes tesouros de arte do Palácio –(quadros, tapeçarias, esculturas, porcelanas raras e coleções de armas e heráldica) tinham sido transferidos para Moscou durante o mês de setembro e estavam em boa ordem, nos subsolos do Palácio Imperial, dez dias depois da captura do Kremlin pelos bolcheviques. Disso, posso dar testemunho pessoal.

Houve pessoas, porém -geralmente do público em geral, a quem foi permitido circular livremente pelo Palácio de Inverno durante vários dias após sua tomada —, que subtraíram prataria, relógios, roupas de cama, espelhos e alguns vasos de porcelana e pedras semipreciosas, num valor aproximado de 50 mil dólares.

O Soviete imediatamente criou uma comissão especial, composta de artistas e arqueólogos, para recuperar os objetos furtados. No dia 1º de dezembro, foram divulgadas duas proclamações:

CIDADÃOS DE PETROGRADO!

Conclamamos todos os cidadãos a envidar urgentes esforços para recuperar objetos roubados do Palácio de Inverno, na noite de 7 para 8 de novembro, os quais deverão ser encaminhados ao comando do Palácio de Inverno.

Receptadores de objetos roubados, antiquários e todos os que escondam tais objetos serão responsabilizados legalmente e punidos com a máxima severidade.

Comissários para a Proteção dos Museus e Coleções de Arte.

G. Atmatov, B. Mandelbaum.

AOS COMITÊS DE REGIMENTO E DA FROTA

Na noite de 7 para 8 de novembro, no Palácio de Inverno, o qual é propriedade inalienável do povo russo, valiosos objetos de arte foram roubados.

Apelamos urgentemente a todos para que exerçam seus máximos esforços no sentido de conseguir a devolução desses objetos ao Palácio de Inverno.

Comissários

G. Atmatov, B. Mandelbaum

Recuperou-se cerca de metade do saque — parte dele estava da bagagem de estrangeiros que deixavam a Rússia.

Por sugestão do Smolni, uma conferência de artistas e arqueólogos nomeou uma comissão encarregada não só de inventariar os tesouros do Palácio de Inverno, como também de todas as coleções e museus estatais de Petrogrado. Em 16 de dezembro, o Palácio foi fechado ao público para os procedimentos inventariais.

Durante a última semana de novembro, o Conselho dos Comissários do Povo baixou um decreto mudando o nome do Palácio de Inverno para Museu do Povo, a cargo da comissão de artistas e arqueólogos, e proibindo sua utilização para atividades governamentais...

29 Violência sexual contra as integrantes do Batalhão de Mulheres

Em seguida à tomada do Palácio de Inverno, foram publicadas na imprensa antibolchevique e divulgadas na Duma inúmeras histórias sensacionalistas sobre a sorte das integrantes do batalhão de mulheres que defenderam o Palácio. Foi dito que algumas teriam sido atiradas das janelas, e que a maioria das demais teria sido violentada, muitas delas cometendo suicídio como conseqüência dos horrores a que teriam sido submetidas.

A Duma nomeou uma comissão para investigar o caso. Em 16 de novembro, a comissão retornou de Levashovo, base do Batalhão de Mulheres. A Sra. Tirkova relatou que as mulheres a princípio tinham sido conduzidas ao quartel do Regimento Pavlovski, e que algumas delas foram maltratadas; mas agora no a maioria estava em Levashovo, com o restante disperso pela cidade, em casas particulares. O Dr. Mandelbaum, outro membro da comissão, atestou que nenhuma das mulheres fora atirada pelas janelas do Palácio, que nenhuma fora ferida, que três delas tinham sido violentadas, e que uma efetivamente cometera suicídio, deixando uma nota em que se dizia "frustrada em seus ideais".

Em 21 de novembro, o Comitê Militar Revolucionário dissolveu o Batalhão de Mulheres a pedido delas próprias, que retornaram à vida civil.

No livro *Six Red Months in Russia*, de Louise Bryant, há uma interessante descrição das mulheres-soldados durante esse período.

Capítulo 5

30 Apelos e Proclamações

Do Comitê Militar Revolucionário, 8 de novembro

A todos os comitês de exército e a todos os Sovietes dos Deputados de Soldados.

A guarnição de Petrogrado derrubou o governo de Kerênski, que tinha se voltado contra a revolução e o povo...

Ao enviar esta notícia ao *front*, o Comitê Militar Revolucionário pede a todos os soldados que mantenham sob vigilância a conduta dos oficiais. Os que não se manifestarem franca e abertamente a favor da revolução devem ser presos como inimigos.

O Soviete de Petrogrado descreve o programa do novo Governo como: proposta imediata para uma paz abrangente e democrática e imediata transferência da Assembléia Constituinte. O Exército revolucionário do povo não deve permitir que tropas de moral duvidoso sejam enviadas a Petrogrado. Tentem argumentar e convencer, mas, se tais métodos falharem, parem o movimento de tropas usando implacavelmente a força.

Essa ordem deve ser imediatamente lida a todas as unidades militares de cada ramo do serviço. Quem ocultá-la do conhecimento da massa dos soldados... cometerá sério crime contra a revolução e será punido com todo o rigor da lei revolucionária.

Soldados! Paz, pão, terra e um governo popular!

*

A todos os comitês de exército, corpo, divisão, regimento e companhia, da frente e da retaguarda, e a todos os sovietes dos deputados de operários, soldados e camponeses.

Soldados e oficiais revolucionários!

O Comitê Militar Revolucionário, em consonância com a maioria dos operários, soldados e camponeses, decreta que o general Kornilov e seus cúmplices de conspiração sejam conduzidos a Petrogrado para encarceramento na Fortaleza de Pedro e Paulo e comparecimento diante de uma corte marcial revolucionária...

Todo aquele que resistir à execução desse decreto será declarado traidor da revolução, e suas ordens consideradas nulas.

Comitê Militar Revolucionário do Soviete
dos Deputados de Soldados e Operários de Petrogrado

*

A todos os Sovietes dos Deputados de Operários, Soldados e Camponeses distritais e provinciais.

Por resolução do Congresso Pan-Russo dos Sovietes, todos os membros de comitês agrários em prisão devem ser libertados. Os comissários responsáveis pelas prisões devem ser presos.

A partir deste momento, todo o poder está em mãos dos sovietes. Os comissários do Governo Provisório estão destituídos. Os presidentes dos sovietes locais estão convidados a entrar em contato com o Governo revolucionário.

Comitê Militar Revolucionário

31 Protesto da Duma Municipal

A Duma Municipal Central, eleita nos marcos dos mais democráticos princípios, arcou com a responsabilidade de administrar os negócios municipais e o suprimento de mantimentos, no momento de maior desorganização. O partido bolchevique, três semanas antes da eleição da Assembléia Constituinte, e a despeito da ameaça do inimigo externo, tendo derrubado pela força das armas a única autoridade revolucionária legal, atenta contra os direitos e a independência do autogoverno municipal, exigindo submissão a seus comissários e autoridade ilegal.

Neste terrível e trágico momento, a Duma Municipal de Petrogrado, diante de seus eleitores e de toda a Rússia, declara que não se submeterá a nenhuma restrição de seus direitos e de sua independência, e que permanecerá no posto de responsabilidade que lhe foi atribuído pela vontade da população da capital.

A Duma Municipal Central de Petrogrado apela a todas as Dumas e todos os Zemstvos da República Russa pela defesa de uma das grandes conquistas da revolução russa: a independência e inviolabilidade do autogoverno popular.

32 Decreto da Terra — *nakaz* dos camponeses

A questão da terra será solucionada de modo permanente pela Assembléia Constituinte.

A mais adequada solução seria como segue:

1. O direito de propriedade da terra abolido para sempre; a terra não pode ser vendida, alugada, hipotecada nem alienada, de nenhum modo. Confiscam-se sem compensação e passam a ser propriedade da nação as terras da nobreza, da Coroa, dos mosteiros, das igrejas, as terras ocupadas, terras de herança, terras de propriedade privada, terras comunais, parcelas camponesas e outras, sendo colocadas à disposição dos trabalhadores que as cultivam.

Os que forem prejudicados por essa transformação social dos direitos de propriedade terão direito a auxílio público durante o tempo necessário à adaptação às novas condições de existência.

2. Todas as riquezas do subsolo — minerais, petróleo, carvão, sal etc. -, bem como as florestas e águas de importância para a nação, passam a ser propriedade exclusiva do Estado. Todos os rios, lagos e florestas de menor importância passam para as mãos das comunidades, à condição de que sejam administrados pelos órgãos de governo locais.

3. Todas as áreas de terra cultivadas segundo orientação científica — jardins, plantações, estufas, viveiros, sementeiras e outros — não serão divididas, mas transformadas em fazendas modelares, passando para o Estado ou a comunidade, de acordo com seu tamanho e importância.

Edificações, terras comunais e aldeias com jardins e pomares próprios, e outros, permanecem em mãos de seus atuais possuidores; as dimensões dessas áreas e as taxas por sua utilização serão fixadas em lei.

4. Todos os reprodutores, todos os estabelecimentos de criação de gado e aves, governamentais e privados, são confiscados e passam a ser propriedade da nação, sendo transferidos para o Estado ou para a comunidade, de acordo com sua dimensão e importância. Todas as questões de compensação serão decididas pela Assembléia Constituinte.

5. Toda propriedade agrícola inventariada nas terras confiscadas, máquinas e animais de fazenda, é transferida sem compensação para o Estado ou a comunidade, de acordo com sua qualidade e importância. O confisco de máquinas e animais não se aplica às pequenas propriedades camponesas.

6. O direito ao uso da terra é assegurado a todos os cidadãos, sem distinção de sexo, que queiram trabalhar a terra diretamente, com ajuda familiar ou em parceria, enquanto mantiverem capacidade de trabalho. Não é permitido assalariar trabalho.

Na eventualidade de incapacitação para o trabalho de um membro da comuna por um período de dois anos, a comuna fornecerá assistência a esse membro por um período de dois anos, por meio do trabalho comunitário da terra

Agricultores que, por idade ou incapacitação, perderem permanentemente a capacidade para o trabalho deverão devolver a terra, passando a receber pensão governamental.

7. O uso da terra será igualizado — a terra será dividida entre os trabalhadores de acordo com as condições locais, a unidade de trabalho e as necessidades individuais.

A modalidade de utilização da terra será determinada caso a caso, como exploração familiar, como fazenda, em comunidade, em parceria, conforme decisão das aldeias e assentamentos.

8. Ao ser confiscada, a terra é incluída no Fundo de Terra do Povo. Sua distribuição entre os trabalhadores é implementada pelos órgãos de administração centrais e locais, partindo das organizações democráticas das aldeias até as instituições centrais provinciais — à exceção das sociedades urbanas e rurais.

O Fundo de Terras será objeto de redistribuições periódicas, de acordo com o crescimento demográfico e com o desenvolvimento da produtividade da economia rural.

No caso de modificação dos limites da área designada (lote), o centro desta permanecerá intacto.

Quando pessoas se aposentam numa comunidade, a terra a eles destinada volta para o Fundo de Terra. Vizinhos ou pessoas indicadas pelos que se aposentam terão preferência na redistribuição dessas terras.

Quando a terra volta ao Fundo de Terras, a quantia destinada ao trato da terra e à introdução de melhorias, e não-empregada, deverá ser reembolsada.

Nas localidades em que a terra do Fundo de Terras for insuficiente para satisfazer à população local, o excesso populacional deverá migrar.

A organização da migração e a provisão de máquinas e animais aos migrantes são responsabilidade do Estado.

A emigração deve seguir a seguinte ordem: em primeiro lugar, os camponeses sem terra que expressarem o desejo de migrar; em segundo lugar, os membros indesejáveis da comunidade, desertores etc.; finalmente, proceder-se-á a sorteio por meios convencionados.

O conteúdo deste *nakaz*, expressão da inquestionável vontade da grande maioria dos camponeses conscientes da Rússia, é declarado lei temporária e, até a convocação da Assembléia Constituinte, será implementado imediatamente ou gradualmente, conforme determinação dos Sovietes distritais de Deputados de Camponeses.

33 A terra e os desertores

O governo não foi chamado a tomar decisões referentes ao direito dos desertores à terra. O fim da guerra e a desmobilização do exército removeram o problema dos desertores...

34 O Conselho dos Comissários do Povo

De início composto inteiramente por bolcheviques, não inteiramente por vontade destes: em 8 de novembro, pastas foram oferecidas aos socialistas revolucionários de esquerda, que recusaram.

Capítulo 6

35 Apelos e denúncias

Apelo aos cidadãos e às organizações militares do Partido Socialista Revolucionário.

A insensata tentativa de golpe dos bolcheviques está à beira do fracasso completo. A guarnição está descontente... Os Ministérios estão parados, falta pão. Todas as facções, exceto um punhado de bolcheviques, deixaram o Congresso dos Sovietes. Os bolcheviques estão isolados! Abusos de toda sorte, atos de vandalismo e pilhagem, o bombardeio do Palácio de Inverno, prisões arbitrárias... Todos esses crimes cometidos pelos bolcheviques levantaram contra eles o ressentimento da maioria dos marinheiros e soldados. O Tsentroflot recusa-se a acatar as ordens dos bolcheviques...

Conclamamos todos os elementos de bom senso a que se congreguem em torno do Comitê de Salvação da Pátria e da Revolução; estejamos prontos para, ao primeiro chamado do Comitê

Central do Partido, atuar contra os contra-revolucionários, que sem dúvida tentarão aproveitar-se dos transtornos causados pela aventura dos bolcheviques, e para vigiar o inimigo externo, que também tentará tirar vantagem deste momento de enfraquecimento do *front*...

Seção Militar do Comitê Central
do Partido Socialista Revolucionário

Denúncia do *Pravda*:

O que é Kerênski?

Um usurpador, cujo lugar é na prisão Pedro e Paulo, em companhia de Kornilov e Kishkin.

Um criminoso e um traidor dos operários, dos soldados e dos camponeses, que nele acreditaram.

Kerênski? Um assassino de soldados!

Kerênski? Um carrasco público de camponeses!

Kerênski? Um estrangulador de operários!

Assim é esse segundo Kornilov, que agora quer massacrar a liberdade!

Capítulo 7

36 Dois decretos

Sobre a imprensa

No momento decisivo da revolução, e nos dias que se seguiram, o Comitê Revolucionário Provisório foi compelido a tomar uma série de medidas contra a imprensa contra-revolucionária, em seus vários matizes.

Imediatamente, de todos os lados vêm gritos de que a nova autoridade socialista está violando os princípios essenciais de nosso próprio programa, ao atentar contra a liberdade de imprensa.

O governo dos operários e camponeses chama a atenção da população para o fato de que em nosso país, atrás desse escudo liberal, esconde-se a oportunidade das classes ricas de tomar a parte do leão na imprensa e, assim, envenenar a mente do povo e espalhar a confusão na consciência das massas.

Todos sabem que a imprensa é uma das mais poderosas armas da burguesia. Especialmente neste momento crítico, quando a nova autoridade dos operários e camponeses está em processo de consolidação, é impossível deixar nas mãos dos inimigos essa arma, tão perigosa quanto bombas e metralhadoras. Por essa razão, adotaram-se medidas extraordinárias, com o propósito de interromper o fluxo de sujeira e calúnia em que a imprensa marrom gostaria de afogar a tenra vitória do povo.

Tão logo a nova ordem esteja consolidada, todas as medidas administrativas contra a imprensa serão suspensas, possibilitando a mais ampla liberdade nos limites da responsabilidade perante a lei, de acordo com as regras mais liberais e progressistas...

Tendo em mente, entretanto, o fato de que quaisquer restrições à liberdade de imprensa, mesmo em momentos críticos, são admissíveis apenas nos limites da necessidade, o Conselho dos Comissários do Povo decreta:

1. Os seguintes tipos de jornal ficam sujeitos a ser fechados: a) os que incitarem à resistência ou desobediência ao governo dos operários e camponeses; b) os que criarem confusão pela distorção das notícias; c) os que incitarem a atos criminosos puníveis pela lei.

2. O fechamento, temporário ou permanente, de qualquer órgão de imprensa só acontecerá por resolução do Conselho dos Comissários do Povo.

3. O presente decreto é de natureza temporária e será revogado quando as condições normais da vida pública forem restabelecidas.

Presidente do Conselho dos Comissários do Povo

Vladimir Ulianov (Lênin)

Sobre a milícia operária

1. Todos os sovietes dos deputados de operários e soldados devem formar milícias operárias.

2. Essas milícias operárias devem estar inteiramente às ordens dos sovietes de deputados de operários e soldados.

3. As autoridades civis e militares devem fornecer toda a assistência para armar os operários e supri-los com todo o equipamento técnico, requisitando, se necessário, armas do Departamento da Guerra do governo.

4. Este decreto promulga-se por telégrafo.

Petrogrado, 10 de novembro de 1917.

Comissário do Povo para o Interior

A. I. Rikov"

Esse decreto encorajava a formação de guardas vermelhas por toda a Rússia, que se tornariam a mais importante arma do governo soviético na guerra civil que se seguiu.

37 O Fundo de Greve

O fundo para os funcionários governamentais e bancários em greve foi subscrito pelos bancos e casas de negócios de Petrogrado e outras cidades, bem como por corporações estrangeiras com negócios na Rússia. Todos os que aceitavam fazer greve contra os bolcheviques recebiam seus salários integrais, em alguns casos até mesmo com adicionais. Ao se convencerem de que os bolcheviques estavam firmemente instalados no poder, os contribuintes do fundo cessaram o pagamento dos benefícios de greve, o que levou ao fim do movimento grevista.

Capítulo 8

38 O avanço de Kerênski

Em 9 de novembro, Kerênski e seus cossacos chegaram a Gatchina, onde a guarnição, irremediavelmente dividida, rendeu-se de imediato. Os membros do soviete de Gatchina foram presos e ameaçados de morte; posteriormente, foram soltos por bom comportamento.

A guarda avançada cossaca, praticamente sem oposição, ocupou Pavlovsk, Alexandrovsk e outras estações, atingindo as proximidades de Tsarskoye Selo na manhã seguinte, 10 de novembro. A guarnição se dividiu em três grupos: os oficiais, leais a Kerênski; parte dos soldados e oficiais não-comissionados, que se declararam "neutros"; e a maior parte dos soldados rasos, pró-bolcheviques. Estes, sem líderes ou organização, recuaram em direção à capital. O soviete local recuou para a vila de Pulkovo. Desta localidade, seis membros do soviete de Tsarskoye Selo dirigiram-se a Gatchina com um automóvel carregado com propaganda para distribuir aos cossacos. Passaram a maior parte do dia deslocando-se de um quartel cossaco a outro, persuadindo, argumentando e explicando. Ao cair da noite, descobertos por oficiais, foram presos e levados à presença do general Krasnov, que exclamou: "Vocês lutaram contra Kornilov, agora se opõem a Kerênski. Vou mandar fuzilá-los!"

Após ler aos prisioneiros a ordem que o nomeava comandante-em-chefe do distrito de Petrogrado, Krasnov perguntou se eram bolcheviques. Eles confirmaram, após o que Krasnov saiu; momentos depois, entrou um oficial e os libertou, dizendo que eram ordens do general Krasnov...

Nesse meio tempo, delegações continuaram a chegar de Petrogrado: da Duma, do Comitê de Salvação e, por fim, do Vikjel. O sindicato dos ferroviários insistia em algum tipo de acordo que impedisse a guerra civil, e pediu a Kerênski que se entendesse com os bolcheviques e parasse o avanço sobre Petrogrado. Em caso de recusa, o Vikjel ameaçava uma greve geral para a meia-noite de 11 de novembro.

Kerênski quis discutir o assunto com os ministros socialistas e com o Comitê de Salvação. Estava completamente indeciso.

No dia 11, a vanguarda cossaca atingiu Krasnoe Selo, de onde o soviete local e as forças heterogêneas do Comitê Revolucionário Militar se retiraram precipitadamente; alguns contingentes chegaram a render-se. Nessa noite, os cossacos se aproximaram de Pulkovo, onde encontraram a primeira resistência séria...

Desertores cossacos começaram a aparecer em Petrogrado, declarando que Kerênski os enganara enviando às frentes mensagens radiofônicas em que afirmava que Petrogrado estava em chamas, que os bolcheviques haviam chamado os alemães e que estavam assassinando mulheres e crianças e pilhando indiscriminadamente...

39 Proclamações do Comitê Militar Revolucionário

A todos os Sovietes dos Deputados de Operários, Soldados e Camponeses.

O Congresso Pan-Russo dos Sovietes dos Deputados de Operários, Soldados e Camponeses encarrega os sovietes locais de tomar as mais enérgicas medidas para enfrentar distúrbios anti-semitas e *pogroms* provocados por contra-revolucionários ou de qualquer natureza. A honra da revolução dos operários, soldados e camponeses não pode tolerar quaisquer desordens...

A Guarda Vermelha de Petrogrado, a guarnição revolucionária e os marinheiros mantêm a mais completa ordem na capital.

Operários, soldados e cossacos, é nosso dever manter a verdadeira ordem revolucionária.

Os olhares de toda a Rússia revolucionária e do mundo inteiro estão sobre nós...

*

O Congresso Pan-Russo dos Sovietes decreta:

A abolição da pena de morte no *front*, que tinha sido reintroduzida por Kerênski.

Restabelecimento da total liberdade de propaganda no país. Todos os soldados e oficiais revolucionários atualmente encarcerados por alegados crimes políticos devem ser imediatamente libertados.

*

O ex-primeiro-ministro Kerênski, deposto pelo povo, recusa submissão ao Congresso dos Sovietes e faz tentativas de combater o governo legal, eleito pelo Congresso Pan-Russo — o Conselho dos Comissários do Povo. As frentes recusaram ajuda a Kerênski. Moscou juntou-se ao novo governo. Em muitas cidades (Minsk, Moghilev, Kharkov) o poder está nas mãos dos sovietes. Nenhum contingente de infantaria aceita marchar contra o governo dos operários e camponeses, o qual, de acordo com a firme vontade do Exército e do povo, iniciou negociações de paz e deu a terra aos camponeses...

Avisamos publicamente que, se os cossacos não pararem Kerênski, que os enganou e os lidera contra Petrogrado, as forças revolucionárias se levantarão com toda sua força para defender as preciosas conquistas da revolução: a paz e a terra.

Cidadãos de Petrogrado! Kerênski fugiu da cidade, abandonando a autoridade nas mãos de Kishkin, que queria render a capital aos alemães; de Rutenburg, dos Bandos Negros, que sabotou o abastecimento municipal, e de Palchinski, odiado por todos os democratas. Kerênski fugiu, abandonando todos vocês aos alemães, à fome, aos massacres sangrentos. O povo revoltado prendeu os ministros de Kerênski, e todos puderam ver como a ordem e o abastecimento em Petrogrado melhoraram. Por exigência dos proprietários aristocratas, dos especuladores capitalistas, Kerênski marcha contra vocês com a intenção de devolver a terra aos latifundiários e de continuar com a ruinosa e odiada guerra.

Cidadãos de Petrogrado: sabemos que a grande maioria é favorável à autoridade revolucionária do povo e contra os kornilovistas liderados por Kerênski. Não se deixem enganar pelas mentirosas declarações dos conspiradores burgueses impotentes, que devem ser impiedosamente esmagados.

Operários, soldados, camponeses! Conclamamos à devoção e à disciplina revolucionárias

Milhões de camponeses e soldados estão conosco.

A vitória da revolução do povo está assegurada!

40 Atos do Conselho dos Comissários do Povo

Neste livro, exponho apenas os decretos que em minha opinião relacionam-se com a conquista do poder pelos bolcheviques. O restante relaciona-se com uma detalhada descrição da estrutura do Estado soviético, o que não cabe nesta obra. Pretendo tratar do assunto com mais detalhe e fôlego num segundo volume, em preparação: *De Kornilov a Brest-Litovsk.*

Sobre moradias

1. Os autogovernos municipais independentes têm direito a seqüestrar todas as moradias desocupadas ou inabitadas.

2. As municipalidades, de acordo com as leis e planejamentos por elas elaborados, devem instalar em todas as residências e cômodos disponíveis os cidadãos que não tenham um lugar para viver, ou que vivam em cortiços.

3. As municipalidades devem estabelecer um serviço de inspeção de moradias, organizá-lo e definir-lhe os poderes.

4. As municipalidades devem emitir ordens para a instituição de comitês de moradias, definir sua organização, seus poderes e sua autoridade legal.

5. As municipalidades devem criar Tribunais de alojamento, definir seus poderes e sua autoridade.

6. Promulga-se este decreto por telégrafo.

Comissário do Povo para o Interior

A. I. Rikov.

*

Sobre seguridade social

O proletariado russo inscreveu em sua bandeira a promessa de uma Seguridade Social completa para os trabalhadores assalariados, bem como para os pobres das cidades e das aldeias. O governo do czar, os proprietários e os capitalistas, bem como os governos de coalizão e conciliação, falharam em concretizar os desejos dos trabalhadores a esse respeito.

O governo dos Operários e Camponeses, com o apoio dos Sovietes dos Deputados de Operários, Soldados e Camponeses, anuncia à classe trabalhadora e aos pobres das cidades e das aldeias que preparará imediatamente leis de Seguridade Social baseadas nas propostas das organizações de trabalhadores:

1. Seguridade para todos os assalariados, sem exceção, bem como para todos os pobres das cidades e do campo.

2. Seguridade para cobrir todas as categorias de perda de capacidade de trabalho, como doenças, enfermidades, idade avançada, maternidade, viuvez, orfandade e desemprego.

3. Todos os custos da Seguridade recairão sobre os empregadores.

4. As compensações, em qualquer caso de perda de capacidade de trabalho, ou de desemprego, serão no mínimo equivalentes ao salário integral anteriormente percebido.

5. As instituições da Seguridade serão integralmente controladas pelos próprios trabalhadores.

Em nome do Governo da República Russa.

Comissário do Povo para o Trabalho,

Alexandre Shliapnicov

Sobre educação popular

Cidadãos da Rússia!

Com a insurreição de 7 de novembro, as massas trabalhadoras, pela primeira vez, conquistaram o verdadeiro poder.

O Congresso Pan-Russo dos Sovietes transferiu temporariamente esse poder para o Comitê Executivo e para o Conselho dos Comissários do Povo.

Pela vontade do povo revolucionário, fui designado Comissário do Povo para a Educação.

O trabalho de orientação geral da educação popular, na medida em que respeita ao governo central, fica confiado a uma Comissão para a Educação Popular, chefiada pelo Comissário do Povo, até a instalação da Assembléia Constituinte.

Quais são as proposições básicas dessa comissão estatal? Como é determinada sua esfera de competência?

Linhas gerais da atividade educacional: todo poder genuinamente democrático deve, no domínio da educação, num país em que o analfabetismo e a ignorância reinam absolutas, ter como principal objetivo a luta contra esse reino da escuridão. Deve chegar, no mais curto período de tempo, à alfabetização universal, por meio da organização de uma rede de escolas que atendam às exigências da pedagogia moderna; deve introduzir a escolarização universal, obrigatória e gratuita; ao mesmo tempo, deve estabelecer institutos e seminários de formação de professores, os quais deverão preparar imediatamente um poderoso exército de professores populares tão necessários para a instrução universal da população de nossa vasta Rússia.

Descentralização: a Comissão Estatal para a Educação Popular de modo algum é um poder central governando as instituições educacionais. Pelo contrário, todo o trabalho de escolarização deve ser transferido para os órgãos de governo local. O trabalho independente dos operários, soldados e camponeses, criando por sua própria iniciativa organizações culturais educacionais, deve ter total autonomia, tanto em relação ao governo central quanto em relação aos municipais.

O trabalho da Comissão Estatal atua como elo e como auxiliar na organização dos recursos materiais e humanos para as instituições municipais e particulares, especialmente as instauradas pelos trabalhadores.

O Comitê Estatal de Educação Popular: uma série de valiosos projetos foi elaborada, desde o início da revolução, pelo Comitê Estatal de Educação Popular, órgão toleravelmente democrático quanto à sua composição e dotado de muitos especialistas. A Comissão Estatal sinceramente deseja a colaboração desse Comitê. Com esse fim, dirigiu-se ao Comitê com a demanda de convocação de sessão extraordinária desse órgão para o cumprimento do programa abaixo.

1. Revisão das regras de representação no Comitê, por uma maior democratização.

2. Revisão dos direitos do Comitê, a fim de ampliá-los, e transformação do órgão num instituto governamental para a elaboração de projetos de lei orientados a uma instrução e uma educação com princípios democráticos.

3. Revisão, em conjunto com a nova Comissão Estatal, das leis já criadas pelo Comitê; revisão requerida pelo fato de que, ao criá-las, o Comitê tinha de considerar o espírito burguês dos Ministérios anteriores, os quais obstruíram o trabalho desse órgão mesmo em sua forma mais estreita.

Após essa revisão, essas leis serão validadas, sem mais dilações burocráticas, para a ordem revolucionária.

Os pedagogos: A Comissão Estatal saúda os pedagogos, responsáveis pelo brilhante e honrado trabalho de educação do povo, mestres do país.

Nenhuma medida na esfera da educação popular deve ser adotada por nenhuma instância sem a participação dos representantes dos pedagogos.

Por outro lado, uma decisão não pode de modo algum ser tomada com base apenas no parecer dos especialistas. Isso também é válido para a questão da reforma dos institutos gerais da educação.

Cooperação dos pedagogos com as forças sociais: eis o princípio da Comissão para sua própria constituição, no Comitê Estatal, e em todas as suas atividades.

A comissão considera sua tarefa primeira a melhoria das condições do professorado, em primeiro lugar as condições dos menos favorecidos (embora talvez os que mais contribuem para o trabalho cultural): os professores do ensino elementar. Suas justas demandas devem ser satisfeitas imediatamente e a qualquer custo. Esse proletariado das escolas em vão tem solicitado aumento salarial para o patamar dos 100 rublos mensais. Seria vergonhoso manter nessa pobreza a imensa maioria dos professores do povo russo.

Mas uma verdadeira democracia não pode parar na mera alfabetização, na educação elementar. Deve almejar a organização de uma escola de vários graus, secular e uniforme. O ideal será fornecer educação uniforme e, se possível, superior para todos os cidadãos. Enquanto essa idéia não for tornada realidade para todos, a passagem pelos diversos graus, até a universidade — transição para um estágio superior —, deverá depender apenas da atitude do estudante, e não da quantidade de recursos de sua família.

O problema da organização da educação de forma genuinamente democrática é particularmente difícil num país empobrecido por uma longa guerra, imperialista e criminosa; mas os trabalhadores que tomaram o poder devem ter em mente que a educação servirá como o melhor instrumento em seus esforços pelo aperfeiçoamento intelectual. Não importa quanto seja necessário diminuir o orçamento dedicado a outras necessidades do povo; as despesas com educação devem ser altas. Um volumoso orçamento educacional é a honra e o orgulho de qualquer nação. O povo livre da Rússia sempre se lembrará disso.

O combate contra a ignorância e o analfabetismo não pode restringir-se a uma rede escolar para crianças e jovens. Também os adultos devem estar ansiosos para livrar-se da humilhante condição de não saber ler e escrever. A escola para adultos deve ocupar um lugar importante no plano geral da instrução popular.

Instrução e educação: devemos enfatizar as diferenças entre instrução e educação.

Instrução é a transmissão de conhecimento existente do professor para o aluno. Educação é um processo de criação. A personalidade de um indivíduo educa-se durante toda a vida deste, forma-se, enriquece-se em conteúdo, fortalece-se e se aperfeiçoa.

As massa exploradas — operários, camponeses, soldados — estão sedentas por educação elementar e avançada. Nem o governo, nem os intelectuais, nenhum poder a não ser eles mesmos pode proporcionar essa educação. A escola, o livro, o museu, o teatro etc. devem aqui ser apenas auxiliares. Eles têm suas próprias idéias, formadas a partir de suas posições na sociedade, tão diferentes da posição das classes dominantes e dos intelectuais que, até este momento, tiveram o privilégio da criação cultural. Eles (as massas) têm suas próprias idéias, suas próprias emoções, seus modos de enfrentar as questões pessoais e sociais. O trabalhador urbano à sua maneira, o explorado rural à dele, cada um elaborará sua própria concepção de mundo, permeada pelas idéias de classe dos trabalhadores. Não há fenômeno mais belo que o que será dado presenciar e participar a nossos descendentes diretos: a construção, pelo universo de todos os trabalhadores, de sua rica e livre alma genérica.

A instrução com toda certeza é muito importante, mas não é um elemento decisivo. Aqui, o mais importante é o espírito crítico, a criatividade das massas, pois a ciência e a arte apenas em alguns de seus aspectos têm importância permanente para a humanidade, uma vez que sofrem transformações radicais sempre que uma nova classe promove mudanças históricas.

Em toda a Rússia, especialmente entre os trabalhadores urbanos mas também entre os camponeses, ergue-se a poderosa onda de um movimento cultural e educacional; organizações de operários e soldados, com esse caráter, multiplicam-se rapidamente. Estabelecer sintonia com elas, apoiá-las, limpar-lhes o caminho a percorrer é a primeira tarefa de um governo revolucionário e popular no domínio da educação democrática.

A Assembléia Constituinte sem dúvida logo começará seus trabalhos. Apenas ela pode estabelecer de forma permanente a ordem da vida nacional e social em nosso país, e, ao mesmo tempo, o caráter geral da educação popular.

Com a passagem do poder aos sovietes, o caráter verdadeiramente democrático da Assembléia Constituinte está assegurado. A linha que a Comissão estatal seguirá dificilmente precisará ser modificada pela Constituinte. Sem qualquer pretensão impositiva, o novo governo popular considera, entretanto, seu direito implementar uma série de medidas destinadas a impulsionar a vida espiritual do país.

O ministério: nesse ínterim, o Ministério para a Educação Popular se encarregará de dar seqüência ao trabalho. A Comissão Estatal se encarregará de sua constituição e das modificações necessárias em sua composição. Naturalmente, as atribuições da autoridade estatal no âmbito da Educação serão estabelecidas pela Assembléia Constituinte. Até que isso aconteça, o ministério desempenhará o papel de instância executiva tanto para o Comitê Estatal quanto para a Comissão Estatal para a Educação.

O compromisso dos trabalhadores e dos intelectuais realmente conscientes conduzirá o país a sair da dolorosa crise, em busca da democracia integral, ao reino do socialismo e da fraternidade das nações.

Comissário do Povo para a Educação

A. V. Lunacharski

Instruções sobre a ratificação e publicação das leis

1. Até a convocação da Assembléia Constituinte, a entrada em vigor e a publicação das leis serão ordenadas pelo presente Governo Provisório dos Operários e Camponeses, eleito pelo Congresso Pan-Russo dos Deputados de Operários, Soldados e Camponeses.

2. Toda lei é apresentada à consideração do Governo pelo respectivo Ministério, assinada pelo Comissário do Povo formalmente autorizado; pode também ser apresentada pela seção do Legislativo adida ao governo, assinada pelo chefe da seção.

3. Após sua ratificação pelo governo, a edição final do decreto, em nome da República Russa, é assinada pelo presidente do Conselho dos Comissários do Povo ou, em seu lugar, pelo Comissário que a apresentou à consideração do governo, sendo então publicada.

4. A data de publicação oficial na Gazeta do Governo Provisório dos Operários e Camponeses é a data de entrada em vigor da lei.

5. No decreto do governo pode ser indicada outra data para entrada em vigor da lei, ou a lei pode ser promulgada por via telegráfica; neste último caso, vigorará em cada localidade na data de publicação do telegrama.

6. A promulgação de atos legislativos do Senado fica abolida. A seção legislativa adida ao Conselho dos Comissários do Povo publicará periodicamente uma relação de regulamentações e ordens do governo que possuem força de lei.

7. O Comitê Executivo Central dos Sovietes dos Deputados de Operários, Soldados e Camponeses (Tsik) tem, a qualquer tempo, o direito de cancelar, alterar ou anular qualquer decreto governamental.

Em nome da República Russa, o Presidente do Conselho dos Comissários do Povo,

V. Ulianov – Lênin"

41 O problema das bebidas alcoólicas

Ordem baixada pelo Comitê Militar Revolucionário

1. Fica proibida, até segunda ordem, a fabricação de álcool e de bebidas alcoólicas.

2. Ordena-se a todos os produtores de álcool e de bebidas alcoólicas informar, até a data limite de 21 de novembro, a exata localização de seus estoques.

3. Os infratores desta ordem serão julgados por uma corte militar revolucionária.

Comitê Militar Revolucionário

Ordem nº 2

Do Comitê do Regimento de Reserva da Guarda Finlandesa a todos os comitês de moradia e a todos os cidadãos de Vassili Ostrov.

A burguesia escolheu um método bastante sinistro para combater o proletariado. Estabeleceu, em vários lugares da cidade, grandes depósitos de bebida e faz distribuição desta entre os soldados, pretendendo assim disseminar a insatisfação nas fileiras do exército revolucionário.

Ordena-se a todos os comitês de residências que às 3 horas, momento de envio desta ordem, pessoalmente e guardando sigilo informem o presidente do Comitê do Regimento da Guarda Finlandesa sobre o volume de bebida em suas jurisdições.

Os infratores desta ordem serão presos e conduzidos perante um rigoroso tribunal, sendo confiscadas suas propriedades; o estoque de bebida descoberto será

DESTRUÍDO A DINAMITE

duas horas depois deste aviso

porque medidas paliativas não alcançam os resultados desejados, conforme mostra a experiência.

NÃO HAVERÁ OUTRO AVISO ANTES DA EXPLOSÃO

Comitê do Regimento da Guarda Finlandesa

Capítulo 9

42 Comitê Militar Revolucionário. Boletim nº 2

Na noite de 12 de novembro, Kerênski enviou uma proposta às tropas revolucionárias para "largar suas armas". A artilharia de Kerênski fez fogo. Nossa artilharia respondeu e obrigou o inimigo a silenciar. Os cossacos assumiram a ofensiva. O mortífero fogo dos marinheiros, guardas vermelhos e soldados forçou a retirada do inimigo. Nossos carros blindados fizeram incursões nas fileiras do inimigo, que fugiu, sendo perseguido por nossas tropas. Foi dada a ordem para prender Kerênski. As tropas revolucionárias tomaram Tsarskoye Selo.

Os Fuzileiros Letões: O Comitê Militar Revolucionário recebeu informações precisas de que os valorosos fuzileiros letões chegaram do *front* e se posicionaram na retaguarda dos bandos de Kerênski.

Do Estado-Maior do Comitê Militar Revolucionário

A tomada de Gatchina e de Tsarskoye Selo pelos destacamentos de Kerênski explica-se pela total ausência de artilharia e metralhadoras nessas localidades, enquanto a cavalaria deste contou com artilharia desde o início das ações. Os últimos dois dias foram de muito trabalho no Estado-Maior, para providenciar as quantidades necessárias de canhões, metralhadoras, telefones de campanha etc., para as tropas revolucionárias. Quando se realizou esse trabalho — com a enérgica assistência dos sovietes distritais e das fábricas (Putilov, Obukhov e outras) -, o resultado do confronto não deixava lugar a dúvidas; no lado das tropas revolucionárias estava não apenas a superioridade numérica e uma base sólida como Petrogrado, mas também a superioridade moral. Todos os regimentos de Petrogrado assumiram suas posições com enorme entusiasmo. A Conferência da Guarnição elegeu uma Comissão de Controle de cinco soldados, assegurando assim a completa unidade entre o comandante-em-chefe e a guarnição. Na Conferência da Guarnição decidiu-se empreender ação decisiva.

Em 12 de novembro, o fogo de artilharia atingiu forte intensidade aproximadamente às 15 horas. Os cossacos foram completamente desmoralizados. De suas linhas veio um emissário ao comando do destacamento em Tsarskoye Selo, propondo suspender o fogo e ameaçando tomar "medidas decisivas". Foi-lhe respondido que o fogo cessaria quando Kerênski depusesse suas armas.

No recontro que se seguiu, todas as seções das tropas — marinheiros, soldados e guardas vermelhos — demonstraram coragem ilimitada. Os marinheiros continuaram a avançar até que dispararam seus últimos cartuchos. O número de baixas ainda não foi estabelecido, mas é superior entre as tropas contra-revolucionárias, que sofreram graves perdas devido à atuação de um de nossos carros blindados.

O Estado-Maior de Kerênski, temendo um cerco, ordenou a retirada, que logo se transformou em debandada. Entre 23 e 24 horas, Tsarskoye Selo, incluindo a estação de rádio-comunicação, foi inteiramente ocupada pelas tropas do Soviete. Os cossacos se retiraram para Gatchina e Colpinno.

O moral das tropas está além de qualquer elogio. A ordem para perseguir os cossacos foi emitida. Da estação de Tsarskoye Selo foi enviado um radiotelegrama ao *front* e a todos os sovietes locais da Rússia. Outros detalhes serão comunicados...

43 Eventos de 13 de novembro, em Petrogrado

Três regimentos da guarnição de Petrogrado se recusaram a participar da batalha contra Kerênski. Na manhã do dia 13, com o objetivo de encontrar um meio de evitar a guerra civil convocaram para uma conferência conjunta sessenta delegados do *front*.. Essa conferência nomeou um comitê para dirigir-se às tropas de Kerênski propondo a deposição das armas. Propuseram levar aos soldados do governo as seguintes questões: os soldados e cossacos de Kerênski reconhecem o Tsik como o depositário do poder governamental, responsável perante o Congresso dos Sovietes? Os soldados e cossacos aceitam os decretos da paz e da terra? Aceitam cessar as hostilidades e retornar a suas unidades? Consentem em prender Kerênski, Krasnov e Savinkov?

Na reunião do Soviete de Petrogrado, disse Zinoviev:

É tolice imaginar que esse comitê possa encerrar o caso. O inimigo só pode ser vencido pela força. Entretanto, para nós seria um crime não esgotar todos os meios pacíficos para atrair os cossacos para o nosso lado... Necessitamos uma vitória militar... A notícia de um armistício é prematura. Nosso estado-maior estará pronto para aceitar um armistício tão logo o inimigo seja incapacitado para causar qualquer dano...

Neste momento, a influência de nossa vitória cria novas condições políticas... Hoje os socialistas revolucionários inclinam-se pela admissão dos bolcheviques no novo governo... Uma vitória decisiva é indispensável, para convencer os hesitantes...

Na Duma, toda a atenção estava concentrada na formação do novo governo. Em muitas fábricas e quartéis, tribunais revolucionários já operavam, e os bolcheviques ameaçavam aumentar seu número e conduzir Gotz e Avksentiev diante deles. Dan propôs um ultimato exigindo a abolição desses tribunais, ou os demais membros da Conferência interromperiam imediatamente todas as negociações com os bolcheviques.

Shingariov, um cadete, declarou que a Municipalidade não deveria participar de nenhum acordo com os bolcheviques...

Qualquer acordo com os maníacos é impossível enquanto não depuserem suas armas e reconhecerem a autoridade dos tribunais autônomos...

Yartsev, do grupo *Edinstvo*, declarou que qualquer acordo com os bolcheviques seria para estes o equivalente a uma vitória...

O prefeito Schreider, dos socialistas revolucionários, declarou-se contrário a um acordo desses...

Quanto ao governo, este só pode surgir da vontade do povo, e, desde que esta foi expressa nas eleições municipais, a vontade popular que pode criar um governo está concentrada na Duma...

Após uma sucessão de oradores, dos quais apenas o representante dos mencheviques internacionalistas foi favorável a considerar a participação dos bolcheviques no novo governo, a Duma votou continuar sua representação na Conferência do Vikjel, mas insistir, em primeiro lugar, na restauração do Governo Provisório e na exclusão dos bolcheviques do novo poder...

44 Trégua. A resposta de Krasnov ao Comitê de Salvação

Em resposta ao seu telegrama propondo um armistício imediato, o comandante supremo, não desejando mais fútil derramamento de sangue, consente em negociar e estabelecer relações entre os exércitos do governo e dos insurretos. Propõe ao comando dos insurretos retirar seus regimentos para Petrogrado, declarar neutra a linha Ligovno-Pulkovo-Colpinno e permitir à guarda avançada da cavalaria do governo entrar em Tsarskoye Selo, para restabelecer a ordem. A resposta a essa proposta deve ser encaminhada às mãos de nossos emissários antes das 8 horas de amanhã.

Krasnov

45 Acontecimentos em Tsarskoye Selo

Na noite em que as tropas de Kerênski se retiravam de Tsarskoye Selo, alguns padres organizaram uma procissão religiosa pelas ruas da cidade, fazendo discursos em que pediam ao povo que apoiasse a autoridade de direito, o Governo Provisório. Quando os cossacos se retiraram, e os primeiros guardas vermelhos entravam na cidade, testemunhas relataram que os padres incitavam o povo contra os sovietes, tendo rezado diante do túmulo de Rasputin próximo ao Palácio Imperial. Um dos religiosos, padre Ivan Kuchurov, foi aprisionado e morto pelos enfurecidos guardas vermelhos...

No momento em que os guardas vermelhos entraram na cidade, a iluminação foi desligada, deixando as ruas em completa escuridão. O diretor da geradora de eletricidade, Lubovich, foi preso pelas tropas soviéticas e interrogado. Algum tempo depois, foi encontrado no quarto em que fora aprisionado, com um revólver na mão e um buraco de bala na têmpora.

No dia seguinte, os jornais antibolcheviques de Petrogrado davam a manchete: "Plekhanov com 39 graus de temperatura!". Plekhanov residia em Tsarskoye Selo e estava acamado. Guardas vermelhos chegaram à sua casa e fizeram uma revista procurando armas, interrogando o idoso.

— A que classe social pertence você? — perguntaram.

— Sou um revolucionário — respondeu Plekhanov — que há quarenta anos devota sua vida à luta pela liberdade!

— Entretanto — disse-lhe um operário — você se vendeu à burguesia!

Os operários não mais reconheciam Plekhanov, pioneiro da Social Democracia Russa!

46 Apelo do Governo Soviético

Os destacamentos em Gatchina, enganados por Kerênski, depuseram as armas e decidiram prendê-lo. O chefe da campanha contra-revolucionária fugiu. O Exército, por imensa maioria, pronunciou-se a favor do Segundo Congresso Pan-Russo dos Sovietes e do Governo por ele criado. Delegações têm chegado do *front* para declarar a fidelidade do exército aos sovietes. Nenhuma distorção dos fatos, nenhuma calúnia contra os operários, soldados e camponeses revolucionários poderá derrotar o povo. A revolução dos operários e soldados é vitoriosa...

O Tsik apela às tropas que marcham sob a bandeira da contra-revolução que deponham armas imediatamente — e não mais derramem o sangue dos irmãos em defesa dos interesses de um punhado de latifundiários e capitalistas. A revolução dos operários, soldados e camponeses execrará todos os que permanecerem mesmo por um instante sob a bandeira dos inimigos do povo...

Cossacos! Venham para as fileiras do povo vitorioso! Ferroviários, funcionários dos Correios, telegrafistas — todo o apoio ao novo governo do povo!

Capítulo 10

47 Danos causados ao Kremlin

Verifiquei pessoalmente os danos causados ao Kremlin, que visitei imediatamente após o bombardeio. O pequeno Palácio Nicolau, edificação sem maior importância ocasionalmente utilizada para as recepções de uma das grã-duquesas, tinha servido como quartel para os *junkers*. Não apenas fora bombardeado, mas também gravemente pilhado; afortunadamente, não abrigava nada de historicamente valioso.

A catedral Uspenski apresentava um buraco de granada numa das cúpulas, e apenas uns poucos metros de mosaicos do teto tinham sofrido atingidos. Os afrescos no vestíbulo da catedral Blagoveschenski estavam bastante danificados por uma granada. Outra granada atingira o sítio de Ivan Veliki. O mosteiro Chudovski fora atingido cerca de trinta vezes, mas apenas uma granada penetrara através de uma janela, as demais danificando as molduras de tijolos das janelas e as cornijas.

O relógio sobre o Portão Spasskaia fora destruído. O Portão Troitski estava danificado, mas facilmente reparável. Uma de suas torres menores perdera o cume de tijolos.

A Igreja de São Basílio estava incólume, bem como o grande Palácio Imperial, contendo os tesouros de Moscou e Petrogrado em seus porões e as jóias da Coroa na caixa-forte. Nesses lugares, sequer se entrou.

48 Declaração de Lunacharski

Camaradas: Vocês são os jovens mestres do país e, embora tenham muito o que fazer e pensar, devem saber como defender seus tesouros artísticos e científicos.

Camaradas! O que está ocorrendo em Moscou é uma horrível e irreparável infelicidade... Em sua luta pelo poder, o povo mutilou nossa gloriosa capital.

É particularmente terrível, nestes dias de luta violenta, de guerra destruidora, ser o Comissário do Povo para a Educação Pública. Apenas a esperança na vitória do socialismo, fonte de uma nova e superior cultura, traz algum conforto. Sobre mim pesa a responsabilidade de proteger a riqueza artística do povo... Não podendo permanecer em meu posto, onde eu não tinha influência. Eu me demiti. Meus camaradas, os demais Comissários consideraram minha demissão inadmissível. Permanecerei portanto em meu posto... além disso, compreendo que o dano infligido ao Kremlin não é tão sério como se pensou a princípio...

Mas, camaradas, peço seu apoio... Preservem para vocês e seus descendentes a beleza de nossa terra; sejam os guardiães da propriedade do povo.

Em pouquíssimo tempo, mesmo os mais ignorantes, os que têm sido mantidos na ignorância por tanto tempo, despertarão e compreenderão que magnífica fonte de prazer, força e sabedoria é a arte...

49 Medidas financeiras revolucionárias

Ordem

Pelos poderes a mim conferidos pelo Comitê Militar Revolucionário do Soviete dos Deputados de Operários e Soldados de Moscou, decreto:

1. Todos os bancos e filiais, a Caixa Econômica Estatal Central e filiais e as Caixas Econômicas nos postos dos Correios e Telégrafos devem, a partir de 22 de novembro, atender das 11 às 13 horas, até segunda ordem.

2. As instituições acima, durante a próxima semana, não poderão praticar saques de mais que 150 rublos nas contas correntes e de poupança.

3. Saques de quantias superiores, nos tipos de contas acima, ou de qualquer outro tipo, serão permitidas nos dias 22, 23 e 24 de novembro, apenas para os seguintes casos:

a) nas contas de organizações militares, para atendimento de suas necessidades;

b) para o pagamento de salários de empregados e operários de acordo com as tabelas e as listas autenticadas pelos Comitês de Fábrica ou Sovietes de Empregados, com assinatura dos comissários ou representantes do Comitê Militar Revolucionário e do Comitê Revolucionário distrital.

4. As ordens de pagamento estão limitadas a 150 rublos; as somas remanescentes devendo ficar em conta corrente, submetidas às mesmas limitações de saque acima estabelecidas por este decreto.

5. Todas as outras operações bancárias estão proibidas durante os três dias assinalados acima.

6. Depósitos estão permitidos para todas as contas e em qualquer montante.

7. Os representantes do Conselho de Finanças para autenticação de autorizações, conforme item 3, atuarão no prédio da Bolsa de Valores, à Rua Ilinka, das 10 às 14 horas.

8. Os bancos e caixas devem enviar o montante das operações diárias, até as 17 horas, para a sede do Soviete, à praça Skobelev, Comitê Militar Revolucionário, Conselho de Finanças.

9. Todos os funcionários e gerentes de instituições de crédito de todos os tipos que se recusarem a obedecer este decreto serão responsabilizados, perante tribunais revolucionários, como inimigos da revolução e do povo, sendo seus nomes publicados para informação geral.

10. Para o controle das operações das filiais e divisões das caixas e bancos, nos limites deste decreto, os Comitês Militares Revolucionários distritais elegerão três representantes, indicando seu local de atuação.

Comissário Plenipotenciário do Comitê Militar Revolucionário

S. Sheverdin-Maksimenko"

Capítulo 11

50 Abrangência deste capítulo

Este capítulo estende-se por um período de dois meses, aproximadamente. Abrange o período de negociação com os Aliados, as negociações e o armistício com os alemães, e o início das conversações de paz em Brest-Litovsk, bem como o período de lançamento das fundações do Estado soviético.

Entretanto, não é meu propósito, neste livro, descrever e interpretar esses importantes eventos históricos, que requerem mais espaço. Ficam portanto reservados para outro volume, *De Kornilov a Brest-Litovsk*.

Neste capítulo, limitei-me às tentativas do governo soviético de consolidar seu poder político e descrevi sua sucessiva conquista de elementos domésticos hostis — processo que foi temporariamente interrompido pela desastrosa paz de Brest-Litovsk.

51 Declaração dos Direitos dos Povos da Rússia — Preâmbulo

A Revolução de Outubro dos operários e camponeses começou sob a bandeira comum da Emancipação.

Os camponeses estão se emancipando do poder dos proprietários de terras, pois não mais existe o direito destes à propriedade; foi abolido.

Os soldados e marinheiros estão sendo emancipados do poder dos generais autocráticos, pois de agora em diante os generais serão eleitos e sujeitos a deposição. Os operários estão se emancipando dos caprichos e arbitrariedades dos capitalistas, pois doravante existirá o controle operário sobre os estabelecimentos fabris. Tudo o que vive, tudo o que é capaz de viver está se emancipando de seus grilhões.

Restam apenas os diversos povos da Rússia, que têm sofrido e sofrem opressão e arbitrariedade, e cuja emancipação deve começar imediatamente, cuja libertação deve acontecer resoluta e definitivamente.

Durante o czarismo, os povos da Rússia eram sistematicamente incitados uns contra os outros. Os resultados de tal política são conhecidos: massacres e *pogroms*, escravização de povos.

Essa política deve acabar de uma vez por todas. De agora em diante, existirá apenas a política da união honesta e voluntária dos povos.

No período do imperialismo, depois da revolução de março, quando o poder foi transferido para as mãos da burguesia cadete, a crua política da provocação foi substituída pela covarde desconfiança para com os povos da Rússia, a política da mesquinhez, da "liberdade" sem significado, da "igualdade" entre os povos. Os resultados dessa política são conhecidos: o crescimento das inimizades entre as nacionalidades, o impedimento da confiança mútua.

Essa política de falsidade e desconfiança, de mesquinhez e provocação, deve ter fim. De agora em diante, deve ser substituída por uma política aberta e honesta de total confiança mútua entre os povos da Rússia. Apenas como resultado dessa confiança pode ser conseguida a honesta e duradoura união dos povos da Rússia. Apenas como resultado de tal união podem os operários e camponeses dos povos da Rússia cimentar uma única força revolucionária para resistir a todos os atentados da burguesia imperialista e anexionista.

52 Decretos

Nacionalização dos bancos

No interesse da organização regular de nossa economia nacional, da completa erradicação da especulação dos bancos e da completa emancipação dos operários, camponeses e de toda a população trabalhadora em relação à exploração do capital bancário, e com vistas ao estabelecimento de um único Banco da República Russa, que deverá atender aos verdadeiros interesses do povo e das classes mais pobres, o Comitê Central Executivo (Tsik) decide:

1. A atividade bancária será monopólio do Estado.

2. Todas as instituições bancárias existentes serão fundidas no Banco do Estado.

3. Todos os haveres e todas as obrigações dos estabelecimentos liquidados são assumidos pelo Banco do Estado.

4. A fusão dos bancos privados no Banco do Estado será determinada em decreto especial.

5. A administração dos assuntos dos bancos privados será temporariamente desempenhada pela direção do Banco do Estado.

6. Os interesses dos pequenos correntistas serão salvaguardados.

*

Sobre a igualação dos postos militares.

Dando cumprimento à vontade do povo revolucionário, com respeito à abolição da desigualdade no Exército, o Conselho dos Comissários do Povo decreta:

1. Ficam abolidas todas as patentes militares, de cabo a general. O exército da República Russa consiste apenas em cidadãos livres e iguais, ostentando o honroso título de soldados do exército revolucionário.

2. Abolem-se todos os privilégios relacionados com as antigas patentes, bem como todas as divisas.

3. Fica abolida a prática de saudação e tratamento por patente ou título.

4. Abolem-se todas as condecorações, ordens e outras marcas distintivas.

5. Com a abolição das patentes, todas as organizações de oficiais ficam abolidas.

Nota: Ordenanças serão mantidos apenas para quartéis, chancelarias, comitês e outras organizações do Exército.

Presidente do Conselho de Comissários do Povo

Vl. Ulianov (Lênin)

Comissário do Povo para Assuntos Militares e Navais

N. Krilenko

Comissário do Povo para Assuntos Militares

N. Podvoiski

Secretário do Conselho

N. Gordunov.

*

Sobre o princípio eletivo e a organização da autoridade no Exército.

1. A serviço da vontade do povo oprimido, o Exército está sob a autoridade do supremo representante deste: o Conselho dos Comissários do Povo.

2. Os Comitês de Soldados dos Sovietes são os detentores da autoridade nos limites das unidades militares e seus agrupamentos.

3. As fases da vida e atividade das tropas sob jurisdição dos Comitês ficam formalmente sob a autoridade destes. Os ramos do serviço cuja autoridade os Comitês não podem assumir ficam sob o controle dos Sovietes de Soldados.

4. Institui-se a eleição do comando e dos oficiais. Todos os comandantes, até o nível regimental inclusive, são eleitos pelo sufrágio direto das esquadras, pelotões, companhias, esquadrões, baterias, divisões (artilharia, 2-3 baterias) e regimentos. Todos os comandantes acima do nível de regimento, até o comando supremo inclusive, são eleitos por congressos ou conferências de comitês.

Nota: pelo termo "conferência" deve ser entendida uma reunião dos respectivos comitês em conjunto com os delegados dos comitês um grau abaixo (por exemplo, uma "conferência" de comitês regimentais com delegados dos comitês de companhias — O autor.)

5. Acima do grau regimental, os comandantes eleitos devem ser confirmados pelo comitê superior mais próximo.

Nota: na eventualidade de recusa do comitê superior de ratificar um comandante eleito, com exposição de razões para a recusa, um comandante eleito pelo comitê inferior por duas vezes deve ser confirmado.

6. Comandantes de exército são eleitos por congressos de exército. Comandantes de frentes são eleitos pelos congressos dos *fronts* respectivos.

7. Para postos de caráter técnico, exigindo conhecimento especial ou outros treinamentos específicos, como médicos, engenheiros, técnicos, operadores de telégrafo e rádio, aviadores, motoristas etc., apenas pessoas com o devido preparo podem ser eleitas pelos comitês das unidades dos respectivos serviços.

8. Chefes do Estado-Maior devem ser escolhidos entre pessoas com formação específica.

9. Os demais membros do Estado-Maior são designados pelo chefe do Estado-Maior e confirmados pelos congressos respectivos.

Nota: todas as pessoas com treinamento especial devem ser arroladas numa lista especial.

10. Autoriza-se a reforma de todos os comandantes em serviço ativo não eleitos pelos soldados para qualquer posto que, em conseqüência, classificam-se como soldados comuns.

11. Todas as demais funções além das pertinentes ao comando, com exceção de postos nos departamentos de intendência, são preenchidas por indicação dos respectivos comandantes eleitos.

12. Instruções detalhadas, referentes à eleição do comando do Estado-Maior geral, serão publicadas separadamente.

Presidente do Conselho dos Comissários do Povo

Vl. Ulianov (Lênin)

Comissário do Povo para Assuntos Militares e Navais

N. Krilenko

Comissário do Povo para Assuntos Militares

N. Podvoiski

Secretário do Conselho

N. Gordunov

*

Sobre a abolição de classes e títulos

1. Abolem-se todas as classes e divisões de classe, todos os privilégios e delimitações de classe, todas as organizações e instituições de classe e todas as patentes civis.

2. Abolem-se todas as classes da sociedade (nobres, comerciantes, pequenos burgueses etc.) e todos os títulos (príncipe, conde e outros) e todas as denominações de gradação civil, estabelecendo-se a denominação geral de Cidadão da República Russa.

3. A propriedade e as instituições dos estratos da nobreza transferem-se para os Zemstvos autônomos correspondentes.

4. A propriedade de organizações comerciais e burguesas transfere-se para o autogoverno municipal.

5. Todas as instituições de classe, de qualquer tipo, com suas propriedades, suas regras de procedimento e seus arquivos, são transferidas para as administrações das municipalidades e dos Zemstvos.

6. Todos os artigos de leis tratando dessas matérias são considerados nulos.

7. O presente decreto entrará em vigor na data de sua publicação e aplicação pelos Sovietes dos Deputados de Operários, Soldados e Camponeses.

O presente decreto foi confirmado pelo Tsik na reunião de 23 de novembro de 1917 e assinado:

Presidente do Tsik

Sverdlov

Presidente do Conselho dos Comissários do Povo

Vl. Ulianov (Lênin)

Executivo do Conselho dos Comissários do Povo

V. Bonch-Bruevich

Secretário do Conselho

N. Gorbunov

Em 3 de dezembro, o Conselho dos Comissários do Povo decidiu "reduzir os salários dos funcionários e empregados em instituições e estabelecimentos governamentais, gerais ou especiais, sem exceção".

Para começar, o Conselho fixou o salário de um Comissário em 500 rublos por mês, com 100 rublos adicionais por membro da família incapaz de trabalhar...

Este era o mais alto salário pago a qualquer funcionário governamental...

53 A condessa Panina foi presa e levada a julgamento ante o Tribunal Revolucionário Supremo. O julgamento é descrito no capítulo "Justiça revolucionária", em meu próximo volume, *De Kornilov a Brest-Litovsk*. A ré foi sentenciada a "devolver o dinheiro e ser exposta à execração pública". Em outras palavras, foi posta em liberdade!

54 Ridicularização do novo regime

Do *Drug Naroda* (menchevique), 18 de novembro:

A história da "paz imediata" dos bolcheviques nos traz à mente um filme engraçado... Neratov foge, Trótski o persegue; Neratov escala um muro, Trótski também; Neratov mergulha na água, Trótski o segue; Neratov sobe ao telhado, Trótski vai logo atrás; Neratov se esconde sob a cama, e Trótski o captura! Ele o pegou! Ele o pegou! Naturalmente, a paz é logo assinada...

Tudo está deserto e silencioso no Ministério do Exterior. Os mensageiros são respeitosos, mas têm nos rostos uma expressão cáustica...

Que tal seqüestrar um embaixador e firmar um armistício ou um tratado de paz com ele? Mas são pessoas estranhas, esses embaixadores. Ficam em silêncio, como se nada tivessem ouvido. Olá! Olá, Inglaterra, França, Alemanha! Assinamos um armistício com vocês! Será possível que vocês não saibam nada a respeito? Mas foi publicado em todos os jornais e afixado nas paredes! Palavra de honra bolchevique, a paz foi assinada. Não pedimos muito; apenas que escrevam duas palavrinhas...

Os embaixadores permanecem em silêncio. As potências permanecem em silêncio. Tudo está deserto e silencioso no escritório do Ministro do Exterior.

— Ouça — diz Robespierre-Trótski a seu assistente Marat-Uritski -, corra até o embaixador britânico, diga-lhe que estamos propondo a paz.

— Vá você mesmo. Ele não está recebendo.

— Telefone-lhe, então.

— Já tentei. O aparelho está fora do gancho.

— Envie-lhe um telegrama.

— Já o fiz.

— Bem, e com que resultado?

Como resposta, Marat-Uritski suspira. Robespierre-Trótski, furioso, cospe num canto...

— Ouça, Marat — recomeça Trótski, depois de um momento. — Devemos demonstrar claramente que estamos conduzindo uma ativa política externa. Como podemos fazer isso?

— Lance outro decreto para a prisão de Neratov — responde Uritski, com uma expressão profunda.

— Marat, você é um obtuso! — grita Totski. Ergue-se subitamente, terrível e majestoso, parecendo-se nesse momento com Robespierre.

— Escreva, Uritski! — diz com severidade. — Escreva uma carta ao embaixador britânico, uma carta registrada, com aviso de recebimento. Escreva! Eu escreverei, também! Os povos do mundo esperam por uma paz imediata!

No imenso e vazio Ministério do Exterior, ouve-se apenas o som de duas máquinas de escrever. Com suas próprias mãos, Trótski conduz uma ativa política externa...

55 Sobre a questão de um acordo

(Proclamação afixada nas paredes de Petrogrado, sobre o resultado de uma reunião de representantes dos regimentos da guarnição, convocada para considerar a questão da formação de um novo governo.)

A todos os operários e soldados:

A 11 de novembro, na sede do Regimento Preobrajenski, realizou-se uma reunião extraordinária de todos os representantes da guarnição de Petrogrado.

A reunião foi convocada por iniciativa dos regimentos Preobrajenski e Semionovski, para a discussão de questões como: quais os partidos socialistas favoráveis ao poder dos sovietes e quais são contra, quais são a favor do povo e quais são contra, e se é possível conseguir um entendimento entre eles.

Foram convidados representantes do Tsik, da Duma, do Soviete de Camponeses de Avksentiev e de todos os partidos, dos bolcheviques aos populistas socialistas.

Após longa deliberação, tendo ouvido as declarações de todos os partidos e organizações, a assembléia, por tremenda maioria de votos, concluiu que apenas os bolcheviques e os socialistas revolucionários de esquerda são pelo povo, e que os demais partidos, sob o disfarce de procurar um acordo, apenas tentam arrancar do povo as conquistas dos dias da grande revolução de operários e camponeses de novembro.

Aqui está o texto da resolução aprovada nesta assembléia da guarnição de Petrogrado, por 61 votos contra 11, com 12 delegados que não votaram.

"A conferência da guarnição de Petrogrado, convocada por iniciativa dos Regimentos Semionovski e Preobrajenski para ouvir os representantes de todos os partidos socialistas e organizações populares quanto a um acordo entre os diversos partidos políticos, declara que:

1. Os representantes do Tsik, dos bolcheviques e dos socialistas revolucionários de esquerda expressaram inequivocamente que defendem o governo dos sovietes, que são favoráveis aos decretos da terra, da paz e do controle operário sobre a indústria, e que com essa plataforma estão dispostos a um acordo com os demais partidos socialistas.

2. Os representantes dos demais partidos (mencheviques e socialistas revolucionários) ou não deram nenhuma resposta ou declararam simplesmente que se opunham ao poder dos sovietes e aos decretos da terra, da paz e do controle operário.

Em vista disso, a assembléia decide:

1. Censurar todos os partidos que, sob o disfarce de um acordo, desejam anular as conquistas populares da revolução de novembro.

2. Expressar total confiança no Tsik e no Conselho dos Comissários do Povo, prometendo-lhes total apoio.

Ao mesmo tempo, a reunião julga necessário que os camaradas socialistas revolucionários de esquerda entrem para o Governo do Povo."

56 *"Pogroms"* do vinho

Posteriormente descobriu-se a existência de uma organização, mantida pelos cadetes, cuja finalidade consistia em provocar desordens entre os soldados. Mensagens telefônicas aos diversos quartéis falavam da distribuição de bebida em determinados endereços, e quando os soldados chegavam alguém lhes mostrava a localização das adegas...

O Conselho dos Comissários do Povo nomeou um Comissário para o Combate à Bebida, quem além de acabar sem misericórdia com os tumultos do vinho destruiu centenas de milhares de garrafas de bebida. As adegas do Palácio de Inverno, contendo preciosas safras avaliadas em mais de 5 milhões de dólares, foram inicialmente inundadas; depois as bebidas foram transferidas para Kronstadt e destruídas.

Nessa tarefa, os marinheiros de Kronstadt, "flor e orgulho das forças revolucionárias", como Trótski os denominava, muniram-se de uma disciplina de ferro...

57 Ordem imperativa

1. Declara-se o estado de sítio na cidade de Petrogrado.

2. Todas as assembléias, reuniões e aglomerações nas ruas ou praças estão proibidas.

3. Tentativas de pilhagem de adegas, armazéns, fábricas, prédios comerciais, residências etc. *serão contidas com fogo de metralhadora, sem aviso.*

4. Comitês de residências, porteiros, serventes e milicianos ficam encarregados de manter a mais estrita ordem em todas as casas, nos quintais e nas ruas; as portas das residências e as entradas de carruagens devem ser fechados às 21 horas e abertas apenas às 7 horas. Após as 21 horas, apenas os moradores podem deixar as residências, sob estrito controle dos comitês de residência.

5. Os culpados de distribuição, venda ou aquisição de bebida alcoólica, bem como os infratores das seções 2 e 4, serão imediatamente presos e submetidos às mais severas punições.

Petrogrado, 6 de dezembro, 3 horas.

Comitê para o Combate aos Pogroms, adido ao
Comitê Executivo do Soviete dos Deputados de Operários e Soldados.

58 Especuladores

Duas ordens para lidar com os especuladores.

Conselho dos Comissários do Povo.
Ao Comitê Militar Revolucionário

A desorganização do suprimento de mantimentos, causada pela guerra e pela falta de sistematização, está se tornando extremamente aguda, devido aos especuladores, aos saqueadores e seus comparsas nas ferrovias, nas agências de vapores, despachantes etc.

Tirando proveito da grande infelicidade da nação, esses criminosos espoliadores jogam com a saúde e a vida de milhões de soldados e trabalhadores, em benefício próprio.

Essa situação não pode ser tolerada nem mais um dia.

O Conselho dos Comissários do Povo propõe ao Comitê Militar Revolucionário que tome medidas enérgicas para a erradicação da especulação, da sabotagem, do ocultamento de suprimentos, a detenção fraudulenta de cargas etc.

Por ordens especiais do Comitê Militar Revolucionário, todos os culpados de ações desse tipo devem ser presos e confinados nas prisões de Kronstadt até serem julgados pelos tribunais revolucionários.

Todas as organizações populares estão convidadas a participar no combate aos espoliadores do abastecimento.

Presidente do Conselho dos Comissários do Povo

V. Ulianov (Lênin)

Aceito para execução

Comitê Militar Revolucionário adido ao C. E. C.

do Soviete dos Deputados Operários e Soldados

Petrogrado, 23 de novembro de 1917

*

A todos os cidadãos honestos

O Conselho Militar Revolucionário decreta:

Espoliadores, saqueadores e especuladores são declarados inimigos do povo...

O Comitê Militar Revolucionário propõe a todas as organizações públicas, a todos os cidadãos honestos: informar imediatamente sobre todo e qualquer caso de espoliação, saque ou especulação que chegue a seu conhecimento.

A luta contra essa perversidade é dever de todo cidadão honesto. O Comitê Militar Revolucionário conta com o apoio de todos aqueles para quem os interesses do povo são importantes.

O Comitê será impiedoso na perseguição aos especuladores e saqueadores.

Comitê Militar Revolucionário

Petrogrado, 2 de dezembro de 1917

59 Carta de Purishkevich a Kaledin

A situação em Petrogrado é desesperadora. A cidade está isolada do mundo e inteiramente nas mãos dos bolcheviques... Pessoas são presas nas ruas, atiradas no Neva, trancafiadas sem acusação. Até mesmo Burtzev está confinado na Fortaleza de Pedro e Paulo, sob estrita vigilância.

A organização sob minha liderança trabalha sem descanso para unir todos os oficiais e os remanescentes das escolas de *junkers*, e armá-los. A situação só pode ser salva com a criação de regimentos de oficiais e *junkers*. Atacando com esses regimentos, e obtendo um primeiro sucesso, atrairá para nosso lado a guarnição da cidade; sem isso será impossível contar com um único soldado, porque aos milhares estão divididos e aterrorizados pela escória existente em cada regimento. A maioria dos cossacos está contaminada pela propaganda bolchevique, graças à estranha política do general Dutov, que deixou passar o momento em que uma ação decisiva teria alcançado algum resultado. A política de negociações e concessões está mostrando seus frutos: tudo o que é respeitável é perseguido, e a plebe e os criminosos dominam. Nada pode ser conseguido senão por fuzilamentos e enforcamentos.

General: aguardamos sua presença aqui; no momento de sua chegada avançaremos com todas as nossas forças. Para isso, precisamos estabelecer algum tipo de comunicação e, acima de tudo, clarificar alguns pontos:

1) É de seu conhecimento que, em seu nome, oficiais que poderiam tomar parte no combate estão sendo convidados a deixar Petrogrado, a pretexto de se juntarem às suas forças?

2) Em que prazo poderá ocorrer sua chegada a Petrogrado? Essa informação é essencial para que possamos coordenar nossas ações.

A despeito da inação das pessoas conscientes, que permitiu a instauração do jugo bolchevique sobre nós, a despeito da estupidez e teimosia da maioria dos oficiais, que dificulta sua organização, acreditamos que a Verdade está do nosso lado e que prevaleceremos sobre as forças perversas e criminosas que dizem agir por amor à pátria e para salvá-la. Aconteça o que acontecer, não cederemos, permaneceremos firmes até o fim.

Levado a julgamento perante um tribunal revolucionário, Purishkevich recebeu como pena somente um curto tempo de prisão...

60 Decreto do monopólio dos anúncios

1. A publicação de anúncios em jornais, livros, cartazes, quiosques, escritórios comerciais e outros estabelecimentos passa a ser monopólio de Estado..

2. Anúncios poderão ser veiculados apenas nos órgãos do Governo Provisório dos Operários e Soldados, em Petrogrado, e nos órgãos dos sovietes locais.

3. Os proprietários de jornais e de agências de anúncios, bem como os funcionários de tais estabelecimentos, devem permanecer em seus postos até que ocorra a transferência dessa atividade para o Governo... gerenciando o funcionamento ininterrupto desses estabelecimentos, transferindo para os sovietes toda propaganda comercial privada e as somas recebidas, bem como todas as contas e originais para impressão.

4. Todos os administradores de publicações e negócios relacionados com propaganda paga, bem como seus funcionários e trabalhadores, devem organizar um Congresso municipal e unir-se aos sindicatos municipais e aos sindicatos pan-russos, para organizar melhor e com mais justiça o negócio de propaganda nas publicações dos sovietes, bem como preparar melhores regras para a utilidade pública da propaganda.

5. Todos os que forem considerados culpados de esconder documentos ou valores, ou de sabotar as normas indicadas nos parágrafos 3 e 4, serão punidos com sentença de prisão não superior a 3 anos de prisão, e todos os seus bens serão confiscados.

6. A inserção de anúncios pagos... em publicações privadas, ou sob forma dissimulada, será severamente penalizada.

7. Confiscam-se as agências de propaganda; os proprietários serão compensados em caso de necessidade. Pequenos proprietários, clientes e acionistas dos estabelecimentos confiscados serão reembolsados de todos os valores aplicados nos negócios.

8. Todos os prédios, escritórios, balcões e, em geral, todos os estabelecimentos no negócio de propaganda devem imediatamente informar sua localização ao Soviete dos Deputados de Operários e Camponeses e proceder à transferência de suas atividades, sob pena das punições indicadas no parágrafo 5.

Presidente do Conselho dos Comissários do Povo

V. Ulianov (Lênin).

Comissário do Povo para a Instrução Pública

A. V. Lunacharski

Secretário do Conselho

N. Gorbunov

61 Duas proclamações

Lênin, Ao povo russo:

Camaradas, operários, soldados, camponeses — todos os oprimidos!

A revolução dos operários e soldados triunfou em Petrogrado, em Moscou... Das frentes e do interior chegam todos os dias, a todo momento, congratulações ao novo governo... a vitória da revolução... está assegurada, porque tem o apoio da maioria do povo.

É inteiramente compreensível que os proprietários e os capitalistas, os empregados e funcionários intimamente associados com a burguesia — ou seja, todos os ricos e os que estão de mãos dadas com eles — vejam a nova revolução com hostilidade, oponham-se ao seu sucesso, ameacem paralisar o funcionamento dos bancos e sabotar e obstruir o trabalho de outros estabelecimentos... Todo operário consciente entende perfeitamente que não podemos evitar essa hostilidade, porque os altos funcionários têm se posicionado contra o povo e não querem abandonar seus postos sem resistência. A maioria do povo está conosco, a maioria dos trabalhadores e dos oprimidos do mundo inteiro. Temos a justiça do nosso lado. Nossa vitória final é certa.

A resistência dos capitalistas e dos altos funcionários será vencida. Ninguém será privado de sua propriedade sem uma lei especial referente à nacionalização dos bancos e das associações financeiras. Essa lei está em preparação. Nenhum operário perderá um único copeque, pelo contrário: receberá assistência. Sem estabelecer novas taxas, neste momento o governo considera uma de suas tarefas mais importantes fazer um severo levantamento e controle do recebimento das taxas decretadas pelo regime anterior...

Camaradas operários! Lembrem-se que têm em suas mãos a condução do governo. Ninguém poderá ajudar nessa tarefa, será necessário organizar-se e assumir os assuntos de Estado. Os sovietes são agora os órgãos do poder governamental... Fortaleçam-nos, estabeleçam um rigoroso controle operário, esmaguem sem piedade as tentativas de estabelecer a anarquia dos beberrões, bandidos e *junkers* e kornilovistas contra-revolucionários.

Estabeleçam um estrito controle sobre a produção e os produtos. Prendam e entreguem aos tribunais revolucionários do povo todos os que danificarem a propriedade do povo pela sabotagem, pela ocultação de reservas de grãos e de outros produtos, pelo atraso no transporte de grãos, pela implantação da confusão nas ferrovias, no correio e no telégrafo, ou pela oposição sistemática à paz e à transferência da terra para os camponeses...

Camaradas, operários, soldados, camponeses — todos os oprimidos!

Tomem o poder em suas mãos imediatamente... Passo a passo, com o apoio da maioria dos camponeses, marcharemos firmemente e sem hesitações para a vitória do socialismo, o que reforçará as vanguardas da classe trabalhadora nos países mais adiantados, trazendo para os povos uma paz duradoura, libertando-os de toda escravidão e de toda exploração.

62 *Aos operários de Petrogrado!*

Camaradas! A Revolução está vencendo — a revolução já venceu. Todo o poder passou para as mãos dos sovietes. As primeiras semanas são as mais difíceis. A reação derrotada deve ser finalmente esmagada, nossa iniciativa deve alcançar um triunfo completo. A classe trabalhadora deveria — deve — mostrar nestes dias as mais determinadas firmeza e persistência, para facilitar a execução de todos os objetivos do novo Governo dos sovietes do povo. Nos próximos dias, serão assinados decretos sobre a questão do trabalho, entre eles o Decreto do Controle Operário sobre a produção e a regulação da indústria.

Neste momento, greves e demonstrações das massas trabalhadoras em Petrogrado só serão prejudiciais.

Pedimos a cessação imediata de todas as greves econômicas e políticas, a retomada e continuação das atividades na mais perfeita ordem. O trabalho nas fábricas e em toda a indústria é necessário para o novo governo dos sovietes, porque qualquer interrupção do trabalho apenas trará maiores dificuldades, e destas já temos o suficiente. Todos a seus lugares. A melhor maneira de apoiar o novo governo dos sovietes neste momento é continuar nos postos de trabalho.

Salve a férrea firmeza proletária! Salve a revolução!

Soviete dos Deputados de Operários e Soldados de Petrogrado

Conselho dos sindicatos de Petrogrado

Conselho dos comitês de fábrica de Petrogrado.

63 Apelos das várias facções

À população de Petrogrado,

dos empregados do Banco do Estado e dos bancos privados.

Camaradas, operários, soldados e cidadãos!

O Comitê Militar Revolucionário, em "comunicação extraordinária", acusa os trabalhadores dos bancos do Estado e privados, bem como outras instituições, de "impedir o trabalho do governo, orientado para o abastecimento de provisões para o *front*".

Camaradas e cidadãos, não acreditem nessa calúnia, atirada contra nós, que somos parte do exército do trabalho.

Mesmo com as dificuldades de trabalhar sob a constante ameaça de atos de violência em nosso cotidiano de trabalho duro, mesmo com o dissabor de saber que nosso país e a revolução estão à beira da ruína, todos nós, funcionários, *artelshchiki**, contadores, serventes, mensageiros etc., do mais modesto ao mais importante, continuamos a cumprir nosso dever, que se relaciona com o fornecimento de provisões e munição ao *front* e ao país.

Camaradas operários e soldados, contando com a falta de informação em relação aos assuntos financeiros, vocês estão sendo incitados contra trabalhadores como vocês, porque, para livrar os verdadeiros culpados, querem atribuir a responsabilidade pela fome e pelo morticínio no *front* a trabalhadores inocentes, que cumprem suas obrigações em meio à pobreza e à desorganização generalizadas.

Lembrem-se, operários e soldados! Os empregados sempre permaneceram firmes e assim permanecerão, pelos interesses do povo explorado, do qual são parte, e nem um simples copeque necessário ao *front* e aos trabalhadores foi jamais retido, nem jamais o será.

De 6 de novembro a 23 de novembro, isto é, durante dezessete dias, 500 milhões de rublos foram destinados ao *front*, e 120 milhões a Moscou, além das somas enviadas a outras cidades.

Guardando a riqueza do povo, sobre a qual somente a Assembléia Constituinte, representando a totalidade da nação, terá autoridade, os funcionários recusam-se a entregar dinheiro para propósitos desconhecidos.

Não acreditem nos caluniadores que instigam a tomar a lei nas próprias mãos.

Direção Central do Sindicato Pan-Russo dos Funcionários do Banco do Estado

Direção Central do Sindicato Pan-Russo dos Funcionários das Instituições de Crédito

*

À população de Petrogrado.

Cidadãos: Não dêem crédito às falsidades que pessoas irresponsáveis tentam impingir pela difusão de terríveis calúnias contra os funcionários do Ministério do Abastecimento e os traba-

* Nota. Membros de um artel (uma espécie de cooperativa); grupos ou organizações de trabalho coletivo.

lhadores de outras organizações de abastecimento que trabalham, nestes dias sombrios, pela salvação da Rússia. Cidadãos! Cartazes incitam ao nosso linchamento, somos falsamente acusados de sabotagem e greves, somos apontados como culpados por todas as penas e todos os infortúnios sofridos pelo povo, embora tenhamos trabalhado e trabalhemos infatigavelmente para salvar o povo russo dos horrores da fome. Apesar de tudo o que nós, como cidadãos da infeliz Rússia, temos que suportar, nem por um momento abandonamos nosso extenuante e responsável trabalho de suprir o exército e a população com provisões..

A imagem do exército, enregelado e faminto, salvando nossas vidas com seu sangue e seu sofrimento, não nos deixa nem por um instante.

Cidadãos! Se sobrevivemos aos mais sombrios dias da história do nosso povo, se conseguimos impedir a fome em Petrogrado, se temos conseguido enviar ao exército pão e forragem, por meio de esforços sobre-humanos, é porque fizemos e ainda fazemos nosso trabalho honestamente...

Ao "último aviso" dos usurpadores do poder replicamos: vocês, que conduzem o país à ruína, não estão à altura de ameaçar quem faz todo o possível para salvar o país do perecimento. Não tememos ameaças: temos conosco a sagrada imagem da Rússia torturada. Prosseguiremos, até o limite de nossa capacidade, nosso trabalho de abastecer o Exército e o povo com pão, enquanto não formos impedidos de cumprir nosso dever para com nosso país. Caso contrário, o Exército e o povo enfrentarão os horrores da fome, recaindo a responsabilidade sobre os perpetradores de violência.

Comitê Executivo dos Funcionários do Ministério do Abastecimento.

*

Aos chinovniki (funcionários governamentais)

Notificamos a todos os funcionários e pessoas que abandonaram o serviço em instituições públicas e governamentais, ou que foram dispensadas por sabotagem ou por não comparecer ao trabalho no dia determinado e, não obstante, receberam seus salários em adiantamento durante o tempo em que não trabalharam, que devem retornar os valores assim recebidos até a data de 27 de novembro de 1917, às instituições em que serviam.

Caso esta notificação não seja prontamente atendida, ficará caracterizado roubo do Tesouro, e os faltosos serão conduzidos perante uma corte militar revolucionária.

Comitê Militar Revolucionário.

7 de dezembro de 1917

Da Diretoria Especial de Abastecimento

Cidadãos!

As condições para desempenhar nosso trabalho de abastecer Petrogrado tornam-se a cada dia mais difíceis.

A ruinosa interferência em nosso trabalho, por parte dos Comissários do Comitê Militar Revolucionário, continua.

Seus atos arbitrários, sua anulação de nossas ordens, conduzem à catástrofe.

Fecharam uma das câmaras frigoríficas, onde se armazenam carne e manteiga destinadas à população, e não temos como regular a temperatura para preservar os alimentos.

Um carregamento de batatas e outro de repolhos foram tomados e removidos para destino ignorado.

Cargas não passíveis de requisição (*khalva*) são requisitadas pelos comissários; certo dia, cinco caixas de *khalva* foram tomadas pelo comissário para seu próprio uso.

Não estamos em posição de cuidar adequadamente de nossos estoques quando os autonomeados comissários não permitem a chegada de cargas e aterrorizam nossos funcionários com ameaças de prisão.

O que acontece em Petrogrado é conhecido nas províncias, e do Don, da Sibéria, de Voronez e outros lugares recusam-se a enviar farinha e pão.

Isto não pode continuar.

O trabalho simplesmente escapa de nossas mãos.

Nosso dever é informar à população.

Permaneceremos na guarda dos interesses da população.

Faremos tudo o nosso alcance para evitar a fome que se aproxima, mas, sob condições tão inadequadas, se nosso trabalho for interrompido o povo deverá saber que não terá sido por nossa culpa...

64 Eleições para a Assembléia Constituinte em Petrogrado

Havia desenove partidos e organizações concorrendo às eleições, em Petrogrado. Os resultados foram os seguintes, publicados a 30 de novembro:

Partido	Votos
Democratas cristãos	3.707
Cadetes	245.006

(continuação)

Partido	Votos
Socialistas Populistas	19.109
Bolcheviques	424.027
Socialistas Universalistas	158
Trabalhadores ucranianos e judeus SD e SR	4.219
Liga pelos Direitos da Mulher	5.310
Socialistas Revolucionários de Esquerda	152.230
Socialistas Revolucionários (*oborontsi*)	4.696
Liga do Desenvolvimento do Povo	385
Democratas Radicais	413
Paróquias ortodoxas	24.139
Liga Feminina pela Salvação do País	318
Liga Independente de Operários, Soldados e Camponeses	4.942
Democratas Cristãos (católicos)	14.382
Social Democratas Unificados	11.740
Mencheviques	17.427
Grupo Edinstvo	1.823
Liga das Tropas Cossacas	6.712

65 Da Comissão de Educação Pública, anexa à Duma Municipal

Camaradas, operários e operárias!

Poucos dias antes das férias, os professores das escolas públicas se declararam em greve. Os professores estão do lado da burguesia, contra o governo dos operários e soldados.

Camaradas! Organizem comitês de pais e votem resoluções contra a greve dos professores. Proponham aos sovietes de bairros, aos sindicatos, aos comitês de fábrica e de partido a realização de comícios de protesto. Consigam com seus próprios recursos árvores de Natal e entretenimento para as crianças e exijam a abertura das escolas após os feriados, em data a ser determinada pela Duma.

Camaradas, fortaleçam sua posição no que diz respeito à educação pública; insistam no controle das organizações proletárias sobre as escolas.

Comissão de Educação Pública adida à Duma Municipal

66 Do Conselho de Comissários do Povo aos cossacos oprimidos

Irmãos cossacos:

Vocês estão sendo enganados. Estão sendo incitados contra o povo. Disseram a vocês que os sovietes dos deputados de operários, soldados e camponeses são seus inimigos, que querem confiscar as terras cossacas e tirar a liberdade dos cossacos. Não acreditem... Seus próprios generais e proprietários de terras mentem a vocês, para mantê-los nas sombras e na escravidão. Nós, o Conselho dos Comissários do Povo, enviamos a vocês estas palavras. Leiam-nas com atenção e julguem vocês mesmos o que é verdadeiro e o que é uma mentira cruel. A vida do cossaco sempre foi de sujeição e servidão obrigada. Ao primeiro chamado das autoridades o cossaco devia selar seu cavalo e partir em campanha. Todo seu equipamento militar tinha que ser conseguido por ele mesmo, com seus poucos recursos. Quando o cossaco está em serviço, sua terra fica arruinada. Tal condição é aceitável? Não, ela deve ser transformada para sempre. Os cossacos devem libertar-se da servidão. O novo poder dos sovietes do povo deseja acudir os cossacos explorados. É necessário apenas que os próprios cossacos decidam abolir a velha ordem, que eles recusem submeter-se a seus escravizadores, os oficiais, os donos de terras, os ricos, que arranquem o jugo de seus pescoços. Levantem-se, cossacos! Unam-se! O Conselho dos Comissários do Povo convoca-os para uma nova vida, mais feliz.

Em novembro e dezembro, em Petrogrado, teve lugar o Congresso Pan-Russo dos Sovietes dos Deputados de Operários, Soldados e Camponeses. Esse congresso conferiu toda a autoridade às mãos dos sovietes, às mãos de pessoas eleitas pelo povo, em todas as localidades. De agora em diante não haverá mais na Rússia governantes ou funcionários para comandar o povo desde cima e dirigi-lo. O povo cria sua própria autoridade. Um general não tem mais direitos que um soldado. Todos são iguais. Cossacos, considerem: isto é certo ou errado? Convidamos os cossacos a se unir à nova ordem e formar seus próprios sovietes de cossacos. Em todos os lugares, o poder pertencerá a esses sovietes, não a *hetmans** com a patente de general, mas a representantes eleitos dos cossacos explorados, a seus camaradas de confiança.

* Nota. Também conhecidos por *atamans*, membros de um grupo contra-revolucionário da Ucrânia.

O Congresso Pan-Russo dos Sovietes dos Deputados de Operários, Soldados e Camponeses aprovou uma resolução transferindo toda a terra das mãos dos proprietários de terras para as mãos dos camponeses. Cossacos: não é essa uma medida justa? Os Kornilovs, os Kaledins, Dutovs, Karaulovs, Bardizhes, todos eles defendem os interesses dos ricos e estão prontos para afogar a Rússia em sangue a fim de manter a terra nas mãos dos latifundiários. Mas vocês, os cossacos oprimidos, não sofrem vocês com a pobreza, a opressão, a falta de terra? Quantos cossacos têm mais que 4 ou 5 *deciatinas* ? Mas os latifundiários, que têm centenas de *deciatinas*, ainda querem pôr as mãos nas terras do Exército Cossaco. De acordo com as novas leis dos sovietes, a terra dos grandes proprietários cossacos deve passar, sem compensação, para as mãos dos trabalhadores cossacos, dos cossacos pobres. Disseram a vocês que os sovietes querem tirar suas terras. Quem está disseminando o medo entre vocês? Os cossacos ricos, sabedores de que os sovietes querem passar a terra dos grandes proprietários para vocês. Cossacos, escolham de que lado ficar: do lado dos Kornilovs e Kaledins, dos generais e dos ricos; ou do lado dos Sovietes dos Deputados de Camponeses, Soldados, Operários e Cossacos.

O Conselho dos Comissários do Povo, eleito pelo Congresso Pan-Russo, propôs a todas as nações um armistício imediato e uma paz honrosa e democrática sem perdas ou humilhações. Todos os capitalistas, proprietários de terras e generais kornilovistas se levantaram contra a política pacífica dos Sovietes. A guerra lhes trazia lucros, poder, distinções. E a vocês, cossacos, soldados rasos? Vocês estão morrendo sem razão, sem propósito, como seus irmãos soldados e marinheiros. Logo serão três anos e meio dessa amaldiçoada guerra, uma guerra planejada pelos capitalistas e latifundiários de todo o mundo para lucrarem com seus roubos em escala mundial. Aos cossacos explorados a guerra só trouxe ruína e morte. A guerra drenou todas as energias da agricultura cossaca. A única salvação para o país e para os cossacos é uma paz rápida e honesta. O Conselho dos Comissários do Povo declarou a todos os governos e povos: não queremos a propriedade dos outros povos, e não queremos perder a nossa. Paz sem anexações nem indenizações. Toda nação deve decidir seu próprio destino. Uma nação não deve impor sua dominação sobre outra. Essa é a paz honesta, democrática, popular, que o Conselho dos Comissários do Povo propõe a todos os governos, a todos os povos, aliados e inimigos. E os resultados já são visíveis: na frente russa um armistício foi assinado.

O sangue dos soldados e dos cossacos não mais é derramado. Agora, cossacos, decidam: desejam continuar esse massacre ruinoso, sem sentido, criminoso? Então, apóiem os cadetes, os inimigos do povo, apóiem Chernov, Tseretelli, Skobelev, que lançaram a ofensiva de 1 de julho; apóiem Kornilov, que introduziu a pena capital para os soldados e cossacos no *front*. Mas, se vocês querem uma paz imediata e honesta, então venham para o lado dos sovietes e apóiem o Conselho dos Comissários do Povo.

Seu destino, cossacos, está em suas próprias mãos. Vocês estão sendo enganados e levados à ruína por nossos inimigos comuns, os grandes proprietários de terras, os capitalistas, os oficiais kornilovistas, os jornais burgueses. Em Orenburg, Dutov aprisionou o soviete e desarmou a guarnição. Kaledin ameaça os sovietes na província do Don, que ele declarou estar em estado de guerra, e está reunindo tropas. Karaulov está causando mortes entre as tribos do Cáucaso. A burguesia cadete apóia esses movimentos com seus milhões. Seu objetivo comum é suprimir os sovietes do povo, esmagar os operários e camponeses, introduzir a disciplina do chicote no exército e eternizar a servidão dos cossacos explorados.

Nossas tropas revolucionárias movimentam-se para o Don e para os Urais, para dar fim a essa criminosa revolta contra o povo. Os comandantes das tropas revolucionárias receberam ordens para não negociar com os generais amotinados, atuando decisivamente e sem contemplação.

Cossacos! Depende de vocês se o sangue de irmãos será novamente derramado. Estendemos nossas mãos a vocês. Juntem-se ao povo, contra seus inimigos. Declarem Kaledin, Kornilov, Dutov, Karaulov — seus colaboradores e simpatizantes — inimigos do povo e traidores. Prendam-nos e entreguem-nos à autoridade dos sovietes, que os julgarão de forma aberta e pública no tribunal revolucionário. Cossacos! Formem sovietes de deputados cossacos. Tomem em suas mãos, feridas de tanto trabalhar, a condução dos assuntos cossacos. Tomem as terras dos proprietários. Tomem os grãos, suas propriedades e animais para cultivar as terras dos cossacos, arruinados pela guerra.

Avante, cossacos, lutar pela causa comum do povo!

Salve os cossacos explorados!

Salve a união dos cossacos, dos soldados, dos camponeses e dos operários!

Salve o poder dos sovietes de deputados de cossacos, soldados, operários e camponeses.

Abaixo a guerra! Abaixo os latifundiários e os generais kornilovistas!

Salve a paz e a fraternidade entre os povos!

Conselho dos Comissários do Povo

67 Correspondência diplomática do Governo Soviético

As notas enviadas por Trótski aos aliados e às potências neutras, bem como a nota dos adidos militares aliados ao general Dukhonin, são demasiado extensas para inserir aqui. Além disso, pertencem a outra fase da história da República Soviética, não tratada neste livro — as relações do Governo Soviético com outros países. Este assunto será devidamente abordado no próximo volume, *De Kornilov a Brest-Litovsk*.

68 Apelos ao *front* contra Dukhonin

... A luta pela paz enfrenta a resistência da burguesia e dos generais contra-revolucionários... Conforme os relatos dos jornais, junto ao Stavka do ex-comandante supremo Dukhonin reúnem-se os agentes e os aliados da burguesia, Verkhovski, Avksentiev, Chernov, Gotz, Tseretelli etc. Aparentemente, querem formar um novo poder contra os sovietes.

Camaradas, soldados! Todos os nomes aqui mencionados já foram ministros. Atuaram de acordo com Kerênski e a burguesia. São os responsáveis pela ofensiva de 1º de julho e pelo prolongamento da guerra. Eles prometeram a terra para os camponeses mas prenderam os comitês agrários. Restabeleceram a pena capital para os soldados. Eles estão a serviço dos financistas franceses, ingleses e americanos...

O general Dukhonin, tendo recusado obedecer às ordens do Conselho dos Comissários do Povo, foi exonerado do posto de comandante supremo... Como resposta, ele faz circular entre as tropas a nota dos adidos militares das potências imperialistas aliadas e ajuda a contra-revolução...

Desobedeçam às ordens de Dukhonin! Não dêem atenção às suas provocações! Vigilância cerrada sobre ele e seu grupo de generais contra-revolucionáros...

69 De Krilenko

Ordem número 2

"O ex-comandante supremo, general Dukhonin, é declarado inimigo do povo, por resistência ao cumprimento de ordens e por ações criminosas suscetíveis de provocar uma nova guerra civil.

Todo aquele que apoiar Dukhonin será preso, sem consideração pela posição política ou social ou pelo seu passado. Pessoas especialmente autorizadas efetuarão essas prisões. Encarrego o general Manikhovski da execução das disposições acima...

Capítulo 12

70 Instruções aos camponeses

Respondendo a inúmeras perguntas dos camponeses, explicamos aqui que todo o poder do país está, de agora em diante, nas mãos dos Sovietes dos Deputados de Operários, Soldados e Camponeses. A revolução dos trabalhadores, tendo vencido em Petrogrado e Moscou, vence agora nos demais centros da Rússia. O governo dos operários e camponeses protege os interesses das massas e dos trabalhadores contra os latifundiários e os capitalistas.

Em conseqüência, os sovietes dos deputados de camponeses e, principalmente, os sovietes distritais, seguidos dos sovietes distritais, são a partir de agora, e até a convocação da Assembléia Constituinte, depositários irrestritos da autoridade estatal em suas localidades. Todos os títulos de direito à terra dos latifundiários ficam cancelados por decisão dos Congresso Pan-Russo dos Sovietes. O Governo Provisório dos Operários e Camponeses editou um decreto sobre a terra, pelo qual toda a terra pertencente aos terratenentes passa integralmente para os sovietes de deputados camponeses. Os comitês agrários Volost (um grupo de aldeias forma um volost) devem imediatamente tomar as terras dos latifundiários, estabelecendo um rígido controle, mantendo a ordem e estabelecendo rigorosa guarda, pois agora todas as propriedades privadas passam a ser propriedade pública e devem, portanto, ser defendidas pelo próprio povo.

Todas as ordens dos comitês agrários Volost, com o assentimento dos sovietes distritais de deputados camponeses e no espírito do decreto do poder revolucionário, são absolutamente legais e devem ser executadas sem hesitação.

O governo dos Operários e Camponeses, nomeado pelo segundo Congresso Pan-Russo dos Sovietes, denomina-se Conselho dos Comissários do Povo.

O Conselho dos Comissários do Povo conclama os camponeses a tomar o poder em todas as localidades.

Os operários darão todo o apoio aos camponeses, conseguindo-lhes tudo o que diga respeito a máquinas e ferramentas, pedindo em troca a ajuda dos camponeses para o transporte de grãos.

Presidente do Conselho dos Comissários do Povo

V. Ulianov (Lênin)

Petrogrado, 18 de novembro de 1917

71 O Congresso dos Sovietes Camponeses reuniu-se uma semana depois e prosseguiu por várias semanas. Sua história é simplesmente uma versão ampliada daquela da "Conferência Extraordinária". De início, a grande maioria dos delegados era contra o governo soviético e apoiou a ala hostil. Alguns dias depois, a assembléia apoiava os moderados com Chernov. Mais alguns dia s e a vasta maioria votava pela facção de Maria Spiridonova, enviando representantes ao Tsik, no Smolni... A ala direita então abandonou o Congresso, convocando um outro, que definhou dia a dia, até finalmente dissolver-se...

Créditos Iconográficos

Os editores agradecem às seguintes entidades pela permissão dada à reprodução das imagens neste livro. Colocamo-nos à disposição para prestar eventuais esclarecimentos sobre qualquer omissão involuntária:

RIA "NOVOSTI" — AGÊNCIA DE NOTÍCIAS

MUSEU CENTRAL ESTATAL DE HISTÓRIA CONTEMPORÂNEA DA RÚSSIA

MUSEU ESTATAL MAYAKOVSKY

ARQUIVO PARTICULAR DO CONSULTOR NIVALDO DOS SANTOS